Karl Janicke, Max Dittmar, Gustav Hertel

Die Chroniken Der Niedersächsischen Städte

Magdeburg

Karl Janicke, Max Dittmar, Gustav Hertel

Die Chroniken Der Niedersächsischen Städte
Magdeburg

ISBN/EAN: 9783743372504

Hergestellt in Europa, USA, Kanada, Australien, Japan

Cover: Foto ©ninafisch / pixelio.de

Manufactured and distributed by brebook publishing software (www.brebook.com)

Karl Janicke, Max Dittmar, Gustav Hertel

Die Chroniken Der Niedersächsischen Städte

Die Chroniken

der niedersächsischen Städte.

Magdeburg.

Zweiter Band.

Auf Veranlassung
Seiner Majestät des Königs von Bayern
herausgegeben
durch die historische Kommission
bei der
Königlichen Akademie der Wissenschaften.

Leipzig
Verlag von S. Hirzel.
1899.

Vorwort.

Der erste Band der Magdeburger Chroniken ist schon vor dreißig Jahren in der Sammlung der deutschen Städtechroniken Band VII erschienen. Er enthält die sogenannte 'Schöppenchronik' in der Bearbeitung von Dr. K. Janicke, damals Sekretär bei dem Staatsarchiv in Magdeburg, dem zweiten Bande waren die hochdeutsche Fortsetzung der Schöppenchronik nebst der Chronik des Georg Butze und der Historie des Sebastian Langhans vorbehalten. Dr. Janicke, an das Staatsarchiv zu Hannover versetzt, ist nicht mehr zur Ausführung seines Planes gekommen; er ist als Geheimer Archivrat im Februar 1895 zu Hannover gestorben. Ich übertrug hierauf die Bearbeitung des noch ausstehenden Bandes an Dr. Max Dittmar, Archivar und Bibliothekar der Stadt Magdeburg. Mit Freude und vielem Eifer hat er sich der Arbeit unterzogen, von der er mir die fertigen Stücke einzeln zur Durchsicht vorlegte. Leider war es jedoch auch ihm nicht vergönnt sie zu vollenden; er starb im Februar 1898. Es gelang mir endlich Herrn Professor Dr. Hertel, den Herausgeber des Urkundenbuches der Stadt Magdeburg, zu gewinnen. Ihm ist es zu verdanken, daß nunmehr der zweite und letzte Band der Magdeburger Chroniken in trefflicher Bearbeitung fertig vorliegt. Über sein Verhältnis zu der Vorarbeit von Dr. Dittmar und seinen eigenen Antheil verweise ich auf die Einleitung dieses Bandes S. XIX.

Erlangen im Mai 1899.

K. von Hegel,
ord. Mitglied der historischen Kommission.

Einleitung.

1. Die Fortsetzung der hochdeutschen Uebersetzung der Magdeburgischen Schöffenchronik.

In der Stadtbibliothek zu Magdeburg befinden sich drei spätere Uebersetzungen und Bearbeitungen der Schöffenchronik. Es ist zunächst die von Janicke mit a bezeichnete Handschrift (XII fol. 69), die auf S. XLIV der Einleitung zur Ausgabe der Schöffenchronik (Städtechroniken Bd. VII) näher beschrieben ist. Während sie für die Zeit des Mittelalters nur wenige Nachrichten als Ergänzung der Schöffenchronik enthält, dagegen mehrere Lücken aufweist, hat sie eine selbständige Fortsetzung, welche die Jahre 1473—1566 umfaßt (Blatt 337—503). Für den vorliegenden Band kommen nur die Nachrichten aus den Jahren 1517—1566 (Blatt 345²—503) in Betracht. Die ganze Handschrift ist von derselben, sehr deutlichen Hand geschrieben mit Ausnahme von 2 ganz kurzen Zusätzen auf Blatt 502 und 503. Die Niederschrift muß 1565—1566 geschehen sein, denn zum Jahre 1505 sagt der Uebersetzer: „Im Jahr 1505 ist die ordnung uber die wirtschaften gemacht und publicirt worden vigilia purificationis Maria, welche ordnung man noch heuts tags anno 1565 zum mheren teile helt."

Aber auch sonst noch finden sich Anzeichen, daß der Fortsetzer nicht gleichzeitig die Ereignisse aufgezeichnet, sondern erst später in zusammenhängender Form seine Chronik niedergeschrieben hat. So schreibt er zum Jahre 1550 (S. 44): „so schickte es doch Gott, das darnach (nach der Kapitulation der Stadt 1551) baldt er (Kurfürst Moritz) und nach ihme der Kaiser selbst vergingen und umbkamen". Diese Stelle muß also nach 1558 geschrieben sein. — Ebenso wird S. 43 auf eine spätere Zeit verwiesen: „und blieb also bestehen bis zu ende der belagerungk, da kamen sie alle umbsonst los, wie weitther wirt gesagt werden".

Ob der Verfasser eigene Aufzeichnungen oder die anderer benutzt hat, steht nicht fest. Aber für die Belagerung scheint ihm ein gleichzeitiger Bericht vorgelegen zu haben, wie solche sicher mehrere damals in Magdeburg entstanden sind. Dies geht aus einer Stelle auf S. 58 (Z. 15. 16) hervor, wo es heißt: „Den 29 Aprilis ließen die feinde in den gerten bei Berga viel weiden und ander beume schlagen in vergangener Nacht".

— Auch gedruckte Werke kannte er und benutzte sie jedenfalls. Auf S. 44 (Z. 16) sagt er, daß Herzog Moritz wider den Kaiser gezogen sei, „wie solchs andere Historien weiter melden"; und S. 78 sagt er von dem Kriege des Kurfürsten Moritz gegen den Kaiser: „Dieser Krieg ist von andern mit allen umbstenden gnugsamlich beschrieben im Druck ausgangen". — Manches wird der Verfasser aber auch aus der bloßen Erinnerung aufgeschrieben haben, wie jene merkwürdige Erzählung vom Tode des Magdeburgischen Domdechanten Grafen Ernst von Mansfeld (S. 59), welche er mit den Worten schließt: „Von welcher geschicht, weil ich die Zeit nicht weis, hab ich sie mitten in die belagerungk bringen wollen". Wahrscheinlich handelte es sich hier nur um ein bloßes Gerücht.

Der Schluß der Chronik ist jedenfalls noch von einem anderen Verfasser geschrieben worden, wie schon Janicke bemerkt hat.

Daß der Verfasser ein Magdeburger gewesen ist, geht aus dem Gebrauch der Pronomina „wir, unser" u. s. w. hervor, aber auch daraus, daß er einen besonderen Haß gegen die Neustädter und Sudenburger zeigt, die er, obwohl sie von dem Rate der Altstadt aus Gnade in die Stadt aufgenommen waren, doch als Anstifter der Meutereien bezeichnet (S. 42). Aus der Stelle (S. 77): „Den 25 May haben meine hern ein ehrbar Rabt Buhrdingk gehalten", schließt Janicke (S. XLV der Einleitung), daß der Verfasser Beamter des Rates gewesen sei.

Diese Handschrift ist als die älteste der drei hier in Frage kommenden von Dittmar dem Texte zu Grunde gelegt und mit A bezeichnet worden. Sie ist auch insofern die vollständigste, als sie das „Ausschreiben der Thumpfaffen wider die Stadt Magdeburgk" enthält. — Die Anfangsworte der einzelnen Abschnitte und die Titel der Schriften sind mit roter Tinte geschrieben.

Dieselbe Fortsetzung, wie a, hat die von Janicke (S. XLIII) mit M bezeichnete Handschrift der Magdeburgischen Stadtbibliothek (XII fol. 85). Sie enthält zuerst einen Auszug aus der Schöffenchronik in niederdeutscher Sprache, dann die Fortsetzung von 1473 in hochdeutscher Sprache bis 1563. Sie ist von verschiedenen Händen am Ende des 16. oder Anfang des 17. Jahrhunderts geschrieben. Die Fortsetzung umfaßt 36 Blätter, von denen 6 die Jahre 1473—1517 betreffen. In den Varianten des Textes ist diese Handschrift mit B bezeichnet.

Endlich die dritte Handschrift (XII fol. 103), von Dittmar mit C bezeichnet, ist im 17. Jahrhundert geschrieben und umfaßt 713 Seiten. Sie ist ebenfalls ein Auszug aus der Schöffenchronik in hochdeutscher Sprache, die Fortsetzung stimmt gleichfalls mit den beiden vorigen überein.

2. Die Nachträge zur niederdeutschen Handschrift der Magdeburgischen Schöffenchronik.

Die Nachträge zur niederdeutschen Handschrift der Schöffenchronik, die sich nur in dem in Magdeburg befindlichen Exemplar (B der Ausgabe von Janicke) finden, umfassen nur 7 Blätter, die alle die gleiche Blattziffer 349 tragen. Diese Eintragungen sind ganz gelegentlich gemacht, betreffen fast nur Magdeburgische Angelegenheiten von 1546—1566 und sind von verschiedenen Händen geschrieben. Ueber die Handschrift selbst hat Janicke sehr eingehend (a. a. O. S. XLI ff.) gehandelt, so daß wir hier einfach darauf verweisen wollen, zumal da diese Nachträge nur einen so kleinen Raum in dem Manuskript umfassen.

3. Die Chronik des Georg Buße.

Auch diese Chronik des Georg Buße ist nicht mehr im Original vorhanden, sondern in zwei Abschriften, von denen sich eine in der Stadtbibliothek zu Magdeburg (XII. Quarto Nro. 13), die andere in der Königlichen Bibliothek zu Berlin (Boruss. qu. 167) befindet. Die erstere ist mit A bezeichnet und dem Text zu Grunde gelegt worden. Sie ist eine Papierhandschrift in Quart im Umfange von 333 Seiten, jede zu 22 Zeilen, durchweg von derselben, oft ziemlich undeutlichen Hand geschrieben. Am Rande sind kurze Inhaltsangaben der einzelnen Abschnitte gemacht, die im Druck als Ueberschriften gesetzt sind, und zahlreiche Stellen sind mit roter Tinte unterstrichen, meist Namen, aber auch anderes, ohne daß man recht einsieht, zu welchem Zwecke dies geschehen ist. Auf dem Titelblatte steht von späterer Hand: Magdeburgische Geschichte und Handlung; darunter: den Autorem dieses, mir von der Frau Kriegs-Räthin von Leyßer 1767 geschenkten Chronici George Butzen siehe pag. 328 er ist gestorben 1549. Außerdem steht noch die Zahl 53 auf dem Titel.

Die Berliner Handschrift ist ebenfalls in Quart und besteht aus 181 beschriebenen, nicht paginierten Blättern zu meist 23, später 24 und 25 Zeilen; 14 Blätter am Schluß sind unbeschrieben. Auch ist sie von einer und derselben Hand, aber nicht so gleichmäßig wie die Magdeburger Handschrift geschrieben. Links und rechts auf den einzelnen Seiten sind senkrechte Striche gezogen. Die Randbemerkungen, welche die Magdeburger Handschrift hat, fehlen in der Berliner, nur einzelne, wie z. B. gleich im Anfange des Drucks „Fruhe Sommer" sind mit roter Tinte und größerer Schrift über einzelne Abschnitte gesetzt. Die Anfangsworte der Abschnitte sind mit roter Tinte in größerer Schrift geschrieben und unterstrichen.

Beide Handschriften dürften dem Ende des 16. Jahrhunderts angehören, vielleicht ist die Berliner etwas jünger. Beide aber hängen genau zusammen, da sie fast wörtlich übereinstimmen, nur daß sie in der Orthographie ziemlich von einander abweichen. Beide gehen sicher auf dieselbe Vorlage zurück, da sie dieselben Fehler und Versehen enthalten. So ist z. B. in beiden die Stelle über das große Wasser (S. 111 Z. 18) gleich unklar, auf S. 115, wo über den Brand in Einbeck berichtet wird, ist eine Unklarheit durch Auslassung entstanden und in beiden Handschriften findet sich diese Stelle ganz gleich; beide haben auf S. 112 Arleben für Erxleben, auf S. 113 Z. 8 fehlt „zu" vor „Lauborch" in beiden, ebenso das Wort „getauft" auf derselben Seite, was in A von späterer Hand nachgetragen ist; auf S. 106 Z. 2 steht in beiden die niederdeutsche Form „sey" für „sie", auf S. 124 Matthias Domini für Misericordias Domini u. s. w. Sogar die oft ganz verkehrte Interpunktion ist in beiden gleich. Dennoch möchte ich nicht behaupten, daß die Berliner Handschrift von der Magdeburger abgeschrieben ist, weil die Inschrift der Tafel aus der Johanniskirche in Magdeburg sich im Berliner Manuskript nicht findet. Hätte der Schreiber der Berliner Handschrift die Magdeburger vor sich gehabt, so würde er, da er sich so sehr genau an seine Vorlage hielt, auch diese Inschrift nicht weggelassen haben. Andrerseits ist aber auch nicht die Magdeburger Handschrift von der Berliner abgeschrieben. Ich will kein Gewicht darauf legen, daß in dieser unter dem Schlußwort noch das Wort Τελος steht, aber erstens ist jene der Schrift nach älter und ferner fehlen in der Berliner Handschrift die Randbemerkungen, die der Magdeburgische Schreiber ja dann selbst erfunden und hinzugesetzt haben müßte. Daß aber in der Vorlage für beide Handschriften solche Inhaltsangaben der einzelnen Abschnitte gestanden haben werden, sehen wir daraus, daß sich wenigstens die eine, „Fruhe Sommer", in dem selbständigen Teil der Chronik in der Berliner Handschrift findet. Demnach ist anzunehmen, daß beide Handschriften dieselbe Vorlage benutzten und diese mit allen Fehlern und Auslassungen genau abschrieben.

Diese Chronik des Georg Butze ist nur eine Fortsetzung der Schöffenchronik, wie eine Vergleichung mit der niederdeutschen Fassung derselben ergiebt. Erst mit dem Jahre 1473 beginnt die selbständige Arbeit des Verfassers. Dieser selbständige Teil der Chronik ist aber verhältnismäßig klein, denn er beginnt erst auf S. 274 und geht bis S. 327. Die Fortsetzung rührt von einem andern Verfasser her.

Die Sprache ist hochdeutsch und so wird auch das Original geschrieben gewesen sein, da, wie die Fortsetzungen der Schöffenchronik beweisen, die Schriftsprache in jener Zeit in Magdeburg schon die hochdeutsche war, wenn auch noch manche Schriften in niederdeutscher vorkommen.

Verfasser dieser Chronik ist Georg Butze, Bürger zu Magdeburg, welcher, wie es auf S. 136 heißt, ein besonderer Liebhaber des Worts und ein erfahrner Mann und eines ehrbaren, aufrichtigen Gemüts war. Diese Beurteilung des Mannes wird durch mehrere Stellen seiner Chronik bestätigt, wie z. B. durch den Bericht über Luthers Tod. Dort heißt es: „Er hat die Biblia also wohl verteutschet, daß einem, so darinne liest, sein Herz im Leibe möchte vor Freude springen." Auch Luthers Schriften kennt er und weist den Leser (S. 121) darauf hin. Ferner ist er ein eifriger Anhänger der protestantischen Partei, besonders des Kurfürsten Johann Friedrich, den er überall von Verrätern umgeben glaubt. Dagegen spricht er über den Kurfürsten Joachim I. von Brandenburg sehr wenig ehrerbietig und wirft ihm sogar ein unglaubliches Verbrechen vor (S. 110).

Seine Chronik hat er erst in der letzten Zeit seines Lebens geschrieben, denn er weist mehrere Male auf spätere Ereignisse hin. Als er den Anlauf des Hauses zum Walfisch durch den Rath 1539 erzählt (S. 114), weist er auf ein im Jahre 1543 dort ausgebrochenes Feuer mit den Worten hin: „Denn es kam in kurzen Jahren darnach ein Feuer aus im Hause hart dabei, wie ihr hören werdet." Auf S. 119 heißt es zum Jahre 1545: „Wie hernachmals an den Tag kam." Von den vom Kurfürsten Johann Friedrich abgelohnten Knechten erzählt Butze, daß einige Hundert derselben nach Magdeburg gekommen und angenommen worden, „davon hernach weiter Meldung gethan wird." Er muß also diesen Teil der Chronik erst 1547—1549 verfaßt haben. Er kannte auch andere Geschichtsbücher, denn S. 118 zitiert er die Chronik des Hedio, und auf die Tageslitteratur wird öfter hingewiesen (z. B. S. 120).

Butze ist gestorben in der Nacht des Freitags vor Pfingsten (7. Juni) 1549 (S. 136). Ob der Bericht über sein Abscheiden von dem Verfasser der kurzen noch folgenden Fortsetzung herrührt, ist sehr zweifelhaft. Denn diese ist nicht von einem Magdeburger Bürger verfaßt, sondern von einem Anhänger des Domkapitels. Dies ergiebt sich aus Wendungen wie „die von Magdeburg" und namentlich aus der Stelle, wo er die Einnahme des dem Rate von Magdeburg gehörigen Dorfes Neugattersleben erzählt (S. 137); er sagt da, das Dorf sei eingenommen den zukommenden Landesfürsten und dem hochwürdigen Domkapitel zu Gute. Dies kann ein Magbeburger Bürger unmöglich geschrieben haben. Wer aber der Verfasser dieser Chronik gewesen ist, darüber kann man nicht einmal eine Vermutung aufstellen.

4. Die Historia des Möllenvogts Sebastian Langhans.

Die Historia des Möllenvogts Sebastian Langhans ist leider im Original nicht mehr vorhanden, sondern nur in einer Abschrift. Am Ende derselben stehen die Worte: Haec scripta sunt per Henricum Findemannum Soltquellensem, Vicarium S. Sebastiani Magdeburgensis, ex antiquo et obscuro exemplari. Anno Domini 1601. Wie schade, daß wir dieses alte Exemplar, das Findemann als Vorlage diente, nicht mehr haben! Dann würden viele Unrichtigkeiten und falsche Lesarten, die sich in dieser Abschrift so zahlreich finden, vermieden sein. Denn da anzunehmen ist, daß Langhans' eigene Handschrift dem Abschreiber vorgelegen hat, und da Langhans, wie noch zahlreiche von ihm herrührende Briefe beweisen, eine sehr leserliche und deutliche Handschrift geschrieben hat, so ist es eigentlich unbegreiflich, wie der Abschreiber so viele Unrichtigkeiten, unverständliche Worte und Sätze in den Text hat hineinbringen können. In der That, die Abschrift ist ziemlich schlecht und sehr liederlich gemacht, selbst wenn die Vorlage undeutlich gewesen ist. Beispiele hierfür liefert der Text in genügender Zahl.

Ueber den Abschreiber Heinrich Findemann wissen wir nichts; ebenso wenig ist eine Nachricht über das Schicksal der Handschrift überliefert, wie sie bei der Zerstörung der Stadt der Vernichtung entgangen ist, wie und woher sie in die städtische Bibliothek, wo sie jetzt unter der Signatur Ms. Quarto No. 30 aufbewahrt wird, gekommen ist.

Das Manuskript ist ein Papierband in Quart, uneingebunden, aus 103 Blättern bestehend, die alle beschrieben sind, jede Seite zu 14 Zeilen. Die Handschrift ist deutlich.

Der Verfasser der Historia ist der Möllenvogt Sebastian Langhans oder Langhanns. Ueber seine Persönlichkeit wissen wir nur wenig, da sich in den von ihm verfaßten Berichten und Briefen Andeutungen über seine persönlichen Verhältnisse nicht finden. Seit der zweiten Hälfte des zweiten Jahrzehnts des 16. Jahrhunderts bekleidete er das Amt des Möllenvogts; zuerst wird er 1517 als solcher erwähnt. 1519 belehnt ihn Erzbischof Albrecht „um seiner getreuen Dienste willen" mit 5 Vierteln Landes im Schrotdorfer Felde und mit einem Hause in der Neustadt; 1524 spricht er von seinem Schwiegersohn; 1538 finden wir ihn noch als Möllenvogt erwähnt, 1543 wird er als alter Möllenvogt genannt, 1546 werden Hans und Sebastian Langhans, augenscheinlich seine Söhne, mit den oben genannten Aeckern und dem Hause in der Neustadt belehnt, was zu geschehen pflegte, wenn der bisherige Lehensträger gestorben war. Demnach scheint Sebastian Langhans 1543 oder kurz vorher sein Amt niedergelegt zu haben und ist dann gegen 1546 gestorben. — Ein Magdeburger scheint es nicht gewesen zu sein, denn die Erzbischöfe pflegten nicht Leute aus der Stadt zu ihren Aemtern zu wählen, auch gab es nach den uns bekannten Quellen eine Familie des Namens Langhans in der Stadt und den Vorstädten nicht. Wenn man aus Wortformen, wie „pleiben, gepeten, peste Kleider" u. a. einen Schluß ziehen darf, so möchte man seine Heimat in Thüringen oder in Halle suchen, denn weder in Magdeburg, noch in Salzwedel, woher Findemann stammt, sind solche Formen gebräuchlich gewesen.

Das Amt des Möllenvogtes hatte mit den Mühlen nichts zu thun, denn der Erzbischof hatte zu jener Zeit überhaupt keine Mühle in Magdeburg. Der Name kommt daher, daß der Vogt des Erzbischofs auf dem sogenannten Möllenhofe, bei dem früher Mühlen gestanden hatten, wohnte[1]. Der nun sogenannte Möllenvogt war Beamter des Erzbischofs und hatte die Gerichtsbarkeit auf den dem Erzstift zugehörigen Oertlichkeiten bei der Stadt, besonders auf dem Neuen Markte, in der Neustadt und Sudenburg. Dagegen hatte er in der Altstadt nichts zu gebieten, denn hier übte der Schultheiß im Namen des Erzbischofs die Gerichtsbarkeit. Aus der Historia ergiebt sich aus vielen Beispielen, daß sich dies so verhielt.

Langhans' Wesen und den Charakter lernen wir gleichfalls aus seiner Historia kennen. Er war ein rechtlich denkender, unparteiischer Mann, der über die Ungesetzlichkeiten, die in jener so bewegten Zeit geschahen, mit tiefem Schmerze erfüllt ist. Obgleich er sah, wie wenig sein eigenes,

1. Der Möllenhof oder die Möllenvogtei lag am Neuen Markte nahe beim Dom an der Stelle zwischen dem alten Konsistorialgebäude und der Regierung, wo die Hintergebäude des um 1745 gebauten Nebengebäudes der Regierung liegen. In der Klageschrift des Erzbischofs Günther gegen die Stadt Magdeburg 1432 (Magdeb. UB. II. S. 176) heißt es, daß der Rat und die Bürgerschaft auf dem Grund und Boden des Erzbischofs gegenüber dem heizbaren Zimmer (aestuarium) seines Möllenhofs eine Mauer und einen Turm errichtet hätten u. s. w. palos et trabes ex edificio molendinorum, que quondam ibi fuerant, dimissos evulserunt et temere abduxerunt, tantum etiam de lapidibus ex eodem fundo per suos foderunt, vendiderunt et etiam ceteris tradiderunt etc. Es geht daraus hervor, warum dieses Gebäude der Möllenhof hieß. Da es nachher dem Vogte des Erzbischofs als Wohnung diente, so erhielt dieser den Namen Möllenvogt, ursprünglich hieß er der „Vogt auf dem Möllenhofe".

ja selbst des Erzbischofs Ansehen bei der zügellosen Menge vermochte, spricht sich trotzdem in seinem Werke weniger Grimm oder Haß aus, als vielmehr Schmerz über die nicht zu hindernden Vorgänge, über seine Ohnmacht gegenüber der Zügellosigkeit der Menge. Er hat das bedrückende Bewußtsein, daß er seinem Herrn dem Kardinal nichts nütze sei, und stellt die Wiederherstellung der Ordnung Gottes Allmacht und Barmherzigkeit anheim, da menschliche Gewalt hier nichts vermochte. Daß trotzdem bei Langhans eine gewisse Bitterkeit und Unmut gegen diejenigen hervortritt, welche jede Ordnung mit Füßen traten und zur Gewalt noch Hohn hinzufügten, daß er seinem Zorn bisweilen in harten Worten Luft macht, ist nicht zu verwundern. Dagegen ist es anzuerkennen, daß er trotz der schroffen Parteistellung, wozu er schon durch sein Amt gezwungen war, diese in seiner Schrift nicht sehr scharf hervortreten läßt, daß er gehässige und tendenziöse Anschuldigungen und Verdächtigungen vermeidet, sich nur an das Sachliche hält und nur das berichtet, was er selbst gesehen und erlebt, von glaubwürdigen Personen gehört oder bei gerichtlichen Untersuchungen festgestellt hat. Eine solche Unparteilichkeit ist in einer so aufgeregten Zeit, wo die beiden Parteien nicht allein mit Thaten, sondern auch in Schriften auf das heftigste angriffen, gewiß höchst anerkennenswert. Wenn man also aus seinen Aufzeichnungen einen Schluß auf den Charakter des Verfassers ziehen darf, so erscheint er als ein ehrlicher, rechtlicher, unparteiischer Mann, als ein treuer Beamter, welcher, so gut es in den schwierigen Verhältnissen ging, seine Pflicht zu erfüllen bemüht war und nicht durch harte und strenge Maßregeln das Uebel größer machte. Er ist natürlich Anhänger des alten Glaubens, seinem Herrn, dem Kardinal, treu ergeben, was man bei der Beurteilung seines Werkes wohl berücksichtigen muß. Aber man wird in dieser Zeit kaum eine Schrift finden, in welcher der Verfasser so maßvoll, so unparteiisch und so versöhnlich seine Meinung ausspricht.

Die Historie des Langhans ist nun freilich kein Geschichtswerk von hohen Gesichtspunkten und großer Bedeutung für einen weiteren Kreis. Sie enthält nur einen Bericht über die Vorgänge in Magdeburg und den beiden Vorstädten, ein Sündenregister der Magdeburger und noch mehr der Neustädter. Berichte über die großen politischen Ereignisse, über die bewegenden Fragen der Zeit entzogen sich der Kenntnis des Möllenvogtes. Aber alles, was er erlebt und gesehen, was er in seiner Amtsführung zu erledigen hatte, erzählt er anschaulich, frisch und lebendig. Seine Aufzeichnungen stellen sich dar als ein Tagebuch, sei es, daß er danach die Berichte an den Kardinal anfertigte, sei es als Bemerkungen für seine eigene Thätigkeit als Vogt und Richter. Er tritt selbst als Erzähler derjenigen Dinge auf, bei denen er beteiligt war, giebt oft seine eigene Ansicht von den Sachen an, und was er vom Hörensagen weiß, erzählt er nur mit einer gewissen Zurückhaltung. Dadurch gewinnt seine Darstellung sehr an Glaubwürdigkeit und Zuverlässigkeit, so daß keine Stelle in seinem Werke sich findet, die eine absichtliche Entstellung des Thatsächlichen enthielte. Wir können sehr viele seiner Angaben auf Grund anderer Schriftstücke nachprüfen, und dabei ergiebt sich die volle Zuverlässigkeit seines Berichtes. Namentlich sind für die Beurteilung wichtig einige Briefe und Berichte an den Kardinal und ein Bericht des Domkapitels, welche im Anhange beigefügt sind, aus denen sich eine ziemliche Uebereinstimmung mit der Historia ergiebt. Wir müssen nach allem diesen die Historia für eine wichtige und durchaus zuverlässige Geschichtsquelle erklären.

Der Titel des Werkes ist: „Historia. Was im Anfangk der Lere des Heiligen Euangelij vom Anfange des Jahres 1524 biß 1525 auff Blasii in allen dreien Stetten zu Magdeburgk sich begeben. Beschrieben durch Sebastian Langhans Mollenvoigten doselbst." Dieser Titel rührt ohne Zweifel nicht von Langhans her, denn dieser würde nicht „die Lehre des heiligen Evangelii" geschrieben haben. Und wenn auch das Wort „Heiligen" später mit anderer Tinte durchstrichen ist, so wird auch in dieser Form der Titel nicht von Langhans selbst geschrieben sein, sondern wahrscheinlich hat ihn der Abschreiber hinzugesetzt, von dem ja auch einzelne andere Zusätze herrühren. Der Titel enthält auch insofern eine Unrichtigkeit, als der darin genannte Tag S. Blasii allerdings der zuletzt erwähnte, aber nicht der letzte erwähnte Termin ist, denn kurz vor dem Schlusse wird der Hochzeit des Predigers Johannes Mhyritz Erwähnung gethan, die 9 Tage nach S. Blasii, also den 12. Februar, stattfand. Auch enthält die Historia nicht eine Erzählung der Ereignisse vom Anfange des Jahres 1524, sondern erst vom 6. Mai ab.

In seine Handschrift hatte Langhans einige Drucke, die auf die Ereignisse Bezug haben, eingelegt. Diese hat Findemann ausgelassen und nur die Titel angegeben; nur die von den Geistlichen aufgestellten Artikel hat er im Wortlaute, wenn auch in veränderter Schreibart mitgeteilt.

Die von Langhans noch erhaltenen Briefe und Berichte sind in hochdeutscher Mundart geschrieben. Auch die Historia ist zum größten Teil hochdeutsch geschrieben; die noch zahlreich vorkommenden niederdeutschen Formen müssen wohl dem Abschreiber zugewiesen werden.

Da die Historia eine für Magdeburg so wichtige Geschichtsquelle ist, und da der Herausgeber der Schöffenchronik, Dr. Janicke, trotz des

Versprechens, den zweiten Band der Magdeburgischen Chroniken zu liefern, nicht zur Bearbeitung desselben sich anschickte, so habe ich den ersten Teil der Historia schon in dem Programm des Pädagogiums zum Kloster U. L. Frauen zu Magdeburg 1881 veröffentlicht. Später, als noch immer keine Aussicht auf die Herausgabe des zweiten Bandes der Chroniken sich eröffnete, habe ich das Werk in vollem Umfange in den Magdeburgischen Geschichtsblättern XXVIII (1893) S. 283 herausgegeben. Da die Geschichtsblätter nicht sehr verbreitet sind, so darf es wohl nicht befremden, wenn die Historia in den Magdeburgischen Chroniken nochmal erscheint, zumal sie eine so wichtige Quelle darstellt.

5. Von dem Kriege vor Magdeburg.

Die chronikalische Aufzeichnung, welche den Titel führt: Von dem Kriege vor Magdeburg u. s. w. befindet sich gleichfalls auf der Stadtbibliothek unter dem Titel: Manuskripta Fol. 157. Die Handschrift umfaßt 16 Blatt Papier, von denen das erste nur den Titel enthält, das letzte den Umschlag bildet; von Blatt 5 ist nur eine Seite beschrieben, Blatt 15 hat auf der zweiten Seite nur die Schlußbemerkung und den Anfang des Liedes. Auf Blatt 11 beginnt eine andere Hand mit veränderter Orthographie (Magdeburg—Magdenburgk z. B.). Von hier ab ist der Bericht wahrscheinlich Kopie, da falsche Worte darin durchstrichen sind und erst später an der richtigen Stelle wiederkehren, wie es beim Abschreiben zu geschehen pflegt. Auch ist der Sinn an einzelnen Stellen nicht recht klar, was bei dem Original nicht leicht der Fall ist.

Auf dem Titel sind hinter den Worten: „Angefangen Anno domini 1550 und geendet anno domini 1551" die Daten d. 16. Sept. und d. 4. Nov. mit anderer, schon fast vollständig erloschener Tinte zugefügt. Da diese Daten mit dem Inhalte nicht übereinstimmen, offenbar spätere Zusätze sind, so habe ich sie weggelassen.

Der Inhalt der kleinen Schrift bildet nur die Erzählung der einzelnen Gefechte und was damit zusammenhängt. Von den politischen Verhandlungen oder den Beschlüssen des Rates enthält er nichts. Das Werk steht demnach etwa auf derselben Stufe, wie die Berichte Besselmeyers, zum Teil auch Heinrich Merckels. Am meisten aber ähnelt die vorliegende Handschrift einer kleinen Druckschrift mit dem Titel: „Ware Beschreibung der Schlacht sampt belegerung der alten Statt Magdeburg, was sich inn und außerhalb der Statt begeben vnd zugetragen hat, mit Scharmützeln zu wasser vnd zu Lande, vom Anfang bis zum stillstandt, entlichen vortragt vnb abzug etc. Anno MDLI ben xxii. tag Nouembri". Dieses Werkchen, welches nur 10 Blatt umfaßt und auch in Magdeburg entstanden ist, ist sehr selten. Eine Vergleichung mit unserer Handschrift zeigt zwar manche Uebereinstimmung, doch aber auch so viele Abweichungen, daß von einem engeren Zusammenhang nicht die Rede sein kann. Denn auch mit Besselmeyers Bericht würden sich Uebereinstimmungen nachweisen lassen. Am meisten Abweichungen unter diesen Schriften zeigen sich in den Zahlangaben und den Namen, die oft so entstellt sind, daß sie sich manchmal nicht wiedererkennen lassen.

Wer der Verfasser unseres Berichtes ist, davon findet sich nicht die geringste Angabe. Nur ist es sicher ein Magdeburger gewesen, der nach eigenen Erlebnissen und Anschauungen seinen Bericht von Tage zu Tage aufsetzte. Es würde auch schwer halten, aus dem Gedächtnis so genaue Angaben zu machen. Das ganze Werk macht den Eindruck eines Tagebuches schon dadurch, daß meist des Tages Datum bei den einzelnen Ereignissen vorangestellt ist. Entgegen der Eigentümlichkeit der „Waren Beschreibung" gebraucht der Verfasser nie die erste Person (wir, die unsern u. s. w.), sondern bei ihm heißt es immer „die Magdeburger" oder „die von Magdeburg". Die Sprache ist wie in der „Waren Beschreibung" hochdeutsch.

Da diese kleine Chronik von Janicke nicht mit zur Herausgabe im zweiten Bande der Magdeburgischen Chroniken vorgesehen war, wahrscheinlich, weil er sie nicht kannte, so habe ich sie schon früher in den Magdeburgischen Geschichtsblättern XV. S. 1 (1880) herausgegeben. Die Abweichungen von dem Texte der „Waren Beschreibung", welche ich dort angemerkt hatte, habe ich jedoch hier als überflüssig weggelassen.

Zum Schluß muß ich noch einige Bemerkungen über meine Stellung zu der Herausgabe dieses Bandes machen. Diese wurde mir übertragen, nachdem der Bearbeiter der Chroniken Dr. Max Dittmar plötzlich im Februar 1898 verstorben war. Von ihm sind die drei ersten Stücke, die Fortsetzung der hochdeutschen Uebersetzung der Schöffenchronik, die niederdeutsche Fortsetzung und die Chronik des Georg Butze, bearbeitet worden. Das Manuskript lag fertig vor und ist nun im Ganzen unverändert abgedruckt worden. Nur geringe Aenderungen, teils in der Orthographie, teils in den Anmerkungen habe ich vorgenommen, dagegen habe ich durchweg eine sinngemäße Interpunktion durchgeführt, da die von Dittmar gebrauchte, die sich genau an die Handschriften anschloß, den Sinn oft gerabezu verdunkelte, jedenfalls unseren Anforderungen an die Interpunktion durchaus nicht entsprach. Im Uebrigen aber habe ich mich nicht befugt gehalten, seine Arbeit zu ändern, zumal sie die Billigung des Leiters der Herausgabe der Städtechroniken, Geh. Rat Dr. v. Hegel, gefunden hatte.

Die beiden letzten chronikalischen Aufzeichnungen, die Historia des Möllenvogts Sebastian Langhans und der Bericht über die Belagerung der Stadt Magdeburg 1550—1551, sind von mir bearbeitet. Ich habe mich bei der Wiedergabe des Textes nicht so sorgfältig an die Handschrift gehalten, wie es Dr. Dittmar gethan hat, wenigstens nicht in der Historia des Langhans, weil uns kein Original, sondern eine verhältnismäßig viel spätere Abschrift vorliegt, die eine ganz andere und keineswegs konsequente Schreibweise zeigt. Da hat es denn wirklich keinen Zweck, alle Verdoppelungen von Konsonanten am Ende oder die beliebige Anwendung von sog. großen Buchstaben genau zu beobachten und wiederzugeben, da hierdurch die Uebersichtlichkeit des Textes nur beeinträchtigt werden würde. Es würde doch gewiß Niemand billigen, wenn etwa die Schreibung „Paße" und Aehnliches auch im Text wiedergegeben würde. Darum habe ich die Orthographie in dieser Hinsicht geändert. — Was die Anmerkungen anbetrifft, so habe ich mich auf das Notwendigste beschränkt, was um so leichter geschehen konnte, als die einzelnen Chroniken sich auf dieselbe Zeit beziehen und sich demgemäß schon selbst ergänzen. — Die Einleitung, zu der von Dr. Dittmar gar keine Bemerkungen vorlagen, Glossar und Register sind von mir bearbeitet worden.

Der vorliegende zweite Band der Magdeburgischen Chroniken ist leider wenig umfangreich. Indeß sind chronikalische Aufzeichnungen aus jener Zeit nicht mehr vorhanden oder sie sind schon als selbständige Werke erschienen, wie die Chroniken der beiden Pomarius, Heinrich Merckels, Besselmeyers u. a. Auch die benachbarten Städte enthalten, so weit es bekannt ist, nichts, was etwa mit diesen Magdeburgischen Aufzeichnungen hätte verbunden werden können. Die Chronik Butzes aber in ihrem ganzen Umfange wiederzugeben, erschien darum unangänglich, weil der erste Teil durchaus mit der Schöffenchronik übereinstimmte. Demnach haben wir uns auf die hier bearbeiteten Stücke beschränken müssen. Hoffentlich findet der Band, wie die Schöffenchronik, eine freundliche Aufnahme.

Magdeburg im März 1899.

G. Hertel.

I.

Fortsetzung der hochdeutschen Uebersetzung der Magdeburgischen Schöffenchronik.

1517—1565.

Bl. 345b.   Im Jar 1517 zoge ein frecher Dominicaner Münch, Johan Tetzel
genant, mit des Babstes ablas in deutschen landen umbher[1] und als in
seinen predigten er sehr heftig und übermeßig war, ban er dorfte sagen,
weil der pfennig in den ablas kasten fiele und noch klinge, so füre die Sele
aus dem Fegefeuer gen Himel, fing D. Martinus Lutter zu Wittenberg
an, wider seine ablas predigten und das ablas zu schreiben.   Dis ablas
Bl. 346a. hatte zu Rom erlangt B. Albert von Magdeb. ‖ und was davon gefiele,
das solte die Helfte zum gebeu der Kirchen S. Petri zu Rom komen und
die andere Helfte solte derselbe B. Albert zu Hilf dem Mentzischen pallio
haben, dan er war zu Meintz [zum] Ertzbischof erwelet[2], doch mit dem be-
dinge, das er das pallium uf sein selbst unkost und ohne beschwer des Stift
Meintz von Rom holen solte.   Dan es waren zu Meintz kurtz nacheinander
drei Ertzbischove gestorben[3] und dadurch war das Stift sehr beschatzt und
benohmen, das palliumsgeldt, welchs war vor jedes pallium 30000 gulden, zuwege zubrengen.

   Im Jar 1518 Sontags nach Conceptionis Mariae wart B. Albert Dec. 12.
Bl. 346b. zu Magdeburg eingeführet und alle die Clerisei sambt den ‖ Rebten

   11. Pallirtenn B.   14. Pallirdens B.   Parliben B.

1. Johann Tetzel war bereits im Jahre 1507 als Ablaßhändler für die Ritter des deutschen Ordens in Preußen herumgezogen; sein Aufenthalt in Magdeburg, woselbst schon vor Beginn der Reformation sein Auftreten keineswegs von allen Geistlichen gebilligt wurde, fiel in den Juni des Jahres 1517. Vgl. Fr. Wilh. Hoffmann, Geschichte der Stadt Magdeburg, Neubearbeitung von G. Hertel und Fr. Hülße, 1. Bd., S. 312. (Nach dieser, namentlich für das 16. Jahrhundert und die folgende Zeit verbesserten und reich ergänzten Neubearbeitung der Hoffmann-schen Geschichte soll im Folgenden immer citiert werden, soweit nicht die Bezugnahme auf die in der alten Ausgabe des Hoffmann'schen Werkes zum Teil reichhaltigen Quellennachweisungen ausdrücklich ein Anderes verlangt.)
2. Zum Erzbischof von Mainz wurde Albrecht am 9. März 1514 gewählt.
3. Diese drei Erzbischöfe waren: Berthold, Graf von Henneberg (1484—1504), Jakob von Liebenstein (1504—1508) und Uriel von Gemmingen (1508—1514).

1*

der dreier Stedte als der Alteftadt¹, Newenftadt und Sudenburg² gingen ihme entkegen bis gen S. Michael³, aus der altenftadt ritten ihm entkegen 3 burgermeifter, aus jedem⁴ Rabte einer, als Claus Storm, Thomas Sültz und Heinrich Westphal⁵, und hatten 96 pferde, und als er uf seinen hof kam, schenckten sie ihme einen gulden und silbernkopf und man⁶ füerete ihne in den thumb und besang ihne und dazu waren 240 tage ablas gegeben⁶.

6. 'man' fehlt *B*.

1. Die Altstadt- oder die Altestadt-Magdeburg wurde Magdeburg zum Unterschiede von den später gegründeten Vorstädten Neustadt- und Sudenburg-Magdeburg genannt. Bei feierlichen Gelegenheiten ist noch jetzt die Bezeichnung Magdeburgs als „die alte Stadt Magdeburg" üblich.

2. Die Neustadt lag damals dicht nördlich und die Sudenburg dicht südlich von der Altstadt-Magdeburg. Erst nach der Zerstörung Magdeburgs im Jahre 1631 wurden beide Vorstädte, die selbständige Gemeinden waren und unter der Gerichtsbarkeit des Möllenvogtes, des obersten weltlichen Beamten des Erzstiftes, standen, in größerer Entfernung von den Wällen der Altstadt wieder aufgebaut.

3. Der Flecken S. Michael, über den sich nur verhältnismäßig wenig Nachrichten erhalten haben, hatte einen eigenen Rat und ein eigenes Rathaus und lag an der Nordwestecke der Sudenburg und dicht südlich vor der Südwestseite der Altstadt. Unter den im Jahre 1632 nach Magdeburg zurückgekehrten Bürgern werden neben den Altstädtern, Neustädtern und Sudenburgern auch S. Michaeliten genannt. Der Ort wurde damals aber nicht wieder aufgebaut und der Name S. Michael verschwindet aus der Geschichte. Jetzt erinnert nur noch die S. Michaelstraße im heutigen Stadtteile Sudenburg an ihn.

4. Nach der volle drei Jahrhunderte, von 1330—1630, in Kraft gebliebenen städtischen Verfassung zerfiel der Rat der Altstadt Magdeburg in drei, je zwölf Mitglieder zählende Kollegien, den regierenden oder sitzenden, alten und oberalten oder überalten Rat, die einander in der Weise ablösten, daß nach Ablauf von drei Jahren die Mitglieder des oberalten Rats wieder den regierenden Rat bildeten. Daher kommt es denn auch, daß in den Listen der Bürgermeister und Kämmerer Magdeburgs dieselben Persönlichkeiten, soweit sie in der Zwischenzeit nicht verstorben waren, meist alle drei Jahre wiedergenannt werden.

5. Claus Sturm, der sich um die Einführung der Reformation in Magdeburg ganz besonders verdient gemacht hat, war Bürgermeister 1518, 1521, 1524, 1527, 1530, 1533 und 1536; Thomas Sültz (auch Sültze und Schultze genannt) von 1496 bis 1526; Heinrich Westphal von 1510 bis 1531.

6. Eine im K. Staatsarchiv s. r. A. Erzst. Mt. II, 615 befindliche gleichzeitige Aufzeichnung verlegt den Einzug des Kardinals auf den 13. Dezember und berichtet darüber folgendermaßen: Anno domini 1518 Ahm tage Lucie & obilie wardt Albertus von Gottes gnaden Erzbischoff zu Magdeburgk und Mentz unser gnedigster Herr ꝛc. zu Magdeburgk Ehrlichen Ingehoelet für einen Cardinal und war gekleidett Cardinalßwiße und ein Erbar Rabt reith Ihm Entgegen mitt 100 pferden in schwartzen Roglen wentte uff jenseitt Rotterstorff, wan ehr kam von Wantzsleve und hatte nicht uber funffhundert pferde. Dar entpfangen ohne unser Herren ihm selbe mit hupschen Reden, die dar zu denen wolben, und ehr ließ sich bragen auf einer Reißbare wentte zu Berge, har sette ehr sich auff einen Maul-Esel und die Börger reden seinen gnaden fort na vor seinen Ruttern wentte vor den Dom, dar gab ehr die Benedictio und gingk herein, dar sungen sie te deum Laudamus mitt andern Loffgesengen, auch gingk Ihm entgegen alle Cleresye aus allen Collegien mit allen schollern, auch alle die Rede dieser Altenstadt Magdeburgk wentte vor S. Michaeli

Im selben Jare umb Jacobi wart ein Reichstag gehalten zu Augs- Juli 25.
burgl. daselbst wart Bischof Albert von Magdeb. und Meintz in unser
frauen Kirchen zu Cardinal geweihet von dem Cardinal Thoma Cajetano,
Bl. 347a. der Kaiser Maximilian ‖ beleitete den neuen Cardinal aus der Kirchen in
5 seine Herberge und gab ihme köstliche geschencke, der Babst schickte ihm
auch wie gewonlich einen Cardinalshut mit golde, Edelngesteinen und
perlen bestickt und ein schwert mit einer ubergulbeten scheiden.

In diesem reichstage foderte der Cardinal Cajetanus den Lutherum
gen Augsburg und als er im October dahin kam, rebte der Cardinal
10 allerlei mit ihme, was zu widerrufung seiner schriften dienen mochte.
Aber der Luther blieb unbeweglich und bestendig, derwegen lies ihne der
Cardinal mit unmuten von ihme ziehen.

Im Jar 1519 den 12 Januarii starbe Kaiser Maximilian zu Wels
Bl. 347b. in Oster reich.
15 Darnach im Junio sein die Churfürsten als Albertus Ertzbischof zu
Meintz und Magdeburg, Hermannus Ertzbischof zu Cöln, Richartus
Ertzb. zu Trier, Ludwig pfaltzgraf vom Reine, Friederich Herzog zu
Sachsen und Joachim Margraf zu Brandenburg, Ludwig Konig zu
Behmen, welcher seine gesandten albar hatte, zu Frankfurt zusamen
20 komen und den 28. Junii Carolum Hertzogen von Osterreich und Konige
von Hispanien zu Ro: Keiser erwelet[1]. Des andern tages nach gewonheit
hat der Ertzb. von Meintz und Magdeb. in S. Bartolomei Kirchen
die geschehene wahle dem volcke verkündigt. Und ist pfaltzgraf Friederich
Bl. 348a. in Hispanien von den Churfürsten, ihme die wale zu verkündigen ‖ ab-
25 gesandt und sonderliche Artikel und Condition, darauf er zum Reich solte
angenohmen werden, ihme vorgeschrieben.

Im Jar 1520 im anfange des Maien ist derselbe neu erweleter
Keiser Carl aus Hispanien in Engellandt ankomen und von dannen ins
niderlandt gefaren und die Churfürsten gen Ach zu der Kronunge zusamen
30 verschrieben, den 23 Octobris[2] ist er zu Ach gekronet und eingesalbet.
Nach geschehener Kronung hat er ihrer viele zu Ritter geschlagen und bamaln
regirte die pestilentz heftig zu Ach.

Im Jar 1521 uf den 6. Januarii ist zu Wurmbs ein Reichsstag

4. begleitete C.   6. Gelbe C.   8. Caristanus B.   12. Unwillen C.   28. genommen B.

bei dem grabe und segen unserm gnedigsten Herrn Einkommen.
 1. Ueber die Wahlhandlung s. u. A. H. Baumgarten, Geschichte Karls V. 1. Bd. S. 102 ff.

2. Die Krönung Karls V. zum römischen Kaiser erfolgte nach anderen Quellen schon am 22. October 1519. Vgl. Baumgarten, a. a. O. 1. Bd. S. 317.

gehalten. Der Keiser hat Lutherum auch dahin gefodert und mit einem
Herold dahin beleiten lassen und ist den 17 Aprilis vor den Keiser und
gantze versamlunge des Reichs gestalt worden und da befragt, ob er die
bücher, so unter seinem nahmen gedruckt weren, vor die seinen erkennete
und ob er die zuwiderruffen bedacht were. Darauf Er geantwortet, Er
bekenne sich dazu und so er mit göttlicher schrift überwiesen würde, das
sie ketzerisch, als dan und sonst nicht ehe, woll er sie widerruffen. Der
Kaiser bedreuete ihne mit der Acht und der B. von Trier hatte viel
Handlung und rede mit ihme in geheim. Aber er blieb bei voriger antwort. Derwegen that ihn der Keiser in die Acht[1], der Babst hatte ihne
kurtz zuvor am grünen Donnertage dieses Jares in bann gethan.

Merz 28.

|| Nach gehaltenem Reichstage zog der Keiser wider in Hispanien
und bestetigte etliche Chur und Fürsten die bei dem Ro: Reich solten vorstehen
in seinem abwesen. Er war außen gantze neun Jar, ehe er wider in
Deutschlandt kam, Anno 1530.

Jan. 20.

In[2] diesem Jar als 1521 am tage Fabiani und Sebast. umb eins
nach mittage donnerte es und blitzte und zündete an S. Catarinen thurm[3]
ein klein thürmlein nach dem Krotenthore[4] warts, war aber bald geleschet.

9. Handlungen C.   17. entzündete B.

1. Das wormser Edikt, das hier gemeint zu sein scheint, wurde am 26. Mai 1521 erlassen, aber auf den 8. Mai zurückdatiert.
2. Der folgende Satz ist übernommen von Joh. Pomarius in seinen „Summarischen Begriff der Magdeburgischen Stadt Chroniken" (Magdeburg, 1587, S. 506) und in seine 1569 in Wittenberg erschienene „Chronica der Sachsen und Niedersachsen", S. 111b, sowie von Joh. Vulpius in seine auch heute noch werthvolle Magnificentia Parthenopolitana, S. 190.
3. Die auf der Ostseite des Breiteweges gelegene S. Katharinenkirche ist nebst der S. Petri- und der S. Jacobikirche erst in Folge der mit cr. 1215 anhebenden nördlichen Stadterweiterung Magdeburgs entstanden; gegründet wurden diese drei Kirchen, über deren Erbauungszeit nähere Nachrichten fehlen, wahrscheinlich vom Erzbischof Albert II., zwischen den Jahren 1213—1230. Urkundlich wird die St. Catharinenkirche zuerst 1282 erwähnt.
4. Das erst im Jahre 1888 abgebrochene Krötenthor lag am Nordende des Breiteweges, wohin es in Folge der eben erwähnten Stadterweiterung von seinem vermutlich ursprünglichen Platze, bei der Einmündung der Großen und Kleinen Steinernenstischstraße in den Breiteweg, verlegt sein wird. Ueber die Bedeutung des Namens Krötenthor ist viel gestritten worden. Die meiste Wahrscheinlichkeit hat die vom verstorbenen Realgymnasialdirector Paulsiek in seinem im 27. Jahrgange (1892) der Magdeb. Geschichtsbl. veröffentlichten Aufsatze: „Erklärung niederdeutscher Straßen- und Häusernamen und sonstiger örtlicher Benennungen Magdeburgs" ausgesprochene Ansicht, daß Kröchen-, Kroken- oder Krötenthor das Thor bei den (in dieser Gegend gelegenen und in Reststücken bis zur jüngsten Vergangenheit erhalten gebliebenen) Steinbrüchen — niederdeutsch kroke und kröke genannt — bedeutet. Aus den hier gewonnen Steinen ist ein Teil der nördlichen Stadtmauer sowie verschiedener größere Gebäude in der Altstadt errichtet worden.

Zwen tage zuvor war großer winbt gewesen und hatte großen schaden gethan.

Auch war am großen Vastelabenbes abenbe umb ein nach mittage gros ungewitter donner blitz und winbt. *Febr. 10*

In diesem Jar war auch hier Pestilentz.

‖ Im Jar 1522 hielten die Fürsten in abwesen des Keisers einen reichstag zu Nürnberg, der Babst hatte seine Legaten[1] da und klagte sehr über Lutherum. Die Fürsten klagten dakegen über die Bebste. Nemlich das die alten vertrege der Reichsfürsten mit dem Babst nicht gehalten würden. Item das das Annaten gelt, so anfenglich zum Türken kriege verordnet were, dahin nicht gebraucht würde, begerten derwegen, dasselbe gelt hinfürter in den Reichslasten mochte gelegt und da zur nott behalten werden, und sonst über viel anber misbreuche.

Im Jar 1524 nach Pfingsten ungeferlich in der sechsten wochen, ist zu Magdeb. die opfer oder papistische mes in allen Pfarren abgethan worden[2].

‖ Im Jahr 1525 am tage Mattie ist zwischen Keiser Karln und dem Konige von Frankreich eine schlacht vor Pavia in Italien gehalten worden, darin ist der Konig von Frankreich gefangen. *Febr. 24.*

In diesem Jar war der bauren aufruhr, hatt sich in anfang dieses Jares erregt und in Schwaben erst angefangen, darnach in Doringen, Francken, Wirtenberg und Sachsen auch angegangen. Die bauren hatten 12 artikel, die sie vorgaben, waren zum meisten von ihrer beschwerung, die sie wolten abgethan haben. Lutherus schriebe hart wider die bauren und vermanete sie zu friede, und nichts desto weniger schrieb er auch an die Fürsten, vermanete von Tirannei und unrechter unterbrückung abezustehen. Dieser aufruhr wart mit großem blutvergießen gestillet. Man sagt in die 100 000 bauren in Deutschlanden sollen erschlagen sein. Dan sie wurden von den Fürsten allenthalb ohne barmhertzigkeit geschlagen und wenig zu gnaden genohmen.

12. 'die' statt 'da' C. 14. ungefehr C. 24. wider sie die b. B. 25. 'sie' fehlt B.

1. Franz Chieregati.
2. Ueber die mit der Einführung der Reformation in Magdeburg verbundenen tumultuarischen Vorgänge spricht am eingehendsten die Historia des Möllenvogts Langhans. Von neueren Darstellungen der Einführung der lutherischen Lehre in Magdeburg s. besonders Hoffmann, Geschichte der Stadt M. 1. Bd. S. 324 ff., und dann namentlich die besondere Schrift des für die magdeburgische Geschichtsforschung leider viel zu früh verewigten Oberlehrers F. Hülße: „Die Einführung der Reformation in der Stadt Magdeburg", Magdeburg, 1883.

Febr. 21.   Im selben Jare am tage Mattie war aufrhur zu Magdeb., darin ist die wale der beiden Ratman, die man von der gemeine pflegt zuerwelen, welche zuvor von alters die Rahtman der Innungen hatten pflegen zu erwelen, auf die gemein aus allen pfarren gebracht worden, selbst ihre Rathman zu erwelen. Aber im grunde war dis nicht die rechte ursach des ⁵ uffstandes, sonder der aufrürische Müntzerische geist, der wolte alle ding unter den Christen gemein haben, dorfte sich doch nicht, wie es zu reden ‖ gestalt wart und der Rabt, was die gemeine begerete, wissen wolt, so an- geben¹.   Bl. 351a.

Im Jar 1526 wart gehalten ein Reichstag zu Spier² in abwesen ¹⁰ des Keisers, da wart gros uneinigkeit unter den Fürsten, dan die Papisten und bischove wolten, man solte vor allen handlen die alte Religion wider anrichten. Die Fürsten wolten, das des Babstes sachen solten hinden gesetzt werden, sonderlich weil der Babst mit den Franzosen sich wider den Keiser verbunden hatte. Doch wart durch unterhandlung Konig ¹⁵ Ferdinandi und des B. von Trier die sach in einigkeit bracht.

Nach ausgang dieses Reichstages hatt der Churfürst von Sachsen und Landgraf von Hessen bei den Stebten, so ihrer Religion verwandt umb verbüntnis sich bewerben lassen, welchs büntnis darnach ‖ im Jar Bl. 351b. 1530 vollenzogen ist und ist bis der anfang der Evangelischen verbüntnis³. ²⁰

Im selben Jar im Augst monat hat der Thürke die Ungern und Ko: Ludwig von Ungern erschlagen⁴.

Im Jar 1527 hat der H. von Berben des Kaisers Oberster die

---

1. Jahre 1525 B.   'war' fehlt B.   3. 'von' B und C.   In B hört dieser Abschnitt schon hier auf.   12. 'unter' C.   13. 'sachtenn' B.   14. hindann gesetzt B; hingesetzt C. 16. 'B.' statt 'von' fehlt C.   20. das B.   21. August C.   23. Herr von Borbonn B; H. Bourbon C.

---

1. Ueber diese Verfassungsänderung, die bis zum Jahre 1560 Bestand hatte, berichtet die Butze'sche Chronik ausführlicher. Aus Butze's Bericht geht hervor, daß es damals zu einem offenen Aufruhr in Magdeburg gekommen war. S. auch Hoffmann a. a. O. 1. Bd., S. 386 f. — Zur Sache selbst sei bemerkt, daß von den zwölf Personen, aus denen jedes der drei Kollegien des Rats bestand, zehn direkt von den Innungen, und zwar von den sogenannten fünf großen und den hinsichtlich ihrer Zahl nicht ganz feststehenden kleinen Innungen gewählt wurden, während die beiden übrigen Ratsherren indirekt von ihren übrigen zehn Kollegen aus der „Gemeinheit", der nicht zunftfähigen Bürgerschaft, erwählt wurden. Der Aufstand von 1525 bezweckte also, die Wahl dieser beiden Ratsmitglieder zu einer direkten Gemeindewahl zu gestalten.

2. Der Reichstag von Speyer wurde am 25. Juni 1526 eröffnet.

3. Der Torgauer Bund wurde zunächst zwischen dem Kurfürsten von Sachsen und dem Landgrafen von Hessen am 4. Mai 1526 abgeschlossen.

4. Die Schlacht bei Mohács fand am 26., nach anderen Angaben am 29. August 1526 statt.

Stabt Rom eingenohmen und geplündert und den Babst auf der Engelburg belagert und gefangen¹.

Im selben Jare Mitwochen nach Jubilate ist zu Breslau vom Könige Ferdinando, Herzogen Jorgen von Sachsen, B. Alberto von Meintz und Magdeburg, Margraf Joachim Churfürsten zu Brandenburg, B. Matteo von Saltzburg, B. Wigando von Wirtzburg, Herzogen Wilhelm und Ludwige von Beiern ein vertrag oder büntnis aufgerichtet worden², den Churfürsten von Sachsen und Landgraven von Hessen sambt andern Stenden, so das Evangelion angenohmen und das Babstumb in ihren gebieten abgethan hatten, zu überziehen. In welchem vertrage der Stadt Magdeb. unter andern auch gedacht, mit worten wie folgt. Nemlich: „und wan wir solche, das ist, den Churfürsten von Sachsen überzogen und sein landt eingenohmen, nachdem die von Magdeb. der heiligen Ro: Kirchen, Kais. Majestät und dem Stift Magdeb. abtrünnig und treulos worden, wollen wir dieselben auch überziehen, zu gehorsam der Kirchen und zu unterthenigkeit bewegen." Et paulo post. „Aber die alte stadt Magdeb., nachdem sie etwa vor alters dem Stift Magdeb. one alle mittel zugehöret, soll demselben wiederumb mit alle gerichten rechten nutzungen und gerechtigkeiten zugestellt und überandtwortet werden, allein Keys. Majestät und dem heiligen Reich sein gerechtigkeit an lehn steuer und folge zu behalten." Et in fine. „Item das man die Reichstadt alle gleich außerhalb Magdeb. mit schriften worten und mit der that verschone und keins weges sie oder ihre einwoner beleidige bis so lange obbestimmte zwen Fürsten gestraft, damit sie nicht verursacht werden denselben beifall zu geben, wan aber die Fürsten ihre straffe entfangen, kan man die Reichstedt woll gehorsam machen one einigen Heerzug! mit niderlegung der straßen, einnehmung der güter und das Keiserliche Mandat³ represalien über sie becernirn und mit viel andern dingen, die noch nich nott zu berattschlagen." So viel aus dem büntnis briefe.

Im Jar 1528 als dem landtgraven von diesem vertrage oder büntnis durch einen Herzogen Jorgen von Sachsen Radt zuwissen worden, hat er sich in kriegsrüstung begeben, die Bischove obbemelt zu überziehen, aber der pfaltzgraf vom Rein und B. von Trier haben sich darin geschlagen

---

3. Jahre 1527 *B*.   5. 'Joachim' fehlt *B*.   8. zue Sachsen *B*.   11. mit gedacht worden. 28. 'becernirn' fehlt *B*. noch viel *C*.   30. Im *B*.

1. Die Einnahme Roms fiel auf den 6. Mai 1527.
2. Zum Folgenden vgl. Hoffmann, a. a. O. 1. Bd. S. 415 ff. Ueber die Pack'schen Händel s. u. A. Egelhaaf, Deutsche Geschichte im 16. Jahrhundert, S. 72 ff.
3. In A doppelt geschrieben.

und gehandelt. Man hat dies büntnis verleugnet, das es je ergangen
wer, doch hatte der landgraven davon Copei vorzulegen. Ist derwegen
vertragen, das wegen der vorgenohmenen kriegrüstung, expens und un-
kosten die Bischove dem Landtgraven solten erlegen ‖ 100 000 gulden,
als nemlich Meintz 40 000 Wirtzburg 40 000 und Bamberg 20 000.
Damit ist die sach beigelegt.

Magdeburg auch weil, als obbemelt ist, sie in angeregtem vertrage
als solten sie dem Reich und Stift abfellig worden und vorher des Stifts
eigen gewesen angegeben, hatt durch ein gemein offentlich gedrucktes ausschreiben sich entschuldigt, welchs von worten zu worten also lautet[1].

Des Rabts von Magdeburgk verantwortunge und war-
haftige entschuldigung auf die artikel so in dem gedruckten
ausgegangenem büntnis verleibt.

„Wir Bürgermeister Rabtman und Innungsmeister der Altenstadt
Magdeb. thun kunt und fügen hiemit jedermenniglichen ‖ zuwissen. Nachdem in diesem 1528 Jare ein Druck uf laut eines büntnis[2]" . . . .

‖ Im Jar 1529 ist zu Speier ein Reichstag worden[3] aber in abwesen des Keisers, in welchs abscheidt begriffen war, das man solte die
Sacrament nach Romischem gebrauch solte nehmen und die Mes nicht
hindern oder abthun.

Wieder diesen abschiedt, als er gegeben wart, protestirden den
19 Aprilis der Churfürst von Sachsen, Lantgraf Philip von Hessen,
Margraf Jorg von Brandenburg, Hertzog Ernst und Frantz von Lüneburg, und davon wart der nahme die Protestirenden Stende. Dieser
protestation haben sich hernachmaln die Stedte der Evangelischen Religion

---

9. gemeinschaftlich gedrucktes *C*.   16. 'in' fehlt *C*.   eignes *B*.   19. 'ist' statt 'war' *B*.
25. 'und' fehlt *C*.   'andernn' statt 'davon' *B*.   nahme die Prot. *B*.

---

1. Ueber dieses am 22. Juni 1528 veröffentlichte und jetzt sehr selten gewordene Widerlegungsschreiben, wovon sich je ein Exemplar im Kgl. Staatsarchiv zu Magdeburg und in der Herzogl. Bibliothek in Wolfenbüttel erhalten hat, vgl. Hoffmann, a. a. O. 1. Bd. S. 417.

2. In der Handschrift A ist Blatt 354a nur mit drei Zeilen beschrieben, während die Blätter 354b und 355a ganz leer geblieben sind. Offenbar sollte das Ausschreiben der Handschrift noch vollständig einverleibt werden, wozu es aber, wie es auch noch mit verschiedenen anderen Schriftstücken der Fall ist, nicht gekommen ist. In dem Ausschreiben wird seitens des magdeburger Rats, der mit Vorliebe gerade damals seine Stadt eine kaiserliche und reichsfreie nannte, geradezu behauptet, daß Magdeburg niemals dem Erzstift unmittelbar und wie eine Landstadt unterworfen gewesen sei. Vielmehr sei Magdeburg von seinem Anbeginn, von Karl dem Großen (!) an eine kaiserliche Reichsstadt gewesen und von vielen römischen Kaisern mit stattlichen Regalien und Privilegien begnadet worden, wobei man sich auch bisher behauptet habe.

3. Eröffnet wurde dieser Reichstag am 15. März 1529.

verwandt auch unterschrieben und sembtlich von demselben abschiede an ein gemein, frei, Christlich Concilium und an jeden unvordechtigen Richter appellirt.

∥ In diesem Jar im September belagerte der Türke die Stadt Wien mit 300 000 Man und stürmete hart davor, muste mit schanden abziehen, verlor davor 80 000 man. In Wein war pfaltzgraf Friedrich und hielte sich ritterlich.

In diesem Jare umb Laurenti war hier die newe plage oder kranckheit die Sweissucht oder der Engelische sucht genant, war ein heftig pestilentzisch fiber[1], und regirte bei 14 tagen, daran sturben viel leute.

In diesem Jare hatte sich die Elbe oft ergossen und sein 16 wasser nach einander in diesem Jare komen, hat großen schaden an wiesen und gras gethan, auch viel Dorfer im Barbyschen winckel[2] weggetrieben.

Im Jar 1530 ist der Keiser aus Hispanien ∥ wieder in deutsche lande komen. Er war ausgewesen gantzer neun Jar.

Do hielte er einen Reichstag zu Augsburg, da überantworteten die Fürsten und Stedte dem Evangelio verwandt dem Keiser ihrer lehr und glaubens Confession und bekentnis. Diese Confession wolten die Papisten ja widerlegen und dorsten doch dieselbe ihre widerlegunge nicht an den tagk bringen, übergaben sie dem Keiser, wolten aber dem kegentheil keine Copeien zukommen lassen, sie solten dan absagen, dieselbe nicht im Druck zu publiciren. Die sache wart erstlich durch vierzehn, darnach durch sechs personen, welche beiderseits zu einem ausschos geordnet waren, gehandelt, aber alles vergeblich. Der Keiser begerete vom Churfürsten von Sachsen und Landtgraven und Stedten ∥ sie solten derselbigen lehre abstehen, aber sie wolten nicht, sondern sagten, sie weren nicht überweiset, das ihre übergebene Confession unrecht were und zweifelten nicht, keme die sache vor ein gemein, frei Christlich Concilium, sie würde da bestehen. Also schied man von dannen in ungnad des Keisers[3].

2. 'gemein' fehlt B. 6. 'und stürmete ... 80000 man' fehlt B. 10. durnuon B.
16. 'do' und 'er' fehlt B. 22. erst B. 25. derselbigen B. 27. vorgebene B.

1. Diesen Namen hatte die Krankheit daher, daß sie mehr als dreißig Jahre zuvor zuerst in England aufgetreten war, von wo sie über die Seestädte nach dem Innern Deutschlands verschleppt wurde. Pomarius giebt auf S. 617 seiner „Chronica der Sachsen und Niedersachsen" eine ausführliche Beschreibung der Krankheit.
2. Dieser Satz ist von Bulpius Magnificentia Parthenopolitana, S. 199 fast wörtlich übernommen. — Unter dem Barbyschen Winkel versteht man die Gegend an der Einmündung der Saale in die Elbe. Die Landstadt Barby, früher der Sitz der 1659 ausgestorbenen Grafen von Barby, liegt 3¾ Meilen südöstlich von Magdeburg.
3. Der Reichstagsabschied trägt das Datum des 19. November 1530.

Im selben Jare den 22. Decemb. kamen die Fürsten als der Churfürst von Sachsen Landtgraf von Hessen und graf Albrecht von Mansfeldt, auch viel Stedte als Magdeb. Bremen und ander zusammen zu Smalkalden, und richteten unter ihne ein verbündtnis auf bei einander zu stehen, so jemandt unter ihne der lehr halben angefochten würde. In dis verbündtnis sein hernach viel mehr Fürsten und Stedte komen || und fast der großer teil des deutschen landes außerhalb die Bischove.

In diesem Jare ist der galgen vor der Newstadt aufgerichtet und der erste, der daran gehangt ist, war ein Münch von Berge[1].

Im Jar 1531 den 5 Januarii ist uf beger des Keisers Karoli, nachdem er wider wegfertig war in seine lande zu ziehen, zu einem Römischen Könige erwelet Ferdinand der König von Ungern und Behmen des Karoli bruder. Und ist daruf folgendes 11 Januarii zu Ach gekronet worden. Aber der Churfürst von Sachsen wolte in dieselbe wahle nicht willigen.

Als im vorigen Jare die protestirenden vom Keiser in seiner ungnadt abgeschieden || waren wie obgemeldet ist, als schlugen sich in diese sachen pfaltzgraf Ludwig und B. Albert von Meintz und Magdeb. handelten zwischen dem Keiser und protestirenden und ist die sachen den 3 Junii Ao 1532[2] vertragen, also das der Keiser der Religionssachen einen anstandt willigte bis uf ein Concilium, mitler weile sole keinem wegen der religion eintrag geschehen. Item alle gerichtsforderunge solten in religionssachen im Cammergerichte hangende suspendirt und ufgehoben sein, und solten die protestirenden (welcher itz 17 Fürsten und 24 Stedte waren) dem Keiser alle unterthenige Dienste mit leib und gute erzeigen. Zu diesem friedlichen anstande half sehr, das der Türck mit großer gewalt in Ungerlandt gefallen war und der Keiser || ein gemaine hilf vom deutschen lande begerete, als dan auch auf solchen anstandt zu Regensburg ein Reichs-

6. Stende B.   7. großeste C.   8. Neustadt Magdeburg B.   16. 'ist' fehlt B.
'als' fehlt C.   20. verbessert statt der unrichtigen Lesung 'so' A.   23. 'ist' statt 'itz' C.
25. freundlichen C.   26. 'war' fehlt C.

1. Das von diesem Mönch begangene Verbrechen wird nirgends angeführt. — Das aus dem 937 gegründeten Moritzkloster in Magdeburg hervorgegangene und 969 auf seinen späteren Platz verlegte, Johannes dem Täufer geweihte Benediktinerkloster vor Magdeburg wurde im Jahre 1813 demoliert. Es lag südlich von der alten Sudenburg, da wo sich jetzt der auf den Trümmern des Klosters seit 1825 errichtete Friedrich-Wilhelms-garten, der südliche Park Magdeburgs, befindet. Die mit dem Kloster verbundene und am 30. März für immer geschlossene Schule gehörte zu den berühmtesten Schulen von ganz Deutschland, die auch von Jünglingen fürstlichen Geschlechts besucht wurde.

2. Abgeschlossen wurde der Nürnberger Religionsfriede erst am 23. Juli 1532.

tagt gehalten solche hilf von allen deutschen Fürsten gewilligt und der Türcke hinter Lintz¹ geschlagen worden.

In diesem Jare mitwochen nach Misericordias Domini schneiete es und war sehr kalt. *Apr. 17.*

Imselben Jare Montags nach aller heiligen tage zwischen 12 und 1 donnerte es und blitzet und schlug den seiger entzwei zu S. Ulrich² und zündete die Kirchen ahn, wardt aber bald und ohne schaden geleschet. *Nov. 4.*

In diesem Jare stund ein Comete im September und October.

Im Jare 1533 im Martio zoge der Keiser wider in Hispanien.

Imselben Jare Jubilate. Ist hier ein großer ‖ Stohr gefangen in der Elben war 6 Ellen lang und wug 4 Ct. 32 ℔³. *Mai 4.*

Imselben Jare am tage Johannis et Pauli bestetigte B. Albert Scheppen zu Magdeb. *Juni 26.*

Im Jar 1534. Erhub sich zu Münster in Westvahlen ein erschrecklich Ding. Die widerteufer hatten heimlich woll ein Jar ihre lehre und Zusammenkünften daselbst unter einander gehabt, dis Jar brachen sie künlichen aus und begunten offentlich zu lehren und zu predigen und ihrer war so viel, das eins malen sich mit den andern bürgern schlagen dorften, wie sie aber sahen, das ihne die bürger wolten zu starck werden, sagten sie zu was sie solten und machten friede mit ihne, luden aber unter dem die andern ihre mitschwermer ‖ aus dem Niderlande zu sich in die Stadt und sterckten sich bald so sehr, das aus furcht die vornembsten und reichsten bürger sich aus der Stadt begaben. Dis alles geschahe im 33 Jare, wie sie nu also gewonnen sahen, samleten sie sich und nahmen das Rathaus ein und erweleten ihne einen neuen Ratt, plünderten alle kirchen, trieben aus der Stadt die ihrer Secte nicht waren noch dieselbe annehmen wolten, machten alle ding unter ihne gemein, erweleten ihne propheten und einen Konig und sagten unter ihr reich gehorete die gantze welt, trieben viel schande und bosheit. Der B. von Münster mit Hilf der umbliegenden Fürsten belagerte die Stadt, im Maio Anno 1534 und schlug sieben blockhäuser davor, stürmete ‖ auch zwier, eins umb pfingsten zum andern *Mai 24.*

5. 11 B.   10. Eodem Anno B.   21. 'ihre' fehlt B.

1. Die Schlacht, deren Localität nicht näher angegeben ist, fand am 19. September statt.
2. Die westlich des Breitenweges gelegene S. Ulrichskirche wird urkundlich zuerst 1195 genannt und ist wahrscheinlich zu Ende des 11. oder Anfang des 12. Jahrhunderts erbaut.
3. Bis vor etwa 10 Jahren wurden in der Elbe bei Magdeburg, und namentlich unterhalb des Krakauer Wehrs in der Alten Elbe große Störe in Menge gefangen. In Folge der Vermehrung der Dampfschiffe ist der Störfang bei Magdeburg in den letzten Jahren aber sehr zurückgegangen.

Aug. 24. umb Bartolomei, aber schaffete nichts. Der Konig in Münster Johan von Leiden genant ein Schneiderknecht gewesen nam 17 weiber. Wie die Stadt nu ... lang belagert war, nam der hunger brinnen überhandt, also das viel leut hungers sturben und wart den 24 Julii Anno 1535 in der nacht Johannis Baptiste erstiegen und mit gewalt erobert. Der Konig Johan von Leiden sambt seinen beiden propheten Crechting und Knipperbolling wurden mit glüenden Zangen zerrissen² und in einem eisen korben zu einem ewigen gedechtnis³ auf S. Lamberti thurm ausgehengt.

Aug. 10. Im Jar 1534 umb Laurenti ist der große schützenhoff von allen umbliegenden ‖ Stebten hir gehalten worden⁴.

Im Jar 1535. Zog der Keiser in Aphricam und gewan da das Künnigreich Thunis⁵.

In diesem Jare wart auch das Schmalkaldische büntnis erneuert und viel Herren und Stebte darin genohmen⁶.

Im Jar 1536 war theurung. Der wispel weitze galt 24 gulden⁷ der rogke 24 fl. der haver 12 fl.

In diesem Jare ist das rundel bei die Sudenburg⁸ in die Elben gelegt, und die maur ist im fundament über 36 schuh dicke.

Im Jar 1537 hielten die protestirenden Stende einen tagk zu Schmalkalden und der Keiser sandte dahin seinen Cantzler Mattiam

---

3. Die der [späteren] Ergänzung bienenden Punkte fehlen B. 4. 25 B. 7. glünzigen B. 8. ausgehenget C. 9. Schultzen Hoff B. 16. In B folgt dieser Satz erst nach dem nächsten.

---

1. Die Länge der Belagerung ist nicht angegeben; behufs späterer Ausfüllung ist hier eine Lücke gelassen. — Erst am 24. Juni 1535 wurde Münster vom Bischof zu Münster und vom Grafen von Oberstein erobert.

2. Die Hinrichtung Johann von Leidens sowie Krechtings und Knipperbollings erfolgte am 23. Januar 1536.

3. In der Handschrift A findet sich hierzu folgende, anscheinend aus dem Ende des 17. Jahrhunderts stammende Randnotiz: „NB. Die Körbe hangen da noch."

4. Während dieses Schützenhofes d. h. Schützenfestes wurde von den Schülern des Stadtgymnasiums das vom Rector Georg Major und von Joachim Greff, einem Lehrer des Gymnasiums, verfaßte Festspiel von dem Erzvater Jacob und seinen Söhnen öffentlich aufgeführt. Vgl. Hoffmann, a. a. O. 1. Bd. S. 454, und W. Kawerau's Aufsatz über „Joachim Greff in Magdeburg." Magdeb. Geschichtsbl. 29. Jahrg. 1894. S. 154—177.

5. Der Zug Karls V. gegen Tunis fiel in die Monate Juni bis August 1535.

6. Die Aufnahme der neuen Mitglieder des Schmalkaldischen Bundes erfolgte am 24. December 1535.

7. Ein Gulden galt damals 21 Groschen, beinahe einen Thaler.

8. Das nachmalige, am südlichen Ende des heutigen Fürstenwalls gelegene Bastion Cleve, das erst Anfang der siebziger Jahre, zu Beginn der Stadterweiterung Magdeburgs, niedergelegt ist. Im Jahre 1536 war man auch sonst noch um den Festungsausbau Magdeburgs bemüht. Denn nach der Butze'schen Chronik (S. 287) wurde in diesem Jahre auch mit dem Bau des Zwingers vor der Neustadt hinter dem Ziegelhofe begonnen.

Heldum¹, da wurde von zwen artikeln gehandelt. Erstlich des Kammergerichts halben das sich dasselbe vieler geschefte und hendel über der Religion und Religionssachen gegebenen anstandt unterwünde, zum andern, das der Keiser die jenigen, so nach gegebenem anstande Anno 32 sich zu den protestirenden begeben, nicht wolte mit in denselben anstandt gezogen haben. Es wart aber hierin nichts vereiniget.

In diesem Jare hatte der Babst ein Concilium ausgeschrieben gen Mantua². Dasselbe Concilium recusirten die protestirenden, weil es nicht in deutschen landen angelegt war. Der Konig von Engelandt schrieb auch wider dasselbe Concilium.

Im Jar 1538 im Martio hielten die protestirenden einen tag zu Brunschweig, da wolte Hertzog Heinrich von Brunschweig dem Churfürsten und landtgraven kein Geleite zusagen durch sein landt, darumb musten sie ohne geleite hindurch ziehen, hievon kam hernach viel unlust und krieg wie folgen wirt.

Der Helbus, des Keisers Kantzler, wie er im vorigen Jare zu Smalkalden die sach nach seinem willen nicht konte beschaffen, brachte er darauf so viel zu wege, das die Bischove Meintz und Saltzburg, Hertzog Heinrich von Sachsen, Hertzog Erich und Heinrich von Brunschwig, Hertzog Ludwig und Wilhelm von Beyern sich zusamen verbunden wider die Lutherische lehr zu stehen³. Und dieses bundes solten heubtleute sein Hertzog Ludwig von Beyern und Hertzog Heinrich von Brunschwig. Weil nu Hertzog Heinrich ohne das unrugig und dem Landtgraven feindt war, unterstunde er sich viel, schickte seinen Secretarium mit brieven und Instruction ahn den B. von Meintz und Kantzler Heldum, vermanete sie die sachen mit der faust anzugreifen. Dieser Secretarius wart vom Landtgraven ungeferlich im ende des Decemb. ergriffen⁴ und wie die offene Instruction die Werbung gnugsam entdecken, bricht der Landtgrave beide brieve und lieset sie. Aus diesem briefbrechen nu und aus der versagung des geleites, davon oben gesagt, erhuben sich allerlei schrifte und druck zwischen dem Landtgraven und Hertzogen auch dem Churfürsten von Sachsen, welche letzlich auf die

---

7. In *B* ist 1537 hinzugefügt.   28. sie *B*.   29. 'aus' fehlt *C*.

1. Der Reichsvicekanzler Held erschien im Februar 1537 auf dem Schmalkaldener Convent.
2. Das auf den 23. Mai 1537 nach Mantua ausgeschriebene Concil wurde in der Folge von einer Zeit zur andern verschoben und zuletzt nach Vicenza verlegt und kam schließlich gar nicht zu Stande.
3. Dieses am 10. Juni 1538 zu Nürnberg abgeschlossene Bündniß ist unter dem Namen des heiligen Bundes bekannt.
4. Die Aufgreifung des Secretairs des Herzogs von Braunschweig erfolgte am 30. December 1538.

heftigsten und giftigsten schmehe und scheltwort ausliefen. Und im grunde war dis fast die vornembste ursach, darumb hernachmaln der Hertzog von Brunschwig vom Landtgraven und seinen anhengern oder buntsverwandten überzogen und darnach sich der Krieg mit dem Keiser erhoben.

Im Jar 1539 war pestilentz hir und finge an umb heermessen¹ und sturben inwendig 20 wochen 1651 menschen in der Altenstadt. Die erste wochen 45 tobten; die ander woch 63. III: 82. IV: 86. V: 90. VI: 95. VII: 106. VIII: 120. IX: 130. X: 125. XI: 152. XII: 100. XIII: 86. ‖ XIIII: 98. XV: 16. XVI: 52. XVII: 60. XVIII: 46. XVIIII: 39. XX: 16. Summa 1651².

In diesem Jare ist der Rolandt³ gemalet worden.

Im Jar 1540 waren Mordbrenner in gantz Deutschlandt und wurden ihrer viel allenthalben begriffen und gebrant. Die Stadt Eimbeck brante gar aus⁴, also das nicht ein Haus bestehen bliebe, und verdorben daselbst vierdehalb hundert menschen jung und alt, die dem feur nicht entkomen konten.

Aug. 24. Umb Bartolomei⁵ war hir auch gros feur von Mordbrennern ein-

---

7. 'tobten' fehlt B. — Die nachfolgenden Ziffern sind in B und C zum Theil unrichtig abgeschrieben. Auch in A stimmt die Summe nicht.

1. Die Heermesse war der an die kirchliche Feier des Mauritiusfestes sich anschließende und in früherer Zeit acht Tage, vom Mauritiustage (22. September) bis zum Michaelistage (29. September) dauernde große Jahrmarkt, während dessen der Rat der Altstadt die Jurisdiktion über den zum Erzstift gehörigen Neuen Markt hatte. Ob man Hehr-, Heer- oder Herrenmesse schreiben soll, ist trotz der mancherlei hierüber geführten Untersuchungen, um deren Förderung sich namentlich G. Hertel und G. Sello verdient gemacht haben, noch nicht völlig klar. Bei der lateinischen Bezeichnung des Namens dieses Hauptfestes der magdeburger Geistlichkeit und der gesammten Bürgerschaft: festum dominorum ist wohl an die Heiligen, nicht an die die Messe selber celebrirenden Domherren zu denken; die ältesten deutschen Formen des Namens sind „herre-misse", „herrene-misse", „berne-misse" und ähnlich. S. besonders den Aufsatz von G. Hertel: „Heermesse oder Herrenmesse?" und die Abhandlung von G. Sello: „Dom-Alterthümer" (Magdeb. Geschichtsbl. 22. Jahrg. [1887] S. 45—52, und 26. Jahrg. [1891] S. 175 ff.).

2. Die Summe stimmt nicht. Die genannten wöchentlichen Sterbeziffern ergeben zusammen die Zahl 1607. Die falsche Summe 1651 hat auch Dulpius in seine Magnificentia Parthenopolitana S. 211 übernommen.

3. Der Roland, der 1409 erneuert und 1459 wiederum neu, und zwar aus Stein gebaut worden war, stand auf dem Alten Markte nördlich vom Denkmal des Kaisers Otto. Bei der Zerstörung Magdeburgs von 1631 sank auch der Roland in Trümmer und ist nachher nicht wieder aufgerichtet worden. Die einzige, bisher bekannt gewordene ältere Abbildung der magdeburger Rolandsäule befindet sich in Johann Pomarius' Chronik der Sachsen und Niedersachsen. Nach der Butze'schen Chronik (S. 293) erfolgte die Erneuerung des Rolands, wie auch des Rathauses und des Kaiser Otto-Denkmals erst im Jahre 1540.

4. Die, damals namentlich durch ihre Bierbrauerei blühende Stadt Eimbeck brannte am 26. December 1539 ab.

5. Die Pomarius'sche Chronik (S. 646) nennt das genaue Datum dieses Brandes: Donnerstag nach Bartolomei (26. Aug.) und bemerkt gleichzeitig, daß

gelegt, das Haus zum Christoffel¹ am breiten wege nahendt dem Newen marckte gelegen brante weg!, von da kam das feur ‖ uf S. Nicolai kirchen², die brante auch weg! sambt dem kreutzgange und zwen ober drei pfaffenhove.

Dis Jar war ein truckener und warmer sommer, derhalb geriet der wein gar woll.

Im Jar 1541 waren noch viel Mordbrenner in Deutschlandt und wurden viel begriffen und mit rauch gerichtet. Dieses mordbrennens gab man schuldt Hertzog Heinriche von Brunschwig.

In diesem Jare ist ein Reichstag gehalten zu Regensburg und sein zu einem Colloquio erwelet 6 gelarter, von den Papisten drei, als Julius Pflug, Joh. Eccius, und Joh. Gropperus, von den Evangelischen auch drei, als Phili. Melanthon, Bucerus, und Joh. Pistorius. ‖ Presidenten waren pfaltzgraf Friderich und Granavell, Keiserlicher Kantzler³. In vielen artikeln wurden sie einig, aber in etlichen konten sie nicht einig werden. Des Babstes Legaten Cardinal Casparo Contareno war das Colloquium ober unterredung heftig zuwider, wolt nicht darin willigen, sondern sagte, dem Babste gehoreten solche sachen an dieselben zuentscheiden.

In diesem Jare⁴ hat der Türck die Stadt Ofen in Ungern eingenommen.

Im Jar 1542 in der Erne fiel ein grosser Hagel hir zu Magdb. war als gros fast als hünereyer und zerschlug und verterbe viel kornes im selbe.

‖ In diesem Jare thate das Reich einen gewaltigen Zug in das

13. Pfaltzgraff Friederich vonn Granaviell *B*. 18. 'in Ungarn' fehlt *B*. 20. Jnn diesem *B*.

---

das Feuer in Henning Hermans Hause in der Lebergasse (der heutigen Leiterstraße) ausgekommen sei. Nach der Butzeschen Chronik hieß der eben genannte Bürger Henning Hermes.

1. Dieses Haus muß auf der südlichen Seite der den Breitenweg mit der (heutigen) Prälatenstraße verbindenden Leiterstraße gestanden haben, die einen Teil der Grenze des Neuen Marktes gegen die unter der Jurisdiktion des Rats stehende eigentliche Altstadt bildete.

2. Die jetzt als Artillerie-Zeughaus benutzte, an der Nordwestecke des (heutigen) Domplatzes belegene Nikolaikirche existierte schon vor dem unter dem neunten magdeburger Erzbischof Adelgot (1107—1119) erfolgten Gründung des Nikolaistifts. Die älteste Nikolaikirche, die vom sechsten Erzbischof Hunfried (1024—1051) erbaut sein soll, lag aber nicht an der heutigen Stelle, sondern weiter südlich, ungefähr da, wo sich jetzt die Türme der Domkirche befinden. Ausführlich habe ich die Geschichte der Nikolaikirche behandelt in dem in Nr. 4 der „Blätter für Handel, Gewerbe und sociales Leben (Beiblatt zur Magdeburgischen Zeitung)" von 1896 abgedruckten Aufsatze: „Vom Garnison-Lazareth und vom Artillerie-Zeughause".

3. Als Vertreter Magdeburgs weilte damals Nikolaus von Amsdorf in Regensburg. Eröffnet wurde der Reichstag zu Regensburg im April 1541.

4. Am 2. September.

ungerlaubt und belagerten Ofen[1], ihr Feldtoberster war margraf Joachim von Brandenburg. Es wart aber nichts ausgerichtet und der Keiser war aber in Hispanien.

In diesem Jare zoge der Churfürst von Sachsen, Landtgraf von Hessen und ander des Schmallaldischen bundsverwandten und unter denselben auch die von Magdb. vor Wolfenbüttel, gewonnen das schlos und gantzes Hertzogthumb Brunschwig[2]. Von ursachen warumb ist vorher vermeldet.

Im Jar 1538 über das hatte der Keiser geboten allen Stenden, als er in Hispanien zoge, friede zu halten und doch plagte Hertzog Heinrich die beide Stedte Brunschwig und Goslar ufs heftigste, derhalb rieffen sie ihre bundsverwandten an und wart ihne geholfen wie obgemeldet.

Im Jar 1543 umb Bartolomei war gros feur[3] bei dem Rathause und branten daselb 7 oder 8 Heuser weg und verbranten 5 kinder. Derselbe platz blieb unbebawet und ist der krautmarckt oder krentzemarckt[4] da.

Im Jar 1544 war hir ein geuckler, flohe ufm marckt offentlich uf einer linien von Moritz Almans Hause kegen dem Roland über[5].

Imselben Jar war ein Reichstag zu Speier[6], da begerete der Keiser das die protestirenden das landt zu Brunschwig bis zu austrag der sachen sollten einantworten, das bewilligten sie.

Imselben Jare wart hir die Kleider- und wirthschaft-ordnung[7] vorgenohmen und gemacht, werete aber nicht lang[8].

---

1. Joachim Friederich *B*. 21. 'ein' statt 'die' *B*.

---

1. Die Belagerung von Pest, das von Ofen aus fortwährend Unterstützung erhielt, fiel in den Herbst des Jahres 1542.

2. Wolfenbüttel und das Herzogtum Braunschweig wurde von den Verbündeten im August 1542 erobert.

3. Die Butze'sche Chronik (S. 297 f.) erzählt von diesem Brande noch ausführlicher und giebt auch dessen genaues Datum an: Dienstag nach Laurentii (14. August) 1543. Die Pomarius'sche Chronik hat ihre Angaben (S. 652) aus Butze entlehnt.

4. Genauer läßt sich die Lage dieses Platzes nicht mehr bestimmen.

5. Auch die Lage dieses Hauses ist nicht nachzuweisen. Der Besitzer desselben, Moritz Alemann, ist vermutlich derselbe, der im Jahre 1547 Kämmerer war. Vgl. die „Denkschrift über die Familie von Alemann", Magdeburg, 1890.

6. Dieser Reichstag wurde am 21. Februar 1544 eröffnet.

7. Der Titel dieser damals auch gedruckt erschienenen Verordnung, von der die Stadtbibliothek zu Magdeburg ein Exemplar besitzt, lautet: „Des Rades der Oldenstadt Magdeborch Ordenunge, auer Ehebrod Gelöffte Werthschop vnd Kleybunge", 11 Bogen 4°. Diese Verordnung war eine Erneuerung und Ergänzung der im Jahre 1505 gegen den übermäßigen Aufwand seitens des magdeburger Rats erlassenen Verordnung. Eine Abschrift davon findet sich in dem niederdeutschen Exemplare der Schöffenchronik.

8. Aehnliche Verordnungen wurden in den Jahren 1560 und 1570 erlassen.

Im Jar 1545 war ein Reichstag zu Wurmbs[1], da begerte der Keiser von den Fürsten in das Concilium vom Babst zu Tribent angesetzt zu willigen und daneben eine hilf wider die Türcken. Die Fürsten begerten ein frei christlich Concilium in deutschen landen, da der Babst nicht allein Richter wer sonder alle gelarten. Daruf ist aber ein Colloquium zu Regensburg angestalt worden.

In diesem Jare samlete der veriagte Hertzog von Brunschwig ein kriegsvolck und zog mit gewalt in sein landt daßelbe wider zu erobern. Aber wart baldt vom Landtgraven getrennet und Er neben seinem sohn Hertzogen Carl Victor gefangen[2].

In diesem Jare starb B. Albrecht Cardinal Ertzb. zu Magdb. und Meintz[3].

In diesem Jare ist wider zu Bischove erwelet Johan Albert[4] ein Margraf von Brandenburg, der vorher des Stifts Coadiutor war, ist aber nicht eingefüret worden[5].

Im Jar 1546 wart allenthalben ein gemein geschrei, der Keiser wolte die protestirenden überziehen und bekriegen, aber der Keiser entschuldigte sich und verneinete, doch zeigte hernach das werck und geschichte etwas.

Imselben Jare den 7 Januarii hat der Babst das Concilium zu Tribent angefangen.

Imselben Jare den 27 Januarii ist das Colloquium der gelarten im vorigen Jare gewilligt angefangen zu Regensburg. Die Collocutores waren wegen der Papisten Petrus Maluenda Hispanus, Eberhartus Billicus Carmelita, Johan Hofmeister[6] Augustanus und Johannes Cocleus, und wegen der protestirenden Bucerus, Brentius, Georg. Maior

---

1. und 4. 'belagerte' statt 'begerete' *C*. 18. Zusatz 'erst' nach 'verneinete' *B*. 20. Die Worte: 'hat der Babst ... 27 Januarii' fehlen *B*. 22. 'Collegium' statt 'Colloquium' *C*. 23. Zusatz 'und' nach 'gewilligt' *C*.

1. Dieser Reichstag begann am 24. März 1545.
2. Heinrich der Jüngere von Braunschweig ergab sich mit seinem Sohne Carl Victor am 21. October 1545 dem Landgrafen Philipp von Hessen, der sie nach Cassel und von da nach Ziegenhain führen ließ, wo sie bis zum Jahre 1547 in Haft blieben. Vgl. die Schrift von Er. Brandenburg, Die Gefangennahme Herzog Heinrichs von Braunschweig durch den Schmalkaldischen Bund. Leipzig 1894.
3. Kardinal Albrecht starb im 56. Lebensjahre und im 32. seiner Regierung am 24. September 1545 auf der Martinsburg zu Mainz, wo er für gewöhnlich residierte, seitdem er im Jahre 1541 das Erzstift Magdeburg verlassen hatte.
4. Der vom Volke wegen eines Beinschadens „der lahme Bischof" genannte Erzbischof Johann Albrecht, Markgraf von Brandenburg-Ansbach, war der Bruder des Herzogs Albert von Preußen und ein Vetter des Kardinals Albrecht. Zum Coadjutor des Erzstifts Magdeburg war er schon im Jahre 1537 gewählt worden.
5. Dem Erzbischof wurde von der Stadt Magdeburg die Huldigung nicht geleistet. In Halle fand die Huldigung am 25. Mai 1546 statt.
6. Johann Hofmeister war Augustiner-Provinzial.

und Erhardus Sneppius. Presidenten waren B. Mauritius von Eistett und graf Friedrich von Fürstenberge. Wie man nu etliche tage sich über der Augsburgischen übergebenen Confession unterredet, hat der Keiser dahin geschrieben und begert, sie solten Jultum Pflug ‖ zum dritten presidenten annehmen, und was gehandelt würde, solte ein ieder bei seinem eibe in geheim behalten und nichts davon sagen, bis es den Reichstenden und dem Keiser vorher vermeldet were.

Hieruf antworten die Theologen der protestirenden, das den britten presidenten anzunehmen[1] ihne nicht zuwider were, aber in geheim zuhalten was da geredt oder gehandelt würde, künten sie nicht thun, dan sie mit dem bevehl von ihren Fürsten gesandt weren, das sie ihne solten die Handlung vermelden und zuschreiben.

Hierüber handelte man etliche tage und die presidenten schrieben dem Keiser, desgleichen der protestirenden Theologen den Churfürsten und Lantgrafen. ‖ Daruf forderte der Churfürst die seinen stracks abe, und wie dieselben wegzogen, namen die andern auch ihren weg nach Haus, und erwarteten des Keisers ankunft nicht. Also zerging das Colloquium.

Febr. 18. Mitler weile den 18. Februarii. In die Concordiae virginis starb D. Martinus Luter zu Eisleben seines alters 63 Jar und wart von dannen todt gen Wittenberg gefüret und daselbst in der Schloskirchen vergraben.

Wie der Keiser gen Regensburg kam und der Theologen wegziehen vernam, auch das sonst keiner von den protestirenden Fürsten selbst personlich da war, wart er darüber bewegt. Und nachdem er vorher willens war die protestirenden zu überziehen, auch sich deshalb mit dem Babst als man sagte verbunden hatte, wart er hierdurch vollent entschlossen den krieg vorzunehmen, sandte aus nach werbung reuter und knechte, forderte auch vom Babst die zugesagte hilf wider die protestirenden, als nemlich 12000 zu fus und 500 zu ros, und schrieb an den Herzog von Wirtenberg und die oberlendischen Stedte. Er were willens etliche ungehorsame Fürsten zu überziehen, begerte sie nichts anders sich zu ihme versehen und sich nichts solten bewegen lassen. Aber sie kereten sich daran nicht, sonder zogen mit dem Churfürsten und Landtgrafen zu selbe. Der Keiser that den Chur-

---

1. 'Sneppius' fehlt B. 3. 'übergebenen' fehlt C. 6. 'ingeheim'. 7. 'dem' und 'vorher' fehlen B. 6. Zusatz 'eher' nach 'davon' C. 9. 'ihne' fehlt B. 10. 'undt' statt 'oder' B. 14. 'die' statt 'der' B. 20. 'begraben' statt 'vergraben' B. 23. 'personlich' fehlt B. 27. 'nach' fehlt C. 30. 'Stende' statt 'Stedte' B.

1. In der Handschrift A doppelt.

fürsten und Landtgrafen in die Acht[1], dakegen schrieben sie alle beide dem ‖ Keiser ihre lehn eidt und pflicht auf.

Der Keiser lage in Beyern zu Landtshut[2], hatte die Zeit nicht mehr dan 3000 Spanier und 5000 deutscher Knechte und 700 reisigen[3]. Die protestirenden waren starck zu selbe[4] und zogen starck nach Regensburg. Mitler weile kamen dem Keiser noch zu 6000 Spanier und 10000 Italianer[5] fusvolcks und 500 zu ros. Diese Italianer schickte der Babst dem Keiser. Bei Ingelstadt lagen beide Heer kegen einander, die protestirenden schossen gewaltig in des Keisers lager, thaten aber nichts mehr dazu. Etliche rieten man solte den Keiser in seinem lager, weil er schwach von volcke war, überfallen. Doch verblieb es und dies war der anfang des unfals und unglücks der protestirenden, dan hetten ‖ sie es gethan, der Keiser were des tages, wie sein eigen volck hernachmaln bekennet hat, geschlagen gewesen. Nach wenig tagen kam der graf von Büren mit einem großen Haufen niderlendisch volcks ins Keisers lager[6], und war nuhmehr der Keiser den protestirenden gleich starck zu selbe. Darnach lagen sie kegen einander zu Donawerde, darnach bei Gengen und geschahen allenthalben kleine scharmützel, aber zur rechten feldtschlacht kame es nicht. Dis werete also den ganzen sommer. Bis das im October hertzog Moritz von Sachsen dem Landgraven und Churfürsten schriebe, wie ihme von Keis. Majestät bevolen war[7], des Churfürsten lande einzunehmen, und wo er solchs nicht thun würde, wolte ‖ Konig Ferdinand solchs thun, dan er der Churfürst hette dem Keiser die lehn seiner lande aufgeschrieben[8].

Der Churfürst, Landtgraf und kriegsrehte schrieben wider[9] und baten

---

13. 'hat' fehlt C.   21. In B folgt nach 'einzunehmen' der Zusatz: 'nachdem er mit dem Churf. in gesambter Lehen sehe'.

1. Das kaiserliche Decret, wodurch der Kurfürst von Sachsen und der Landgraf von Hessen in die Reichsacht erklärt wurden, wurde am 20. Juli 1546 in Regensburg publicirt.
2. Am 3. August 1545 verließ der Kaiser Regensburg und bezog das feste Lager bei Landshut.
3. Hierin folgt die Schöffenchronik ersichtlich den Angaben Sleidan's in Commentarii de statu religionis etc. lib. XVII.
4. Das gesammte Bundesheer zählte wenigstens 50000 Mann.
5. Der Zuzug der unter dem Befehl Octavio Farnese's stehenden päpstlichen Truppen erfolgte am 15. August 1546.
6. Der Graf von Büren traf mit einem 20000 Mann starken niederländ. Heere in Ingolstadt ein. Ueber Büren und sein Verhältniß zum Kaiser s. die Schrift von Er. Brandenburg, Karl V. und Maximilian Egmont, Graf von Büren. Freiburg i. B. und Leipzig, 1895.
7. Dieser Befehl des Kaisers an Herzog Moritz war schon am 1. August 1546 ergangen.
8. Ueber das Schreiben des Herzogs Moritz an den Kurfürsten Johann Friedrich vgl. auch Sleidan, a.a.O. lib. XVIII.
9. Vgl. hierzu Hortleber, Von den Ursachen des deutschen Krieges Kaiser Karl des Fünften wider die schmalkaldischen Bundesverwandten, Th. II, Bd. III, C. 38, S. 483—485.

und vermaneten solchs nicht zuthunde, aber es half nicht, sonder er fur fort und nam das landt nach einander ein, und hatte bei sich etliche husseeren, das ist ungerische reuter, die hatte ihme konig Ferdinandt zu hilf gesandt. Derhalb zog der Churfürst mit seinem volck abe von den protestirenden, sein landt zuvorteibigen. Auch beschwerten sich die überlendischen Stedte mehr gelt zu senden, weil gar nichts ausgerichtet wart, sonder suchten bei dem Keiser vertrags und wurden alle zu gnaden angenohmen. Musten doch eine statliche summa gelbes dem Keiser zu straff geben und ihme einen fusfall thun. Der Religion aber wart in diesen aussonungen keins worts gedacht. Von diesem kriegen ist hier etwas weitleuftiger geschrieben, damit die nachkomen derselben einen gewissen bericht haben mochten, wie die Stabt Magdb. in die schwere beharliche belagerung komen sei, dan aus diesem kriege der protestirenden hat sich die Magdeburgische belagerung erspunnen.

Inwendig diesen kriegen haben die von Magdb. den graben und wall zwischen der Sudenburg und Altenstadt[1] gemacht und das thor[2] daselbst gebawet, hirzu haben sie das Carmeliten Kloster[3], welchs an der Ecke nach selbe wart in der Sudenburg an der alten stabt lag, auch die Kirche S. Ambros[4], welchs die pfarkirchen der Sudenburger war, sambt dem Kirchove und sonst viel pfaffenhove nidergerissen, damit sie ihne raum zu diesem gebew machten[5]. Den Sudenburgern hat man zu predigen S. Sebastians Kirchen[6] eingegeben. Sie haben auch das Closter Berge sambt

---

5. 'die' fehlt B.   9. 'wirdt' statt 'wart' B.   10. 'hier' fehlt B.   12. 'gefehrliche' statt 'beharliche' B.   14. 'entspunnen' statt 'erspunnen' B.   16. 'gemacht' statt 'gemocht' C. 19. 'dem' statt 'nach' C.   19. Die Worte 'S. Ambros ... Sudenburger' fehlen B.

1. Bis zum Jahre 1546 war die Befestigung Magdeburgs auf seiner Südseite, zwischen der Altstadt und der fast unmittelbar mit ihr zusammenhängenden Sudenburg nur eine mangelhafte.

2. Gemeint ist das 1546 gebaute, oder wenigstens fertig gestellte alte Sudenburger Thor, das bis zu seiner durch die Stadterweiterung im Jahre 1871 bedingten Entfernung am Südende des Breitenweges gelegen hat. Das während der Stadterweiterung gebaute und weit nach Südwesten vorgeschobene neue Sudenburger Thor ist behufs besserer Verbindung der Altstadt mit der Sudenburg Anfangs 1896 abgebrochen worden.

3. Bei ihrer um 1336 erfolgten Niederlassung in der Sudenburg hatten die Karmelitermönche ihr Kloster so nahe an der Mauer der Altstadt erbaut, daß sie sich im Jahre 1338 auf Verlangen des Rats schriftlich verpflichten mußten, ihr Kloster zu räumen und abzubrechen, wenn die Befestigung der Stadt auf der Südseite notwendig werden sollte.

4. Diese Kirche soll im Jahre 1398 vom Erzbischof Albrecht IV. erbaut worden sein. Einige Theile der Altstadt gehörten zu der Ambrosiuspfarre.

5. Auf dem so gewonnenen Gelände wurde außer dem Sudenburger Thor auch das Bastion Heybed errichtet. Letzteres aber erst im Jahre 1550 auf den Rat und nach den Angaben des damals in Magdeburg weilenden Freiherrn von Heybed.

6. Die auf dem Gebiete des ehemaligen Neuen Markts und westlich vom Breitenwege gelegene S. Sebastianskirche, die jetzt als Gotteshaus der katho-

der Kirchen und allen gebeuden gantz und gar in grunt nidergerissen und
dasselbe Closter den 18 Octob. Anno 46 angefangen zu brechen¹.

Im Jar 1547 als der Churfürst von Sachsen mit seinem kriegsvolck
wider zu lande komen war, entsagte ein Radt dieser Stadt dem Capittel
und allen pfaffen, lies die absagbriefe am thumb und andern ihren
Kirchen offentlichen anschlagen, nachdem sie vorher wegen dieser Kriege aus
der Stadt gewichen waren und sich uf dem lande enthielten. Derselbe ab-
sagbrief² lautet von worten zu worten also.

Der entsag brieff der Stadt Magdeburg ihren pfaffen
10 **geschehen.**

Vor Jdermenniglichen bekennen wir Burgermeister Radtman und
Jnnigsmeister der Altenstadt Magdb. und thun hiemit offentlich kunt,
nachdem die thumbhern der Kirchen Magdeburg und sonderlich die fürnembsten unter ihnen eine gute Zeit her practicirt, an vielen orten so
15 viel angegeben, erregt, getrieben, gejagt, geritten und damit fast umbgangen diese beide Ertz und Stifte Magdb. und Halb. umb ihre alte löb-
liche freiheit zubrengen und in grunt zu trennen auch das vaterlandt mit
andern kriegsleuten zuüberfüren und verterben zulassen, und dieweil sie
dan das aus lauterm mutwillen, zu forders wider Gottes wort und uns
20 und unser underthanen fürgenohmen und unterstanden, So wissen wir
unser verwandtnis nach, damit wir dem Ertzstift zugethan, und Christlicher
gemeiner wolfart willen solchs von ihnen nicht lenger zugebulden und
wollen uns hiemit kegen den wolgebornen und Edlen Grafen und Hern
zu Mansfeldt Dechant, Eldesten und Capitteln gemeinen thumbhern,
25 Vicarien und ein ieder in sonderheit der stiftkirchen auch andern Kollegien,
probsten, Techanden thumbhern Vicarien, Calduen hern zu Magdb. und
allen ihren unterthanen und verwandten auch kegen den ihren, das ihnen
zukompt oder sonst mehr in ihrer verwaltung gewest und itzo noch ist, vor
uns und die unsern, so fern das von Ehr und rechts wegen vonnoten sein
30 solte, geburt verwart haben feindlichen zu handeln. Zu Urkunt mit unser

1. eingerissen B.   5. 'ihren' fehlt B.   6. kriege B.   14. 'her' fehlt B.   16. 'Halle'
statt 'Halb.' B.   19. 'aus' fehlt B.   25. 'ober' fehlt C.   30. freundtlichen B.

lichen Gemeinde Magdeburgs benutzt
wird, war die Kirche des unter dem Erzbischof Gero (1012—1023) errichteten und
während der französisch-westfälischen
Fremdherrschaft im Jahre 1810 aufge-
hobenen Sebastiansstifts.

1. Die Schöffenchronik übergeht
hier, daß das Kloster Berge, das schon
am 1. Juli 1546 besetzt worden war, da-

mals ausgeplündert wurde. Vgl. Hoffmann, a. a. O. 1. Bd. S. 491.

2. Dieser hier mitgeteilte Fehdebrief
ist eine zum Zweck der allgemeinen Be-
kanntmachung erfolgte Umänderung des
an das Domkapitel gerichteten, bei Hoffmann, 1. Bd. 485 f., abgedruckten Ab-
sagebriefes, der den Domherren nach
Egeln übersandt wurde.

24 Fortsetzung der hochdeutschen Uebersetzung der Magdeb. Schöffenchronik.

Stadt aufgedruckten Secret versiegelt. Sontags nach Circumcisionis
Jan. 3. Ao 1547.

Uf diese absagung fur der Radt zu und name den thumb, auch andere ihre kirchen und pfaffenhove ein. Desgleichen geschahe ihren gütern ufm lande als Egeln¹ und Möckern².

Wie nu der Churfürst im anfange || dieses Jares zu lande kam, nam Bl. 372b. er baldt all sein landt wieder ein und Herzog Moritzen landt dazu außerhalb Leipzig und Dresen. Leipzig wart hart belagert und beschossen³ doch nicht gewonnen. H. Moritzen kame der Keiser selbst eigener person mit einem kriegsvolck zuhilf, schluge den Churfürsten bei Mülberge an der Elben den 24 Aprilis und fing ihne sambt H. Ernst von Brunschwig und Grubenhagen. Der Keiser belagerte darnach Witenberg, das ergab sich⁴. Da sagte der Keiser H. Moritzen zu ihne mit der Chur zu Sachsen zubelieen, welchs dan hernach zu Augsburg ufm Reichstage den 24 Feb. Ao 48 geschahe. Der Lantgrave kam auch zum Keiser ins lager vor Wittenberg⁵ || 15 Bl. 373a. wart da durch unterhandlung H. Moritz und des Margrafen von Brandenburg, mit ihme vertragen doch vom Keiser gefenglich behalten und weggefüret.

Wie der Keiser im anzuge nach dem lande zu Sachsen war, wie obbemeldet, ließ er etlich volck bei Bremen versamlen, in meinung dieselben 20 ihme zuhilf komen solten. Man sagte auch, er wer willens gewesen Magdb. damit zu belagern. Wider dis volck sandten die sechsischen Stebte und schlugen dasselbe volck den 22 May⁶. Wie nu diese Zeitung dem Keiser, so damaln zu Halle lage⁷, brache er auf und zoge aufwarts nach Augsburg und thate Juli 14. die Stadt Magdb. in die Acht. Das geschahe umb Jacobi Ao 1547⁸. 25

7. 'all' fehlt B.   14. 24 7bris B.   17. anfenglich B.   22. 'beziehen' statt 'belagern' B.
23. 'Zeitung dem' fehlt B.   25. 'Magdb.' fehlt C.

1. Stadt im Kreise Wanzleben, 3½ Meilen südwestlich von Magdeburg. Vormals Sitz eines erzstiftischen Amtes.
2. Stadt im Kreise Jerichow I., 2¾ Meilen östlich von Magdeburg. Auch in Möckern befand sich ein erzstiftisches Amt.
3. Die drei Wochen dauernde Belagerung begann am 6. Januar 1547.
4. Am 23. Mai 1547.
5. Nicht vor Wittenberg, sondern in Halle leistete Philipp von Hessen vor Karl V. am 19. Juni 1547 den Fußfall.
6. Bei Drakenburg an der Weser. In dieser Schlacht, die nach anderen Angaben am 23. und nach noch anderen erst am 24. Mai 1547 stattfand, wurde der auf der Seite des Kaisers stehende Herzog Erich von Braunschweig, der schon vorher gezwungen worden war, die Belagerung Bremens aufzugeben, von den vom Grafen Albrecht von Mansfeld befehligten Truppen der niedersächsischen Städte und einem kursächsischen Corps unter dem General Thomeshirn aufs Haupt geschlagen.
7. Hier fehlt das Verbum zu Zeitung, etwa: kam.
8. Am 27. Juli 1547 wurde die Reichsacht gegen Magdeburg ausgesprochen. Abgedruckt ist die Ächtserklärung u. A. bei Hortleder, Von den Ursachen des teutschen Kriegs Kaiser Karls V., 2. Th. 4. Buch, 2. Cap.

Bl. 373b.   Inwendig diesen tumulten in diesem || Jar 1547 ist dem Stift und Bischove Johan Alberto zu Coadiutor erwelet und gesatzt Friedrich des Margraven sohn von Brandenburg[1].

Im Jar 1548 umb pfingsten sein die ronnbeume[2] rings umb die Mai 20. Stadt her nach feldewarts am graben zulegen angefangen und inwendig 4 wochen vollendet.

Imselben Jare den 5 May war sonnabends nach Walburgis hat es einen zimlichen schneh geworffen.

Nachdem die bürger allenthalben benohmen wurden wegen der Acht, ließ der Rabt ein ausschreiben im Druck ausgehen den 1. Augusti. Lautet also[3] . . . .

Bl. 375a.   In diesem Jare 1548 den 18 Augusti haben die bürger das Kloster Hamerschleuen[4] überfallen und geplündert, dan sich darin oftmaln reuter uf die bürger gesamelt, daraus geraubt, auch darin den raub und beut da geteilet.

Nach dem dan die bürger in der acht und nirgent sicher, hat der Rabt die Heuser Egeln, Wantschleben[5], Dreileben[6], Wolmerstedt[7], auch Borch[8]

3. 'sohn' fehlt in *B*. — 11. Das Ausschreiben fehlt auch in *C*; der hier beginnende und die Blätter 374a bis 469a einnehmende Abschnitt der Handschrift *A* fehlt in *B*. — 15. 'da' fehlt *C*.

1. Markgraf Friedrich von Brandenburg, Sohn des Kurfürsten Joachim II., wurde am 19. März 1547 vom magdeburgischen Domkapitel zum Administrator bezw. Coadjutor des Erzstifts Magdeburg gewählt.
2. Nach dem mittelniederdeutschen Wörterbuche von Schiller-Lübben ist renne-, ronne- oder runneböm ein Grenzpfahl oder ein Schlagbaum, der an der Grenze eines Bezirks aufgestellt zu werden pflegt. Hier handelt es sich aber wahrscheinlich um Palisaden.
3. Blatt 374a und 374b sind behufs späterer aber nicht erfolgter Abschrift dieses Ausschreibens vom 1. August 1548 freigelassen. Der Titel dieser in zwei Auflagen gedruckten, 4 Bl. 4° starken und in zwei Exemplaren in der Stadtbibliothek zu Magdeburg befindlichen Schrift lautet: „Der von Magdeburgk Ausschreiben. Anno MDXLVIII den Ersten Augusti". Was den Inhalt der Schrift betrifft, so zeigt die Stadt an, warum sie mit dem Kaiser noch nicht ausgesöhnt sei und warum kein ehrliebender Christ die Hand zu ihrer Verfolgung bieten könne. Hierauf folgt die mutige Erklärung, daß man von Gottes Wort weder lassen könne noch wolle.
4. Pfarrdorf im Kreise Oschersleben, 5 Meilen westlich von Magdeburg. Das dortige Augustinerkloster, in dem um 1115 nachmals in Paris so berühmt gewordenen Prälat Hugo von S. Victor gelebt hatte, wurde am 19. September 1804 aufgehoben und in eine königliche Domäne verwandelt. Ueber die von der Schöffenchronik erwähnte Plünderung des Klosters, die von den Chroniken des Heinrich Merkel, Johann und Elias Pomarius erst in das folgende Jahr, 1549, gesetzt wird, berichtet auch die Butze'sche Chronik (S. 324). Vgl. auch Heffmann, 1. Bd. S. 515 f.
5. Kreisstadt, 2¼ Meilen südwestlich von Magdeburg. Jetzt zum Unterschiede von dem Pfarrdorfe Klein Wanzleben Groß Wanzleben genannt.
6. Pfarrdorf im Kreise Wolmirstedt, 3 Meilen westlich von Magdeburg.
7. Kreisstadt, 2 Meilen nördlich von Magdeburg.
8. Burg, Kreisstadt des jetzigen Kreises

unt Mockern eingenohmen und mit kriegsvolck besetzt, damit der Statt die zufure zu behalten.

In diesem Jare war der Reichstag zu Augsburg und war im vorigen Jare angefangen. Daselbst wolte der Keiser ein ordnung machen[1] in Religion sachen, welche man bis auf ein Concilium hal[ten solte. viel Fürsten und Stedte willigten darin, vielen wart es über kopf genohmen, in die andern brang der Keiser fast mit gewalt. Auch[2] etlichen ortern im oberlande wurden auch die prediger, so es nicht annehmen wolten, verjagt, aber doch legten sich die Teologen der Sechsischen lande hart dawider und wurden vil bücher davon geschrieben und hir zu Magdeburg gedruckt[3], dan darin war fast das gantze Babstumb doch mit schener farben angestrichen begriffen. Diese ordnung war genant das Interim, darumb das man es interim bis uf ein Concilium in Deutschlanden halten solte.

In diesem Jare 1548 war hir große Pestilentz und sturben in einem halben || Jare in der Altenstadt 2668 menschen, fing an umb Margarete und werete bis zu ende dieses Jares, im september blüeten die rosen. Die erste wochen hatte man 19 todten, die ander 21. III: 13. IIII: 54. V: 40. VI: 123. VII: 112. VIII: 145. IX: 209. X: 263. XI: 248. XII: war in hermesse 237. XIII: 234. XIIII: 191. XV: 133. XVI: 114. XVII: 94. XVIII: 111. XIX: 99. XX: 62. XXI: 51. XXII: 30. XXIII: 20. XXIIII: 24. XXV: 21. weinachten. Summa 2668.

Im Jar 1549 im Feb. thate der Keiser die Stadt Magdb. aber in die acht und oberacht[4].

Imselben Jare den 23 Aprill welcher || war den dingstag in Ostern

---

1. Die Worte von 'mit ... damit' fehlen C. 6. In C folgt auf 'es' noch 'aber'. 17. 'zweite' statt 'ander' C. 19. Den Zusatz 'war in hermesse' hat C für die elfte Woche.

Jerichow I, 3¼ Meilen nordöstlich von Magdeburg. — Alle die im Text genannten Orte waren erzstiftische Aemter.

1. Das augsburger Interim wurde am 15. Mai 1548 den versammelten Reichständen vorgelesen. Eröffnet war der Reichstag schon am 1. September 1547.

2. Wohl verschrieben für: Aus.

3. Wegen dieser starken und unerschrockenen literarischen Thätigkeit erhielt Magdeburg bekanntlich die ruhmvolle Bezeichnung: „Unseres Herrn Gottes Kanzlei". „Und dieweil dasmal" — sagt H. Merckel in seinem Bericht von der Belagerung der Stadt Magdeburg (Magdeburg, 1587), S. H. 11b — „alle Druckereyen fast geleget, und jedermann wegen des publicirten Interims erschrecken, so ist alleine Magdeburg der Druck öffentlich vergünt worden, und nicht alleine zu dem, was daselbst geschrieben, sondern was von andern guten Leuten dahin geschickt, daher dasmal etliche die Stadt unsers HErrn GOttes Cantzley gerühmet ...."

4. Das kaiserliche Mandat, durch welches die Fürsten und Stände der beiden sächsischen und der benachbarten Kreise zur Vollstreckung der aufs Neue über Magdeburg verhängten Reichsacht aufgefordert wurden, ist datirt: Brüssel, 18. Mai 1549. Abgedruckt ist es u. A. bei Elias Pomarius, Beschreibung der Belagerung der Stadt Magdeburg (Magdeburg, 1622), S. 60 ff.

ist Michel Jude, der Juden Rabi der Konig, bei Frankfurt an der ober von der von Magdb. reuter, welcher bei 13 ungeferlich starck gewesen, gefangen und weggeführet¹. Dan weil der Margraf² die bürger fast beleidigte und benahme, wolte man sich an dem Juden seinem unterthanen lieber den sonst an den seinen etwas erholen, wie solchs ausgerichtet, teileten sie sich von ein ander und ihrer 5 namen mit den Juden einen umbschweif nach Torgaw, meinten von dannen am besten unvermerckt mit dem Juden uf der Elben gen Mgdb. zukomen, wurden aber in einem Dorf bei Torgaw sambt dem Juden ergriffen und folgents zu Torgaw den 17 May mit dem schwert gerichtet. Dieselbe nacht darnach als diese 5 des morgens umbracht waren, starb der Jude gehes todes und wart des morgens todt im bette gefunden, hatte des abents sich gesundt niderlegt. Also richtet Gott anders dan die menschen.

In diesem Jare Donnerstags in den pfingsten wuchs die Elbe un- *Jun. 13.* versehens in einer nacht anderthalb Elle hoch und drüber.

Den 30 Juny zogen die von Magdb. vor Tangermünde bei 2000 starck bis ans thor daselb und nahmen das Viehe daselbst.

Den 28 Julii satzte man hir eine Zyse auf zugeben von alle dem das verkauft wurde, 4 ℔ vom gulden und von allem einkomen von gulden ein groschen. Diese Ziese stundt nicht lenger dan ein Jar bis an unser belagerung.

Desselben tages zu abent umb 5 uhr trug sich ein seltsam erschrecklich geschichte alhir zu uf des Ratsmarstall, den man sonst den grawen hoff³ nennet, fiel des Rabts schmidt sambt seiner Magdt im eingange des kellers einer nach dem andern umb und blieben von stundt an thot. Man hielte hunt und katzen an stecken gebunden hinnein, die wurden auch starrende todt heraus gezogen. Desgleich entzündete lichter erloschen auch und wart ein gerücht von einem Basilisc solte da sein, des andern tages machte man ein loch oben uf den Keller, dan er hatte sonst keine Luft und lag oben mit mist beschüttet, da verzog sich der dampf und das schwader und schadete hinfürder keinem mehr⁴.

18. 'was' statt 'das' *C.* 27. 'war' statt 'wart' *C.* 29. 'oben' fehlt *C.*

1. Ausführlicher berichtet die Butzesche Chronik (S. 326 f.) über diese Begebenheit.
2. D. i. der Kurfürst Joachim II. von Brandenburg, dessen Unterthanen, namentlich die märkischen Edelleute, den geächteten Magdeburgern damals viel Schaden zufügten. Vgl. Hoffmann, a. a. O., 1. Bd. S. 517 f.

3. Der auch auf dem Grundriß Otto von Guericke's von 1632 genannte Graue Hof oder Marstall war ein sehr umfangreiches Gebäude und lag auf beiden Seiten der Marstallstraße, da wo sich heutiges Tages die Baugewerkschule und die altstädtische Krankenanstalt befinden.
4. Dieser durch das Ausströmen giftiger Gase verursachte Unglücksfall ver-

Den 30 Augusti kamen hieher der Stedte Hamburg Lübeck und Lüneburg gesandten umb unterhandlung zwischen der Stadt (und) dem Keiser, aber es war unfruchtbar[1].

In diesen Zeiten war viel plackerei und raubens uf die von Magdb. dan es war iederman erlaubt und frei wegen der acht, und hette die Stadt die heuser obbemelt als Wantschleben, Dreileben, Wolmerstedt, Egeln, Mockern und Borch nicht inne gehabt und reuter und knechte daruf liegende gehabt, man hette die bürger beraubt und geiagt bis ans thor. Dis half doch dazu so viel, das zwischen denselben heusern ‖ und der Stadt es ferlich war.

Derhalb ließ der Rath aber ein ausschreiben im Druck ausgehen, ist das ander und lautet also[2] . . . .

‖ Im Jar 1550 als der Keiser uf künftigem Reichstage (welcher solte zu ende des Monats Julii angefangen werden) das gantze Reich wider die von Magdb., als die so lange in der acht waren, zubewegen willens, wie dan auch geschahe[3], ließ der rabt den 24 Martii aber ein ausschreiben an

2. 'und' ergänzt.   4. diesem Jahre C.   9. Städten C.   11. Die auf das zweite und dritte Ausschreiben der Stadt bezüglichen Stellen fehlen C.

anlaßte den von 1548—1551 in Magdeburg weilenden Erasmus Alberus, der daselbst wie so viele andere protestantische Theologen eine Zufluchtsstätte gefunden hatte, zur Herausgabe einer besondern, im April oder Mai des Jahres 1552 erschienenen Schrift: „Vom Basilisken zu Magdeburg. Item von Hanen eyhe, daraus ein Basilisk wirt...." In dieser Schrift, die trotz des Titels als eine von seinen theologischen Streitschriften anzusehen ist, verlegt Alberus die Begebenheit auf den 27. Juli und spricht von drei Personen, die in dem Keller, aus dem sie Sauerkraut hätten holen wollen, eines plötzlichen Todes gestorben seien, findet aber die Ursache ihres Todes nur in einer Ansammlung giftiger Dämpfe. Vgl. fr. Schnorr von Carolsfeld, Erasmus Alberus, Dresden, 1893, S. 137.

1. Weil, wie wenigstens damals von Seiten des Erzbischofs behauptet wurde, die Magdeburger sich zur Herausgabe der von ihnen besetzten Schlösser und Ortschaften und zur Niederlegung der neuen Festungswerke nicht verstehen wollten.

Vgl. Hoffmann a. a. O. 2. Bd. S. 319.

2. Für die beabsichtigte, aber nicht zur Ausführung gekommene Wiedergabe dieses Ausschreibens ist der Rest von Blatt 378b und das ganze Blatt 379a freigelassen. Das gedruckte, nicht näher datirte Ausschreiben, von dem sich zwei Exemplare in der Stadtbibliothek zu Magdeburg erhalten haben, führt den Titel: „Der von Magdeburgk Entschuldigung, Bit, Unnd gemeine Christliche erinnerunge", Magdeburg, 1549 (4°). Abgedruckt ist es u. A. bei Elias Pomarius, Beschreibung der Belagerung der Stadt Magdeburg, S. 79—92. In noch kühnerer Weise, als in dem Ausschreiben von 1548 wurden die gegen Magdeburg ausgesprengten Beschuldigungen zurückgewiesen und die Gründe für die noch nicht erfolgte Aussöhnung mit dem Kaiser angegeben, während man sich auf das Lebhafteste gegen das Interim und dessen Annahme aussprach.

3. Auf diesem am 26. Juli 1550 eröffneten Reichstage wurde dem Kurfürsten Moritz die Vollstreckung der Acht gegen Magdeburg übertragen.

alle Stende des Reichs im Druck ausgehen. Ist das dritte und lautet in
allen worten also¹.
                    Titell.
. . . .

Bl. 381ᵃ. ‖ Im Jar 1550 umb Jacobi hatte herzog Heinrich von Brunschwig Jul. 21.
mit einem zimlichen haufen kriegsvolck die Stadt Brunschwigk belagert,
dagegen sich dan die Stadt zur kegenwehr mit kriegsvolck sich versehen auch
vielmal mit dem herzogen scharmützel gehalten, bis letzlich uf Clag der
Stadt Brunschwig Keiserliche Majestät Grafen Philip von Assa (?) ins
lager geschickt, die sach zu sich gefodert und beiden parten hat friede bieten
lassen. Also hat der herzog, nach dem er bei zwen monaten vor der Stadt
ungeferlich mit viertausenden gelegen, dasselbe volck verurlaubt, welchs
dan, wiewoll etliche davon verlauffen, das mehrer theil dennoch fast in die
Bl. 381ᵇ. 3000 (darunder in die 200 reisige) bei einander geblieben, zusamen ‖ geschworen und eine garbe angerichtet haben; bei ihne war herzog Jorge
von Mecklenburg², herzogen Albrechts des eltern sohn, welchen sie zum
obersten aufworfen. Dis volck zog also ohn alle vorgehende verwarung
auf raub und beut bnrch die Stift Halberstadt und Magdb., welche damals

6. 'kriegsvolck' fehlt C.   10. In C folgt nach 'hat' noch 'der Herzog'.   11. 'Er' statt
'der herzog' C.

1. Auch dieses dritte Ausschreiben ist in die Handschrift nicht aufgenommen, doch sind für die spätere Eintragung der Rest des Blattes 379b sowie die Blätter 380a und b freigelassen. Der Titel der Druckschrift, von der die Stadtbibliothek zu Magdeburg drei Exemplare aufbewahrt, lautet: „Der von Magdeburg Ausschreiben an alle Christen. Anno 1550, den 24. März". 8 Bl. 4°. Die erste Ausgabe wurde von Hans Walther, die zweite von Michael Lottber gedruckt. In diesem Ausschreiben wird ausgeführt, daß die Magdeburger denen nach göttlichem noch nach menschlichem Recht als Rebellen betrachtet und behandelt werden dürften und daß diejenigen, welche sie bekriegen und verfolgen wollten, wider Christum selbst und sein Wort Krieg führen würden. Unter der Voraussetzung, daß sie bei der Augsburgischen Confession und bei den von ihren Vorfahren ererbten Rechten und Freiheiten gelassen würden, wollten sie jede Friedensbedingung sich gern gefallen lassen und dem Kaiser gehorsam sein. Da man nach ihrer Behauptung durch das Interim Gott selbst in seine Rechte greife und da man Gott mehr gehorchen müsse als den Menschen, so dürfe denen nicht gewillfahrt werden, welche ihnen, den Magdeburgern, das Licht des Evangelii rauben, bei ihnen die päpstliche Abgötterei wieder aufrichten und sie ins Verderben stürzen wollten. Deshalb baten die Magdeburger, man möge nicht wider sie die Waffen ergreifen und nicht unschuldig Blut vergießen, vielmehr möchte man ihnen in dieser das allgemeine Beste betreffenden Sache beistehen. — Abgedruckt ist das Ausschreiben u. A. bei Elias Pomarius, a. a. O., S. 93—102.

2. Herzog Georg von Mecklenburg, dritter Sohn des Herzogs Albrecht VII. von Mecklenburg-Güstrow, geboren am 23. Januar 1528, war am Hofe der Herzogin Elisabeth von Braunschweig mit deren Sohne Erich dem Jüngeren erzogen und hatte auf der Seite des Kaisers wahrscheinlich schon an der Schlacht bei Mühlberg Theil genommen.

ohne Bischof waren, raubten plünderten brantschatzten nach ihrem mutt willen[1].

Den 16 Septembris dieses Jares lagen sie zu Oscherschleben[2], darnach zogen sie gen Wantschleben, welchen flecken von wegen der Altenstadt Magdb. Bartel Eckelbaum bürger zu Magdb. mit etlichen rotten lantzknechten, welche ihne aus Magdb. zuhilf gesandt waren, innhatte, den flecken haben sie leichtlich erobert, daselbst nach ihrer art wüste || haus- gehalten mit rauben plündern todtschlagen, letzlich denn flecken angezündet und gar ausgebrant, das schlos[3] aber, wiewoll sie mit sturm dasselb angefallen, haben sie dismal nicht erobern mogen. Darnach ist dis volck nach dem Dreylebischen gerichte[4] gezogen, daselbst die dorfer aufs hertiste gebrantschatzt. Wie nu das arme landtvolck also bedrengt und beengstigt gewesen, haben sie den Ratt und bürger zu Magdb. weil kein herre im

3. Otterschleben C. 7. 'muste' statt 'müste' C.   b. In B nach 'hausgehalten' Zusatz 'werden'.
13. 'war' statt 'gewesen'.

1. Ueber den Einfall des Herzogs Georg von Mecklenburg in das Erzstift Magdeburg, über die für die Magdeburger so unglückliche Schlacht bei Hillersleben und über die erst hierdurch zur Ausführung gebrachte Belagerung Magdeburgs berichten von den älteren und neueren Sammelwerken hier abzusehen, die magdeburgischen Chroniken des Sebastian Besselmeyer „Gründlicher Bericht des Magdeburgischen Kriegs. Schlacht, Belagerung" (in einer ganzen Reihe von Auflagen erschienen), Heinrich Merckel's „Warhafftiger Außführlicher und gründlicher Bericht von der Altenstadt Magdeburgk Belagerung" (2 Ausgaben, Magdeburg 1587 und 1590), die kleine Schrift „Ware Beschreibung der Schlacht sambt belegerung der alten Statt Magdeburg", die derselben sehr ähnliche Handschrift der Stadtbibliothek zu Magdeburg „Von dem Kriege vor Magdeburg, wie es sich darinnen zugetragen ....", die unten mitgeteilt ist, und die ausführliche Chronik des Elias Pomarius: „Warhafftige, Gründliche unnd Eygentliche Beschreibung der vberJärigen Belagerung der Stadt Magdeburg ...." Magdeburg 1622. Elias Pomarius entlehnt viele Stellen seiner Chronik der 1588 in Wittenberg gedruckten „Chronica der Sachsen und Niedersachsen" seines älteren Bruders Johann Pomarius, während dieser wieder die Angaben der Schöffenchronik zum Teil wörtlich in seine Chronik übernommen hat. Zu vergleichen sind noch die betreffenden Abschnitte in den einzelnen Darstellungen der Geschichte von Magdeburg, nämlich in H. Rathmann's „Geschichte der Stadt Magdeburg von ihrer ersten Entstehung bis auf gegenwärtige Zeiten" 3. Bd. S. 558 ff., in F. A. Wolter's „Geschichte der Stadt Magdeburg von ihrem Ursprung bis auf die Gegenwart", und F. W. Hoffmann's „Geschichte der Stadt Magdeburg", alte Auflage (1856) 2. Bd. S. 260 ff. und neue Bearbeitung, 1. Bd. S. 526 f. — Unter Berücksichtigung des militärischen Gesichtspunktes ist der Einfall des Herzogs Georg in das magdeburgische Land und die Schlacht bei Hillersleben zum erstenmale behandelt in dem Aufsatz von Kaungleßer: „Der Zug des Herzogs Georg von Mecklenburg in das Erzstift Magdeburg im Jahre 1550" im 19. Jahresbericht der Guericke- (Oberreal-) Schule zu Magdeburg von 1888.

2. Die jetzige Kreisstadt Groß Oschersleben, 4½ Meilen südwestlich von Magdeburg.

3. Nach Johann Pomarius betrug die Besatzung des Wanzleber Schlosses ungefähr 300 Mann.

4. D. h. nach dem Amte Dreileben. Dreileben, Pfarrdorf im Kreise Wolmirstedt, 3 Meilen westlich von Magdeburg.

lande auch sonst niemandt war, der sich ihrer annahme, und hilf und errettunge aufs kleglichste angelangt. Und weil dan auch hie bevor der Radt von Magdb. etliche embter im Stift, als Wantschleben, Egeln, Dreyleve, Wolmerstedt und Modern (aus ursach das ihnen, als die dasmal in schwerer des Reichs Acht waren, die straßen so gentzlich nicht mochten verlegt und sie bis ans thor beraubt und geiagt werden) eingenohmen hatten, sein sie bewogen und haben unbillich erachtet, das sie die jenigen, so ihne als Stiftsgenossen verwandt, auch itz zum theil ihre unterthauen weren, mit hilf verlassen solten. Auch waren viel bürger in Magdb., die mit großem ungestüm und unbescheidenheit in die Ratsherrn drungen, das man solte ausziehen und mit dem volcke schlagen, und dorften etliche under ihne woll sagen, wolte man mit dem feinde nicht schlagen, so wolten sie in der Stadt schlagen, welche bürger aber dennoch zum guten und mehren teil selbst in dieser schlacht umbkamen. Und obwoll leut vorhanden waren, die zusagten, sie wolten in 4 oder 5 tagen die 300 reisigen, so etwa der Stadt Brunschwig gedienet hatten, und noch bei einander waren, der Stadt zuhilf uf besoldung zufüren, wolt man doch solchs auch nicht abharten, sondern vermeint, man wer dem feindt sonst starck genug, und ist man also den 18 Septembris umb 9 uhr mit der wagenburg und zimlichem feldtgeschütz, auch acht fenlin knechten und bürgern, auch viel baursleuten, so hirzu aufgekündigt waren, alhir zu Magdb. ausgezogen. Der feindt, wie er solchs vernomen, hat ein Dorf im Dreylebischem gerichte Drüxberge¹ genant zum vorteil eingenohmen, als aber ein großer ungestümer windt aufgestanden, so den Magdeburgischen gar entkegen, hat neben andern Graf Albrecht von Mansfelt², welcher selbst personlich mit ausgezogen war (den, nachdem er auch in des Keisers acht war, lag er alhir zu Magdb. gastsweise) geraten, man solte widerumb abeziehen, welchs dan geschehen, mitler weile hat Hertzog Jorge sambt den seinen, nicht gesäumbt mit rauben, plündern, brandschatzen, das also des flehens an die von Magdb. auch inwendig des unwillens der bürger in der Stadt Magdb. viel mehr worden, sonderlich haben die von newen Haldeschleve³,

1. 'und' auch in C, während man 'um' erwarten muß. 16. 'Stadt' fehlt C. 19. nach 'hat' Zusatz 'noch' C. 24. 'ist' statt 'so' C.

1. Pfarrdorf im Kreise Wolmirstedt, 3 Meilen westlich von Magdeburg.
2. Albrecht III., Graf von Mansfeld, der Freund Luthers und der große Beförderer der Reformation, der nach der Schlacht bei Mühlberg von Karl V. in die Acht erklärt und aller seiner Güter entsetzt worden war, hatte an der Schlacht bei Dralenburg Teil genommen und bot noch im Jahre 1550 seine Dienste der Stadt Magdeburg an, deren Verteidigung er leitete und deren Bürger er mehrmals von Thorheiten und Unbesonnenheiten abhielt.
3. Die jetzige Kreisstadt Neuhaldensleben, 3½ Meilen nordw. von Magdeburg.

welchen der feindt itz nahete und brantschatzung begerte, heftigl umb
hilf, und rettung gebeten. Nach diesem den 21 Septemb. welcher war der
tag Matthei, ist man abermal aus Magdb., das glück zuversuchen, mit
der wagenburgk, zimlichem feldtgeschütz, Ronnewagen, daruf dobbelte
hacken, gleich als auf der Wageburgk verordnet gewesen, ausgezogen, haben
gehabt zwelf fenlin bürger und knechte und bei hundert pferden, auch sein
in allen embtern die bauren aufgeboten, deren über die dreytausent zusamen kamen und mit fort gezogen, der Stadt zu großem schaden. Umb
drei schlege nach mittage kegen den abent ist man ausgezogen und die
nacht zu Wolmerstedt zwei meil wegs von Magdb. im stedtlin stille gelegen, und der feindt ist zu Hildesleben¹ im Closter gelegen. Des
morgens wie der 22 Septemb. anbrach, welcher war der Montagk in den
heermessen und der tagk Mauritii, sein die unsern aus Wolmerstedt, desgleich der feindt aus dem Closter Hildescleve gezogen, alsa ihre ordnung
kegeneinander gemacht, und nach dem die feinde gesehen, das in unser
ordnung in der Wagenburgk die bürger und lantzknechte mit guther
rüstungk, auch beim feldtgeschütz zum angriff vorahn, und zuhinterst die
bauren verordnet waren, haben sie sich seithalb abe, in aller maßen als
ob sie die flucht nehmen wolten, gewendet, und wie sie die wagenburgk
vorüber gewesen, sich wider gewendet und hinden in die ordnung, da die
bauren verordnet waren, gefallen und daselbs angriffen, welche dan als
baldt die wehren verworfen, und in ein ander gelaufen und zusamen
hinter sich gedrungen, auch der bürger und Lantzknechte ordnung in eine
unordnung bracht und zertrennet, und ist also die Wagenburgk ihne zum
schedlichsten feinde worden, dan auch sie etwas enge, aus unvorsichtigkeit der
haubtleut, in einander geschlossen gewesen. Und hette man ohne wagenburgk
oder außer der Wagenburgk geschlagen, were der Stadt villeicht zu gutem
gedeige geraten, wie die kriegsleut darnach selbst bekant. Wie nu derhalb
aus der unordnung eine flucht worden, haben die feinde weidlich darin gestochen und geschrien, schlag bürger und bauren todt, nim lantzknechte gefangen. Dieser angrif ist zu morgens frü umb 7 uhr geschehen und ist sehr
schleunig zugangen, hat nicht viel über eine halbe stunde gewehret. Der
feindt hat unser gantze Wagenburgk und ronewagen sambt den Dobbelhaken
und scherpentinen, so daruf gewesen, sambt zehen stück feldtgeschütz bekomen.

20. 'sich' fehlt C.   wiederum C.   31. 'zu' fehlt C.

1. Jetzt Hillersleben genannt, Pfarrdorf im Kreise Neuhaldensleben, an der
Ohre, ³/₄ Meilen südöstlich von Neuhaldensleben und 2¹/₂ Meilen nordwestlich
von Magdeburg. Das dortige, 965 gegründete Augustinerkloster wurde 1687
in ein Amt und 1720 in eine landes-
herrliche Domaine umgewandelt.

1550.

Eilf bürgerfenlin sein in der feinde hende komen, die hat hernachmals hertzog Jorge dem Keiser zum Triumph gen Augsburgk gesandt, die haubtfane der reuter ist wider herein komen in Magdb. Die Wagenburgk hat hertzog Jorge dem Churfürsten hertzoge Moritz darnach zum beutpfennige verehret. Unser bürger namen das mehren teil auf newen Halbeschleben die flucht, aber sie wolten keinen einlassen, dan den Bürgermeister von Magdb. Gorgessen Gerken¹, ließen sie bei dem thore übersteigen, wolten aber die thor nicht offenen, und wie die von Halbeschleve des ǁ ...² in radtschlegen sein und damit umbgehen, das etliche und wolten denselben Bürgermeister dem Capittel überantworten, ist er von etlichen andern gutherzigen bürgern von Halbeschleve des verwarnet und von etlichen vom Abel, welche der Stadt gewogen, aus Halbeschleve in Magdb. bracht. In dieser schlacht sein der unsern umbkomen, in die 1600³, das mehren teil aber bauren, dan es sein darunter nicht mehr dan 163 bürger und lantzknechte gewesen, und in die 300 gefangen, deren was lantzknechte ungeferlich in die 60 gewesen sein, leiberlich und das mehren teil, wie die belagerung Magdb. ein endt genohmen, ohne ransion und umb sonst davon komen, aber die bürger sein sehr überschatzt worden etliche ǁ zu hunderten, etliche zu vierziegen, etliche zu zwanzigen ꝛc. thalern geben müssen. Was aber der feindt dakegen für schaden genomen, ist gering gewesen, sein nicht über 60 oder 70 personen blieben. Gleich an demselbigen tage und orthe sein die bürger von Magdb. vor 201 Jaren⁴ von dem Stift abel auch geschlagen worden, wie solchs die Magdeburgische alte Cronick⁵ aussagt.

Nach diesem ließ die Stadt ihr viertes ausschreiben im Drucke ausgehen, lautende wie folgt.

1. hernach C.

1. Georg Gericke, der die Magdeburger in der Schlacht bei Hillersleben befehligte, war Bürgermeister während der Jahre 1549, 1552, 1555, 1558, 1561, 1564, 1567. Er war ein jüngerer Bruder von Markus Gericke, dem Großvater des berühmten Physikers Otto von Guericke.
2. Hier ist für einige Worte Platz gelassen. Auch ist der Sinn des ganzen Satzes nicht recht klar.
3. Die Besselmeyer'sche und die Merckel'sche Chronik geben den Verlust an Bürgern, Soldaten und Bauern nur auf ungefähr 1200 an.
4. Nicht vor 201, sondern vor 199 Jahren, nämlich 1351, hatten die Magdeburger an demselben Tage und an demselben Orte von dem schon hinter die Ohre zurückgegangenen Stiftsadel eine empfindliche Niederlage erlitten.
5. Gemeint ist die niederdeutsche Abfassung der Schöffenchronik, die freilich nur das Jahr, nicht aber den Tag dieser ersten Niederlage an der Ohre mittheilt. Vgl. die Ausgabe von Janicke, S. 222 f. Wahrscheinlich irregeführt durch die Angaben der meisten magdeburgischen Chroniken aus dem 16. Jahrhundert, verlegt auch Hoffmann, 1. Bd. S. 529 die Schlacht an der Ohre im J. 1351 fälschlich in das Jahr 1350.

Vierd ausschreiben der Stadt. Titell: **Ein warhaftiger bericht der von Magdeburgk**, des jenigen was Montags nach Mattei negst verschienen in diesem funfzigsten legenwertigem Jare der minder Zal bis orts landes ergangen. 1550[1].

Gottes gnade und friede durch Jhesum Christum, sambt unsern willigen diensten stetts zuvor, allen unsern geliebten brüdern in Christo und auch sonst menniglichen, thun wir der Stadt der altenstadt Magdb. diesen unsern waren bericht, des jenigen so sich in der nechsten vergangen woche, nach dem willen Gottes, alhir des orts landes zugetragen, und erhelt[2] sich also, das hertzog Jorg von Mekelburgk sambt reutern und knechten, so vor und in Brunschwigk gelegen, gantz unverschuldeter sachen, und unbedacht, das sie durch uns nie beleidigt worden, hieher gegen uns feindlicher weise gezogen, von wem aber dasselbe kriegsvolck hieher an uns und die unsern gewiesen[3], und mit was list und practiken das underbawet, wirt unser Gott woll ferner an den tagt komen lassen. Dasselbe kriegsvolck hatt alhir erstlich das stedlin Wantschleven, ohn alle vorgehen vorwarungk und verursachungen, unchristlich überfallen, geplündert und darnach ausgebrant, und ob sie woll das anliegende haus auch überfallen, so haben sie doch das dazumahl nicht erlangt, sondern verlassen müssen, und haben folgents auf dem lande unser armen baursleute, hin und her, hart angriffen gebrantschatzt und zum höchsten beschedigt, und noch, die uns dan solchen ihren jammer und verterb erbarmlichen fürgehalten, desgleichen auch unser nachbauru der Stadt zu Newen Haldeschleben, umb rettung hilf und beistandt angelangt und gebeten. So ist uns unser armen baursleut ihrer weiber und kinder flehen, klagen und weinen auch unser nachbauru ansuchen, zu hertzen gangen, das sie vor unsern augen so jemmerlichen solten verterbt, verhert, und verlassen werden. Derhalb ist unser kriegsvolck von Reutern, bürgern und Lantzknechten zu hilf und rettung der armen leut, unser mitt Christen, am montage nach Mattei nechst verschienen aus Wolmerstedt an die feinde gezogen[4], so haben sie sich doch ehrlich gehalten, und weil dan solchs aus Christlicher bewegung, des unchristlichen verterbens der armen baursleut, und das die andern nachbauru dem verterbe der armen leute zugesehen, also ergangen, so wirt uns niemandts darumb verdencken noch bereden mogen, das wir den beleidigten armen leuten, so von allen ihren nachbaurn verlassen, gerne geholfen hetten und unser blut und gut zu ihne zugesetzt haben, und ob man woll darf fürgeben, und in die leute bilden, als solten wir etliche richtschwerter, und tonnen

12. 'nicht' statt 'nie' C. 18. nach 'nicht' Zusatz 'völlig' C. 20. griffen C. 23. angelegen C.

1. Abgedruckt ist dieses am 1. October 1550 veröffentlichte und in zwei Exemplaren in der Stadtbibliothek zu Magdeburg aufbewahrte Ausschreiben bei Elias Pomarius, S. 203 ff.
2. Verschrieben für: verhelt.
3. Von Seiten der Magdeburger wurde damals mehrfach die, vielleicht unerwiesene, Behauptung ausgesprochen, daß der Herzog Georg zu seinem Raubzuge vom magdeburgischen Domkapitel veranlaßt sei.
4. Hier fehlen die Worte des Druckes: „Und ob sie wol Schaden erlitten".

mit stricken, den unsern mitgethan haben, so sagen wir erstlich für Gott, das es nicht war, auch kein ehrlicher mit grunde und warheit nimmer wirt darthun. Woll ist war, weil man viel wagen und auch ein klein feldtgeschütz mit gehabt, das man stricke¹ . . . .
5 . . . .

Bl. 39b. ‖ Mitler weile hielte der Keiser den Reichstagk zu Augsburgk, und klagte für den fürsten heftig über die von Magdb. und Bremen, dan diese
10 beide stedte allein waren bei ihme noch nich ausgesohnet und wider zu gnaden aufgenohmen, aber die von Bremen waren dennoch nicht in die Acht erkleret, als wir von Magdb. Auf sodan des Keisers beschuldigen baten die Hern und fürsten, das man ihne handlung gestaten wolt zwischen seiner Majestät und denselbigen beiden Stedten, welchs dan der Keiser
15 woll zulies, schrieb auch den Fürsten etliche Condition für, worauf sie handeln mechten². Nemlich was Magdb. belangt, die Stadt zu ergeben dem Keiser, einen fusfall ihme zuthunde, allen ergangenen bündtniffen abzu-
Bl. 392b. treten ‖ und hinfürber keine, darin der Keiser und das haus Osterreich nicht wer, einzugehen, dem Camergerichte zu gehorsamen, mit dem Ertz-
20 bischoff und Capittel sich zuvortragen oder die sach auf ihne zustellen, den reichs abscheiden nach zuleben, Jdermenniglichem zu rechte antwort zustehen, niemandt der in stehender acht, wider die Stadt gethan zubeklagen zuhaben, den Keiser und seine gesandten über Zeit, wie starck sie auch kemen, einzulassen, welle und festungen einzureißen und darüber dem Keiser
25 zweimal hundert tausent zu erlegen. Daruff schrieben nu die Chur und fürsten an diese Stedte, das sie solten erscheinen zu Augsburgk den andern
Bl. 393a. tagk Novembris, und des solten ‖ sie ein frei und sicher geleite haben, aber sie solten schicken mit voller gewalt. Diese Citation, welcher datum war der 22 Septemb., brachte ein Keiserlicher reitender botte hieher, man sandte
30 aber dennoch nicht, sonder man gab ihme wider briefe, wie man keinen der sich mit voller gewalt in dieser hochwigtigsten sachen wolte verschicken lassen, haben mochte, und zu dem wer man itz kürtzlich von hertzog Jorgen

1. 'ehrlich' statt 'erstlich' C.   3. 'ein' fehlt C.   10. bei C.   21. 'Rahte' statt 'rechte' C.

1. Für die spätere Abschrift des übrigen Teiles des Ausschreibens ist der Rest des Blattes 389a, sowie die Blätter 389b-391b freigelassen. Was den weiteren Inhalt des Ausschreibens anbetrifft, so werden die durch die Niederlage bei Hillersleben für die Magdeburger besorgten Protestanten beruhigt, getröstet und zum Beistand der Stadt aufgefordert. Die Niederlage sei eine Zulassung der Vorsehung gewesen, die sie behutsamer und vorsichtiger hätte machen sollen. Auch wollten sie, die Magdeburger, lieber alle das Leben verlieren, als daß sie sich dem Papst unterwerfen oder sich ihre Privilegien nehmen lassen würden.
2. Zum Folgenden vgl. Hoffmann, 1. Bb. S. 538.

von Mekelburg! ohne verwarunge überzogen, welcher feindt uns itz hart am thore lege, rühmete sich auch, er thete solchs aus Key. Majestät befehl, do nu derselbige hie weggeschaffet würde, wolte man gerne schicken, die hendel anzuhoren doch auf hinderbrengen. Die Fürsten auf dem Reichstage baten den Keiser ‖ das er ihne andere und leidtlicher mittel fürgeben wolte, aber es war nichts, sonderlich weil itz die Zeitung dahin kam[1] der Magdeburgischen niderlage, und die thumbpfaffen heftig! wider uns anhielten, auch das die von Magdb. gar keinen, da sie doch zugesagt geleibe hetten, schickten. Nichts aber desto weniger unterließ hertzog Moritz von Sachsen und der von Brandenburgk sambt andern[2] der Stadt zimliche andere mittel fürzuschlagen, und kam Fürst Wolff von Anhalt selbst personlich den 12 Octobris herin umb underhandlung!, auch sein folgender tage D. Johan Scheyring[3] und D. Johan Holstein[4], beide Magdeburgische Stadtkinder, von einem part zum andern geritten, ist aber alles ohne ‖ frucht abgangen, und dis waren die artikel[5], wie hernach auch im fünften dieser Stadt ausschreiben, dieselben angezogen werden, die stadt beiden Churfürsten als Sachsen und Brandenburgk sambt noch andern dreien fürsten und dem künftigen Ertzbischof einzuandtworten und eine zimliche besatzung einzunehmen dalegen solten Religion, bürger für ihre person und güther nicht angefochten werden, auch der habenden privilegien nichts abgebrochen werden, und do sie die Stadt bei Keis. Majestät in nachfolgende wege nicht aussühnen mochten, wolten dieselben fürsten die Stadt

5
Bl. 393b.

15
Bl. 394a.

8. In C nach 'zugesagt' Zusatz 'hatten'.

1. Die Nachricht von der Schlacht bei Hillersleben traf am 28. September 1550 in Augsburg ein.
2. Hier fehlt das Wort: nicht. — Zum Folgenden vgl. Hoffmann, 1. Bd. S. 536 f.
3. Dr. jur. Johann Scheyring (auch Ziering, Schiring und ähnlich geschrieben), dem bei Elias Pomarius, S. 220 f. vorgeworfen wird, daß er bei den im Text erwähnten Verhandlungen zu sehr die Partei der damaligen Gegner Magdeburgs vertreten habe, war ein Sohn des angesehenen magdeburgischen Bürgers Emeram und ein Neffe des Dompredigers Johann Scheyring, des Begründers der noch heute bestehenden Zieringschen Stiftung. Er studierte in Bologna und war in den Jahren 1532 und 1542 Bürgermeister von Magdeburg. Mehrfach mit diplomatischen Missionen im Interesse Magdeburgs und des schmalkaldischen Bundes betraut, hielt sich Scheyring im Jahre 1540 längere Zeit auch am Hofe Karls V. in Gent auf. Vgl. Seckendorf, Comment. de Lutheranismo, lib. 3, § 78. S. 257. Ein besonderes Verdienst um die magdeburgische Geschichtsforschung hat sich Scheyring dadurch erworben, daß er das in der Stadtbibliothek zu Magdeburg aufbewahrte niederdeutsche Exemplar der Schöppenchronik (B. der Ausgabe von Janicke, s. Seite XLII der Einleitung) von einer älteren magdeburger Handschrift hat abschreiben lassen. Im Jahre 1550 war Scheyring mecklenburgischer Kanzler.
4. Damals lüneburgischer Kanzler. Nähere Nachrichten über Holstein liegen unseres Wissens nicht vor.
5. Diese Artikel sind auch mitgeteilt von Johann Pomarius, S. 679.

wider dem Radt wider einantworten, wie sie die entfangen hetten, dem
Keiser einen fusfall zuthunde, und ihne eine summa geldes in die hundert
tausent, und sechszehen stück büchsen zugeben, dem Capittel und Ertzbischof
ihre güther wider einzureumen, die gelittene scheden auf mechtige unber-
handlung zustellen, auch desgleichen die beiwohnunge und Ceremonien der
thumbkirchen. Diese artikel wurden auch von der Stadt abgeschlagen, und
ob woll sie in vielen puncten geferlich und wollbedenklich, dennoch hatt
man darnach verstanden, do man sich in etwas hette eingelassen, were in
vielen stücken zimliche linderungk zuerlangen gewesen. Aber in summa
hinderte dis nichts, dan die eingewachsene bei und wieder uns verbitte-
rungk und das mistrawen, do doch hernachmals wir noch viel mehr, auch
leib und gutt musten denselbigen und andern in ihre hende vertrawen,
auch waren hiebei viel privat bedencken, da man nicht so woll von schreiben
kan. Nach diesem bald schickte das Capittel sambt den stenden des Ertzstifts von Halle abe gen Augsburgk, dieselbigen verklagten die Stadt
aufs heftigste und zeigten daneben an, wie sie itz in dieser schlacht dermaßen geschwecht wer, das sie leichtlich gar zu überwelkigen[1], und ob
woll hertzogk Moritz das kriegsvolck vor der Stadt itz liegende an sich
bracht, sie auch das Capittel und stende zuschub dazu gethan, were ihne
dennoch in die lenge nicht müglich das auszuführen, und wan dan sie die
handt abziehen müssen und also diese rebellische handlungen weiter umb
sich fressen würden, were es nichts weniger allen stenden des Reichs dan
ihne beschwerlich, und baten derhalb, das man ihne zuhilf halten wolte
acht tausent landsknecht und zwen hundert reuter. Hiezu war der Keiser
nicht ungeneigt und die fürsten und stette willigten auch, wiewoll von
den stedten ihrer viel solchs wider ihren willen thun musten, und wart bewilliget aus dem gemeinen kasten des Reichs für bis anher ergangene
kostungk hundert tawsent und hinfürber monatlich sechzigk tawsent gulden
zuvorrichten, doch solte man dasselbe gelt von allen des Reichs stenden
was iedem auferlegt würde samlen und dahin wider erlegen. Zu diesem
kriege wart auch hertzog Moritz Churfürst von Sachsen zu einem feldtherrn und obersten erwelet.

Inwendig dem weil bis auf dem Reichstage sich dermaßen zutruge,
war nach gehaltener obgesagter schlacht hertzog Jorg sambt seinem volck
den 26 Septembris bei Hildesleben aufgezogen, und zoge nicht weit von
der Stadt Magdb. hart hinter Destorff[2] hin, und lagerte sich an die

---

10. 'da' statt 'dan' C.   23. beschwerlicher C.

1. Zum Folgenden s. Hoffmann,   2. Diesdorf, Pfarrdorf im Kreise Wanz-
1. Bd. S. 537.   leben, ½ Meile westlich von Magdeburg.

38 Fortsetzung der hochdeutschen Uebersetzung der Magdeb. Schöffenchronik.

Elbe in und bei Schonebeck¹, darnach über drei tage als den 29 Septemb. schickte er seine Trommeter heran, ließ die Stadt anblasen und auffodern. Es war aber diesmals noch zu frü. Hirnach den andern tagk des Octobers, kamen in das lager gen Schonebeck herzogk Moritz Churfürst zu Sachsen, Margraff Albrecht von Brandenburgk²², graff Hans Jorge von Manssfelt und die Magdeburgischen thumbpfaffen und Stiftsjunkern und wart alda radtschlag gehalten wider die Stadt Magdb. und der hauffe huldigte hertzogen Jorgen und hertzogen Moritzen drei monat langk und alle knechte, so zulieffen, wurden angenohmen. Und nach diesem den andern tagk, als nemlich der da war der 4 des Octob., wart der hauffe von Schonebeck das heran geführt und schlugen ihr lager zu Vermeschleben³ an die Elbe, eine halbe meile wegs von Magdb., und wurffen alda eine schantz und graben auf, und nachdem unser hackenschützen auch hie aus der Stadt lieffen, ist diesen tagk der erste scharmützel geschehen vor der stadt, dis war oberhalb Bulaw⁴, und sein der unsern diesmals 4 tobt herein bracht. Etliche tage darnach als nemlich ‖ den 10 Octob., welcher war der freitagk nach Burchardi, lieffen sie zu nacht umb 11 schlege heran, machten uns einen lermen, zu versuchen, was wir doch thun würden, und lieffen mit einem großen geschrei, ihrer war nicht über zwei oder drei hundert, kegen S. Ulrichs thor⁵ und schossen abe mit einem feltgeschrei, wie man aber wider zu ihne hinaus schos und auch sturm schluge zu S. Johannes⁶, zogen sie im finstern wider abe und zündeten sechs windtmüllen im selbe an, desgleichen auch den siechoff zu S. Jorge⁷ vor der Stadt. Ich glaube aber, sie kamen nicht alle

Bl. 396b.

Bl. 397a.

---

1. 'in' fehlt C.   3. 2. October C.   15. Die Worte 'bis … Buckaw' fehlen C.   20. 'aber' statt 'abe' C.   23. 'aber' fehlt C.

---

1. Stadt im Kreise Calbe, 2 Meilen südsüdöstlich von Magdeburg, an der Elbe.
2. Auch der Kurfürst Joachim II. von Brandenburg nahm an dieser Beratung Teil.
3. Jetzt Fermersleben, Pfarrdorf im Kreise Wanzleben.
4. Die jetzige südöstliche Vorstadt von Magdeburg. Buckau, als Buchavi zuerst 937 erwähnt und ursprünglich wahrscheinlich eine slavische Ansiedelung, wurde erst 1859 zur Stadt erhoben und schon 1887 der Stadt Magdeburg einverleibt. In den sechziger und siebziger Jahren dieses Jahrhunderts nahm Buckau, in Folge seiner vielen Fabriken, seiner günstigen Lage an der Elbe und der großen Eisenbahnwerkstätten hinsichtlich der Größe seiner Bevölkerung einen Aufschwung, der an die Verhältnisse des rheinisch-westfälischen und des oberschlesischen Kohlenbeckens, sowie selbst der Union erinnert.
5. Das im Westen der Stadt gelegene und beim Ausgang zum Stadtselbe bildende Ulrichsthor wurde Anfangs der siebziger Jahre in Folge der Stadterweiterung abgetragen. Das beträchtlich nach Westen hinausgeschobene neue Ulrichsthor wurde Ende des Jahres 1895 abgebrochen.
6. Die Hauptpfarrkirche von Magdeburg, östlich vom Markt gelegen. Die Kirche, früher Volkskirche, Kirche der Kaufleute, ecclesia popularis, mercatorum, forensis geheißen, ist wahrscheinlich die älteste Kirche Magdeburgs.
7. Das vermutlich um die Mitte des 13. Jahrhunderts von der Seiden-

1550.

wider heim, dan gewis ists, das sie hernachmals nicht wider kamen und puchten also an die thor der Stadt.

307b. Nachdem nu hertzog Moritz Churfürst ‖ zu Sachsen zum Obersten dieses krieges vom reich erwelet ist, hatt er sich der sach angenohmen, ist den 21 Octobris, welcher war der dingstag nach Galli, mit dem volcke das heran gezogen und zu Bukaw vor dem Ziegelhove¹ eine schantz oder Erdthaus aufzuwerfen und zu befestigen angefangen. Den 26 Octob. sein die feinde, die die wacht hatten bei ihrer schanze zu Bukaw, in die vorstatt zu S. Michel in der nacht eingefallen, dieselbe angezündet und fast in die zwantzig! heuser verbrandt. Den andern tag! darnach als nemlich den 27 Octob., welcher war der abent Simonis et Jude, hatten unser knechte einen harten scharmützel, mit denen, die auf die tagewacht der feinde den arbeitern zu schutz verordnet waren, und trieben sie oberhalb der schanz
308a. zurück, fast ‖ bis an ihr lager zu Wermeschleven, also das auch die feinde etlich klein geschütz heraus rückten, die ihren zu entsetzen. Darnach den fünften Novemb. ist die Erdt oder Blockhaus gefertigt, dan man hatte tag! und nacht daran gearbeitet, darin legte der Churfürst zwei fenlin knechte und etliche reutter, das ander volck blieb zu Wermeschleve im lager ligende.

Nach diesem den 7 Nouemb. schickte man aus der Stadt etliche knechte zu wasser mit 22 kanen und furen die Elbe aufwarts und plünderten das Closter Plotzke², und brachten viel proviant und beutt mit, so viel sie immer furen mochten.

Den 19 Novemb. hatten die feinde einen anschlag gemachet, einen scharmützel über der Schrode³ anzufahen, und hatten in der Steinkuhlen⁴

2. 'also' fehlt C.   4. genommen C.   19. 'ander' fehlt C.

krämer-Innung gegründete Siechenhaus (Hospital S. Georgii) lag an der Westseite der (alten) Sudenburg auf altstädtischem Gelände und wurde zur Franzosenzeit im Jahre 1812 demoliert. Das jetzige, an der Großen Schulstraße gelegene S. Georgen-Hospital wurde erst in den vierziger und fünfziger Jahren dieses Jahrhunderts erbaut.
1. Der Ziegelofen lag dicht an der Elbe, der Südspitze des der „Rote Horn" genannten Elbwerders gegenüber.
2. Pfarrdorf im Kreise Jerichow I., 2 Meilen südöstlich von Magdeburg, ehemals zum kursächsischen Amte Gommern gehörig und an der bei dem Orte Dornburg von dem Hauptarm sich abzweigenden und oberhalb des Dorfes Prester mit demselben sich wieder vereinigenden sogenannten alten Elbe gelegen. In Plötzky befand sich bis zur Reformation ein Nonnenkloster.
3. Das Flüßchen Schrote durchfließt die jetzige Wilhelmstadt, das westliche Stadtgebiet Magdeburgs, und mündet jetzt bei Wolmirstedt in die Ohre. Einst fiel sie nördlich der (ehemaligen) Neustadt in einen Elbarm, dessen Bett sie dann eingenommen hat.
4. D. h. Steinbrüche, an die die heutige Steinkuhlenstraße in der Wilhelmstadt noch jetzt erinnert. Die Brüche sind schon seit langen Jahren außer Betrieb.

ettliche reuter versteckt und ‖ andere reuter sambt hertzogen Jorgen Bl. 398b. solten ihne die kleine brügk über die Schrode verrennen und also zwischen sich brengen, aber unser volck¹ zeitlich zurücke, wie sie etwas darvon warnahmen, und namen einen Mülberg zum vorteil ein und thaten ihne großen schaden an pferden, und in diesem scharmützell waren keine pferde 5 aus der Stadt, sondern nur eitel fusvolck, diesmals wurden ihne zwei Merkische Edelleut abgefangen. Baldt darnach über zwen tage, als nemlich den 21 tagk Novemb., huben² die feinde eine andere schantze oder Erbthaus aufzuwerfen zwischen Harstorf³ und dem pulverhoffe auf diesseits Deßtorff, dan uns des orts zimliche von profiant und knechten zukomen 10 war, und wart anfenglich mit zweien fenlin knechten und etlichen ‖ reutern Bl. 399a. besatzt, folgents aber, wie die ander schantzen auch verfertigt worden, lies man nur ein fenlin darin, dan es zwischen zweien der Stabt nachgelegenen Block oder Erbtheusern fast mitten inne⁴ und der stabt am weitesten ein gut vierteil weges gelegen war. Über brei tage nach diesem als nemlich 15 den 24 Novemb. in der nacht bei Schonebeck haben sich der feinde reuter und knechte über die Elbe setzen lassen und des morgens dieses tages vor dem Zolle⁵ sich sehen lassen und hatten bei brei stück selbtgeschütz, und wie unser fusvolck auch über die brücken zoge, sein sie von dem feinde mit gewalt wider zurücke getrieben und haben den Zoll, nachdem sie ihne nicht 20 getrawten⁶ zuerhalten, selbst hinder sich angezündet und haben etliche Joch von den brügken abgeworfen und ‖ also zurügk gewichen. Der feindt hat Bl. 399b. das Dorff Cralaw⁷ eingenohmen, und eine schantz oder Erbthaus hart vor der brügken auwerffen lassen und die besatzt. Hiebei ist der Churfürst hertzog Moritz selbst gewesen und war ihme nicht weit, er wer mit 25 einem großen stück vom walle erschossen worden.

Über vier tage nach diesem als den 28 tagk Novemb., welcher war

14. 'und' fehlt C.

1. Hier fehlt das Verbum, etwa wich oder ging zurück.
2. So, für das zu erwartende huben ... an.
3. Wüst, dicht östlich von Diesdorf auf dem Areal der heutigen Wilhelmstadt gelegen. Als Dorfstätte noch für 1564 nachweisbar ist Harsdorf, woran das Harsdorfer Feld und die Harsdorfer Straße noch jetzt erinnern, wahrscheinlich erst kurz vor dem 30jährigen Kriege völlig eingegangen.
4. Gemeint ist das Blockhaus am Rottersdorfer Teich (westlich) und das an der Steinkuhle (östlich). — Der Ausdruck ein „vierteil weges" ist nicht zu erklären.
5. Der Zoll und das Zollhaus lag am Ende der über die große Elbe, den östlichen der damaligen beiden magdeburger Elbarme, führenden kurzen Brücke.
6. Hier fehlt das Objekt, etwa ihn.
7. Pfarrdorf im Kreise Jerichow I, ¼ Meile südöstlich von Magdeburg, am rechten Ufer der alten Elbe, des östlichen der brei heutigen Elbarme bei Magdeburg.

der freitag! nach Catharine nach mittage, wie unser knechte hinaus suchen gingen, hatten die feinde die leimenwende in S. Michel durchboret und ihne schieslöcher und andern vorteil bereitet, derhalb namen die unsern schaden, das ihrer neune dismals erschossen wurden. Und wie es kegen abent kam dieses tages, umb acht uhr, fielen die feinde in die Vorstadt S. Michel, zündeten etliche heuser daselbst an, es war aber alles wie folgen wirt auff ein anders angerichtet, dan wie hiemit in der Stadt ein lermen angerichtet und derselb kaum wider gestillet war, ungeferlich zwei stunde darnach fielen sie mit aller gewalt in die Newstadt und erstiegen die, und wiewoll sich etliche bürger zu wehre satzten, war doch der mehrer teil erschrocken und verzagt und dazu von dem feinde übermannet, auch fertigte man aus der Altenstadt etliche hakenschützen ihne zuhilf, es war aber nichts, wider ein sobane mennige, sonder der feind nam gewaltig! überhant. Derhalb zündet man die Newstadt von forne nach der altenstadt warts an und brante fort bis an das Rathaus. Der feindt nahete der altenstadt auch so gar nicht, sonder fingk an in derselbigen nacht von S. Agneten Closter[1] bis an S. Lorentz[2] Closter eine gewaltige schantz mit dreyen posteien aufzuwerfen und dieselbe mit schantzkorben zubesetzen, und legte sich also in die Newstadt mit neun fenlin knechten und hatte da ein gewaltig schon lager, den bürgern daselbst in der Newstadt wart umbgeschlagen, das sie von stund an, aus ihrer Stadt musten, und wart ihne alles genohmen, viel frawen und junfrawen geschendet, viel aber der Newstedter bürger, sonderlich die auf diesseit der altenstadt woneten, kamen mit weib und kint an das Stadtthor und wurden des andern morgens eingelassen. Es war ihne von den altenstedtern angesagt vorher, was sie lieb und von profiant hetten, solten sie an die altestadt brengen, aber ihr eigene hern hatten es ihne verboten und gesagt, die draußen weren ihre feinde nicht, sondern viel mehr die altenstedter, den auch sie der Newstedter hern waren bei hertzog Jorgen gewesen, der hatte sie mit dergleichen schonen worten abgewiesen, bis auf sein vorteil, des dan sie dismals woll zufunde kamen[3]. Dannoch lies man sie aus mitleiden hie ein, und versorgte sie

2. 'remen' statt 'leimen' C. 7. gerichtet C. 10. 'und' fehlt C. 17. Die Worte 'bis ... Closter' fehlen C. 23. 'die auf' fehlt C.

1. Das S. Agnes-Kloster, ein Cisterzienser-Nonnenkloster, blieb auch nach der Einführung der Reformation in der Neustadt-Magdeburg bestehen und wurde erst im Jahre 1812 aufgehoben.
2. Das Lorenzkloster, ebenfalls ein Cisterzienser-Nonnenkloster, war 1228 vom Erzbischof Albrecht II. gegründet und wurde vom Erzbischof Sigismund 1562 aufgehoben, während die Klosterkirche als Pfarrkirche bestehen blieb.
3. D. h. was sie denn auch zu ihrem Schaden wahrnehmen mußten.

zimlicher notturft, und wo werhaftiger leut darunter waren, ließ man
under die fenlin schreiben und machte ihne besoldungk. Des andern tages
als den 29 Octob.¹ war man hir willens, die Newstadt anzufallen, und
sich zuvorsuchen, es wart aber widerrathen und ging wider zurügk. Und
darumb nu der feindt die ander vorstadt als die Sudenburgk nicht auch
eintriegen mochte, hatt man die bürger doselbst lassen herin brengen, was
sie gehabt, und tegen abent umb drei schlege die Sudenburgk anzünden
lassen und ausgebrant, die bürger auch soviel der nottürftig und werhaftig, hat man gleich den Newstedtern unter die fenlin verteilet, schreiben
und ihne besoldungk zum underhalt machen lassen. Sie haben² aber beide,
Newstedter und Sudenburger, der Stadt ihrer besoldung dermaßen ge-
dandt und gelonet, das sie aller meutereien und uneinigkeiten anstifter
und anheber hir in der Stadt die belagerungk über gewesen sein, auf
ihrem Rathause war zimlich von gelde gefunden, da sie itz erst schos gesessen hatten, davon bereichenden sich von den feinden ihrer viel, die dazu
kamen. Den 30 Novemb. legten unser knechte wider feur ein in die Newstadt, darin sie mit gewalt einfielen, aber sie wurden von dem feinde gewaltigk wider zurück getrieben und in die Elbe gejagt und ihrer fast in
die 20 beschedigt.

Den andern Decemb. welcher war der dingstag nach Andree, haben
der Stadt bürger und lantzknechte, auch Graff Albrecht von Mansfelt
sambt seinem sohne Graffen Carln auffm marckte zusamen geschworen, bei
einander zustehen, lebendig und todt beisamen zubleiben.

Den 5 Decemb. erhub sich ein seltsam geschicht, dan etliche von der
Newstadt liefen heran zu nacht bis an den graben, einer von ihne fiel in
den graben. Nu waren etliche hirs im graben, die man da gehen ließ,
des war ein hirs, das hatte keine friede, zerstis und anlief den armen menschen, derselbige schriehe die Wacht an, man wolte ihne aushelfen, er wer
ein armer schantzgreber und die in der Newstadt hetten ihme einen monat
soldt gelobt, er solte den graben abmessen, und were so hinnein gefallen.
Die wacht aber that nichts dazu und arbeitet der hirs fast die gantze nacht
ahn ihm, und bracht ihm auch umb. Und umb diese Zeit ist Lazarus von
Schwendi³ Key. Majestät Kriegsverordneter Commissarius vor die Stadt
und ins lager komen.

1. Nach 'man' Zusatz 'sie' C.   14. derer Feinde C.   28. aus dem Graben helffen C.

1. Verschrieben für: November.   3. Freiherr Lazarus von Schwendi,
2. In der Handschrift A doppelt.   geboren 1522 zu Mittelbiberach in

Den 11 Decemb. war ein fcharmützell und wart ihrer knechte acht und fechzigk gefangen vor dem Blockhaufe Deſtorff, und in Magdb. geführet, auch ſonſt die ſich von ihne zur wehre ſtalten, daſelbſt vor dem Blockhauſe erſtochen, und in dieſer nacht iſt man auch zu waſſer ausgefaren und zu Salpke[1] eingefallen und geplündert und acht gefangene hakenſchützen mitbracht. Über zwen tage nach dieſem, als nemlich den 12 Decemb., hatt man die lantzknecht, ſo zu Hildeſchleve in der ſchlacht gefangen waren und noch ſich nicht rantzonet hatten, hinaus gefodert in die Newſtatt, die hatt herzog Moritz gen Quedelburgk 14 tage lang betagt. Wie aber ſie in den feier weinachten vernamen, das herzog Jorge von Mekelburgk, des gefangene ſie waren, in Magdb. gefangen war, verhoften ſie von ihme entlediget zuwerden in Magdb., auch ſonſt kein weither geſengnis einzuhalten ſchuldigk zuſein, und kamen alſo wider in Magdb., ſein auch von herzogen Jorgen den 6 tagk Februarii im Jar 1551 ihrer geſengknis ledig gezalt, und er hat ſie quitiret, als der dasmals oberſter feldtherr geweſen war, doch mit dem beſcheide, das ein jder beme, der ihn gefangen hett, ſein gewonliche Kriegs Ranſion, als einen Monat ſoldt geben ſolte, die drauſen wolten dieſe angebothene Ranſion nicht annehmen, ſo waren auch der viel, die in der ſchlacht geweſen und gefangene hierunder hatten, umbkomen und verlauffen. Der Churfürſt herzog Moritz betagte ſie auch oftmals wider hinaus, aber man ſchickte von ihne allewege zwei oder drei und nicht mehr hinaus, die kamen dan mit einer andern bedagungk wider, und blieb bis alſo beſtehen bis zu ende der belagerungk, da kamen ſie alle umbſonſt los, wie weither wirt geſagt werden.

In dieſer Zeit bewarb ſich herr Johann graff von Heideck[2] und Graff Volradt von Mansfelt, des alten Graffen Albrechts ſohn, von wegen der

20. Zuſatz 'waren' nach 'geweſen' C. 21. 'ſich' ſtatt 'ſie' C.

Schwaben und geſtorben am 28. Mai zu Kirchhofen im Breisgau, war im Alter von 25 Jahren in die Dienſte Karls V. getreten und hatte 1546/47 an dem Feldzuge in Oberdeutſchland und in Sachſen Teil genommen. Vor Magdeburg hatte er den Auftrag, den Kurfürſten Moritz zu überwachen. Später wurde er ein eifriger Verfechter religiöſer Duldung und ein überzeugter Gegner der ſpaniſch-römiſchen Politik.

1. Salbke, Pfarrdorf im Kreiſe Wanzleben, 7/8 Meilen ſüdlich von Magdeburg, an der Elbe.

2. Johann Freiherr von Heydeck, deſſen Verdienſte um Magdeburg gerade in der Schöffenchronik die allerwärmſte Anerkennung finden, war im Jahre 1508 geboren, trat, nachdem er anfänglich im Heere Karls V. gedient hatte, zur Reformation über, befehligte im ſchmalkaldiſchen Kriege das württembergiſche Kontingent, begab ſich in den Dienſt der ſächſiſchen Städte und half den Sieg bei Drachenburg mit erringen. Vom Kaiſer in die Acht erklärt, muſte er nach der Schweiz flüchten und wagte ſich erſt 1550 wieder nach Deutſchland. Als kurſächſiſcher Amtshauptmann ſtarb er am 20. Januar 1554 in Eilenburg.

von Magdb. bei den Sehestedten umb hilf und wart auch etlich volck im lande Mekelburgk, Sehstedten und bei Verden angenohmen. Wie derhalb solchs dem Churfürsten hertzoge Moritze zuwissen wart, ist er in diesen tagen mit sechs fenlin knechten und ...¹ reutern vor Magdb. (Er lies aber die aufgeworfene schantzen und lager zimlich besatzt und hertzog Jorge blieb ‖ auch in der Newstadt mit den seinen) aufgezogen, in vorhaben dieselbe zutrennen, wie dan auch geschahe, und von denselbigen versamleten knechten er vier fenlin an sich brachte. Letzlich auch den von Heydeck selber, dan wie derselbe von Heydeck sahe, das auf diese weise er die von Magdb. nicht entsetzen und dem Keiser hierin zuwider sein mochte (dan er war auch in des Keisers acht) fant er sich an den Churfürsten, und wart sein Radt, bewegte auch denselben Churfürsten zu aller sanfftmütigkeit wider die Stadt Magdb., also das er teglich der Stadt in allen fürschlegen und artikeln linder wart, auch wider des Keisers wissen und willen, und bewegte ihne dazu wider den Keiser dermaßen, das nach geendigter belagerung er selb wider den Keiser zoge, wie solchs ‖ andere historien weiter melden. Dieses Grafen oder Freiherrn habe ich nicht vergessen wollen, dan er negst Gott dieser Stadt zu ihrem vertrage, darin man dennoch freiheiten und die Stadt erhalten hatt, vornemlichen geholfen, und sie aus den großen geferlichkeiten, darin sie vom Keiser und thumbpfaffen gentzlich waren verdruckt worden, enthoben. Dan in summa davon zureden, wie man die Stadt nu fast nicht mehr halten mochte, war der Keyser dem Churfürsten so hessigk gemacht von diesem Graffen, das er albereit willens war, sich wider ihne aufzulehnen, und derhalb lies er die Keiserlichen artikel mit der Stadt im scheine also bleiben, aber hatte den heimlichen verstandt und bei beredungk mit der Stadt, ‖ das die Stadt von ihme ihrer freiheit durch zusagung woll versichert war. Und ob woll nach vieler leutt erachtungk er nicht willens war, die Stadt frei bleiben zulassen, sonder dieselbe in seinen henden ihme underthenig zuhalten, so schickte es doch Gott, das darnach baldt er und nach ihme der Keiser selbst vergingen und umbkamen. Weil nu hertzogk Moritz sambt etlichem volcke nach Verden gezogen war und man herin die kuntdschaft bekam, das zu Otterschleben² im dorf ein schwadt reuter unvorgraben und unbefestigt ligen solte, hatt man alle knechte, so dasmal auf die wacht nicht bescheiden gewesen, und die reuter auffgefodert und heißen zusamen ziehen und ist

4. C berücksichtigt den von A für die Ausfüllung der Zahl der Reiter gelassenen Platz nicht.
33. Zusatz 'und' nach 'bekam' C.

1. Die Zahl ist nicht angegeben.
2. Groß Ottersleben, Pfarrdorf im Kreise Wanzleben, ¾ Meilen südwestlich von Magdeburg.

1550.

Bl. 406a. man mit benselbigen des donnerstages vor Weinachten, welcher ‖ war der
19 Decemb., aus Magdb. gezogen nach Otterschleben warts. Es war aber
nacht und hatten alle dis volck über ihre harnisch und kleider weiße hembden
angezogen, damit sie einer dem andern kentlich weren, und also zog man
zwischen beiden der feinde lager als Bulaw und Destorff zu nacht umb
ein uhr her durch nach dem dorffe Kleinen Otterschleben[1], welchs dan eine
gute meil wegs von der Stadt Magdb. gelegen ist. Und wie man dahin
kam, waren die feinde ohne alle wacht in guther ruhe, derhalb fiel man sie
mit gewalt an, zündet das dorf an, name an pferden rüstungen und allerlei
beutt, was man mit nehmen konte, bis ist in geringer eil zugangen, und
sein nicht über acht oder neun schüsse geschehen, dan wie das feur im dorff
Bl. 406b. anging und die feinde sich ‖ überrascht sahen, war allenthalben furcht und
flucht und wenig widerwehre, der unsern ist nur einer todt blieben. Also
zog man mit der beutt und gefangenen wider nach Magdb. zu. Und war
zwar Gottes sonderlich werck, das in keiner schantzen die feinde dise nacht
über sich gereget oder einigen schus gethan hetten oder ausgezogen weren.
Die unsern sein nicht über drei stunde ausgewesen und man hatte bieweil
alle bürger auf die welle bestalt und von dem walle nach der Newstadt
warts, schos man die gantze nacht ohne unterlas, weil die unsern auße
waren, heftigk in die Newstadt mit allerlei geschütz.

Dis sein die Edelleut so gefangen herein bracht sein: Assa von Cram,
Busse von der Schulenburgk, Caspar von der Schulenburgk Hansens sohn,
Bl. 407a. Balthasar von Warstedt, ‖ Andreas Hake von Huxer, Zacharias Robel,
Christoff Falcke, Heinrich Katte, Hanses sohn, Hans Stausewitz, Melchior
von Löben, Merten Rose, Jochim von der Lixe, Jorg Edel von Plate,
Christoff Schencke, Caspar von Arnim, Moritz von Arnym, Fricke von
Beltheim[2]. Nachfolgende Edelleut[3] sein gefangen herin bracht und haben
bei andern gedienet, nemlich Jobst Conradt, Hans Siegel, Merten Smil-
ling, Otto Bitzkaw, Heinrich Ritzow, Egidius von Dühnen, Baldewin
von Zerbst, Fabian Schaderitz, Christoff von Sletnitz, Asmus Klest,
Albrecht Preus, Andreas von Arnstedt, Christof von Ernupitz. Über diese

20. Die Worte 'in die Newstadt' fehlen C.   21. 'gefangen' fehlt C.

1. Pfarrdorf im Kreise Wanzleben, ¾ Meilen südwestlich von Magdeburg und ein wenig östlich von Groß Otters-leben. — Die Chroniken von Bessel-meyer und Merckel verlegen diesen kühnsten und glücklichsten aller Ausfälle der Magdeburger nach Groß Otters-leben.

2. Das Verzeichnis bei Merckel nennt noch Wolfgang Edlen von Plato.

3. Das Merckel'sche Verzeichnis weicht etwas von dem hier gegebenen ab. Für den wohl verschriebenen Namen Ernu-pitz hat Merckel Kemnitz.

sein noch 195¹ reisige knechte gefangen herin bracht, auch 263 gutter
reisiger pferde || sambt vielem harnisch und schoner rüstungk. Auch ist des
Stifts haubtfane, darin S. Moritz gestückt gewesen, herin bracht, dan
under der fahnen sein das mehren teil des Stifts Junckern gewesen, sie
waren des vorigen tages gemustert und ihrer war gewesen nach dieser gefangenen bericht dreihundert und zweiundneunzig reuter, Johan von der
Asseburgk ihr rittmeister kam im hembde davon. Es verbranten auch vil
guter pferde, dan man war eilendt wider davon. Diese leut sambt den
gefangenen, kauften ein Radt von den knechten und gaben idem dafür
1 monat solt.

    Den 20 Decemb. welcher war der sonnabent vor Weinachten und
der abent Thome, des morgens frü umb neun uhr erhub sich ein harter
scharmützell, dan hertzogen || Jorgen von Mekelburgk verdros der erlittene
schade zu Otterschleben, gedachte derhalb den als ein freidiger kriegsman
zu rechnen, dakegen war den unsern auch der mutt, das es ihne eben dasmals so gerabten, gewuchsen, und waren die ersten, die die feinde reitzten
zu scharmütze1n. Derhalb geschahe ein hartes treffen in den gerten hinter
dem Siechofe nach der Sudenburgk warts, und war bis der ausgangk,
das hertzog Jorge sambt etlichen von Abel, nemlich Hanse Kotzen, Levin
Winterfeldt, Caspar Flans, Dittrich von Troten gefangen und in Magdb.
bracht wart². Der hertzog war mit dem gaul gestürtzt und wart also,
ehe er von den seinen konte entsetzt werden, von unsern knechten umbgeben,
dan er war der forderſten einer. Er wehrete sich aber weidlich, ehe er
sich geben wolt, dan er war in hofnung, die seinen, so ihme nachfolgten,
würden ihne noch entsetzen, also das unser volck ihne erstlich nicht konte
fortbringen, sondern musten ihne des mehren teil empor tragen. Wie er
aber sahe, das es nicht anders sein mochte, gab er sich einem unser reutern,
Chilian von Albenburgk genant, gefangen, und batt, man wolte ihne für
gewalt und den bürgern verteidigen. Seine reuter aber zogen stracks und
alsbaldt ohne einiges umbwenden oder weiter scharmützeln nach der Des-
torfer schantz und von dannen nach der Newstadt, der hertzogk ist herin
bracht auf das Rathaus³ und wart auf die Kemmerey gesatzt und mit

---

1. 236 C.   9. 'wider' fehlt C.   21. 'von' statt 'mit' C.

1. Nach Besselmeyer wurden 225 Gefangene in die Stadt gebracht, darunter
30 Adlige.
   2. Ueber die Gefangennahme des
Herzogs Georg liegt in der Universitäts-
bibliothek zu Heidelberg auch ein hand-
schriftlicher Bericht vor, den H. Holstein
in den Magdeb. Geschichtsbl. 8. Jahrg.
1873, S. 309 ff., veröffentlicht hat.
   3. Merckel erzählt (S. LIIIa), daß
die Weiber, die ihre Männer in der
Schlacht bei Hillersleben verloren hatten,
den Herzog todtgeschlagen haben würden,
wenn die beiden Bürgermeister sich im

etlichen Ratsherrn und bürgern bewaret, ehr wart daselbst verbunden und geheilet, dan ‖ er zwei schus und einen stich im leibe hatte. Darnach über 14 tage als nemlich den ersten Januarii ist er in Moritz Almans[1] haus zum lintwurm[2] genant verlegt worden und daselbst auch sein gefengnis ausgewartet bis zu ende der belagerungk. In diesem Scharmützel ist der unsern nur drei umbkomen und fünffe beschedigt, nach mittage dieses tages haben unser knechte sich weidlich im felde wider sehen lassen, sein an die schantz Destorff hinan gelauffen, das man auch mit haken anfing nach ihne zu schießen, aber es wolte sich kein mensch aus einigem lager herfür thun, dan etliche wenig in die acht oder zehen reuter, von denselbigen ist ihne einer ein Edelman einer von Trote abgefangen, und zwei oder drei wagen mit proviant hinder der schantz Destorff genohmen.

‖ Folget das Jar 1551.

Den andern tagt Januarii ist graff Albrecht von Mansfeldt eigener person sambt der Stadt reuttern und knechten kegen der steinkuhlen warts ausgefallen und ist ein harter scharmützel worden. Hans von Wulfen der Stadt rittmeister ist gefangen, aber dem feinde wider abgedrungen worden, dem feinde ist dismals Christoff von Sleinitz sambt noch zweien andern Edelleuten abgefangen.

Den 11 Januarii ist man aus Magdb. in die Newstadt gefallen, aber die unsern sein vom feinde zurücke geschlagen und fast bis an unsern graben geiagt, der unsern ist in die sieben oder acht und zwantzigk beschedigt und umbkomen, der nachdrugk unsern knechten dazu verordnet blieben ‖ zurück und ließen die unsern im stich. Dismals haben auch die feinde heufflich aus der Newstadt bei der steinkuhlen sich versamlet, dan unser reuter ließen sich im felde daselbst sehen, und ist dismal ein geschwadt reuter mit schießen aus der Newstadt gezogen und in der steinkuhlen gehalten, aber nichts weiter gethan, diese reuter mit spießen sein hiebevor, auch hirnach niemals mehr gesehen worden, dan nachdem ein geschwadt reuter zu Otterschleben erlegt und h. Moritz die andern reuter zum mehren teil mit weg hatte nach Verden, waren in der Marcke die dienstleute aufgeboten und in die Newstadt gelegt und dis waren diese

4. 'genant' fehlt *C*.   9. 'jenigem' statt 'einigem' *C*.   10. 'von denselbigen' fehlen *C*.
11. 'abgefangen' fehlt *C*.   21. gestochen *C*.   24. 'ersten' statt 'unsern' *C*.

Thoreingange nicht seiner angenommen hätten.

1. Einer der vier Kämmerer des Jahres 1550.
2. Dieses mit Nr. 141 bezeichnete und auf der Westseite des Breiten Weges gelegene Haus führt noch jetzt diesen Namen. Wahrscheinlich Ende des 16. Jahrhunderts wurde das Haus an die Kaufleute-Brüderschaft verkauft, als deren Innungshaus es bis zum Jahre 1810 gedient hat.

reuter, wie man hernach erfur. Diesen tagk war auch ein großer ungestümer ‖ windt und wurden dem feinde acht hakenschützen abgefangen und an. in die Stabt bracht. Den 14 Januarii zu abents um sieben schlege that der feindt in allen lagern und schantzen einen freudenschos mit allem großem und kleinem geschütz, dan ihne war Zeitungk komen, wie der haufe [5] bei Behrden vom Churfürsten zutrennet were¹, wie es dan auch war war. Diesen abent ist man auch aus Magdb. mit vielen kanen ausgefaren und zu Pechaw² eingefallen, die brügken auf dem thamb³ daselbst abgeworffen, die Klausen verbrandt.

Nach diesem auf den 25 tagk Januarii⁴, welcher war der sontagk [10] Conversionis Pauli, kam hertzogk Moritz mit dem kriegsvolck wider von Behrden vor die Stabt Magdb. und hatte von denselbigen ‖ knechten vier an. senlin zu und an sich bracht, wie dis volck vor Oestorff kam, that es einen freudenschus und zog fort nach Otterschleben und Lembstorff⁵ und schlug daselbst sein lager. Den 29 Januarii fielen unser reuter und knechte aus [15] und wart hinter der steinkulen auf einem wagen der Bürgermeister und richter zu Schonebeck gefangen und herinbracht, sie wolten nach der Newstadt ins lager, sie wurden aber hie balbt wider los gelassen.

Den 30 Januarii umb 2 uhr nachmittage fingen die unsern einen scharmützell an kegen dem Schrodorfer thor⁶ und wurden vom feinde [20] auch fast bis an den graben heran gejagt, wie man aber in der Stadt lerm schlug und ihne zuhilf kam, wart ein heftiger scharmützell, den feinden blieben ‖ neun pferde und der unsern drei auf der Wahlstabte, von unsern an. knechten sein in die achzehen hart verwundet, davon einer balbt gestorben. Sie haben darnach selber bekant, das auf diesem scharmützell sie am meisten [30]

4. 'allem' fehlt C.   6. 'war' fehlt C.   15. 'ein' statt 'sein' C.   24. 'deren' statt 'davon' C.

1. Vgl. Hoffmann, 1. Band, S. 548 f.
2. Pfarrdorf im Kreise Jerichow I, ¾ Meile südöstlich von Magdeburg.
3. Gemeint ist der ca. ⅝ Meilen lange, der Stadt gehörige und in der Geschichte Magdeburgs eine große Rolle spielende Clusdamm, der gleich hinter dem Zollhause begann und, der vielen früheren Ueberschwemmungen der Elbe wegen, aus einer großen Zahl von Brücken bestehend, bis zum Clushause, einem Zoll- und Gasthause an der Grenze des Erzstifts Magdeburg und des kursächsischen Amtes Gommern, reichte. Bis zum Anfang dieses Jahrhunderts ging die Hauptstraße zwischen Berlin und Magdeburg über den Clusdamm.
4. Merckel (S. K. IV b) verlegt die Rückkehr des Kurfürsten Moritz nach Magdeburg auf den 28. Januar.
5. Pfarrdorf im Kreise Wanzleben, ½ Meile südwestlich von Magdeburg.
6. Das an der Westseite der Stadt zwischen dem Ulrichs- und Krötenthor gelegene Schrotdorfer Thor ist in seinen Restückeln erst im Jahre 1895 beseitigt worden. Seinen Namen hatte es nach dem dicht westlich (im östlichen Teile der heutigen Wilhelmstadt) von ihm gelegenen eingegangenen Dorfe Schrotdorf, an das jetzt noch die Schrotdorfer Straße erinnert.

sein an knechten, wie kein andermal beschedigt worden, die gemeine sage war, h. Moritz were selber hie mit gewesen.

Darnach den 6 Februarii ist ein keiserlicher herolt mit dreien trometen und einem trummenschleger zu ros vor Magdb. ans thor komen und wolte unser knechte in Keh. Majestät nahmen von uns, als den Echtern, abfodern, ist aber nicht herin gestatet, doch hat er dieselbigen Keh. Majestät brieffe so man von ihme nicht annehmen wolte, bei einem gefangenen hernachmals herin sandt, ‖ darin gebot Keh. Majestät allen kriegsleuten inwendigk 14 tagen aus der Stadt zu ziehen, des solten sie gesichert sein leibs und guts, solchs solten sie hertzogen Moritz oder Lazaro von Schwendi, wan sie ausziehen wolten, entbieten, wo nicht, solte man sie den Magdeburgischen Echtern gleich halten und hernachmals keine gnade erzeigen. Aber hieran kerte sich niemandt. Nach dem nu der feindt die Newstadt eingenohmen und sich alda beschantzt, hat man in der Altenstadt den einen S. Jacobs[1] thurm zurichten lassen und ein stücke geschütz darauf bracht. Und nach dem es eine große hehe ist, davon man allenthalb in die Newstadt zusehen und zuschießen gehabt, hat man ihm sehr großen schaden gethan und viel volck ‖ erschossen. Derwegen ist der feindt verursacht denselbigen thurm mit gewalt zubeschießen und sein den 9 tagk Februarii nach mittage sieben große stück maurbrecher und Carthaunen in die Newstadt ankomen und folgents den andern tagk, als den dingstag in der vasnacht, welcher war der zehende tagk februarii, den thurm hefftigk zubeschießen angefangen, und hat denselbigen tagk 447 schüsse alles zu 50 und 54 pfunden gethan. Den 11 tagk, welcher war der mitwoch in der fasnacht, hat man nicht weniger hefftig geschossen, dakegen hat der auf dem thurme in der stadt, so viel ihme mit einem stück immer müglich gewesen, auch nicht gefeiret. Auch hat diesen tagk der feindt mehr grob geschütz in die Newstadt füren ‖ lassen. Wie nu der thurm also hart vom schießen verletzt, das man sich einfallens versehen muste, hat man die hohe spitzen, dan sie über die 60 ellen hoch war, den 19 Februarii zu nacht mit stricken gefasset und herunter gezogen, damit sie im fall nicht großen schaden thete.

Darnach den 26 Februarii wart ein hefftiger scharmützel und blieben auf der wahlstatt der feinde neun, der unsern eins von pferden. Wie

---

12. 'achten' statt 'halten' C.   15. aufrichten C.   19. 'tagk' fehlt C.   25. 'hefftig' fehlt C.
28. 'Stadt' statt 'Newstadt' C.

1. Die S. Jacobskirche liegt im Nordosten der Stadt, östlich vom Breiten Wege und dicht vor der damaligen Nordmauer. Wie die S. Petri- und die S. Katharinenkirche ist auch die S. Jacobskirche erst nach der mit dem Jahre 1213 beginnenden nördlichen Stadterweiterung Magdeburgs erbaut. Erwähnt wird sie zuerst in einem Diplom vom 13. Mai 1243.

man nu unsers teils abzoge, sahe man auf den wellen, das sie sich in den garten bei Schrotorff sehen ließen, derhalb wandten sich unser knecht und reuter im thor und satzten wider an sie und ging sehr hart zu, der unsern wart aber in die zwantzigk personen beschedigt, deren sechs oder sieben baldt darauff starben. Man sahe auch nach diesem scharmützel auff den wellen, || das sie etliche wagen aus der Newstadt komen ließen und die- selben mit todten beladen wegk füreten. Weil nu dieser scharmützel nach selbe warts weret, sahe man auf dem Wahll legen der Newstadt warts, das etlich volck in dem abgebranten der Newstedter Rathause, welchs zwi- schen ihrer aufgeworfenen schantz und der Altenstadt fast im mittel lage, sich sehen lies, man wuste aber nicht, was sie fürhetten, man wolte woll meinen, weil das Rabthaus abgebrant war und dennoch die steinern mauern bestehen blieben waren, sie weren im wergk dasselbe zubefestigen, derwegen etliche unser knechte aus dem graben auf leitern aufstiegen und sich hinan machten zusehen, was man fürhett, da funden sie etliche der feinde knechte nach gelde grabende, derselben wurden neun || erstochen und eilf gefangen herin bracht. Umb diese Zeit sein in der Stadt zwei Jageschif, mit rudern, dobbelten haken, scherpentinern und anderer rüstung zuge- richtet und gefertigt, zu zimlicher wehre gnugsam versehen, dieselbe hat man mit besondern dazu eingeschriebenen kriegsleuten besatzt und oftmals die Elbe itz nider itz oberwarts ausfaren laßen, die haben dem feinde großen schaden gethan und vil vitalli herin bracht. Diese schiffe haben die lantzknechte, das eine die bunte kuh, das ander den wilden strauß ge- nant[1].

Den 6 tagk Martii hat man bei dem Rotterstorfer deiche[2] aber eine newe schantze oder erdthaus angefangen aufzuwerfen, auch folgendes tages vollendet. Dieses Monats den 7 tagk zu nacht ist Hans von Cöln, des obersten in Magdb. Leutenantt, || mit 18 rotten lantzknechten auf der Elbe mit 24 kanen zu wasser ausgefallen und neben dem lager bei Bukaw die feinde wacht antroffen, in anzal acht personen, davon einen gefangen genomen, die andern erseuft, vor Schonebeck in die 12 schiff und zehen

---

1. 'von' statt 'auf' C. 4. 'wart' fehlt C. 11. Die Worte 'sich sehen lies' fehlen in C, wie auch der ganze Satz in C etwas verändert ist. 25. 'Hause' statt 'deiche'.

1. Nach Merckel (S. M 1b) wurden damals drei Elbschiffe als „Streitschiffe" armiert.
2. D. h. Teich. Rotterstorf, einge- gangenes Dorf, in S.W. der damaligen und auf dem nordöstlichen Areal der heutigen Sudenburg gelegen. Ein Teil der Flur südlich von Magdeburg führt noch jetzt den Namen des Rotters- dorfer Feldes. Auch giebt es im Stadt- teile Sudenburg eine Rottersdorfer Straße.

lane versendt, die schiffmülen daselbst verbrant, zu Elbenaw[1] den heubtman gefangen und neben anderer beut herin bracht. Dis volck zu wasser kam wider den andern tagk, als nemlich den achten tagk Martii, umb zwei uhr nach mittage und musten hart bei hellem tage zwischen beiden schantzen der feinde, als Bukaw und vorm Zolle hinfaren, und wiewol aus denselben beiden schantzen heftig nach ihne geschossen wart, haben sie doch den geringsten schaden nicht entfangen, sonder Gottlob mit wolfart wider ankomen.

|| Nach diesem den andern tagk als den 9 Martii schos man aus S. Jacobs thurme mit zweien stücken, dakegen fingk der feindt aus der Newstadt alsbaldt wider an zuschießen woll mit 12 stücken, und hat diesen tagk bei 320 schüssen gethan, auch ist der büchsen meister, ein gewisser schütz[2], der von S. Jacoffs thurme schos, auf dem thurme von einem steine geschlagen und davon gestorben.

Des andern tages hat man gleich hart aus der Newstadt nach dem thurme zu S. Jacoff geschossen und sein dieses tages aber 256 Carthaunen schus gezelt worden. Auch hatt man aus der Newstadt heftigk wider den thurm am krokenthor, davon man dan auch mit einem stück in die Newstadt warff, geschossen, aber er wart in einem tage wehrlos gemacht. Nachdem nu in diesem die Elbe sich ergossen || und gar überlieff, ist man aber mit zwei und achzigk kanen voller Lantzknechte den 9 Martii ausgefallen in Pechaw und Prester[3] schaden gethan, den tham auch nach der Klausen eingenohmen und dem feinde in der Zollschantz, welchem sonst nichts zukomen konte in ergießungk des wassers dan von diesem tham, die Zufuhre vier tage langk gewehret, aber aus der schantz thaten sie bottschaft hinaus und der feindt sterckte sich hinter den unsern zur Klausen und wart ihne zustarck, derhalb die unsern wider eingesessen und bei hellem tage nach der Stadt zwischen beiden schantzen Bukaw und dem Zolle ohne einigen schaden mit Gottes hilf sicher zuhaus komen, wiewoll der feindt, mit

---

3. 'tagk' fehlt C.   15. Zusatz 'hefftig' nach 'Newstadt' C.   19. Zusatz 'auch' nach 'wart' C.
21. 80 auch in C, doch ist von späterer Hand über 82 23 geschrieben.

1. Kirchdorf im Kreise Jerichow I, 1½ Meilen südöstlich von Magdeburg, gelegen auf dem von der Strom- und alten Elbe gebildeten und nach ihm genannten Elbenauer Werder.
2. Der von Merckel überlieferte Name dieses Büchsenmeisters, dessen Thaten in Wilhelm Raabe's Erzählung: „Unseres Herrgotts Kanzlei" novellistisch ausgeschmückt sind, war Andreas Kritzmann. Merckel (S. R. II b) erzählt mit sichtlicher Freude von ihm, daß er „über die 400 Personen alleine erschossen haben soll", daß er „im Felde seine Kennzeichen gehabt" und einmal „von vier Knechten ... sieben Beine abgeschossen" habe u.s.w.
3. Pfarrdorf im Kreise Jerichow I, ½ Meile südöstlich von Magdeburg.

schießen sich heftigt bemühet, und haben die kanen mit allerlei vitalli voll beladen mitbracht. Auch hatten sie zuvor inwendigk diesen tagen, als sie da gelegen, beide schiff zum andern male mit allerlei vitalli beladen zurügt in die Stadt geschickt. Den 13 Martii, welcher war der freitagk nach Letare, hat S. Jacoffs thurm des morgens umb drei schlege die Newstadt begunt etwas hart anzusprechen, dakegen hat der feindt diese gantze wochen auch heftigt geschossen, bis letzlich der thurm den 15 Martii welcher auch war der sonntagk Jubica, umb drei schlege nachmittage zum großen teil niber gefallen, und ein teil auf die kirche daselbst geraben und dieselbe über zerschlagen, in der Newstadt, wie sie den thurm fallen sahen, war soban jauchzen und geschrei, das es auf unserm walle erheret wart, und war bis auch eine anzeige, das er ihne nicht wenig schaden und dampfs gethan hatte. Man hatte aber das stück des nachts vorher herunber bracht und nibriger in den thurm gesatzt, man konte auch alle wege ben- noch aus demselben thurm über den wall in die Newstadt werffen, die große bequemlichkeit aber und hehe wart ihne benohmen. Er hatte ihne in der Newstadt so viel schaden gethan, das sie vor ihme keines orts konten sicher sein, sonderlich konte er von allen scharmützeln sehen ein und aus- komen, und dan warff er weidlich unber sie, derhalb man auch mit aller macht ihne zufellen sich unberstundt. Es sein wider diesen thurm, ehe er gefallen ist, wie man es nachgerechnet und gezelt hatt, über die anbert- halb tausent schosse, das mehren teil zu 50 und drüber pfunden, ge- schehen.

Den 16 Martii hatt der feindt noch eine newe schantz zumachen auff der steinkuhlen sich unberstanden und nachdem sie bis in den tagk daran gearbeitet, hat man alhir in der Stadt den 18 Martii reuter und knechte zu morgens umb vier schlege dieselben anzufallen ausziehen lassen, die haben alba ein fenlin niberlendischer knecht, darüber Hans Gülicher Oberster des lagers in der Newstadt heubtman war, den teichgrebern zu schutz auf die wacht verorbnet antroffen, erlegt und zu mehrem teil gefangen, der schantzgreber ist in die 400 gewesen, davon sein von den unsern, wie sie darnach selbst bekant und ausgesagt haben, 263 erstochen, von den knechten sein gefangen 125, darunter fenrich, Leutenant und alle befehlhaber[1], die andern sein auch erstochen und erlegt. Wie die feinde sobane ihre niber- lage gesehen, sein sie mit gewalt aus allen schantzen gezogen, aber es war

---

1. Zusatz 'hat' nach 'bemühet' C.   1. 'wohl' statt 'voll' C.   11. sothan C.   23. 'Uhr' statt 'schlege' C.   32. hernach C.   34. 'Feinde' statt 'andern'. C.   'auch' fehlt C.

1) Besselmeyer (S. D. Ia) giebt die Namen der Befehlshaber an.

nu zu lange, dan unser volck zoge nach der Stadt, dismal haben wir nur einen man und zwei pferde verloren. Dis fenlin war mit in der schlacht zu Hilbesleben bei der bürger niderlage gewesen und hatte uns großen schaden gethan. In dieser geschicht hat sich ein seltzamer und wunderlicher fall zugetragen, einer unser reuter (welcher nach ende der belagerungk der Stadt ausreiter worden ist) Bros von Torga genant, hat seinen eigenen bruder unter den schantzgrebern antroffen, doch hat er ihne nicht kant, derhalb ihne erstechen wollen. Der schantzgreber aber hat ihne erkant und angeruffen, er sei sein bruder, und hat sich genant, darauf ihne der reuter sein bruder als einen gefangenen angenohmen, und nach dem die lantzknechte sonst keinen bauren oder schantzgreber gerne verschonen, also hat er ihne auch mit nott vor ihne kaum erretten mogen, doch hat er ihn lebendigk und gesundt unverletzt herin bracht, hat ihne gekleidet und bei den hern der Stadt erhalten, das man ihne under ein fenlin für einen hakenschützen geschrieben und unterhalten hat bis zu ende der belagerungk.

In diesen tagen ist auch das eine Iageschiff ankomen und viel korn, viehe und ander vitalli fast auf die 100 fl. geachtet herin bracht.

Vor dieser Zeit etliche wochen hatten die thumbpfaffen in ihrem und des Stifts nahmen ein ausschreiben wider die Stadt Magdb. ausgehen lassen und solchs in stehender unser belagerungk, darauf man dan von der Stadt wegen ihne mit einem gemeinen ausschreiben wider geantwortet hat, und weil dan solcher bericht und kegenbericht dem Leser und nachkomlingen zu erforschungk der warheit nicht wenig anleitungk geben konnen, habe ich hir beiderlei, Erstlich der Thumbpfaffen wider die Stadt, und darnach der Stadt wider dieselbe thumbpfaffen, ausschreiben und antwortt einsetzen wollen.

Ausschreiben der Thumbpfaffen wider die Stadt Magdeburgk. Titell. Warhaftiger und gegründter bericht wider die vnerfindtliche vnd ertichte anzeigungk so die verstockten der Ro. Key. Majestät rebellen und Echter, auch vnser des thumb Capittels vnd Ertzstifts Magdb. vngehorsame eidts vnd ehren vergessene vnderthane Bürgermeister, Radtman vnd Innigsmeister der Altenstadt Magdb. neulicher Zeitt in druck vergeblich ausgegossen vnd von sich geschrieben, auch sonst wider ihre mannigfaltige viel jerige verbrechunk vnd mishandlungk, durch vns obgemelt thumb Capittell, Prelaten, Graffen, Ritterschaft vnd Stedte des obberürten Stifts Magdb.

---

1. Zusatz 'schon' nach 'zoge' C. 23. 'giebt statt 'geben konnen' C. 24. beyder C. 26. sehen C. 27. Da das folgende Ausschreiben den 1550 gedruckten Bericht des Domkapitels wiedergiebt, erscheint eine Vergleichung der Abschrift in A mit dem Originaldruck notwendig. 35. berurten Ertzstifts C.

der warheit zu guthe, und damit menniglich des nottürftiger wissen haben müge, ausgegangen Im Jar 1550¹.

Folgt der Stadt antwort im druck ausgangen. Titell.

Der von Magdeburgk verantwortung! alles vnglimpfs, so ihne in ihrer belagerungk von den Magdeburgischen Baalspfaffen vnd andern ihren vnd der Christen feinden begegnet. 1550².

Den 9 Martii dieses 1551 Jares war ein große meuterei der knechte alhir in der Stadt, die hakenschützen haben alle drei fenlin mit gewalt genohmen und dieselbigen selbst getragen und sein auf den newen marckt zusamen gezogen. ihren einen haubtman Hanse von Kindelbrügk, welcher der meuterei einen verdrieß hatte, haben sie mit gewalt aus seinem hause geholet und in den ringk gefüret und unbewegen mit haken also zerstoßen, das er darnach über zehn tage als den 29 Martii gestorben ist. Und war dieser meuterei ursach, das die knechte von wegen des gefangenen hertzogen Jorgen ein iber einen monat soldt haben wolten, welchs sich doch nicht gebürete, und derwegen ist Graff Albrecht aus ersuchungk des Rabts zu ihne in den ringk gezogen und hatt die sach also || gehandelt, das den tagk ihr monat soldt aus und angehen, do sie doch sonsten noch woll 14 tage hetten gehabt, das der monat wer zum ende gewesen. Und haben also dennoch ein iber bei einem halben monat solt durch diese meuterei erhalten. In dieser nacht kam das eine Jageschif aber wider beladen mit allerlei Vitallien. Darnach über 4 oder 5 tage als nemlich den 26 Martii, wie sie aber mit den schiffen aussein, traffen sie bei Plotzke etliche reuter

---

2. Im Originaldruck findet sich auf dem Titelblatt noch die Stelle aus Römer 13 „Jederman sey unterthan der Obrigkeit"; das Druckjahr ist mit „Anno 1550" angegeben. 15. 'jedermann' statt 'iber' C.

1. Von diesem Ausschreiben, das die Gegenschrift gegen die am 1. October 1550 veröffentlichte Schrift der Magdeburger ist (vgl. oben S. 32) haben sich mehrere Exemplare in der Stadtbibliothek zu Magdeburg erhalten. Die Druckschrift zählt 25 Bll. in 4⁰. Ein Abdruck findet sich bei Elias Pomarius S. 106—133 und bei Hortleber, Von den Ursachen des deutschen Krieges Kaiser Karls V., Th. I, lib. IV, S. 1112 —1123. Seitdem ist dies wichtige Ausschreiben unseres Wissens nicht mehr abgedruckt worden.

2. Abgedruckt ist dieses Schriftstück bei Elias Pomarius, S. 139—164, und bei Hortleber, Theil I. lib. IV, S. 1124 —1139. Was seinen Inhalt anbetrifft, so folgt auf eine Ansprache an die auswärtigen Christen, in der in ähnlicher Weise wie in den früheren Ausschreiben die gegen die Magdeburger erhobenen Vorwürfe zurückgewiesen werden, die „Instruction und Werbung" der Gesandten des Stifts, die Punkt für Punkt widerlegt wird. Darauf werden die „vorgeschlagenen Mittel" und die von der Stadt hierauf gegebene Antwort mitgeteilt. Der Schluß des Schriftstückes, das an Derbheit stellenweise nichts zu wünschen übrig läßt und dessen Verfasser der damalige Stadtsyndicus Dr. Levin von Emden war, lautet: „Datum Magdeburg Sonnabents am Tag Lucie, den 13. Decembris, Anno Domini 1550".

1551.

an, und der unsern sein daselbst zwe todt blieben und fünff beschedigt, sonst kamen sie woll und glücklich zuhaus hatte in die vierzigk stücke viehes eingeladen, aber alles abgestochen und so todt. Darnach über zwen tage als nemlich den 28 Martii als die unsern zuschiff aber ausfuhren nach Plotzke und Gummer[1], funden sie den flecken Gummer mit etlichen knechten besatzt, || derhalb ist ein scharmützel zwischen ihne worden, von den unsern sein baldt im anfange acht erschossen worden und wider zurücke ins schiff getrieben. Die unsern hatten in beiden schiffen etliche kamerbüchsen und in die 20 scherpentiner und dobbelhaken, die ließen sie im abfaren in die feinde gehen, dagegen derselbe feindt aus Gummer etliche stück selbtgeschütz und scherpentiner gefürt und nach den unsern wider geschossen, und hatt dem einen schiff den flegelbaum[2] abgeschossen und über das keinen schaden gethan.

Den 21 Martii frü zwischen 7 und 8 sein drei regenbogen und dabei drei sonnen am himmel gesehen worden und zu abent hat man gleicherweis an demselbigen ort des himmels drei mon gesehen.

Den 27 Martii am Karfreitage nachmittage umb ein uhr ist ein harter scharmützel gehalten bei der wintmüllen kegen S. Ulrichs || thor, in diesem scharmützel ist ein dickes schwartzes gewolcken mit schwartzen schlossen und hagel entstanden, also das das volck im felde nicht sehen konte, wie es im felbe geschaffen. Inwendigk diesem ungestüm sterckte sich der feindt aus allen schantzen und satzte auf die unsern mit gewalt, brachte sie in die flucht und jagte sie heran bis an S. Ulrichs thor an den graben, also das man von den wellen hette zu ihne schießen mogen, weren sie zwischen unsern knechten[3] vermengt gewesen. Aber im abziehen schos man mit dobbelhaken und andern haken, that ihne auch schaden, sie sagten hernachmals, das diesen tagk ihne nicht mehr dan ein Edelman einer von Miltitz und zwen knechte abgeschossen weren, der unsern aber wurden hart vorm thore 7 erstochen und 19 gefangen. Auch ist diesen tagk, wie das volck eine große mennige in S. Johans Kirchen zusamen war, eine || kugel aus der Newstadt in die Kirchen geschossen von 42 pfunden, that aber in der versamlung keinen schaden, desgleichen ist hernachmals den 14 Junii aus der Newstadt geschehen und hat auch keinen schaden gethan. Auch den 21 Junii

---

2. 'und glücklich' fehlt C. 9. In C blos: '20 Dobbelhacken'. 14—16. Dieser ganze Satz fehlt C. 26. 'und andern haken' fehlt C.

---

1. Landstadt im Kreise Jerichow I, 2½ Meilen südöstlich von Magdeburg, gehörte bis zum Jahre 1815 zu Sachsen.
2. So für: Segelbaum.
3. Man erwartet hier nicht.

vom Zolle her, aber dieser hat eine Jungfraw erschoßen und sonst ihrer in die sieben beschedigt, war unter der predigt in der vesper.

Darnach den ersten tagk Aprilis ist ein harter scharmützel worden zur rechten handt des siechhoffs und hat sich im selbe geiagt und umbgezogen bis er nach dreien stunden bei Schrottorf vollendet ist. In diesem scharmützel haben wir bei 20 man schaden erlitten. Es sein auch im abzoge der unsern vier auf der Schrotorfer thors brücken aus der steinkulen mit einem schus erschossen. Weil dan die knechte teglich ohne alle vorwissen des Obersten und haubtleutt scharmützell anfingen ⁞ und es ihne das mehren teil auch glücklich dabei ging, das sie den feinden schaden thaten und die überhant behielten, dennoch weil sie unbestalter und unvorsichtiger weise damit umbgingen, gings über sie auch bisweilen, und do gleich dem feinde sie überlagen, musten sie auch har dalegen lassen und war zu beforchten, das durch den teglichen abgangk, weil uns nuhmehr von knechten oder volcke nichts zukomen kondte, uns letzlich ahn volck mochte gebruch werden, dalegen dem feinde an seiner sterck nichts abgingk, den do ihne 20 oder mehr personen erlegt, waren alsbald 30 oder 40 im lager, die sich wider annehmen und schreiben ließen, dan es lieff teglich heuffigk zu, derhalb hat man den 2 tagk des Aprillen in der Stadt umbgeschlagen, das weder reuter noch knechte solten scharmützel halten ohne des Obersten wissen und befehl bei leibs⁞straffe, bis verbott war den lantzknechten sehr zuwider in der Stadt. Auch hat man diesen tagk, das ist den 2 Aprillis, nachmittage umb 12 schlege drei sonnen und dabei zwen regenbogen gesehen.

Wie dem feinde nuh oftmals großer schade von den Magdeburgischen zu wasser geschahe, dan man zoge fast umb den andern oder britten tagk aus mit beiden schiffen wollbemannt, nam ihne die kane, durchborete ihne ihre schiff, also das sie über die Elbe nicht mochten komen, fingk ihne ihr volck, that schaden aufm lande, bracht allerlei und viel vietalli herin, wart der feindt zurahte solchs einsmals zu wehren und zu rechen. Und wie die unsern zu wasser ausgefaren waren, den 11 Aprilis in Nigrip[1] gefallen, daselbst etliche vom Adel und andere gefangen und die schiff mit zimlicher ⁞ beutt beladen, hatt sich der feindt mitler weile sie im widerzuge anzugreiffen gerüstet, hatt ein groß schiff sambt etlichen kanen mit kriegsvolck besatzt, welchs kriegsvolck hertzog Moritz aus allen fenlin in der Newstadt

---

18. 'uns' fehlt C.   26. 'oder dritten' fehlt C.

1. Kirchdorf im Kreise Jerichow I, an der Elbe, 2³/₄ Meilen nördlich von Magdeburg.

1551.   57

liegende rottweis ausgelesen hatte, und ist besselben kriegsvolckes der
feinde basmals nach besage und vermeldung der unsern über die hundert
gewesen. Wie nun die unsern mit den gefangenen und beutt den 14 Aprilis
des morgens frü mit ihren beiden schiffen, darin sie basmals und auch
vorher niemals mehr dan sechs rotten knechte hatten¹, begegnet ihne dis
schiff der feinde sambt etlichen kanen, zu dene die unsern mit etlichen scher-
pentinern und dobbelhaken einworffen, die feinde verstunden, ihr geschütz
Bl. 464a. wer alles abgangen, sein baruff mit großem geschrei die ‖ unsern angefallen,
aber da hat man erst das ander geschütz in sie gehen laßen, und zwischen
dem ist das eine schiff der unsern umbher gefaren und also der feinde große
schiff zwischen sich bracht, und da hat man spies und helleparten gebraucht.
In summa haben die unsern die feinde bismals alle erlegt, bis auf zwen,
welche sie gefangen herin bracht, das schiff erobert, die haken und wehre
der erschlagene in ihre schiff genohmen und nach der Stadt gefaren. Und
wiewoll man aus der Newstadt auch mit ketten heftigl zu ihne, wie alda
sie fürüber faren musten, einschos, sein sie doch durch Gottes schutz un-
beschedigt heim komen und haben in dieser fart nicht mehr dan einen
lantzknecht und einen büchsenschützen verloren. Sie haben auch bismals
Bl. 464b. bei sich auf dem schiffe gehabt in die sechzehen gefangene, als ‖ 7 knechte
bei der Gerwische² gefangen, drei vom Adel darunder Wiprecht von Treskow, vier bürger von Tangermünde. Man sagte darnach, der Churfürst
hertzogl Moritz wer selber mit den seinen etwas von dem orte am user gestanden und hett zugesehen. Dieser angriff oder schlacht ist geschehen
kegen dem diebeshorn³ und musten die unsern wider strom, der feindt aber
hatte den wasserstrom zum vorteil. Dieses gleichen wolte der feindt auch
nicht mehr gewertigl sein, legte sich derhalb auf einen andern anschlagl,
verstieß die Elbe oben und underwarts der Stadt mit pfelen und hing

1. 'ist' fehlt C.

1. Hier fehlt das Verbum, etwa: zurückführen.
2. Gerwisch, Kirchdorf im Kreise Jerichow I, 1½ Meilen nordöstlich von Magdeburg. Das alte 1825 abgebrannte Dorf lag unweit der Elbe und ¼ Meile von dem jetzigen Orte.
3. D. h. gegenüber dem Diebshorn. Die Lokalität läßt sich nicht genauer bestimmen, doch ist anzunehmen, daß das „Diebshorn" etwa eine Meile unterhalb von Magdeburg am rechten Ufer gelegen hat, wo noch jetzt zwei Geländeabschnitte die Namen Ochshorn und Watershorn führen. Durch die Ende des vorigen Jahrhunderts vorgenommene Grablegung des Flußbettes haben sich die dortigen Terrainverhältnisse bedeutend verändert. Nach Besselmeyers Bericht (S. D. IIIa) hatten die Magdeburger auf ihren beiden Schiffen die Nacht „auf dem Wasser in einer anfurdt Habichshorn" (das heutige Ochshorn) zugebracht. — Den Namen Diebshorn hatte übrigens auch ein Landstreifen an der Elbe in der Altstadt, nämlich östlich von der heutigen Gouvernementsstraße.

daran mit ketten große beume, von einem ufer zum andern und legte dahinden drei schiff mit allerlei geschütz und wehre. Also wart den unsern hinfürder der schiff und Elbstroms sich zu gebrauchen gentzlich entnohmen.

‖ Den 27 Aprilis kam der Secretarius dieser Stadt Heinrich Merckel[1] herein und war bei dem Graffen von Heideck gewesen, welcher Graff, wie vorher auch gesagt, den Churfürsten der Stadt etwas senfter gemacht. Und ist daruf des folgenden sechsten tages des Maii, nachdem der Churfürst sein gleibe herin gesandt, ein gespräch auf dem werder hinter Crakow[2] gehalten zwischen hertzogen Moritz und der Stadt gesandten, als nemlich Jacoff Gerken[3] Bürgermeistern, dem Sindico Levin von Embden[4], Arndt Hoppen Buhrmeistern[5], und Heinrich Merckeln Secretarien, dieselben sein auf einem kane über die Elbe gefaren und war ein stillstandt in allen lagern und in der Stadt ausgeruffen und bis ist der anfangk des folgenden vertrages.

Den 29 Aprilis ließen die feinde in den gerten bei Berga viel weiden und ander ‖ beume schlagen in vergangener nacht. Derwegen ließ man dieses tages unser reuter zusamen auszziehen und las etliche hakenschützen zum scharmützel aus, die andern bestalte man auf einen hinderhalt. Wie nu die unsern so zum scharmützel bescheiden waren, wie es ihne befohlen war, zurück wichen, begeben sich des feindes hakenschützen aus ihrem vorteil in einen weiten acker nach Otterschleben warts. Also wart von der unsern versteckten hinderhalt (welcher seine losung von dem thumbthurm mit ausstechung eines banners hatte) auf sie zugebrückt und wurden ihrer bei die hundert erstochen und 26 gefangen herin bracht. Aber ihre reuter kamen mit gewalt auf ins feldt, sonst weren der ihren noch mehr umbkomen. Derhalb zog unser volck wider nach der Stadt und hatten nicht mehr dan 3 man verloren.

‖ Hinter der schantz Bukow hatt der feindt umb diese zeitt noch ein feldtlager geschlagen, darin ist Margraff Albrecht von Brandenburg und

---

1. Der Verfasser des schon mehrfach genannten „Warhafftigen Außfürlichen und gründlichen Berichts, von der Altenstadt Magdeburg Belagerung", über dessen Personalien leider nicht viel mehr bekannt ist, als was er selber in seiner Chronik hierüber berichtet.
2. D. h. unterhalb von Krakau, auf dem sogenannten Krakauer Werder. Nach Merckel (S. M. III b) nahmen an der Unterredung außer dem Kurfürsten Moritz drei seiner Räte, darunter auch der Kanzler Dr. Morbeisen Teil.
3. Der jüngste Bruder des Groß-

vaters Otto von Guericke's, Jakob Gericke, war Bürgermeister 1551, 1554, 1557, 1560 und starb 1562.
4. Ein geborener Magdeburger und nach dem Zeugnis Merckels ein ebenso geschickter wie mutiger Mann, über den nähere Nachrichten leider nicht vorliegen, nur daß Elias Pomarius (S. 439) das Datum seines Todes (1552, Sonnabend nach Lätare) angiebt.
5. Die Bedeutung dieses Amtes ist nicht bekannt, wahrscheinlich hatte aber der Bauermeister im Bauerding die Innungen zu vertreten.

Anſpag gelegen, damit man auch dieſem lager ettwas abbruch und beengſtigung thun mochte, hatt man ein ſtück geſchütz mit nicht geringer
arbeit auf den thumbthurm zu ſelbe warts gar oben unters dach brengen
laſſen damit in dis leger zuwerffen, wie dan hernachmals teglich geſchehen
ist, und den andern tagk Maii iſt der erſte ſchus daraus geſchehen. Man-
cher erfarner kriegsman ſagte, ſie niemals geſehen hetten, geſchütz ſo hoch
auf einen thurm zubrengen. Der thurm hatt 434 ſtuffen bis an den ort,
da das geſchütz ſtundt, ſein gemeſſen auff¹ . . . ellen.

    Man ſagte nach geendigter belagerungk für gewis, wie graff Ernſt
von Mansfeldt thumbdechandt zu Magdeb. und der Stadt beſon∥der feindt,
nachdem er im lager woll gedrungen, ſich ſoll auf ein ſcharmützel haben
bereden laſſen, und alda erſchoſſen ſein und ſei alſo todt, doch im nahmen,
als ſei er krank, gen Halberſtadt gefüret, alda habe man ihn drei tage
langk krankk geſagt und des mit fleis ein gerüchte gemacht, und dennoch
niemandts zu ihne gelaſſen, letzlich iſt ein ander gerüchte worden, wie er
geſtorben ſei und iſt alſo gen Eisleben gefürt und begraben worden. Von
welcher geſchicht, weil ich die Zeitt nicht weis, hab ich ſie mitten in die be-
lagerunk brengen wollen.

    Umb dieſe Zeitt ſein faſt alle ſtende des reichs, ſo zu dieſer unſer be-
lagerungk zulegen muſten, weil die ſach ſich alſo in die lenge verzog und
man doch des noch nicht ende wiſſen konte überdrüſſigk und in ihren zu-
lagen ſeumigk worden, ſonderlich die Stette und die den Magdeburgiſchen
mit gleicher Religion verwandt, legten ∥ ungerne, ſie muſtens aber thun
aus gezwange des Keiſers. Auch hatte der Keiſer iden ſtenden erlaubt von
wegen der Zulage, ſo ſie zu dieſem Magdeburgiſchen kriege thaten, von
ihren underthanen einen ſteur zunehmen, damit ſie deſto williger und ge-
faſter damit weren. Und derhalb weil man den knechten vor der Stadt
in die drei monat ſoldt ſchuldigk war, machten ſie den zehenden tagk des
Aprillen in der Newſtadt eine groſe meuterei, liefen zuſamen, plünderten
Lazari von Schwenden keh. Majeſtät zu dieſem kriege verordenten Com-
miſſarien ſein loſament, waren auch willens mit aufgerichten fenlin davon
zuziehen, deren den albereidt drei fenlin aus der Newſtadt ſich begaben.
Der Churfürſt hertzogk Moritz aber, welcher dasmals ſelbſt dar war, hat

---

2. 'Beveſtigung' ſtatt 'beengſtigung' C.   8. Auch in C iſt Platz für die Ausfüllung der Zahl
gelaſſen.   13. 'gekommen' ſtatt 'gefüret' C.   32. 'Stadt' ſtatt 'Newſtadt' C.

1. Für die Angabe der betreffenden Zahl iſt Platz gelaſſen. Die Höhe der oberſten Gallerie des ſüdlichen Dom- turmes, auf der dies Geſchütz poſtiert geweſen ſein muß, beträgt ca. 100 m.

sie gestillet und wider ins lager bracht, von den anstiftern ‖ dieser meuterei
sein hernachmals viel gehengt und erseuft.

Darnach über sechs tage als den sechsten¹ May, welcher war der pfingstabend, haben die feinde einen hinderhalt von pferden in die andert-halb hundert starck in den pulverhoff vor Harstorff verstackt, auch hinter die Rotterstorfische beich schantz, und haben etliche reuter im selbe an unser viehe rennen lassen (dan man noch teglich das viehe zu S. Ulrichs thor, auf den acker und oft bis an ihre schantzen hinan treiben und weiden lies) in meinung, unser tagewache, welche dan von reutern über 15 nicht starck, hinan zulocken. Aber diesmal schaffeten sie hiemit nichts.

Darnach den 21 May hat sich der feindt im selbe starck sehen lassen und derhalb ist man wider ihne zu scharmützeln ausgezogen und ist ‖ ein harter scharmützel und treffen entstanden hinder dem siechhoffe auff dem acker, der feindt hat darnach bekant, der ihren sein in die eilff personen darunder drei vom Abel umbkomen, der unsern ist vier todt blieben.

Den 28 May ist Hans Sprenger über ein fenlein lantzknechte der Stadt Hauptman, wie er vor der Stadt das angefangene rundel² auff der ecken nach dem siechhoffe warts besichtigen wolt, mit einer kugel aus einem falcknetlin von der Steinkuhlschantz erschossen worden, und war doch der schus nicht dermaßen, das zuerachten wer, das er von stund an solte todtblieben sein, wie es dan geschahe, wiewoll es unmöglich war, das er davon genesen mochte, dan er wart überm knye durchs bein geschossen. Dieser haubtman hatte dies lob, das er in der schlach³ bei Halbeschleve den bürgern in ordnung der ‖ Wagenburgk und sonst viel versehen hatte. Und über das gab man ihm schuldt, das er vieler meutereyen und sonder-lich der, die den 19 Martii in diesem jare hie gewesen war, er ein anstifter gewesen were, und besorgten sich viel leut dergleichen viel anschlege bei ihm, hette er sollen leben, aber Gott nahme ihn in sein gerichte, der weis wozu alle bingk dienet. Wir aber, die dasmals alhier belagert sein ge-wesen, haben auch in andern stücken gesehen, das aufruhr und entporungk wider die Oberkeit, do die menschen zu schwach sein sie zustrafen, nicht un-gestraft bleiben, sonder wir haben gesehen, das auch Gott für unsern augen seine straff uns hat sehen lassen; in der vergangenen obgemelten meutereyen, welche war den 19. Martii, namen die ienigen, so fürnemlich sein wolten, von den hakenschützen die fenlein ihren feurichen aus den heusern und trugen sie ihrem meuterischen hauffen ‖ für, dem einen der

---

13. 'und treffen' fehlt C.

1. Muß heißen: sechzehnten.
2. Gemeint ist das Bastion Heydeck.
3. Verschrieben für: Schlacht.

Moritz Robins[1] fenlin truge, wart in der fischer vorstadt[2] der kopff rein abgeschossen, dem andern, der Jürgen von München fenlin truge, Claus Reins von Borch genant, gingk es desgleichen neben den mülen bei der Steinkule. Ein ander, der sich vom adel zusein verrümbte und derhalb das er Edel war, nicht wolte die wache thun, auch andern, so er mochte an sich brengen, desgleichen rabt gabe, fiel vom pferde und stürzet alsbaldt den hals, bis sein dennoch Exempel der straff Gottes, und obwoll sie von vielen den zufelligen fortuitis casibus zugeachtet und vergessen werden, werden dennoch Gottsfürchtende leutt auch ihr bedencken hiebei haben und billig.

Den 3 Junii vor mittage umb 7 uhr sein die feinde und sonderlich die frenckischen Marckgraffen Albrechts reuter heran gefallen und das viehe, so vor der Stadt gehütet wart, || eins teils wegk getrieben, also das sie in die 60 oder 70 küh bekommen, die hirten und jungen dabei erstochen unt ettliche gar alte personen in sambt in die achte. Wie man nu hir in der Stadt lermen gemacht auch sturme geschlagen, sein die unsern ausgezogen und ist ein harter scharmützel daraus entstanden, darin uns drei reuter und vier pferde auch vier lantzknechte sein erschossen worden. Ihne ist Marckgraff Albrechts Stallmeister abgeschossen worden, auch sein silbern Dolch und gulden ketten, so er angehabt, herin bracht, die küh sein theur genug bezalet worden, den sie hernachmaln bekandt haben, ihne sey niemals auf keinem scharmützel vor der Stadt ausgenohmen den folgenden 30 Junii an reutern und pferden großer schade widerfaren dan hir. Ihneh sein in die 40 pferde und 27 Edelleut umbkomen.

|| Darnach den 16 Junii zu morgen umb 6 uhr haben die feinde bei der Sudenburger gerichte sich underftanden unser viehe zunehmen und ist ihne von unser reutter tagewacht einer abgeschossen worden. Wie man nu daruf in der Stadt einen lerm gemacht und man ausgezogen und mit dem feinde scharmützelt, ist der feindt bis an Destorff hinan gewichen und ist allenthalben nicht ohne schaden abgangen, wie nu die unsern abgezogen, erhebt sich im selbe von ihren hakenschützen noch ein heran setzen, derhalb die unsern, die itz bereit im thore waren, sich gewendet und ihne wider zu-

8. C hat nur 'zugemessen'. 17. 'daraus' fehlt C. 23. 'folgenden' fehlt C. 27. 'einer' fehlt C.

1. Der erst seit 1496 für die Altstadt Magdeburg nachweisbaren Familie dieses Namens sind ein Bürgermeister und mehrere Ratmänner entsprossen.
2. Dieser unseres Wissens nach nicht wieder begegnende Ausdruck ist vollberechtigt, da die Stadtgegend, wo die Fischer wohnten, außerhalb der Stadtmauer lag.

gesatzt, sie sein aber zurücke getrieben, letzlich hat sich das spiel wider gewandt und sein die unsern der feinde gewaltigk worden, haben also bei die 80 und drüber hakenschützen in den gerten bei Schrottdorff im friesen[1] genant erstochen und in die 28 gefangen herin bracht. Inwendigk diesem sein ihre reuter auch wider fertigk zu selbe komen, dan sie waren abgezogen, und den unsern zugesatzt, aber nicht sonder ihren schaden. In diesem scharmützel sein der unsern vier umbkomen und in die 17 verwundet. Dis ist der fürnembsten scharmützel einer und hatt gewehret von sieben uhren an bis umb 12 in mittagk gantze vier stundt langk, darin man wenigk gefeiert hatt, ist fast einer kleinen schlacht ehnlich gewesen. Nach diesem scharmützel machten sie eine blendung ahm lauffgraben zwischen der Steinkuhle und der Deftorffer schantz, dan der von S. Sebastian thurm (darauf man dan auch ein gros stücke hatte) hatte weidlich unter ihre reutter, wie sie hinter dem lauffgraben hielten, geworffen und ihne schaden gethan, dasselbige gesichte sie ihme mit dieser blendungk fast benamen. Mit diesem lauffgraben hatte es die gestalt, das sie von der Newstadt an bei S. Lorentz kloster angehoben bis an die Steinschantz, wider weiter bis an die Deftorffer schantz, desgleichen von der Deftorfer schantz bis an die Rotterstorfer schantz und von der Rotterstorfer schantz bis ins lager bei oder hinter Bukaw ein laufgraben, höher dan ein reitender man und also fast in die zwei man hoch aufgeworffen hatten alles in einen kreis, dahinder man von einer schantz zur andern gehen, reiten, faren mochte, und waren sicher vor allem schießen aus der Stadt. Dieser umbkreis hatte in seinem begriff mehr dan eine guthe meile wegs, dan in fielen orten gingk er nicht stracks zu, sondern war hinaus von der Stabt werts abgezogen, und musten die bauren und landtvolck an dieser arbeit aber woll schwitzen. Desgleichen hatte man bei der Stadt an den nechsten windtmülen bis an die gerten Berge[2] hinan unsern knechten auch zum vorteil gemacht, es war aber zweier ellen nicht tieff, darin sie sich mochten für reutern enthalten und entsetzen und unbesehen von einem orte zum andern schleichen. Und hieraus thaten unser knechte ihren reutern, wan sie entzlich und besonder heran ritten, unversehens viel schaden. Es war aber ihrem lauffgraben nicht zuvorgleichen.

Den 19 Junii sein unser hern auff ein entfangen geleit zum Churfürsten hertzogen Moritz gen Pirn gezogen in handlungk fried und ver-

---

1. Das Vorhergehende ist in C umgestellt.   6. 'haben' statt 'hatt' C.   21. im Umkreis C.

1. Jetzt heißt das Terrain: „Im nassen Friesen".   2. D. h. beim Kloster Berge.

1551.

tragk belangend und sein darnach den 3 Julii wider herin komen. ‖ Es sein ihn daselbst artickel fürgeschlagen, fast wie vorher vermeldet, dem Keiser sich auf gnade und ungnade zuergeben, einen fußfall zuthun, kein bündtnis wider Keiser, konigk, Ostreich oder niderlandt einzugehen, alle des Reichs ordnungen zuhalten, iderman zu rechte zustehen, den thumbpfaffen ihren schaden erlegen, wall und meuren einzureißen, eine besatzung zwelf hundert starck einzunehmen, den keiser oder seine gesandten, wie starck sie auch kemen, zu irer Zeit einzulassen, zwelf große stück geschütz zugeben, hundert tawsent gulden zugeben. Ob nu woll diese artikel ihne nicht woll annehmlich und zum teil unmüglich, dannoch nahmen sie die an dieselbe der Stadt zuvormelden und nicht weither. Auch sagte der von Heideck ihne zu, vieler artikel linderungk bei Churfürstlicher gnaden ‖ sich zubefleisigen, die gesandten des Rabts waren dismal dieselbige personen, die oben im sechsten tage May auf dem werder bei dem Churfürsten gewesen benant sein. Wie nu diese gesandten noch außen waren am abendt Johannis Baptiste, welcher war der 24 Junii, zu abent umb acht uhr ließen sie in allen lagern ihr geschütz gros und klein abegehen und machten im felde große feur, lieffen auch mit brennenden fackeln und feurbrenden umbher[1], wie man aber aus der Stadt zu ihne schos, wurden die feur etwas kleiner und das selbt wart stille, zu nacht umb ein uhr wurffen sie aus der New-stadt vierzehen feurkugeln, davon dan neune in die Altestadt fielen, und wolten uns auch gerne wider unser begeren ein freudenfeur angerichtet haben, Gott lob aber, that es den wenigsten nicht schaden. Dis ‖ unge-wonlich fürnehmen mit dem feurwerfen hatte bei vielen allerlei bedencken, weil unser gesandten noch auße waren, aber sie kamen darnach den 3 Julii glücklich wider anher in die Stadt. Auch war vorher in ihrem abwesen als nemlich den ersten tag Julii ein harter scharmützel und hatte der feindt woll vier man auf der unsern einen, doch haben sich die unsern mehnlich und woll gehalten, mit ihne woll zusamen gesatzt und in die acht mal auf einander abgeschossen. Der unsern wart in die 26 beschedigt, davon ihrer neun alsbaldt todt blieben, auch sein in die 25 pferde beschedigt und ver-wundet, die unsern sein auch dismals vom feinde bis an die Subenburg gejagt, haben aber in der flucht nicht mehr dan 6 man verloren, darnach wie sich das spiel gewandt, sein ihrer sehr viel daselbst widerblieben. Was

---

5. 'zuhalten' fehlt C.   14. 'tage' fehlt C.   26. vorhin C.   27. 'tag' fehlt C.

1. Elias Pomarius giebt seinem hier-von handelnden Berichte (S. 368) die Ueberschrift: „Der Feindt tantzet umb S. Johannis Fewer" und erzählt, daß die Freinde die Strohfeuer umtanzt hätten. Also ein Johannisscherz mitten im Kriege?

der ‖ feindt dismals für schaden erlitten, weis man nicht gewis, aber auf
der walstadt sein ihrer pferde todt blieben, fünff ledige pferde und ein
reuter und noch ein befehlhaber an knechten sein gefangen herin bracht.
Auch hat der feindt die nacht etliche wegen ausgesandt und die todten darauf
wegkfüren lassen, und dennoch haben des morgens unser knechte in die
neun personen des orts gefunden und dieselben eingescharret. Dis ist auch
der heftigsten scharmützel einer und hatt fast vier stunde langk gewehret.

 Darnach den 24 Julii ritten der feinde reutter gar nahent an die
Stadt heran, derhalb schlug man lerm herinner, zog aus und traff mit
dem feinde, der feindt aber wich zurück legen die aufgeworfene blendungk
zwischen der Destorffer und Steinkuhl schantz, dahinter sie zu ros und fus
starck ‖ hielten. Baldt darnach über eine halbe stunde ist ein ander und
heftiger scharmützel bei der Rotterstorffischen schantz angangen, darin die
ihren bis an die schantz getrieben, und nach dem der feinde reuter etliche
hakenschützen bei ihne hatten, haben sie dieselbe im stich gelassen und sein
in die schantz gewichen, haben auch die brücken in der schantz aufgerücket,
unser reuter aber und knechte sein ihren hakenschützen, so in dem deich etliche
bis an die arme gewichen waren, nachgeeilet, derselbigen im wasser viel erstochen, etliche sagen von dreißig, etliche von vierzigk personen. Die aus
der schantz Bukaw zogen derhalb mit aller macht heraus, also das die
unsern wider ihren tritt nach der Stadt nahmen, sonst waren sie so girich,
das sie sich auch die schantz (wiewoll mit ihrem großen schaden) anzulauffen
hetten dorffen ‖ understehen, dan sie waren vier tage nach einander vom
feinde heraus gelocket, und wan sie heraus kamen, so zoge der feindt abe,
dismals ist den unsern nicht mehr dan ein reuter blieben.

 Darnach den 30 Julii ist man aus der Stadt unversehens gefallen
und den hauffen steine, der vor das Closter Berge gestanden war, berant
in meinungk, ihrer reuter tagewacht daselbst anzutreffen. Aber dieselbige
ihre wache wich baldt nach dem lager zurück, die unsern satzten ihn nach bis
ans lager, derhalb entstundt im lager daselbst hinter Bukaw ein unver-
sehener lerm, das viel knechte in bloßen hembden zu ihren auffgeworffenen
schantzen eileten. Dis war des morgens umb 4 schlege, die feinde aber
zuros waren einesteils bereit fertigk, dan man dieses tages mustern wolte,
derhalb ‖ kamen sie baldt aus in die britthalb hundert pferde starck und
thaten mit den unsern, welche sich nach der Sudenburgk zu felde warts
abgegeben hatten ein, hart treffen, rückten von einander, luden wider und

traffen aber und solchs drei mal nach einander, unser reuter hatten sich auf zwen hauffen geteilet und unser fusvolck und schützen zwischen sich eingenohmen, griffen also im letzten treffen die feinde auf beiden seiten an. Auch brachten sie im zurückweichen den nachfolgenden feindt recht kegen und auf unser hakenschützen, welche in ihrem vorteil lagen und also auf beiden seiten den feinde getrost zuschossen. Dieser scharmützel wehrete fast in die drei stunde und war soban thumult und schießen als vor niemals, auch kamen ihre reuter aus allen schantzen zusamen und die reuter, so zu Crakaw lagen, ließen sich übersetzen, die ihren zuentsetzen. Der unsern ist dismals in die 22 personen darunter sieben reuter beschedigt, die kuntschaft gab darnach, wie sie dismals in die fünfzigk guther leutt schaden genohmen und ihne in die hundert pferde beschedigt, welche darnachmals das mehren teil verstorben. Die gefangene dieses scharmützels sagten, es wer kürtzlich geschehen, das etliche im lager brott, so ihne zugefüret worden, kauft, und nach dem sie es geschnitten, sei blut heraus gangen, darüber die knechte hefftigk erschrocken, darnach sei eine franckheit unter die knechte komen, darin ihrer viel absinnig worden. Solch hat man also war sein darnach erfaren und ist unsern hern, wie sie hernachmals den 28 Septemb. zum Churfürsten nach Wittenbergk gezogen, auf der reise zu Calbe auch also erzehlet worden.

Den 13 Augusti ließ sich der feindt nahent bis an die stadt heran sehen vor S. Ulrichs thor, derhalb zogen die unsern aus, die feinde hatten die gerten im friesen voller knechte gestackt und alles zu ihrem vorteil eingenohmen. Das erste der reuter treffen geschahe bei dem steinen brücklin über die Schrobe hinter den gerten, unser knechte drückten mit gewalt zu den ihren in den gerten nnd jagten sie aus ihrem vorteil und solchs nicht ohne beiderseits schaden. Die reuter haben dreimal aneinander gesetzt und werete drei großer stunden von sieben uhr an bis umb zehen. Der feinde Rittmeister Asmus von Winterfeldt ist erschossen welchs pickelhauben mit sammt überzogen sambt seinem gaul in die stadt bracht wart, 36 geule sein im selbe liegende blieben auf der walstatt, darunter ist der unsern 5 gewesen. Auch sein vier stattliche ansehnliche personen von den ihren im selbe blieben und von den unsern geplündert. Die gefangene, so hernachmals über acht tage herin bracht wurden, bekandten, wie das ihne viel vornehmliche vom Abel beschedigt und todt blieben weren. Auff unser seiten ist es auch zwar nicht sehr abgangen, sondern es sein den unsern in

---

2. 'sich' fehlt C. 7. 'thumelt und' fehlen C. 15. 'herausgekommen' statt 'heraus gangen' C.
29. 'wehern' statt 'welchs' C. 31. 26 C.

Städtechroniken. XXVII. 5

die 40 pferde beschedigt und fünffe auf der walstadt blieben, auch sein uns in die 28 personen beschedigt, darunder sein fünffe von stunden an todt blieben. Inwendigk diesem scharmützel schos es aus der Newstadt hefftigk nach den thurm über den krokenthor nach der Stadt warts, und nachdem er vormals sehr zerschossen war, also das man kein geschütz mehr darauff brauchen mochte, ist er in diesem scharmützel zwischen dem zwinger und thor nidergefallen und hat an menschen oder gebew Gott lob keinen schaden gethan.

Darnach den 14 Augusti hatt man[1] das kriegsvolck in der Stadt zusamen gefobert und zu dem genohmen den halben teil der bürger und war willens die Newstadt und das lager daselbst anzufallen. Es war aber unter den knechten einer Hans von Strasburgk genant, der hatte in den streichwehren woll vor 12 wochen als nemlich den 23 May einen brieff gefunden, darin das kriegsvolck ermanet wart, sich woll fürzusehen, dan der Bürgermeister Heine Alman[2] hette ein schelmstück für, die knechte und Stadt dem feinde zuvorraten. Diesen brieff hatte derselbige knecht des regiments schultissen überantwortet, und dieser brieff war ein erdichtet dingk, die feinde rümbten sich darnach, wie sie ihne draußen hetten schreiben lassen und bei unserer gefangene knechte einen herin tragen lassen und dahin werffen und wolten damit ein aufruhr gerne erregt haben, wie dan auch geschahe, aber nicht den ausgangk hatte, den sie gehoffet hatten. Wie man nu also die knechte zum ausfall gebrauchen wolte, trat dieser von Strasburgk in den ringk, vermanet das kriegsvolck sich woll fürzusehen, damit sie nicht zur schlachtbangk gefüret würden, und zeigte an von diesem brieffe. Dis kam gar manchem, den die haut grauset, gar eben und recht, derhalb zogen sie den 15 Augusti mit allen dreien fenlin auf dem Newenmarckte zusamen, alda wart der brieff an fünf ortern reutern und knechten fürgelesen. Nach gelesenem brieffe lieffen etliche in des Bürgermeisters haus, ihne in den ringk zuholen, durchliessen alle winckel. Er aber war aufm Rathause und kame bald darnach mit sambt den gantzen Rade zu den knechten in den ringk und verantwortete sich, das ihme solchs von den feinden eine meuterei anzurichten oder von einem vermeinten freunde einem schelm und bosewicht mutwilliglich überdichtet wurde, und do ihne jemandts zu be-

---

3. 'er' statt 'es' C. 9. Die Worte 'in der Stadt' fehlen C. 13. Stein-Wehren C.
21. hoffeten C. 32. 'und' fehlt C.

1. Doppelt. 2. War 1530, 1533 und so weiter bis 1554 Bürgermeister.

clagen oder etwas auf ihne zusagen hette, dem wolte er fushalten, und so er konte überwiesen werden, die gebürliche straffe leiden und dulden. Uff dis sein anttwort verwilligte sich der gantze Radt leib und gut für ihne einzusetzen, das er einen jeden zurechte anttworten und fushalten solte. Also wart diese meuterei gestillet und wart verlassen, das man über drei tage solte gemein halten. Aber dennoch wart also der ausfall gehindert und gewehret.

Darnach über drei tage als den 18 Augusti hielt man gemein, da erwelete man von reutern und knechten, die beneben etlichen Radtsherrn die schlüssel zum thore haben und die thor verschließen solten, auch alle brieffe so herin und von hinnen wider hinnaus gesandt wurden vorher besehen. Item wie mans mit der müntz und austeilung der ‖ profiant mit den knechten, so sich selbst beköstigten, halten solte gehandelt. Dieses tages wie die knechte also beisamen sein und auffm Newenmarckte gemein hielten, ist Graff Albrechts von Mansfelt gemahel[1] auff der thumbpropstei[2] (welche Er inne hatte) im fenster gestanden und den knechten zugesehen. Unter dem ist ein schus vom Zolle herüber, wie die aus derselbigen schantz etliche mal nach dem getummel und geruff der knechte abschossen, an dasselbe fenster geradten und hat ihr den rechten schenckel entzwei geschossen, ist aber dennoch lebendig! blieben und den schuß verwonnen.

Den 19 Augusti sein dem feinde 19 knechte abgefangen und die andern ins wasser gejagt und eins teils da erstochen, ihrer war vier rott beisamen und wolten das vieh wegtreiben.

‖ Darnach den 21 Augusti haben die feinde den thurm in der Newstadt zu S. Niclas[3] befestigt, geschütz darauf bracht und diesen tagk ernstlich davon begunnen zuschießen. Darnach über zwen tage war ein heftigk schießen herin aus allen schantzen, der vom Zolle schos nach S. Johans kirchen, also das man die predigt daselbst muste anstehen lassen, der aus der steinkuhl schos nach S. Ulrichs kirchen, der vom thurm aus der Newstadt schos den breiten wegk gerade entlengst, beleidigte etliche personen und unter denen ein schwanger weib. Umb diese Zeit hat man in der Stadt angefangen kupfern pfennige zu schlagen[4].

12. Austilgung C. 17. 'der' statt 'derselbigen' C. 19. 'ihr den' fehlen C.

1. Anna, geborene Gräfin von Hohenstein, die nebst ihrem Gemahl in Magdeburg einen Zufluchtsort gefunden hatte.
2. Das heutige Garnisonlazareth, gelegen auf der Westseite des (heutigen) Domplatzes.
3. Die einzige der früheren drei Pfarrkirchen der Neustadt, die nach der Zerstörung Magdeburgs von 1631 wieder aufgebaut worden ist.
4. Ueber die Münzen, die damals

Den 30 Augusti ist der Churfürst hertzogk Moritz zu den seinen ins lager ankomen, und ist dismals ein friedtstandt im lager, auch in der Stadt ausgeruffen, der ‖ hat gewehret bis zu austragk der sachen.

Darnach über vier tage als den vierden Septemb. kam der Graff von Heideck sambt seinem Secretarien[1] herin, handelte mit dem Rathe und linderte die fürgeschlagenen artikel dermaßen, das sie der Stadt mochten nicht so gar beschwerlich sein. Den 9 Septemb. zogen unsere hern mit ihme hinnaus in die Steinkuhlschantz zum Churfürsten und namen mit sich den ausschos der Reuter und knechte[2].

Darnach den 28 tagk Septemb. zogen sie aber gen Wittenberge[3] zum Churfürsten, da dan der Churfürst dasmals einen gemeinen landtagk hielte, und kamen wider den 9 Octobris.

Darnach den 9 Octobris hatte man zusamen alle drei rethe und die hundert man[4] sambt den schepfen[5] und sein ihne die artikel des friedlichen vertrags fürgehalten und von ‖ ihne angenohmen. Darauf sein des andern tages feinde und freunde im selbe zusamen gegangen und miteinander geredt, auch gessen und truncken. Dis ist aber alsbaldt des andern tages verboten worden.

Darnach den 3 Novemb. ist Graff oder Freiher von Heideck wider in Magdb. komen und die andern folgenden beide tage als den 4 und 5 Novemb. sein des Raths gesandten, als nemlich Jacob Gerke Bürgermeister, D. Lewin von Embden Sindicus, Arndt Hopff von Ratswegen, und Jacob Simon Rode[6] und Heinrich Eichstedt[7] von der gemeine wegen und der ausschus von reutern und knechten zum Churfürsten in die Steinkuhlschantz gezogen, daselbst ist der vertragk und friede entlich, Gott gebe

---

2. Die Worte 'in der Stadt' fehlen C.   5. Die Worte 'sambt ... handelte' fehlen C.
10. 'tagk' fehlt C.

in Magdeburg geprägt wurden, vgl. den Aufsatz von S. Alexi; „Die Münzprägung der Stadt Magdeburg a. 1550 und 1551". (Sonder-Abdruck aus der Zeitschrift für Numismatik, 15. Bd.)

1. Christoph Arnold mit Namen.
2. Ausführlich berichtet über die Verhandlungen vom 9. September Elias Pomarius, S. 400 ff.
3. Verschrieben für Wittenberg.
4. Das nach der Anzahl seiner Mitglieder benannte, wahrscheinlich direkt von der Bürgerschaft erwählte und an die heutigen Stadtverordneten erinnernde Kollegium, das bei wichtigen Gelegenheiten zu den Verhandlungen des Rats hinzugezogen wurde. Nähere Angaben über die Funktionen dieses Kollegii liegen unseres Wissens nicht vor.

5. D. h. Schöffen. Gemeint sind die Mitglieder des altberühmten magdeburgischen Schöffenstuhls.

6. War Mitglied der Hundertmannen. Neben den Alemännern war die wahrscheinlich im 17. Jahrhundert erloschene Familie Rode am Ausgang des Mittelalters wohl die angesehnste und größte in Magdeburg.

7. Mitglied des Schöffenstuhls und vielleicht identisch mit dem Heinrich Eichstedt, der sich in den Jahren 1524 und 1525 um die Einführung der Reformation in Magdeburg große Verdienste erworben hat.

zu glück und gedehen, angenohmen. Die artikel, wie das geschrei gab, waren
diese, dem Keiser sich zuergeben und einen fusfall zuthunde, wider den
Keiser kein büntnis einzugehen, des Reichs abschiedt zugehorsamen, den
Keiser zu irer Zeit einzulassen, Iderman zu rechte zu stehen, dem Keiser
funfzigk tawsent gulden und 12 stück geschütz zugeben. Dis waren die
Artikel im schein, aber es waren dermaßen beiberedungen und beiverstande
mit dem Churfürsten, das die Stadt der Religion und ihrer freiheit durch
fürstliche Zusagunge woll vergewisset war, und hatte sich der Churfürst
albereit vernehmen lassen des kriegs, den er wider den Keiser vorhatte.
Und do nu gleich diese linderungen nicht dabei gewesen waren, war
es dennoch an dem, wan man die warheit bekennen soll, das die Stadt
ihres vorrats dermaßen erschepft, das man in kurtzer Zeit hette müssen
auf gnade und ungnade dem feinde sich ergeben. Auff diese artikell nu
wart folgendes dem Keiser und Churfürsten, wie gesagt wirt werden,
eidtspflicht gethan. Und wie nu Hertzogk Moritz daruf baldt umbkam,
fiele der Stadt alle beiberedungen[1] zurück, dan was mit dem Churfürsten
obgedacht beiberedt war, des war nichts aufs papir bracht oder versiegelt,
damit man sich hett behelfen mogen. Auch war es über zwen oder dreien
personen nicht vollomlich wissentlich, derhalb muste man dem Keiser seiner
artikel also gestendigk sein. Das kostet der Stadt nicht wenigk, dan erstlich
muste man sich mit Iderman als mit dem Bischoffe, Marckgraffen, Graffen
von Barbi, thumb-Capittel, Stiftsadel, Hertzogen von Brunschwig und
allen, die uns bedacht waren zu beclagen umb das sie von uns beschedigt
waren, vertragen, und ihne große summen geldes geben. Ich achte fast
auf die anderthalb tunne goldts, und muste dem Keiser die große zugesagte
summen auch erlegen, das man doch alles also mit dem Churfürsten
troffen und beredt hatte, das man es nicht thun solte. Die gefangene
muste man auf beiden teilen kegen einander loslassen, also bekam die Statt
wider von Hertzogk Jorgen oder auch den gefangenen Edelleuten nicht
einen pfennig. Inwendigk dieser Zeit wie die sachen dermaßen in handlungen und friedestand stunden, hat man in der Stadt angefangen die
Barfüßen kirche[2] niderzureißen aus mangel des holtzes, das man den

---

11. 'ich' statt 'man' C.   'sagen' statt 'bekennen' C.   21. Zusatz 'endlich' nach 'als' C.
'Graffen' fehlt C.   24. Zusatz 'es' nach 'achte' C.

1. Diese „Beiberedungen" oder „Bei-
verstände", d. h. mündlichen Vereinba-
rungen, sind wiedergegeben in Merckels
Bericht im Anschluß an die Wiedergabe
der einzelnen Punkte der Kapitulation,
S. O IIa—P IIIa. Vgl. Hoffmann,

1. Bd. S. 559 f.
2. Das 1230 aus der Neustadt in
die Altstadt verlegte Barfüßerkloster lag
westlich des Breiten Weges zwischen der
jetzigen Großen Schul- (früher Brüder-)
und der jetzigen Dreiengel- (früher Bar-

knechten auf die welle zur nacht und tagewache geben muste, auch das man hernachmals daselbst heuser hinbawen mochte. Dis ist also niderzureißen angefangen den 14 Octob.

Nachdem nu diese handlungen allenthalben wille waren, hat man den 7 Novemb. unserm kriegsvolck umbgeschlagen und sie ‖ auff [den Newenmarckt versamlet, da ist alsbaldt der Graff von Heideck zugetretten und hat unserm kriegsvolck Churfürstlicher gnaden von Sachsen geleite fürgelesen. Darnach hatt der Stadt Oberster Ebeling Alman[1] dem ganzen hellen hauffen an statt und von wegen der hern von Magdb. freundtlich abgedanckt. Darnach ist auch Herzog! Jorge von Mekelburg seiner gefengnis losgesagt und quitirt und vom Churfürsten Herzogen Moriz angenohmen sambt andern Edelleuten, so auch hir in der Stadt in guther anzal gefangen waren, und ist in die Newstatt güret worden. Hir bei und über ist gewesen Fürst Wolff von Anhalt[2]. Darauff hatt man unser knechte angefangen zubezalen.

Des andern tages, welcher war der 8 Novemb., zu mittage umb zwei uhr, wie man den britten teil rde knechte noch unbezalet hatte, ist hirin aus Churfürstlichem ‖ befehl umbgeschlagen, das sich alle kriegsleutt solten rüsten und von stund an ausziehen. Welchs dan also in einer stunden geschehen ist und sein also die unsern umb vier uhr mit ihrer gewehr und breien auffgerichteten fenlin in die 2000 starck und zu dene in die 130 reuter von hinnen aus der Stadt gezogen bis gen Schonebeck, da hatt man sie den 9 Novemb. vollendt bezalet. Darauf nu alsbaldt wie sie ausgezogen waren, hat der Churfürst kegen den abent fünff fenlin wider herin verordnet. Als nemlich Wolff Tieffstedter mit 11 fenlin, Jürg Wachmeister mit einem fenlin, Melchior Hauffen profos mit einem fenlin, Hans von Dißlaw mit einem fenlin. Welche dan, wie sie umb fünff uhr spet herin komen sein, haben sie die bürgerwacht auf den wellen heißen abetreten mit diesen

---

7. Die Worte 'umschlagen ... und hat' fehlen C.   9. 'freundtlich' fehlt C.   11. 'und quitirt' fehlt C.   24. 'kegen den abent' fehlt C.   25. 9 C.

füßer-) Straße. Nachdem die Mönche das Kloster verlassen hatten, wurde das magdeburgische Stadtgymnasium in die Räume desselben verlegt. Der durch den Abbruch der Klosterkirche gewonnene Raum wurde von dem Bürger Georg Wieprecht mit fünf Häusern bebaut.

1. War bis 1552 Kämmerer und wurde 1555 Bürgermeister, als welcher er auch für 1558 genannt wird. Er starb 1560. Merckel sagt von ihm (S.

K Ia), er habe „gut Regiment geführet, gehör und gehorsam bey Bürgern und Landsknechten gehabt, und bey dem Vaterlande treulich zugesetzet."

2. „Aus großer freude, daß die Stadt erlöset", wie Merckel (S. K IIb) bemerkt. Fürst Wolfgang von Anhalt hatte schon sich 1521 Luther angeschlossen. 1547 vom Kaiser geächtet, hatte er eine Zuflucht im Harz gefunden. Er starb unvermählt am 23. März 1566.

worten, sie hetten itz keine feinde mehr, dorften auch ‖ nicht wachen, sie woltens wol versehen, und haben also ihre wacht, auff den wellen, marckt und Hertzogk Jürgen losament besatzt und versorgt

Des folgenden tages, welcher war der 9 Novemb. und der Montagk vor Martini sein die aus dem lager hinter Bulaw und aus dem Blockhause Rotterstorff im selde hinder den wintmülen vor S. Ulrichs thor zusamen gezogen und darnach in die Stadt zehen fenlin starck zum Ulrichs thor eingezogen, gar stilschweigende, niemandts mit unnützen worten ansarende oder aufruffende. Denen ist gefolgt der Churfürst hertzogk Moritz mit zweien geschwabt reutern, darauff die knechte alle losgeschossen. Es war auch den bürgern durch ihre rottmeister angezeigt, wan man die glocken zu S. Johans leuten würde, solten sie auff marckt erscheinen und huldigungk thun. Derhalb wie der Churfürst ‖ einzog, lautet man die Buhrbings glocken, da sein unser bürger ein gros teil auf dem marckt erschienen und zusamen komen, uffm marckte waren die fünff fenlin, die vorigs abents zur besatzung eingezogen waren, auffm breiten wege von S. Ulrichs thor an bis ans Krokenthor stanben die obgesagten zehen fenlin den breiten wegk entlangs, vor der Statt ahn S. Ulrichs thor am graben stunden das niderlendische Regiment aus der Newstadt, auch die sieben oder acht fenlin. Also ist der Churfürst mit obgesagten beiden geschwabt reutern auff den marckt gezogen und hinter ihme Keys. Majestät kriegs Commissarius Lazarus von Schwendi, dis war umb ein uhr nachmittage. Die Hern aller dreier Rebte waren auff Ratthause versamlet und gingen vom Ratthause dem Churfürsten auff den margkt bis an Keiser Otten[1] entlegen. Alba hub D. Ulrich Marbehsen Churfürstlicher ‖ Cantzler an, Nachdem dem durchlauchtigsten hochgebornen Fürsten und Herrn Ern Mauritz Churfürsten und mit erzelung des gantzen titels als Key. Majestät obersten felthern, Ihr der Rabt und Innigsmeister der Altenstadt Magdb. auff Key. Majestät artikel Capitulation und folgende resolution und erklerung euch ergeben[2], So sollet ihr Rabt und Innigsmeister und gemein eine

---

7. '70' statt 'zehen' C. 23. Zusatz 'dem' nach 'auff' C. 26. 'hochgebornen' fehlt C.

1. Gemeint ist das wahrscheinlich aus dem Ende des 13. Jahrhunderts stammende, auf dem Markt, westlich vom Rathause stehende Kaiser Otto-Denkmal, das vom Volksmund noch jetzt „Kaiser Otto" genannt wird.
2. Beachtenswert ist, daß der Chronist nichts von den kühnen Worten „Vertragen und nicht ergeben" meldet, womit nach dem Berichte Merckels (S. N IIIb) und des ihm folgenden Elias Pomarius (S. 419) der Stadtsyndicus Dr. Lewin von Emden die Anrede des sächsischen Kanzlers unterbrochen habe, worauf dann der Kurfürst Moritz selber die beschwichtigenden Worte gebraucht habe: „Es ist vertragen, soll auch vertragen sein und bleiben."

rechte erbhuldigung thun, dermaßen das ihr Key. Majestät und demselbigen
Oberstem Feldtherrn dem Churfürsten trew, holt und gehorsam sein, ihren
schaden verhüten und ihren fromen fodern, und das wider durch gunst,
gift noch gaben unverlassen wollet, schweren sollt, bis das gemeine Statt
von Key. Majestät und hochgedachtem Churfürsten an einen andern hern
verweiset wirt, und das alles getreulich und sonder gefehrde. Darauff ant-
wortet und batt der Stadt Sindicus, D. Levin von Embren von wegen
gemeiner Stadt, laut vorgeschehener handlungk dieselbige bei Gotts wortt,
bei ihren privilegien und gerechtigkeiten gnedigst zulassen. Es wolle sich
auch gemeine Stadt und Radt in allem underthenigstem gehorsam gebürlich
verhalten. Darauf sagte gemelter Doctor und Cantzler, (nach dem ihne
von Churfürstlichen gnaden etwas ins ohre geraunet war) Es hab Churfürstliche gnade ihr antwort gehoret und was belangt gotts wortt, die privilegien und gerechtigkeiten der Statt, wisse sich Churfürstliche gnade der
handlung gnedigst zu erinnern, und do sich gemeine Stadt dem itzigen erbieten nach halten wirdet, wolle sich Churfürstliche gnade gnedigst kegen
sie zuverhalten wissen und neben ihne alles aufzusetzen land und leutt,
leib, gutt und blutt bei Gottes wort zugesagt haben. Darauff haben Bürgermeister, die drei Rerte und Schepfen die hulbigungk mit einer handt-
tastungk[1] zugesagt, dakegen sich der Churfürst zu ros kegen einem jeden
Ratshern, der ihme die haubt gabe, gnedigst und auffs freundtlichst, gerate
als wer er ein geringe person gewesen, mit endtecktem haubt geneigt, und
ist folgends dem Rade und gantzer gemeine die Eidt auff obgesagte wortt
vorgelesen und mit aufgerechten fingern von denselbigen geleistet.

Nach diesem ist das niderlendische Regiment knechte sambt den andern
zehen fenlin wider in ihr lager gezogen und sein nicht mehr dan fünff
fenlin, die des vorigen abents herin komen waren, in der Stadt blieben.
Auch noch zwei geschwart reuter, darüber Zacharias von Robel und Jochim
von Blanckenburgk Rittmeister waren. Und folgender tage als nemlich
den 17 Novemb., wie das lager vor der Stadt aufgebrochen und das volck
weggezogen ist, ist noch ein fenlin von der Zollschantz, darüber Hans
von Kemnitz Haubtman war, den britten tagk darnach als nemlich den
20 Novemb. in die Statt verlegt worden, und ist also die besatzungk sechs
fenlin knechte und zwei reutter schwadt starck hirin verlegt wurden. Diesen
knechten auch, so zur besatzungk herin verlegt worden sein, ist hart verboten
jemandes weder mit worten noch mit der that zu überwelbigen oder zu
wider zu sein. Auch sich mit niemandt dieses Kriegs halben in Disputa-

---

1. D. h. mit Handschlag.

1551.

tion oder gezencke einzulassen, damit also aller unwille mochte verhüt bleiben, und wan sich etwa ein feur entstünde, solten sie sich auf ihrem lermplatz und sonst nirgents finden lassen, desgleich auch ihre weiber und tros nicht zum feur lauffen. Auff den margkt hatt man von der Stadt geschütz sechs falcknetlein gefürt und alda den knechten ihren lerm platz verordnet, den bürgern ist desgleichen sich mit nimandes in gezencke einzulassen verboten, auch das sie des abents sich mit überwehre oder ohne leuchten nicht solten auf der gassen finden lassen. Man hat auch diese Zeit über niemals offentlich buhrdingk gehalten, sondern allewege, so etwas vorhanden, ist den bürgern solchs durch ihre viertel herrn und Rotmeister zuhause angezeigt worden, desgleichen[1] ist auch kegen Martini im Jar 1551 das schos Nov. 10. den bürgern angekündigt. Diesen tagk, wie die hulbigung geschehen war, hat man allerlei zufuhre wider herin gestattet, der Churfürst ist nach gehaltener malzeit dieses tages mit dem Graffen von Heideck und Fürsten Wolffen auf die welle umbher geritten und die besichtigt, und wie er S. Jacobs thurm sahe, schüttelt er den kopf und sagte, du hast uns viel dampffs gethan.

Nach diesem den 14 tagk des Novembris, welcher war der sonnabent nach Martini, || hat man alle ketten an den gassen abgethan und zerschlagen aus befehl des Churfürsten. Sein auch bei seinem Leben nicht wider gemacht worden. Und des andern tages ist der Churfürst aus dieser Stadt nach Wittenbergk gezogen.

Den 17 Novemb., war Dingstags nach Martini, ist das lager für der Stadt aufgebrochen und das volck ist nach Erffurt gezogen, alba bei denen von Mülhausen und den bauren verlegt worden, die besatzungk aber blieb hie.

Den 26 Novemb. nachdem die Stabt ihres vorrats ausgeschepft war und der Churfürst dennoch die Stabt nicht also sehr lassen wolte, sein aus seiner verordnung und befehl dieses tages drei schiffe mit 8000 scheffel rogken belaben alhir ankommen und zur notturft und vorrat in unser frawen Closter[2] auffgeschüttet.

|| Diese belagerungk der Stabt Magdb. hatt gewehret ein Jar und sieben wochen von der Zeitt anzurechnen, do Hertzog Jorge unser bürger

---

1. Zusatz 'nun' nach 'damit' C.　2. In A fälschlich 'auch' statt 'auf'.　7. Die Worte von 'sich ... ein' fehlen C.　10. Rathmeister C.　11. 'um' statt 'kegen' C.　'im Jar' fehlt C.　15. 'dem Walle' statt 'die welle' C.　Zusatz 'den' nach 'er' C.

1. D. h. auf gleiche Weise.
2. Das auf der Nordseite des Neuen Marktes (östlich vom Breiten Wege) gelegene Prämonstratenserkloster Unser Lieben Frauen, das noch jetzt besteht, nahm erst 1592 die lutherische Lehre an.

bei Halbenschleben schlugt. Nemlich des montags in den Hermessen Anno 1550 bis auff den montagk vor Martini Anno 1551, da die Stadt dem Churfürsten huldigungk that und allerlei zufuhre wider herin gestattet ist worden.

In der schlacht daselbst bei Hildescheven sein umbkomen unsers teils in die 1400 bauren, 163 bürger, 240 bürger und 60 lantzknechte sein gefangen. Die gantze belagerungk über sein von der Stadt knechten auff allen scharmützeln umbkomen 273 und nicht mehr, die Zall der gefangene ist unwissentlich. Was von den feinden vor der Stadt umbkomen ist, achtet man auf die 4000 alle scharmützel zusamen überschlagen. Gefangen ist der feinde 538 herin bracht an lantzknechten, ausgeschlossen ‖ die reuter, so Bl. 4 gefangen herin bracht sein, deren auch nicht weniger sonderlich, do die Otterschlevischen mit eingerechnet werden. Es ist auch überschlagen und war befunden, das diese belagerungk über in die 40 000 personen und drüber in der Stadt gewesen an mannen, weibern, Jungkfrawen und Kindern, unter diesen ist ein gut teil Newstedter und Sudenburger, auch baursvolck gewesen. Auch sehr viel armer leutte, welche sich das mehren teil aus dem felde und gerten erneren mosten, also das, do es verboten wart, keinem aus dem thore ohne Zeichen auszulassen, in einem tage in die 700 Zeichen niderlegt sein unter dem thor.

Über 18 000 schus aus großen stücken sein in die Stadt gangen, deren über die 1500 wider S. Jacobs thurm gangen sein.

Zur bezalungk der knechte die belagerungk über ist ausgeben an Klippingen[1] und guther müntz 1 995 001[2] ohne das, was vor der ‖ belagerungk Bl. 4 zur knechte besoldungk komen.

Zur bezalungk der reuter die belagerungk über ist aufgangen[3] . .

In der belagerungk haben die bürger müssen geben zu schoße auff Martini Anno 50 von 100 gulben 13 groschen. Auff weinachten von 100 gulden einen gulden.

1. 'Heymerschleben' statt 'Halbenschleben' C.   3. 'vom' statt 'dem' C.   5. 'daselbst' fehlt C. 10. 'zusamen' fehlt C.   11. 138 C.   19. zulassen C.   26. Hier hat C zum Ausfüllen der von A gelassenen Lücke das Wort 'mehreres' eingeschaltet.   27. Hier setzt die Handschrift B wieder ein.

1. Eine Abbildung dieser „Klippen" genannten und in Gold, Silber und Kupfer geschlagenen Notmünzen hat schon der Rektor des magdeburgischen Stadtgymnasiums Sam. Walther auf dem Titelblatt seiner im Jahre 1751 erschienenen Abhandlung: „Das im Schmalkaldischen Kriege beständige und verherrlichte Magdeburg" gebracht. Das städtische Münzkabinet in Magdeburg besitzt mehrere von diesen jetzt sehr gesuchten Münzen.

2. Es fehlt die Angabe, ob Gulden oder Thaler gemeint sind.

3. Die Zahlen sind nicht angegeben, zum Nachtragen derselben sind aber $5\frac{1}{2}$ Zeilen frei gelassen.

Im Jar 1551 auff der heiliger dreier konig tagk von 100 gulden Jan. 6. einen gulden, auff Esto Michi von 100 gulden einen gulden. Auff pal- Febr. 9. marum von 100 gulden einen gulden und neben dem die helfte alles seines Mär₃ 22. silberwercks bei seinem eibe, davon wurden klippingk geschlagen einer für einen gulden, welche der Rath nach der belagerungk von den ‖ bürgern zu acht und zu neun groschen zu sich wechselte, sie waren auch so viel an silber nicht wert, in der belagerungk galten sie durch aus einen gulden beide in bezalungk der knechte und auch im lauff.

Auff Exaudi muste man geben von 100 gulden einen gulden. Auff Mai 10. Johannis Baptiste aber von 100 gulden einen. Auff Margarete von Juni 24. Juli 13. 100 gulden einen und neben dem die ander helfte des Silberwercks, wiewoll von vielen diese letzte helfte des silbers inne behalten war. Auff Martini aber von 100 gulden 13 groschen. So blieben auch die knechte Nov. 10. von beiderlei besatzung den bürgern unsprechlich viel schuldigk, das sie bei ihne verzeret hatten.

Ordnung und tax des lauffs ist in der belagerungk gesatz und gehalten wie folgt, auch alle wege zimlicher weise zukomen gewesen fast bis ans ende. Einen wispel rogken oder weitzen 12 fl. Ein pfundt rint oder ‖ kuhfleisch, schweinenfleisch, hamel oder kalbfleisch für einen groschen. Ein pfundt speck 14 ₰. Ein pfundt schmer 2 gr. Ein pfundt butter 3 gr. Ein hun 4 gr. Ein ey 2 ₰, ist das schock 10 gr. Eine gans 7 gr. Ein par tauben 2 gr. Eine Endte 4 gr. Ein mas honigk 3 gr. Ein mas bier 3 ₰. Dieses alles hatt man zur zimlichen notturfft sonderlich bier, brot und speck gehabt, wiewoll am fleisch mangel wart, zuletz also das eine kuh auff 18 gulden und ein hamel auff 3 gulden kam.

Die besatzungk der kriegsleutt die belagerung über war in der Statt diese, drei fenlin lantzknechte waren über die brithalb tawsent starck, deren hauptleut waren Ebelingk Alman Oberster, Hans Sprenger und Galle von Fuldorff ein schweitzer. Item ein geschwadt reuter in die dreihundert starck, kam aber letzlich fast auff die helfte, der Reuter Rittmeister ‖ war Hans von Wulffen, ihr fenrich war Christoff Alman Bürgermeister, Hans Almans[1] sohn. Zu einem Obersten dieses krieges war den lantzknechten und bürgern verordnet Ebeling Alman Bürgermeister, doch muste er, so etwas fürhanden war, den sitzenden Rath consuliren und fragen.

5. Zusatz 'noch' nach 'auch' B. 6. 'bey ihrer' statt 'in' B. 11. Die Worte 'auff ... einen' fehlen C. 13. 'wie gewohnlich' statt 'aber' B. 12½ gr C. 14. 'unzehlig' statt 'unsprechlich' C. 16. Hier hat die Handschrift B wieder eine große, bis zum Blatt 498a der Handschrift A reichende Lücke.

1. Nach Merckel (S. K Ia) war Christoph Alemann der Sohn des verstorbenen Bürgermeisters Heine Alemann.

Die lager und Blockheuser oder schantzen vor der Stadt waren diese. Das lager von Bulaw hatte zehen fenlin knechte. Ihr Oberster war Bastian zu Walwitz. Auch lag da Margkgraff Albrecht[1] mit einem geschwabt frenkischer reutter. Das lager in der Newstadt war sechs fenlin niderlendischer knechte. Ihr Oberster war Hans von Jülich. Im Blockhause oder schantze auff der Steinkulen lagen zwei fenlin. Ihr Haubtman war Wolff Tieffstedter. Im Blockhause vor Oestorff ein fenlin. Ihr Haubtman war Jürg Wachmeister. Im Blockhause bei dem Rotterstorffer deiche ein fenlin. ‖ Ihr Haubtman Lazarus von Schwendi. Im Blockhause vorm Zolle oder Erakow ein fenlin. Ihr Haubtman Hans von Kemnitz, wan sie sich aber nach gelegenheit des wassers oder sonst fürchteten, wurden sie mit mehrerm volcke gesterckt. Noch ist ein schwadt reutter in die Newstadt und Blockheuser umbher verteilet gewesen.

Dis ist also ein kurtzer warhaftiger bericht der gantzen belagerungk und der vornembsten scharmützell dieselbe Zeitt über gehalten. Es ist aber sonsten auch selten ein tagk hingangen, das nicht kleine scharmützell gehalten sein würden, es sein auch fast teglich gefangene herin bracht, desgleichen auch uns etwa abgefangen worden, dennoch aber gleichwoll ist es das mehren teil glücklich wider sie auff unser seiten zugangen, das es sie offt selbst verwundert, doch mus man Gottes wercke ‖ erkennen und ihme seine ehre auch geben, von dem ist es herkomen und sein nicht menschen werck.

Folget das Jar 1552.

Den 19 Januarii ist der Churfürst Hertzogk Moritz gen Magdb. komen, darnach kam der Churfürst von Brandenburgk Margkgraff Joachim und waren hir in die vier tage[2], wurden mit einem freudenschus von den wellen entfangen.

Den 19 Februarii war hie ein klein meuterei in der Stadt unter den knechten der bezalung halben, man war ihne schuldigk drei Monat, des machten sie des morgens umb sechs uhr den marckt mit gebrantem weine und was sonst da war, alles preis. Man fandt aber radt und fingk baldt darauff an zubezalen und ‖ wurden den tagk und folgenden tages alle halenschützen und gemeine dobbelsoldner bezalet. Ist also gestillet.

3. 'daselbst' statt 'da' C.   7. 'Wolff Jürgen' statt 'Jürg' C.   17. 'fast' fehlt C.   20. verwundert C.   24. gen C.   33. In C lauten die Worte: alle gemeine Hackenschützen und Dobbelhacken.

1. Von Brandenburg-Culmbach, der Vetter des Kurfürsten Joachim II. von Brandenburg.
2. Vgl. Hoffmann, 1. Bd. S. 566.

Den 8 Martii sein 4 fenlin knechte von hinnen ausgefobert, sein also nur zwei fenlin herin blieben.

Den 21 Aprilis hat man angefangen die Stadtmaur umb die Newstadt einzuwerffen, und that der Oberste aus des Churfürsten von Sachsen befehl.

Darnach den 28 Aprilis hat man die thürme der kirchen zu S. Nicolai in der Newstadt einwerffen lassen. Man hatte sie zuvor unterbrochen und auff holzern trempel gesatzt, die brante man weg. Desgleichen that man auch derselbigen kirchen den 7 May. Dis alles geschahe aus befehl des Churfürsten von Sachsen durch seinen Obersten, der in Magdb. lagk.

Den 23 May haben die bürger angefangen die schantz auff der Steinkuhl einzureißen, aber man ist der arbeit bald überdrüssig worden und nach 7 oder 8 tagen dasselbe wider anstehen lassen.

Den 25 May haben meine hern ein Erbar Rabt Buhrdingk gehalten, dis ist das erste Buhrdingk nach eroffnung der Stadt. Desgleichen haben den 25 Augusti Schultis und Schepfen offentlich gerichte unter dem Rathause an gewonlicher stelle gehalten, dis war auch das erste gerichte nach eroffnungk der Stadt.

Den 21 Augusti dieses 52 Jares zu nacht umb mitternacht entstund ein ungeheurer windt, desgleichen in etlichen hundert Jaren nicht gewesen war, das viel leut meineten, der jüngste tagk würde komen. Er warff die eine hohe spitzen von S. Jacobs thurm, die vor dem feinde war bestehen blieben, und die eine spitze von S. Ulrichs thurm, die da stundt[1] nach der Sudenburgk warts umb, und wurden diese beide kirchen von dem fall schendtlich zerfallen, dan die thürme und sonderlich der zu S. Ulrich fiel auff die kirche und Orgell. Er warff auch den steinern gangk, der von des Bischoffs hofe auffm Newenmarckte in die thumbkirche gehet, hernieder[2]. Er ris große beume aus der Erden und that großen schaden an gebew, menschen und viehe. Desgleichen windt war auch im lande zu Doringen, Meißen und der Margke rc. Zu Brunschwig warff er auch einen großen thurm hernieder. An etlichen orten (wie woll ungleublich dünken mocht) hats die menschen aufgehoben und in den lüfften viel wegs umbgefüret und ohne schaden wider nieder gesatzt. Viel leut wolten halten, es were ein Erdbidungk gewesen, welchs dan auch woll gleublich ist.

---

1. Die Handschrift A ist hier mit einer falschen Seitenzahl versehen, da auf Bl. 492b gleich Bl. 495a folgt.

2. Dasselbe Geschick hatte dieser, „der Bischofsgang" genannte Verbindungsweg am 26. November 1630.

78 Fortsetzung der hochdeutschen Uebersetzung der Magdeb. Schöffenchronik.

‖ Den¹ 3 October ist B. Friedrich gestorben und war nicht bestetigt Bl. 495b.
vom Babst², war auch nicht³ eingeführet noch ihm von der Stadt gehuldigt,
an sein stadt ist darnach sein bruder Margraff Sigmunt vom Capittel er-
wehlet worden⁴, welcher sein pallium vom Babst erlangt.

Nach geendigter belagerung der Stadt Magdb. ist der krieg, welchen
der Churfürst Hertzog Moritz, Margraff Albrecht von Brandenburg oder
Anspag neben dem konige von Franckreich wider den Keiser fürten, angangen
aus denen ursachen, wie das ausschreiben des gedachten Churfürsten meldet.
Nemlich das die religion vom kayser verdrückt würde, das der landtgraff
sein schweher wider Zusage und glauben gefengklich gehalten würde, das
der freiheit deutscher Nation abbruch geschehe. Dieser Krieg ist von andern
‖ mit allen umbstenden gnugsamlich beschrieben im Druck ausgangen. Es Bl. 46a.
ist aber letzlich diese sach zu Passaw den andern tag Augusti im Jar 1552
vertragen, der Religion friedt zugesagt, der landtgraff und alte Churfürst
von Sachsen Johan Friedrich entledigt, die beschwerung der Freiheit ab-
zuschaffen zugesagt, etliche fürsten und hern und Edelleut, so noch ins keisers
ungnaden und acht, zu gnaden aufgenohmen, wie solchs der vertrag, welcher
im Druck ausgangen, weiter mittbrengt. In diesem kriege ist Hertzog
Jorge von Mecklenburg, der etwa in Magdb. gefangen war, vor Franckfurt am Mehn mit einem großen stück im Julio⁵ des 1552 Jares erschossen
worden, den er hielte bei Hertzog Moritz wider den keiser und hatten
Franckfurt belagert. In diesem Passawischen vertrage wolte Margraff
Albrecht nicht sein, sonder zoge mit seinem ‖ volcke nach dem konige von Bl. 496b.
Franckreich und that under wegen großen schaden, er nahm Meintz und
Trier ein, und plünderte die Stifte und auch andere lande. Wie nu der
Keiser wider in Deutschlandt ankam, beklagten sich die Bischoffe Bambergs
und Wirtzburgs. Auch die Stadt Nürnberg, wie sie von Margraff Al-

5. Die Worte 'der krieg welchen' fehlen C.   12. Die Worte 'mit allen umbstenden' fehlen C.
10. 'so' fehlt C.

1. Von hier ab bis zum Schluß sind die Seiten nach dem Einband-rücken zu eingerissen und später mit anderem, ebenfalls noch altem Papier überklebt. Die verloren ge-gangenen Worte sind zum größten Teile von einer, wie es scheint, dem Ende des 17. oder dem Anfang des 18. Jahrhunderts angehörenden Hand ergänzt.
2. Diese Angabe ist unrichtig. Die Erteilung des Palliums war zwar aus-gesetzt, bis der Erzbischof Friedrich das kanonische Alter erreicht haben würde, am 25. Januar 1552 hatte aber der Kurfürst Joachim II. von Brandenburg, der Vater Friedrichs, die päpstliche Bestätigung seines zum Erzbischof ge-wählten Sohnes erlangt. Zu einer Huldigung der Stadt Magdeburg kam es allerdings nicht. Vgl. Hoffmann, 1. Bd. S. 568 f.
3. Ergänzt aus C.
4. Postuliert zum Erzbischof wurde Sigismund am 26. Oktober 1552.
5. Am 13. Juli.

brecht überschatzt und ihme noch große summen hatten verschreiben müssen, auch ihres landes ettliche schlösser ihme ewigk geben. Der Keiser rescindirte und sprach diese vertrege untrefftigk und gebot ihme nichts zugeben. Nicht lange darnach wartt Margraff Albrecht mit dem Keiser auch vertragen und muste der Keiser eingehen, was nur Margraff Albrecht vorsprach, dan der Margraff hatte das beste kriegsvolck in die fünffzigk fenlin und einen guthen hauffen reuter, die wolte der keiser dem Franzosen abziehen und an sich brengen, also bewilligte er dem Margraffen, || das die vertrege mit den Frenckischen Bischoffen und Nürenbergern solten krefftigk sein, und verlies sich also ein ides part auf des keisers Zusage. Daraus entstundt aber ein krieg, der Margraff brachte volck an sich, wie er mochte, der keiser besahl Hertzogen Moritze, das er sich der Nürnberger annehmen und Margraffen Albrechte wehren solte, das Cammergericht that ihn auf anclage der Bischoffe in die acht. Es wurden gütliche handlungen vorgenohmen, aber umbsonst, dan der Margraff lies ihme gar nicht sagen. Derhalb geschahe eine schlacht bei Hannover den 9 Julii im Jare 1553, da hat Hertzogk Moritz wider den Margraffen das selbt behalten und ist eine blutige schlacht gewesen, in die 4000 sein auff der walstabt blieben, Hertzogk Moritz ist auch mit einem handtrohr geschossen worden und ist davon nach zweien tagen gestorben und gen Freibergk gefüret und daselbst begraben worden[1]. || In dieser schlacht sein auch Hertzogk Carl Victor und Hertzogk Philipp beide Hertzogen zu Brunschwig, hertzogk Heinrich sohne, und etliche viel graffen umbkommen. Diese alle waren auff Hertzogk Moritz seiten. Nach diesem namen die Nürnbürger und obgesagte Bischoffe Margraffen Albrechte ...[2] alle sein landt ein und konte der Margraff hinfürter nicht wider zur macht komen, doch ist er hernachmals ein mal bei Brunschwigk von Hertzoge Heinriche geschlagen worden[3], wie er etwas von rüstungk wider zusamen bracht hatte. Darnach ist er in Franckreich gezogen und hernach im Jare 1557 den achten tagk Januarii, welcher ist gewesen der freitagk nach Trium regum, zu Pforzheim bei seinem schwager

6. Zusatz 'stark' nach 'fenlin' C. 24. 'gesagte' statt 'obgesagte' C. 25. 'weg' statt 'ein' C.

1. Unter Anspielung darauf, daß der heilige Moritz der Schutzpatron des Erzstifts Magdeburg war, sagt Merckel (S. R IVb) vom Kurfürsten Moritz: „Ist der rechte Patronus Mauritius gewesen ... und ist kein zweiffel, da Gott S. l. G. das Leben lenger erstrecket ..., sie wehren in diesen ganz gefehrlichen leufften ein teuer rechter Josaphat gewesen und hetten allen empfangenen schaden der Stadt (sc. Magdeburg) reichlich wider eingebracht und man würde der vielen schweren vortregen nicht bedürffet haben".

2. Hier ist ein Wort verloren gegangen und später nicht ergänzt, vielleicht: fast.

3. Nämlich am 12. September 1553.

Margraffen Carlen von Baden auffm Slos gestorben und folgendes daselbst in der pfarkirchen zu S. Michael begraben. ‖ Dis ist das ende der breien fürsten, die vor Magbb. lagen und Obersten waren des krieges.

Im Jar 1555 den 1 Augusti ist die bier und mehlziese zum ersten male aufgesatzt, nemlich von einem ibern scheffel, der zu brawen oder zu backen gemalen wirt, zu geben 6 kleine pfennige, und ist damaln gewilligt uff 3 Jar.

Im selben Jare den 15 Augusti ist zum Berlin ein tag gehalten worden zwischen Ertzb. Sigismundo und der Stadt Magbb., da ist der Bischoff mit der Stadt aller gebrechen durch den Churfürsten, des Bischoves Vater, vertragen worden[1] und in den vertragl ist das Capittel und Stiftsadel mit eingezogen worden, wiewoll das Capittel hernachmaln das nicht gestendig war, wie weiter unden geschrieben wirt. Dem Bischove hatt man eine große summa geldes zugeben ‖ zugesagt.

Imselben Jare umb Lucie hatte der Churfürst von Sachsen Augustus Margraff Joachim von Brandenburg hieher geschrieben und einen tagl ernennet nemlich den 10 Januarii hir einzukomen eine[2] Tripartit. Also das diese Stadt diesen breien fürsten solte verwant und gehulbigt unt underworfen sein zu bestetigen und daruf hulbigung zuthun. Aber es wart von den Retten, allen innungen und gemeine eindrechtiglichen ihne abgeschrieben und abgeschlagen.

Dez. 31.   Imselben Jare am Newen Jars abende war gros donner und blitz und zündet an etlichen orten viel gebew an und sonderlich viel kirchen.

Im Jar 1556 wart hir überaus viel und allerlei korn weggeschiffet nach Hamburg.

‖ In diesem Jare stund ein Comet.

In diesem Jare den 8 Novemb. ist B. Sigismundus zu Halberstadt mit 1500 pferden eingefüret und ihme gehulbigt.

Im Jar 1557 war ein harter und langer winter und gros mangel dem viehe an futter.

In diesem Jare war auch theurung, der weitze galt 20 fl. der rogke 16 fl. der gerste 14 fl. der haver 11 fl.

In diesem Jare als 1557 ist die newe Ratstube angefangen zubawen

---

3. 'des' statt 'des' C.   8. Hier setzt B wieder ein, jedoch mit verschiedenen Auslassungen. Zusatz '1555' nach 'Jare' B.   16. Zusatz 'unndt Ertzbischoff' nach 'Brandenburg' B.   17. Zusatz 'unndt' nach 'einzukomen' B.   19. 'denen' statt 'diesen' C.   22. Dieser Satz fehlt C.   24. Die nächsten sieben Sätze fehlen B.   29. Dieser Satz fehlt C.

1. Ueber diesen, das Tripartit genannten Vertrag vgl. Hoffmann, 2. Bd. S. 2 ff.

2. Vor einer scheint das Wort in verloren gegangen zu sein.

nach S. Johans kirchove warts und wart gebawet aus der Capell¹, so dem erschlagenen B. Borchardo (davon oben gemeldet²) nachgebawet war.

In diesem Jare danckte Keiser Carl dem Ro: reich, legte kron und Scepter nider. Gleichfals übergab er seine erblender seinem sohne konige Philippo und zog in Hispanien ∥ in ein münche Closter, darinnen blieb er.

Den vertrag der Stadt mit dem Bischoffe zum Berlin gehalten Anno 1555 wolte das Capittel nicht willigen. Brachte derhalb dem Keiser Commissarien aus, Hertzogen Heinrich von Brunschwig und fürst Wolfen von Anhalt, die solten die sach zum vertrage verhoren und wo der vertrag entstünde, dem Keiser berichten. Derhalb war die sach zwischen der Stadt und Capittel auch vertragen den 30 Januarii Anno 1558, das geschahe zu Wolmerstedt³. In diesem vertrage ist der Stadt der graben und wall zwischen der Sudenburgk und altenstadt sambt aller Jurisdiction zugehandelt worden, und sonst alle ander irrungen beigelegt, auch den pfaffen die schlüssel zum Thumb und ihren hoven geantwortet, daruf haben sie den 19 Martii ∥ wider angefangen Capittel zuhalten.

Imselben Jare 1558 ist die bier und mehl zieße wider gewilligt uff drei jar und hir ist den brawern nachgehengt, das alle die jenigen, die ihre Innungen nicht hetten, nicht solten vor ihre haushaltungk brawen diese drei Jarlang, welchs ihne vorher war frei gewesen.

In diesem Jare den 27 februarii hielten die Churfüsten einen tagk zu Franckfurt und erweleten wider zu keiser Ferdinandum den Romischen Konig, und doselbst erlangete der Margraff von Brandenburg einen newen Zollen uff der Elbe zu Lentzen⁴, von einem jedem wispel korns zugeben 1 fl. Dieses selben Jares ist das Stedtlin Lentzen gar ausgebrant von eigenem feur.

Imselben Jare den 16⁵ Septemb. war der abent Mattei ist der alte Keiser Carl in einem Closter in Hispanien gestorben.

2. 'gebaut' statt 'nachgebawet' C.   7. Zusatz 'bey' nach 'derhalben' B.   10. 'dem Keiser' fehlt C.   11. 'das' fehlt C.   12. 'der Stadt' fehlt C.   17. Die vier folgenden Sätze fehlen B.

1. Gemeint ist die zur Sühnung des 1325 am Erzbischof Burchard III. begangenen Mordes über seinem Gefängnisse erbaute Matthäuskapelle, die seit Einführung der Reformation verlassen dastand. Das 1555 eingerichtete geräumige Zimmer diente in der ersten Hälfte dieses Jahrhunderts der städtischen Registratur, bis es durch den Rathausumbau von 1867 beseitigt wurde. — Vgl. auch Hoffmann, 1. Bd. S. 135 und 140.
2. Auf Bl. 134a der Handschrift A.
3. Vgl. über diesen Wolmirstedter Vertrag, als dessen Datum sonst der 29. Januar angegeben wird, Hoffmann, 2. Bd. S. 9 ff.
4. In der Provinz Brandenburg nördlich von Wittenberge.
5. So, für 21. September.

Im Jar 1560 hagelte es hir als Hüner Eyer gros und that schaden Bl. im selbe, war den 10 Junii.

Nachdem als vorher im Jar 1525 durch ein aufruhr die wale der beider Ratmannen auf die gemeine von allen pfarren[1] wahr, hat man von wegen allerlei unordnung, darüber die gemeine zum teil selbst geclagt, dasselbe wider in den alten standt Nemlich die wahle derselben beider Radtman wider auf die Radtman der Innungen gebracht, und solchs ist geschehen mit bewilligung der gantzen gemeine, welche aufs Rathaus hiezu eine pfar nach der andern verbotet worden, und ist dieses Jares 1560 erstmaln wider aus der gemeine von den Ratmannen der Innungen erwelet worden.

In diesem Jare ist der Schuldtgehorsam angerichtet und gewilligt.

Nov. 10. In diesem Jare ist kegen Martini das schos ‖ verhohet worden, also Bl. das ein iglicher bürger von seinen gütern hinfürber geben soll von iherm gulden 2 kleine pfennige, und ein ort[2] vom thaler vorschos.

Im Jar 1561 ist des bannirführen[3] unterlassen und abgebracht.

Imselben Jare den 6 Decemb. hat der Ertzbischoff durch seine gesandten Rehte als Grafen Hanse Georgen von Mansfelt und seinen Cantzler[4] und ander sich allen dreien Rehten und den hundert mannen der gemein und Innungen sich erkleret, das er bei der Augsburgischen Confession sambt seiner landtschaft bleiben und verharren wolle. Auch nicht gestatten, das im thumb oder andern kirchen die Mes wider soll angerichtet werden.

März 22. Im Jar 1562 Palmarum ist die Stadt vertragen[5] mit dem Bischoff wegen des Newenmarckt und desselben gerechtigkeit.

---

3. 1527 *B*. Die in *A* nach 'ein' befindliche Lücke hat *C* falsch mit 'der Stadt Aufruhr' ergänzt. 4. In diesem Satze hat *B* mehrere Auslassungen. 6. 'geclagt' richtig in *B* ergänzt, *C* schreibt fälschlich 'gar irrig'. 9. gebotet *B*. 12. Die beiden nächsten Sätze fehlen *B*; in *C* fehlen die Worte 'Schuldgehorsam … Jare' (im nächsten Satz). 16. 'abgebrandt' statt 'abgebracht' *C*. 24. Die nächsten vier Sätze fehlen *B*.

1. Hier scheint vor wahr das Wort gekommen verloren gegangen zu sein, auch ist der ganze Abschnitt durch die Beschädigung des Blattes 500 in der Konstruktion, da das Fehlende nicht ganz richtig ergänzt ist, unklar geworden. Der Sinn ist der, daß die seit 1525 direkt von der Bürgerschaft erwählten Ratsherren künftig wieder durch die übrigen Mitglieder des regierenden Rats gewählt werden sollten. S. oben S. 8.

2. Ein Ort = $1/8$ Thlr.
3. Das Bannerführen war eine Art Ritterspiel, bei dem die Moritzfahne feierlich herumgetragen wurde und an dem sich namentlich die Söhne aus den alten Geschlechtern beteiligten. Bei der letzten derartigen Festlichkeit war es zu einer Schlägerei zwischen den verschiedenen Innungen gekommen.
4. Dr. Trautenbuel. — Vgl. auch Hoffmann, 2. Bd. S. 38.
5. Der wesentliche Inhalt dieses

. 501b.   ‖ Imselben Jare 1562 hat die Stadt vom Keiser Ferdinando Absolution von allem und vollkomliche restitution in allen Dingen und privilegien, wie sie die vor der belagerungk gehabt hat, erlangt[1]. Dis hat sich aber[2] so lange verzogen, dan dieselbe war nicht zuerlangen, es hette dan die Stadt sich mit allen, die sie wegen der Acht und diesem kriege beleidigt und zubeclagen, vertragen und vereinigt.

Imselben Jare den 6 Decemb. ist zu Ro: konige erwelet Maximilian des Keisers Ferdinandi son.

In diesem Jar ist der herrn pforte wider gebawet und geofnet[3], welche vorher vor der belagerung in wall gebracht und beschüttet war.

Im Jar 1563 den 11 May hat die Stadt sich durch unterhandlung
. 502a.   des Ertzbischoven mit den Graffen von Mansfelt, welche ‖ das haus Gaterschleben[4] bei dem Keiser in stehender unser acht ausgebeten hatten, wegen desselben hauses vertragen und dasselbe mit grossem gelde wider an sich gebracht, kostet fast in die 26000 thaler.

In diesem Jare war gros sterben der Sweine, rinder, hamel und allerlei viehes.

Im Jar 1564 ist ein teil an der langen brüglen, genant der gral[5], eingegangen 2 Joch langk.

Imselben Jare ist der Zwinger vor S. Ulrichs thor zur lincken

6. Die Worte 'und zubeclagen' fehlen C. 12. 'mit' fehlt B. 16. Hiermit hört die Handschrift B auf. 17. 'Thiere statt 'viehes' C.

Vertrages, der am 26. März 1562 vollzogen wurde, ist mitgeteilt von Hoffmann, 2. Bd. S. 12 ff.
1. Das das Datum Prag, den 12. Juli 1562 tragende Absolutionsinstrument ist abgedruckt bei Merckel, S. K IIb—K IVb.
2. So von alter Hand ergänzt.
3. Dies war eine der Bestimmungen des Vertrages vom 26. März 1562.
4. Neugattersleben, Dorf und Rittergut an der Bode, 4½ Meilen südwestlich von Magdeburg. Das jetzt dem Kammerherrn von Alvensleben gehörige und durch die von Sr. Majestät dem Kaiser alljährlich daselbst abgehaltenen Jagden allgemein bekannt gewordene Rittergut gehörte länger als zwei Jahrhunderte der Stadt Magdeburg. Nach der Erklärung Magdeburgs in die Acht hatte der Kaiser Karl V. am 23. Oktober 1550 den Grafen Johann Georg von Mansfeld und seine Brüder mit Neugattersleben beliehen, da Johann Georg es aber an Henning von Burtfeld versetzt hatte, mußte man sich nunmehr mit diesem abfinden. Erst 1565 wieder in den ruhigen Besitz des Gutes gekommen, mußte die Stadt Magdeburg wegen ihrer grossen Schuldenlast es 1573 an die Familie von Alvensleben käuflich überlassen, jedoch mit Vorbehalt der Lehnverbindung und des Rückfalls nach Abgang der erwähnten Familie. Erst durch die im Jahre 1853 erfolgte Ablösung der jährlich zu zahlenden Rente hat jede Beziehung der Stadt zu ihrem ehemaligen ritterschaftlichen Besitze aufgehört. Im Jahre 1350 hatte Magdeburg Neugattersleben von den Gebrüdern von Steinhof gekauft.
5. Der westliche, der Stadt zugekehrte Teil der Brücke, der oft auch als eine besondere, selbständige Brücke angesehen und bezeichnet wurde.

handt am thor abgebrant von eigenem feuer. Geschah ben 25 februarii twischen 6 und 7 uff den Abent und die Bürger waren zu walle bis umb 12 schlege¹.

Im Jar 1564 den 24 Julii ist Keiser Ferdinandt gestorben.

In diesem Jare ließ der B. allen seinen dienern und redten die berte abschneiden bis an den knebelbart². Solchs wart auch in der Newstadt, Sudenburg und allen Embtern und dorfern des Stifts geboten und gethan. || Der altenstadt wart es nicht angenomen³, was bis bedeuten solte ober nicht, wuste man nicht und war ein frembdt ungehort ding.

Im Jar 1564 drei wochen vor der fasten ist die Elbe mit eis zugelegt und gelegen gantzer 13 wochen, und war so ein winter, als bei menschen gedencken nicht gewesen war.

Im Jar 1565 den 27 Januarii sein die 8 Man⁴ erwelet, zu unterhaben der Stadt einnahme und ausgabe neben den kemmerern, und zu trachten uf wege und mittel, wie man der Stadt aus dem schaden, darin sie wegen der acht, belagerung! und vielen schweren vertregen und gelbspendungen war, mochte verhelfen, und sein folgents ben 3 februarii dazu vereidet worden, Nemlich Joachim Storm, Hans Hoppe, Moritz Dohm, Hans Helmke, Heinrich Harschleben, Christof Alman, Jürge Wiprecht und Peter Fricke.

|| In diesem Jare ist der freiwillige tegliche pfennig angesatzt und gewilligt uf 2 Jar ist angangen uf Ostern dieses 65 Jares.

In diesem Jare im Novemb. ist S. Steffens kirche uf S. Johans kirchove, welcher war die eltiste⁵ kirche in dieser Stadt, niedergebrochen wegen mangel des begrebnis⁶.

1. Die Worte 'zur linken Hand am thor' fehlen C.   2. 'auf' statt 'umb' C.   3. C schreibt 'In der Altenstadt'.   11. 'dreyer' statt '13' C.   23. Die Worte 'welche ... Stadt' fehlen C.

1. Der letzte Satz ist ein Zusatz von anderer, aber gleichzeitiger Hand.
2. Dieses erzbischöfliche Gebot rief damals das folgende, die Jahreszahl 1564 enthaltende Chronostichon hervor: "sIgIsMVnDo IVbente Longa barba perIt".
3. So von älterer Hand ergänzt; man erwartet: angemuthet.
4. Das Institut der „Achtmannen", die diese Bezeichnung beibehielten, als ihre Zahl geringer wurde als 8 Personen, hat sich auch noch nach der Zerstörung Magdeburgs von 1631 erhalten.
5. Dieser von allen alten magdeburgischen Chronisten geteilten Annahme, daß die S. Stephanskirche die älteste magdeburgische Kirche gewesen sei, ist schon Heinrich Rathmann, der älteste Geschichtsschreiber Magdeburgs, in dem 1800 erschienenen 1. Bande seiner „Geschichte der Stadt Magdeburg" (S. 22 f.) mit dem Hinweis darauf entgegengetreten, daß es zur Zeit Karls des Großen, in dessen letzte Regierungsjahre die erste Erwähnung Magdeburgs als einer schon verkehrsreichen Stadt fällt (605), noch gar nicht gebräuchlich gewesen sei, die neu errichteten Kirchen nach bestimmten Heiligen zu benennen. Rathmann hält vielmehr die S. Johannikirche für die älteste Kirche Magdeburgs. Die S. Stephans-Kapelle, die ursprünglich Cyriacus-Kapelle geheißen habe, ist etwa erst in der Mitte des 10. Jahrhunderts erbaut worden. Nach der Stephanskapelle hat die Stephansbrücke ihren Namen erhalten.
6. Auf dem durch den Abbruch der S. Stephanskapelle gewonnenen Platze

In biesem Jare ist das sterben umb Bartolomei angefangen und sein Aug. 24.
gestorben in ...¹ wochen ...¹ menschen.

Im Jar 1566 umb lichtmessen war gros wasser, ging über alle bemme, Febr. 2.
stund über dem Zirkel² bei ...³ ellen und that großen schaden und ging
⁵ über alle bemme bei der Clausen. Also das man mit keynem wagen noch
pferde über den dam reiten noch faren konte, sondern man muste mit der
vere vom Zoll biß zur Clause das volck überfaren und man muste den
verleuten geben vom pferde 1 tha: eß fuhren auch ettliche wagen in schiffen
byß zur Gerwische. Eß wardtt auch mit dem tha: vergelt der Junkern und
¹⁰ Abel nichtts verschonet dan eyn Jacob von der Schulenburg⁴.

Umb fasnacht galt der weitz 14 thaler, der rogke 10 thaler, der gerste Febr. 26.
7 thaler, der haver 6 thaler.

1. 'angegangen' statt 'angefangen' C.   2. Auch die Handschrift C bringt die in diesem und
dem nächsten Satze von A¹fehlenden Zahlen nicht.   6. 'zum Klauß' statt 'zur Clause' C·
7. 'von leuten' statt 'verleuten'. C.   10. 'als' statt 'eyn' C.   12. '4' statt '7'.

wurde ein Kirchhof angelegt, der nach
Gottfr. Gengenbach's Beschreibung der
Stadt Magdeburg (Magdeburg, 1678)
der Elenden- oder Armen-Sünder-Kirch-
hof genannt wurde. Im Jahre 1829
wurde er verkauft und in einen Garten
umgewandelt. Gegenwärtig steht an
der Stelle des Gartens ein Haus.
1. Die Zahlen sind nicht angegeben.

2. Wahrscheinlich eine Wasserstandsmarke an dem am stadtseitigen Land-
pfeiler der (alten) Strombrücke ange-
brachten Pegel.
3. Auch hier fehlt die Zahl.
4. Der Satz „Also das ... von der
Schulenburg" ist von derselben Hand
hinzugefügt, von der der Zusatz auf
Bl. 502a stammt.

II.

Nachträge

zur

niederdeutschen Handschrift der Magdeburger Schöffenchronik.

1483—1566.

Anno 1483. Ist Martinus Lutter den 8 februarÿ[1] zu Eisleben geboren.

Anno 1546. Ist der Edle Teure hohe Gotteß Man, helt und Prophet des Teutzschen Landeß zu Eißleben den 18. Februari deß Morgens zwischen zweÿ und dreÿ uhr. In got dem herrn, alß ein heiliger Mann, Christlich endtschlaffen, seines Alters 63 Jar.

Anno 1546 hat sich der Kreÿgl zwischen Keÿser Carln unnd den Protestirenden Stenden angefangen.

Anno 1547. Ist Magdeburgk am 20 Julÿ[2] in die Acht erklert. Wegen der hilf als dem Churfürsten hertzog Johans Friedrichen zu Sachßen und Philipßen Landtgrafen zu Heßen, alß damalß vehlthern, gegen dem Keiser geleist worden.

Anno 1547. Am Sontage Misericordias Domini. Ist der Chur- April 24. fürst hertzog Johanß Friderich zu Sachßen, beÿ Molberg gefangen von den Huserern, So hertzog Moritz unther sich gehat hat, und ein Schram uf die Backe gehauwen worden[3], hat aber einem von Trobt[4], die Gefengnüß gestanden, ist Anno 1552 widder ledbig worden.

|| Anno 1548. Ist daß Interim zu Augsburgk durch Magister Johannem Agricolam Ißleben, deß Churf. zu Brandenburgk Marggraf Jochims hoffprediger, verdeutzsch worden und ausgangen. Sonsten hat es Julius Pflugk, Bischoff zu Naumburgk, Michel Sidonius Bischoff zu Mersburg und der genant Eisleben gemacht.

Anno 1550. Seindt die von Magdeburgk im Ausfal, do hertzog

1. So, für 10. Nov.
2. So, für 27. Juli.
3. Diese Verwundung gab dem wittenberger Theologen Paul Eber Anlaß zu folgenden Versen:
Cernis in adversa facie, nunc vulnus honestum,
Quod dux Saxoniae, captus et exul habet,
Hoc pius accepit, recti sibi conscius heros,
Pro lege et patria, fortia bella gerens.
4. Ein meißnischer Edelmann, Thiele mit Vornamen.

Georg von Mechelburgk die Stifft Magdeburg und Halberstatt gebrandtschatzt, bey Hildesschleben geschlagen worden und die wagenburg verlohren. In hermessen hat sich die belagerung angefangen, weil sich das Capittel als sede vacanto zu hochgedachten hertzog Georgen nach eroberung der Schlacht gefunden, und Churfürst Moritz zu Sachßen und Churfürst Jochim zu Brandeburgk (die Anno 48 zu Augsburgk vom Reich Inen zu executoren der eingenohmmenen heuser, alß Wolmerstatt Eglen Drieleben und Wantzschleben und derselben endtsetzung halben verordnet gewesen) angeruffen. Und hat daß gantze Reich zulage gethan, weil sie sich wie andere wegen der Acht nicht ausgesonet oder Niemants uf den Reichstag geschickt und dem Stifft ire heuser nicht widder eingereumbt und keine wolmeinliche warnung annehmen, Niemanten getrauwen oder glauben woln[1] ic. Sieben Blockheuser und drey Lager, alß zu Kralau, Bukau, und in der Neustadt davor gehabt. Solche belagerung hat geweret biß Anno 1551 nach Michaeliß. Lasarus von Schwendi ist Keys: Commissarius und hertzog Moritz überster ‖ behlther gewesen, in Magdeburgk Oberster Ebeling Alman, und ist Graf Albrecht von Mansfelt die gantze belagerung sambt seinem frawenzimmer darin gewesen, und Hanß von Wulffen Rithmeister.

Anno 1551 ist Magdeburgk durch einen vertrag ufgeben, haben dem Churfürsten hertzog Moritzen gehuldigt, wie volgig auch hertzog Augusten[2], welchs sie wol hetten konnen verobriget gewesen sein, und (ist)[3] hertzog Georg zu Mechelburgk der in Zeit der Belagerung gefangen worden, sambt vielen vom Adel tomalß loeß geben.

Anno 1554[4] ist Churfürst Moritz, hertzog Philippuß Magnuß und Carolus Victor gebrüder hertzoge zu Braunschweig, und hertzog Friderich zu Lüneburgk in der Schlacht bey Syberbeshausen im Lande zu Lüneburgk widder Margraf Albrecht zu Brandenburgk geschossen und geplieben. Im selben Jar hat der Rath zu Magdeburg Churfürsten Augusten zu Sachßen gehuldigt[5].

Anno 1561[6] hat daß Thumcapittel zu Magdeburg von der Papisterey

1. Hierzu ist an den Rand geschrieben folgende Nota: „Daß sie sich nicht vereinigen oder schließen konnen: Ist wie auch itzo nicht ein geringe ursach gewesen. und konte wol, welchs der liebe got verhüten wolle, wol ferner ‚schaden bringen."
2. Dies kann nicht wörtlich verstanden werden. Denn als die Kurfürsten Joachim II. von Brandenburg und August von Sachsen am 13. Dezember 1555 schriftlich anzeigten, daß sie am 10. Januar 1556 zur Entgegennahme der Huldigung hierher kommen würden, erklärten Rat und Bürgerschaft, keine Huldigung leisten zu wollen. Vgl. Hoffmann, 2. Bd. S. 4.
3. Ergänzt.
4. So, für 1553.
5. Vgl. die Anm. 2.
6. Die Handschrift hatte zunächst 1562, woraus dann 1561 gemacht ist.

abzustehen gewilligt und sich eine Reformation der Augsburgischen Confession gemeß zu untherwerffen versagt und daruf den Thum und die andern Stifft geschlossen, und Singen und Klingen eingestalt. || Unnd ist daruff die ander Handlung und Irrung zwischen dem Ertzbischof Sigismundo, dem Capittel zu Magdeburgk an einem, und der Stadt anders theils, zuvortragen fürgenohmen. Ist aber in diesem Jar und bey derselben hern zeiten, als im Anfang im Rath gewesen, nicht vorbragen worden[1].

Im selben Jare hat sich ein großer widderwille zwischen dem Churfürsten zu Sachßen und Ertzbischof zugetragen wegen des Gleyts in der Stadt, do man bi Konnigen zu Dennemarck gegleibet[2]. Und seint erstlich die Sechßischen alß Adrian von Slembergk den Bischoffschen beneben und für gerückt. Volgig da die Konnigin zum andern mahl gegleitet worden, seyn die Bischoffschen alß Ludolf von Alvenschleve hoffmeister und Lippolt von Arnym, die stercker gewesen dan die Churfürstischen, weil sie sich daruf gefast gemacht, inen mit gewalt fürgezogen, und wegen der negsten vorgleitung offentlich im vehlde protestirt[3].

Anno 62 ist der Avendantz, der jerlich uf den donnerstag vor Fastnacht uf der Sidenkremer Gildehauß[4] von den fürnehmsten und Geschlechtern ehrlich mit fürtragen Confect Wein Byer und Kuchen || gehalten worden ist, bey Jochim Denhart[5], weil er gesturben, geplieben, ist ime und Moritz von Emden durch Thomas Roden und Arndt Alman Anno 1557 nach gehaltenem Dantz gegeben worden.

|| Anno 1562. Ist der Fastabent erstlich vorbotten und daß Bannerfüren[6] daßelbe Jar vorplieben unnd uf dem Breten wege, dem alten loblichen gebrauch nach nicht außgesteckt worden, sondern ufs lange hauß[7] ufm Rathause gehangen worden. Und ist Anno 61 durch Heinrich Alman

Die betreffende Mitteilung ließ der Erzbischof dem Rat und der Bürgerschaft am 6. Dezember 1561 überbringen.

1. Abgeschlossen wurde der Vergleich zwischen dem Erzbischof Sigismund und der Stadt am 26. März 1562.

2. Ueber diese Begebenheit, bei der es sich um eine zweifache Durchreise der Königin von Dänemark durch Magdeburg handelt, liegen andere Nachrichten unseres Wissens nicht vor. Der König Christian III. von Dänemark war der Schwiegervater des Kurfürsten August von Sachsen, der mit dessen Tochter, „der Mutter Anna", vermählt war.

3. Hierzu ist folgende Nota an den Rand geschrieben: „Diß were vorplieben, so der Rath wie von den althen geschen durch die Iren daß Geleite bestalt …"

4. Auf der Südseite des Marktes, an der Ecke des Schmidbogens und auf der Stelle der heutigen Börse gelegen.

5. Diejenige Ratsperson, die den Abendtanz zu besorgen hatte.

6. Vgl. die hochdeutsche Fortsetzung der Schöffenchronik. S. oben S. 82.

7. Das nördlich vom Rathause gelegene und mit diesem wahrscheinlich (durch einen Bogen) in direkter Verbindung stehende Zeughaus, die spätere Hauptwache, die erst im Jahre 1895 abgebrochen worden ist.

und Jochim Rosian gefürt. Und von den Fischern Beckern und Schmiden zurissen, die sich redlich darum geschmissen. Diß Jar ist es wie gemelt vorplieben durch beschaffung Doctor Tilmanni Heßhusii[1], der daß vorgangen Jar Superintendens worden und ime das Consistori Ambt gentzlich bevohlen und übergeben. Consules Fuere Martinus Copus[2] Medicinae doctor et Georges Gericke[3].

Anno 1561 und zwe und sechszig seindt Cliricus[4] Wigandus[4] und Judex[5] zu Jena vorurlaubt von dem hertzogen zu Sachßen hertzog Johanß Fridrich dem Eltern und ir v g.[6] lande zuendteußern ufferlegt worden.

Anno 62 ist die handlung zwischen dem Ehrtzbischoff Capittel und der Statt volgig verglichen unnd vorsiegelt[7], got gebe zu beförderung seines Reichs glück unnd gebehen gemeiner Wolfart. Amen.

Anno 62 ist das Lauffen mit dem Roney zuholen[8] vom Rath vorbotten worden.

Anno 62 ist mannigerley schrecklich gesicht am himmel gesehen worden und seher großer ungestümer wint gewesen, der uhnlangst großen schaden an gebeuden und sonst geban.

Anno 62 den 24 Juny seindt etzliche Bürger, die Wigandum wibber des Raths gebot und willen in sanct Ulrichs Pfarre, di er zuvor vorlassen, widderum zum Pfarhern einbrengen wolten, in neuen Keller[9] gesetzt. Daruff sich Doctor Tilemannus über den Rath beschwerlich gemacht und sie von dem Tauf Sacrament gewiesen[10]. Dadurch erstlich der wibber-

---

1. Tileman Heßhusen (Heßhusius) war von 1560—1562 Pastor an der S. Johanniskirche in Magdeburg.
2. Procurator et gubernator, d. h. Mitbeaufsichtiger des großen kirchengeschichtlichen Werkes der magdeburger Centurien und der einzige Mediziner, der Bürgermeister von Magdeburg gewesen ist. Für gewöhnlich Köppe geschrieben.
3. Der jüngere Bruder von Markus Gericke, Otto von Guerickes Großvater.
4. Gemeint ist der bekannte, unerschrockene Streittheologe Matthias Flacius Illyricus, der die allermeisten seiner die strengste lutherische Orthodoxie und die größte Unduldsamkeit athmenden Schriften gerade in Magdeburg veröffentlicht hat.
5. Dr. Joh. Wigand und Mag. Matthäus Judex waren von 1553—1560 bezw. 1554—1559 Geistliche an der S. Ulrichskirche in Magdeburg gewesen und waren dann einem Rufe nach Jena als Professoren der Theologie gefolgt. Wegen ihrer Zank- und Streitsucht von Johann Friedrich dem Mittleren, nicht, wie es im Text heißt, dem Aelteren, entlassen, kehrten sie in der Hoffnung, hier wieder eine Anstellung zu finden, nach Magdeburg zurück. Auch Wigand und Judex waren Mitarbeiter an den magdeburger Centurien.
6. D. h. Ihrer Fürstlichen Gnaden.
7. Vgl. die Anm. 5 zu S. 82.
8. Das Ronnel oder Rundel, auch wohl Rennei, war eine Abgabe von Eltern an niedere Beamte, die die Eier in einem Rundgang bei den Bürgern einsammelten. Daher auch der Name. Dieser Gebrauch wurde also abgeschafft. Er besteht in den Dörfern dieser Gegend zum Teil noch.
9. Eines der unter dem Rathause befindlichen Gefängnisse.
10. Ueber die ärgerlichen Streitigkeiten Heßhusens mit dem magdeburger Rat vgl. Hoffmann, 1. Bd. S. 26 ff.

wille, weil albereit bi Prediger widder ein ander, sich auch mit dem Rath erhoben und groß uneinigkeit und Misvortrauwen unther den Bürgern endtstanden.

Den 1 octob. ist Doctor Heßhusius das Predigtambt gelegt und vol-
gent die Superinten: und daß Pfarambt ufgesaget worden.

Den 22 octob. ist D. Tilmannus, weil kein ermanen oder gütliche einsage helffen und er mit willen nicht reumen wollen und der widderwille zwischen den Predigern und auch den Bürgern von tage großer worden, uhm 3 uhr deß Morgenß uf einen behangenen wagen auß der Stadt biß zur Clueß gefürt worden, wie auch zuvor er Wilhelm Eccius[1] der ein überauß lester brief jegen den Rath geschrieben und her Bartelmeus Strelen zu S. Jacob[2], der den Rath, etzliche prediger und alle die eß mit dem Rathe hielten, neben seinem Pfarhern[3] in ban gethan hat[4], ohn einigen fürgehenden Proceß auch ausgefürt worden sein.

Waß darauf erfolgt und wie derowegen jegen ein ander geschrieben, findet man in den gedruckten Exemplaren[5].

Anno 63 hat Wilhelm von Grumbach, der vom Stein, Ernst von Mandelßloh ein pferdt acht oder neunhundert, wo sie noch starck gewesen, vorsamlet, haben Würtzburgk die Stadt in der nacht zuvor ein thor ge-offent, darnach ingenommen[6], die Reuter haben etzliche stadtliche Beut bekommen, seindt darnach vom Keiser in die acht erkleret.

Anno 63 hat der Konnig von Dennemarck[7] dem Konnige von Schweben[8] daß Schloß Elßburg und Neuloß eingenommen und vor Helmstedt in Schona etzlich thausendt Man abgeschlagen.

Anno 64 ist die Gral Brücke dahst halb vom Eiße weckgetrieben. Es wirt die schult gegeben, daß die Molle, die zuvor da gehangen, darzu gehulffen. So haben auch die vehrhern[9] daß jar nicht vleißig eißen laßen, oder die Brücke gnugsam beschwert.

Anno 64 hat ein erbar Rath, nachdem großer unfleiß und unordnung, do der Zwinger in S. Ulrichs Thor abgebrant, befunden, ein gedruckte feurordnung[10], wie man sich im vahl der Noth zuberhalten aus-

---

1. Diakonus an S. Ulrich.
2. Wo er vorübergehend als Diakonus amtierte.
3. D. h. den ersten Geistlichen an S. Jakob, Otto Ohmes mit Namen.
4. Dieser skandalöse Vorgang fand am 8. Oktober 1562 statt.
5. Die aus Anlaß der Heßhusiusschen Händel erschienenen Streitschriften, mehr als 20 an der Zahl, haben sich meist auch in der Stadtbibliothek erhalten.
6. Am 4. Oktober 1563.
7. Friedrich II.
8. Erich XIV.
9. Die aus Mitgliedern des Rats und Deputirten der Bürgerschaft bestehenden „Fährherren" waren die Vorsteher des „Fähramts", zu deßen Geschäftskreis u. A. die Instandhaltung aller Elb- und Brückenbauten gehörte.
10. Vgl. hierzu die hochdeutsche Fortsetzung der Schöffenchronik. S. oben

gehen lassen und ist mehrerstheils Thor und wacht wol zuvorsehen damit gemeint worden.

‖ Anno 64 ist deß Molnvogts[1] diener, der mit bey einer unlust gewesen, in der altenstadt, do sie einen Bürger, welcher ein Pargamintemacher, die fenster ausgeworffen, aber den Molnvogt ihn uf Clage nicht gefencklich einziehen sondern gütlich vertragen woln, zwischen der hohenpforten[2], do er hinter dem Molnvogt Simon Gottsteich gangen, gefangen genommen und in Neuenkeller gefürt worden, wiewol eß dem Molnvogt sehr endtgegen gewesen.

Ao 64 ist ein vortrag![3] mit dem Ertzbischoff Sigis: dem Thum Capittel und Landtschafft an einen und der Stadt ander theilß ufgericht, daß der ertzbischoff mit 200 pferden und Man bey tage frey auß und intziehen und f. f. g. hoflager oder Cantzley, solange eß f. f. g. gefellig, alhie ungehindert haben müge. Daiegen f. f. g. und daß Thum Capittel sich obligirt, die stadt in pilligen schutz zuhaben und daß sie sich i. f. g. deß Thum Capittels oder der iren nicht zubefaren haben soln, haben sich auch vorpflicht der Religion gemeß zuverhalten, wie sie got lob alhie in der Altstadt Neustadt Sudenburgk und Ertzstift gehalten etc. Und zu ewigen zeiten kein abgötterey Bebstliche Misbreuche oder andere Schwermerey im hohenstifft oder Thumkirchen anzurichten, sondern sich in alwege der waren reinen augsburgischen Confession, wie die Ao 1530 von den protestirenden Stenden Keiser Carl übergeben, zuvorhalten. Jdoch haben sie sich vorbehalten[4], weil sie sich einer Christlichen Reformation underworffen, waß darinnen vor Christliche und pillige Zeremonien zuhalten uferlegt worden[5].

S. 83. Ein Exemplar dieser gedruckten Feuerordnung, die die älteste überhaupt ist, hat sich in der Stadtbibliothek zu Magdeburg leider nicht erhalten.

1. Ueber das Amt des Möllenvogts f. Einleitung.

2. Hohepforte, das erst im Jahre 1890 abgebrochene Festungsthor im Nordosten der Stadt, am nördlichen Ende der (jetzigen) Neustädter Straße.

3. Ueber diesen am 6. Juli 1564 geschlossenen Vergleich f. Hoffmann, 2. Bb. S. 35 f.

4. D. h. dem Erzbischof soll die Beibehaltung guter christlicher Ceremonien bei der beabsichtigten Einführung der Reformation gestattet sein.

5. Zu diesem Abschnitt ist an den Rand des vorigen Blattes folgende Nota geschrieben: „Dieses vertrags halben hat man nicht viel dancks beim Churfürsten verdient, ist aber nicht vil daran gelegen und man kan eß vor got und menniglich vorantworten. Dan man darin die pflichten, damit der Rath dem Churf. verwandt, für sich behalten. Auch ist erst dem Erzbischof und seiner f. g. nachkommen an irer gerechtigkeit deß Einreittens halben, auch der Stadt an iren Privilegien unschedlich, sondern erst seint ire gerechtigkeiten und altherrgebrachte gebreuche imselben vertrage confirmirt. Gehet auch uf keinen Bischof weiter alß uf diesen Sigismundum, wolten die volgenden waß haben..." Das noch Folgende ist beim Binden der Chronik beschnitten und unlesbar geworden.

Ao 64 seindt die Zolle im Ambt Kalbe und Wolmerstedt freygeben, und ein tag[1] zuvorhandlung der andern Zolle ferner ernannet worden. Und im vorigen vortrage ist dem Ertzbischoff und Thum Capittel und Landschaft vorgünt ir Sigel Brief Barschafft und anders herrein zubringen, und iberzeit frey und ungehindert widderum wecgzufüren vorstadt. Jdoch daß waß sie den Bürgern schuldig, zu bezalen, im gleichen waß vorzert worden, auch daß die Zinse, so auß der Kammer und den Emptern den Bürgern vorschrieben, jerlichen zu gebürlicher Zinszeit ohn ufhalten bezalt werden soln.

Ao 64 ist geschlossen ein steinern Pfeiler in Gral zulegen und ein Meister von Cassel durch Asmus Moritzen anhero bracht worden, der sich desselben unbernommen und angeben hat, zu dem behuef auch die Leichsteine auß dem Neuengraben[2] gebrochen und der grabe zugedembt ist.

Ao 64 ist gewilligt wiewoll mit schwerheit M. Pauln Pretorio[3], deß Ertzbischoffs Preceptor und übersten Rath, 30 tage dinst vom dorffe Güebz[4] jerlich. Weil es aber zum theil von etzlichen Gübischen Butterflaben freunden gesperrt, nnd mit unwillen zugangen, hat er es auch desmalß nicht annehmen woln.

Bl. 349b. Ao 64 seindt die Malsteine zwischen deß Ertzbischofs || und der Stadt gebiete zu underscheidung der gerichte gesetzt, wie solchs im Wolmerstedischen vortrage gewilliget.

Anno 64 ist der Tiebsteich[5] von deß Ertzbischofs wegen und deß Raths gezogen, wiewol der Graf zu Mansfeldt Graf Hans Georg, der Hoffmeister Ludolf von Alvenschleve, Lippolt und Moritz von Arnym, her Christof Molndorff und Liborius von Bredou davon gehen und nicht zuzuziehen gestatten wollen, ist doch letzlich dem Molvogte Simon Gotsteich bevohlen, denselben mitzuziehen. Und hat in der domalß Bürgermeister Asmus Moritz uf deß Raths Pferde einsitzen lassen und ist beneben im, den vir Bürgern alß Borneman, Erkman, Olvenstedt und dem

---

1. 14. August 1564.
2. Hiermit wird der während des schmalkaldischen Krieges angelegte Festungsgraben auf der Südseite der Stadt gemeint sein, zu dessen Anlegung das Carmeliterkloster und die Sudenburger S. Ambrosiikirche mit ihren Kirchhöfen entfernt werden mußten.
3. Namentlich Prätorius hatte den Erzbischof Sigismund der Reformation geneigt gemacht. Er besaß damals das dem Dorfe Gübs benachbarte Dorf Menz.
4. Jetzt Gübs, Pfarrdorf im Kreise Jerichow I, 1 Meile von Magdeburg, das früher für Jahrhunderte der Stadt Magdeburg gehörte und dessen Kirche noch jetzt unter städtischem Patronat steht.
5. Der Diebssteg, der das Gebiet mit städtischer Jurisdiktion von dem unter der Jurisdiktion des Möllenvogtes stehenden Gelände schied, hatte seinen Namen davon, daß auf ihm die vom Möllenvogt verhafteten Personen geführt werden mußten, da diesen das Betreten der Stadt verboten war.

Alten Marckmeister auß der Saubenburgk, die inen vorgangen, uf dem Diebsteige nachgeritten. Denen etzliche hern unnd vil bürger zu fueß gefolget. Ist angefangen bei S. Laurentzen pforte[1], über die kleine steinern brügge und so bey der Schrobe hinuf und bey dem Münche garten[2] und Schincken Mollen hinburch nach dem Rundel den heybecker[3] uf den steinweck bey D. Johans Szyrings seligen Erben garten hinan. Daselbst die Ertzbischoflichen Stadthalter und Rethe gestanden und davon protestirt, daß sie so weith dem Rathe kein gerechtigkeit einreumen konten, wie von Rathswegen || gleichsfalß, daß man der Stadt gerechtigkeit, weil man von Alters alsda gegriffen, geschen und der Stadt gerechtigkeit und alth hergebrachte gebreuche nicht vorgeben woln. Und seint in gueter freuntschafft bey das gebeude, so dem graben an der Saubenburgk zu nahe gebauwet, gangen, weil sie dan befunden, das es deß Raths bericht nach zu nahe dem graben ist, eß einzureißen bevohlen.

Anno 64 ist die Bedewische[4] angefochten, und weil eß auß dem gebrauch kommen war, darum zu pitten, ist der Mölnvogt erstlich daran erinnert worden, darnach durch den Bürgermeister deß Jars Aßmus Moritzen[5] in der handlung uf deß Ertzbischoffs hoff[6] angesprochen und in vormeldet worden darum zu pitten, weil aber der Molnvogt Simon Gotsteich trotzlich daruf verharret, daß er nicht darum zu pitten gedachte, ist im die Andtwort vom Bürgermeister worden, weil er sich solchs weigerte und vornehmen ließ, seinem hern kein Eingang zumachen und gestünde dem Rath nichts an der wische rc., so konte oder wolte der Bürgermeister der Stadt gerechtigkeit auch nicht begeben oder je das ire endtziehen zulassen. Weil der Molnvogt eben den tag das heu füren laßen und albereit vil fueder ingebracht, ist zur stundt bevohlen, daß übrige, so noch uneingefürt, || in den Sewgraben[7] vorm Brückthur niederzuwerffen, welchs dan geschen. Es ist aber darum angefurdert worden, dem Molnvogt

---

1. D. h. der Pforte beim Lorenz-kloster in der Neustadt.
2. Als Münchenhof hat sich dieser Name noch jetzt erhalten. Er bezeichnet die Stelle, wo sich das Franziskaner-kloster vor seiner Verlegung in die Altstadt Magdeburg befunden hat.
3. Gemeint hiermit ist das Bastion Heybeck an der Südwestecke der Altstadt.
4. Die Lage dieser Wiese ist mir nicht bekannt. Ihren Namen hatte sie sicherlich daher (bede = Steuer oder Abgabe), daß für ihre vom Müllenvogt ausgeübte Benutzung ursprünglich eine Abgabe hatte gezahlt werden müssen, an deren Stelle dann später eine mündliche oder schriftliche Bitte für genügend erachtet zu sein scheint.
5. Erasmus Moritz, einer zwar nicht sehr alten, aber sehr angesehenen Familie entsprossen, war nur im Jahre 1564 Bürgermeister. Schon im nächsten Jahre fand er einen jähen Tod.
6. Auf der Ostseite des (heutigen) Domplatzes, da wo sich jetzt das Regierungsgebäude befindet.
7. Die Lage dieses Saugrabens ist unbekannt.

volgen zulaffen, welchs fich Ein Rath geweigert. Nachdem man aber die
vertrege ufgeschlagen und etzliche zeuge vorhoret, die da wusten, daß bey
Langehans¹ oder Doberkins¹ Zeiten, die vor der Belagerung Molnvegte
gewesen, darum gepeten were, ist die sache zum theil dahin gericht, daß er
künftig darum pitten solte, daruf daß heu begeret worden, welchs man sich
volgen zu laffen erbotten mit dem bescheide, wan der Molnvogt beß ein
Bekentnüß schriftlich von sich gebe, daruf damalß kein antwort worden
und das heu daselbst geplieben.

Ao 64 hat der Molnvogt müssen ein Reverß von sich geben, (wiewol
er sich solchs lange Zeit und etzliche Jar geweigert) daß er zuvil und unrecht gethan hett, daß er durch daß Saudenburger thor Wolfgang Curion
Dechant zu S. Sebastian gefencklich durchgefürt² und sich verpflicht solchs
ferner zu underlassen.

Anno 64. ist Keiser Ferdinandus am avende Jacobi zu Wihn vorsturben. Juli 24.

Ao 64 ist Julius Pflugk, der das Interim schmieden helffen, Bischof
zur Nauenburgk gesturben³ und hat Churf. Augustus zu Sachßen daß
Stifft eingenommen, sobalt s. chf. g. erfaren, daß er vorscheiden.

Ao 64 hat ein Rath wege und Mittel getroffen mit Henning von
Bortfelde, (weil die Graffen von Mansfelt lautt beß ufgerichten vortrags
daß hauß Gaterschleben nicht lieffern konten) daß er sich verpflicht und verschrieben, dem Rathe das hauß Ostern Ao 1565 zu überantworten⁴.

Und do mit den Graffen von Mansfelt beß Inventarii halben weiter
handlung gepflogen, seint im handel zu Halle dem Rabe etzliche Thausent
R. noch zum vortel gehandelt über vorigen ufgerichten vertrag, weil die
Graffen denselben disputirlich gemacht, und kümpt die Einlosung beß
Hauses dem Rabe 16000 thaler zustehende, daß Inventarium etwa virt-
halb thausendt, da zuvor 14000 thaler pfandtschilling und 14000 thaler
vor den vorrat vorschrieben waren.

Anno 1565 uff Ostern hat Ein Rath daß hauß Gaterschleben wibber
einbekommen und ihren des vorigen Jahreß regierenden Bürgermeister
Asmus Moritzen darauff zum heubtman gesatzt, welcher leider den 6 Julij
desselben Jahrß, als Ehr uff dem felde gewesen und in der erndte zugesehen, daß es recht zuginge, im wibber heim reitten in der Bude⁵ mit

---

1. Die Vorgänger des Möllenvoigtes
Gottstelg. Langhans ist der Verfasser
der unten folgenden Historia.
2. Mir ist nur ein erzbischöflicher
Offizial dieses Namens bekannt. Auch
weiß ich nicht, weshalb der Möllenvogt
nicht das Recht gehabt haben sollte,
eine von ihm verhaftete Person durch
das Sudenburger Thor zu führen.
Hätte er ihn durch die dunkle oder
Herrenpforte führen müssen?
3. Am 3. September.
4. Vgl. die hochdeutsche Uebersetzung
der Schöffenchronik. S. oben S. 83.
5. Bode-Fluß. — In dem mit diesen
Nachträgen in einem Bande befindlichen

sampt dem klopper vertruncken, ist des andern tages in die Stadt gefürt und uff S. Ulrichs kirchoff begraben. Als ehr im wasser gefunden, hat sich ein zanck zwischen dem Rath und dem von Krosick[1] der Jurisdiction halber der Bude, erhoben, ist aber bald geschlichtet.

∥ Anno 1566 ist der Ertz und Bischoff zu Magdeburg und Halberstadt, Marggraff Sigemundt, deß Churfürsten zu Brandenburg Marggraff Joachims Sohn, zu Halle vorstorben[2] und seines brudern Marggraff Hans Jürgen sohn, Marggraff Joachim Fridrich, zum Administrator, weil er sich mit Marggraff Hansen zu Cüstrin thochter verlobet, vom Capittel des Ertzstiffts Magdeburgk erwelet worden, und Hertzog Julius von Braunschweigs Sohn, Hertzog Heinrich Julius, ein herchen von 3 Jahren[3], zum Bischoff zu Halberstadt erwelt worden.

In diesem 66 Jahr, ist auch Hertzog Jörg von Braunschweig, Bischoff zu Bremen, Minden und Verden und thumprobst zu Cöln am Rein vorstorben und ist Hertzog Frantzen Sohn von Sachsen zur Lauenborg Ertzbischoff zu Bremen worden, und zu Minden Ein Graff von Schawenborgk und zu Verden Einer von Holle, auch Bischoff zu Lübeck.

In diesem 66 Jahr ist zu Magdeburg wie auch fast allenthalben im lande ein groß sterben gewesen und hat alhie wol über 11 Jahr geweret, seint gestorben in der alten Stadt in die fünftehalbtausent.

Bürgermeister- und Kämmerer-Verzeichnis wird beim Jahre 1654 über den Tod dieses Bürgermeisters noch Folgendes gesagt: „Asmus Moritz Hauptman uff Gaterschleben, ist den 6. Julij a° 65 doselbst vor Gaterschleben in der Bude mit einem ungehaltenen gaul in ein solch kommen und leider erdruncken, doch mit anruffung, weil er ein mal in die hehe kommen, des edlen nhamens Jhesu ꝛc. Godt gnade ihm in ewigkeit. Amen."

1. Was dies für ein Mitglied der Familie von Krosigk gewesen ist, ist mir unbekannt.
2. Am 13. September.
3. Enkel des eifrig katholischen Herzogs Heinrich des Jüngeren von Braunschweig.

III.

Der selbständige Teil der Magdeburgischen Chronik von Georg Butze.

1467—1551.

B. Johannes zieht vor Kalvehrde. Bitten umb gnade. Müssen das verlohrne gutt bezahlen. Breslauer sein danckbar.

Im¹ 1467 Jar zog Bischoff Johannes des Sontags vor S. Mer- Nov. 8. tens tag mit seiner Manschafft und mit den Bürgern von Magdb. vor Kahlforde² und zogen dafür einen gantzen tag und³ wider gestormet noch geschossen, den Friedrich und Berndt von Alvenschleben, die daruf waren, ließen den Bischof umb gnade bitten, da ward so viel gehandelt, das die von Alvenschleben das genommen gut musten wieder geben, das noch bey einander, war und ward von stund an auf wagen geladen und nach Magde-
10 burg geführet und was davon verlomen war, musten sie verborgen zu bezahlen und⁴ des Bischoffs erkantnisse, man ken gütern hatten die von
S. 278. Breslau 10 terling lalen und die von Magdeburg 9. Disser geschich||te waren die von Breslaw dankſam und schenckten dem Bischoff von Magb. ein zobeln schauben und 12 Ellen weißen damascken und dem Raht zu Magdb.
15 12 C kupfer zu einer Büchsen und machlohn sampt allem deme, was sie koste, zu einem geschenck umb des willen, das sich der Bischoff und Raht so ehrlich gegen die von Alvenschleben erwiesen.

5. **Kahlfuhrde** B.   6. 'dann' statt 'den' B.   **Alvenslen** B.   'darauf' statt 'daruf' B.
9. 'wahre' statt 'war'.   14. **jabeln** B.   15. **kopfer** B.

1. Um eine Probe von der Abhängigkeit der Butzeschen von der niederdeutschen Redaktion der Schöffenchronik zu geben, teilen wir diesen, den Zug gegen Kalförde behandelnden Abschnitt mit. Vgl. auch Schöffenchronik ed. Janicke, S. 409 f.
2. Braunschweigische Enklave in der Altmark.
3. Hier fehlt das Verbum, etwa: ward.
4. Verschrieben für: nach.

102 Der selbständige Teil der Magdeburgischen Chronik von Georg Butze.

Zeittiger Sommer¹.

März 25. Anno 1473 ward so zeitlich Sommer, das zu unser lieben frauen tag in der fasten stunden die beume und blüheten, und ward darnach so ein trockener Sommer, das der hartz von hitze entbronnen worden und brante 4. meil weges lang, das man in allen umbliegenden Landen müssen ⁵ ufbieten den Leuthen, das helffen zu leschen².

H. von Burgund zeigt vor Neus.

Anno 1474 zog der Hertzog zu Burgundien vor Neus im Herbst und lage darfür ein gantz Jar und konte es nich gewinnen, der Landgraffe Herr von Hessen³ ließ sich in der Statt belagern. 10

Der Keyser treibt den Hertzogen ab.

Anno 75 kam der Keyser Friederich mit andern Fürsten Herren und triebe den Hertzogen von Burgundien darvon, darzu halffen die Stette Lübeck, Lüneburg, Brehmen, Magdeburg, Braunschweig, Halberstat, Aschßerleben, Queblinburg, Northausen und Mülhausen. 15

Ernest wird B. zu Halberstatt.

Anno 1476. Starb Bischoff Johannes⁴ und ward an seiner Stat gelohren Hertzog Ernestus Sohn von Sachsen, Landgraf in Doringen, Bischof Ernestus⁵ und ein Jar hernach verließ Bischof Gebhart⁶ zu Halberstat das Bischofthume und verließ das Bischof Ernsten von Magde- 20 burg, das er also beyde Bischofthume regierte Magdeb. und Halberstat u. war der 4. B. zu Magb.⁷

---

4. truckner B.   entbrennetten wordt B.   5. 'Lendern' statt 'Landen' B.   7. Nuß B.
13. 'davon' statt 'darvon' B.   hulffen B.   14. Mollhausen B.

1. Mit diesem Abschnitt beginnt der selbständige Teil der Butzeschen Chronik.
2. Uebernommen von Vulpius Magnificentia Parthenopolitana (Magdeburg, 1702), S. 202.
3. Hermann Landgraf von Hessen war dem Kölner Erzbischof Ruprecht gegen dessen Willen als Administrator zur Seite gesetzt worden.
4. Johann von Baiern (1464—1475) starb am 11. Dezember zu Giebichenstein bei Halle.
5. Postuliert wurde Ernst am (6. oder) 8. Januar 1476.
6. Gebhard von Hoym entsagte durch einen Vergleich vom 11. August 1477 seinen Rechten auf Queblinburg und entsagte gegen ein Jahrgehalt von 500 Gulden und gegen den erblichen Besitz von 500 Gulden der bischöflichen Würde. Vgl. hierzu wie auch zu dem nächsten Abschnitt Hoffmann, Geschichte der Stadt Magdeburg, 1. Bd. S. 258 f.
7. So in Handschrift A. B hat 40 B. Thatsächlich war aber der Erzbischof Ernst der 41. magdeburgische Erzbischof.

H. zu Meißen nehmen Quedlinburg ein.

Im selben Jar gewinnen die Herrn von Meißen die Stat Quedlinburg[1] und stießen ihren Roland umb und nahmen ihn alle privilegia. das kam von Zweitracht her, so die Bürger unter sich in der Stat hatten.

Zwietracht zu Halle. Die von Halle verlieren ihre Privilegien.

Anno 1478. Entstund ein Zweitracht zwischen den Pennern und Amptleuten in der Stat Halle[2], also das der Hertzog von Sachsen und sein Sohn Bischoff Ernestus zu Magdeburg und Halberstadt die Statt Halle eingenomen; und nahmen ihnen alle ihre privilegia und ließ vor einen Stathore eine burke bauen, den man hies Sanct Moritz Burgk[3].

H. von Braunschweig krieget mit seinem sone.

Anno 1479. In der woche nach Cantate schlug Hertzog Wilhelm von Braunschweig und Lüneburg mit seinem Sohne H. Heinrichen und dem Landgrafen zu Hessen die Bürger von Einbeck zwischen der Landwehre und der Stat, das der Bürger gefangen und erschlagen wurden bey 900. Dis geschah in S. Servatii Abend. *Mai 12.*

Auflauf zu Hamburg.

Im Jar 1483 ward ein Auflauf in der Stat Hamburg von etlichen von der Gemeinheit. Der Raht kriegete von den Bürgern beystand u. ließe etliche von den stiftern mit dem schwert richten und ward der Aufruhr gestilt.

Magdeburger sein zweyspaltig mit dem B.

Zu derselbige Zeit stunden die von Magdeburg mit ihrem Bischof Ernste zweyspaltig[4], also das sie umb hilffe schrieben an andere Stete, und die von Braunschweig schickten ihre Soldner gen Magdeburg, aber der krieg ward[5] unternomen.

10. Burd *B.*

1. Der Streit war dadurch entstanden, daß die Aebtißin Hedwig, die Schwester der Herzöge von Sachsen, gegen die Anmaßungen der Bürger geschützt werden sollte.
2. Vgl. Hoffmann, 1. Bd. S. 255 ff.
3. Am 25. Mai wurde der Grundstein zur Moritzburg gelegt, die 1503 vollendet und im 30jährigen Kriege durch Feuer zerstört wurde.
4. Die nächste Veranlassung zu diesem Zwist gab die 1481 auf dem Reichstage zu Nürnberg bewilligte Türkensteuer. In Folge der Einmischung des Kaisers und des Ausbruchs der Pest konnte der Erzbischof Ernst seinen Plan, Magdeburg in größere Abhängigkeit von sich zu bringen, damals aber noch nicht durchführen. Vgl. Hoffmann, 1. Bd. S. 260 f.
5. Hier fehlt: nicht.

104 Der selbständige Teil der Magdeburgischen Chronik von Georg Buße.

B. belagert Magd. und Halberstat.

Im Jar 1486. Zog Bischof Ernestus gen Magdeburg[1] und Halberstat und lag davor 4. wochen one zween tage, da gaben sie die Stat auf, den sie wusten keine hülffe von den Seesteten, und ward also eingenommen von wegen des heimlichen hasses, den sie unter sich selber in der Stat hatten, der Bischof nam die Vogte ein und satzte Scheppen, die über die Stat regieren solten und also der Raht vernichtiget[2].

B. mit vor Wevelling ziehen.

Im selben Jare wolte Bischof Ernst mit seinen Steten gezogen haben vor das Schlos Wevelling[3], das war Hertzog Wilhelm und Hertzog Heinrich von Braunschweig entgegen, also das sich die Herrn in der güte vertrugen. Der Rentze von Hallrunge[4] muste die Burg von stund an räumen, der Graf von Stolberg nam die Burg ein von wegen des Bischofs zu Magdeb. und Hertzog von Braunschweig.

Neu regiment zu Braunschw.

Anno 1488. Erhub sich zu Braunschweig ein neues Regiment, das die Gildemeister ein theile vom Alten Raht abesetzten umb hasses willen, so sie unterlang hatten, und setzten andere in ihr stete und über darvon den letzlichen unter den Bürgern ein Zwietracht erwuchse.

Zwietracht in der Altenmarch.

Zu derselben Zeit ward auch große Zwitracht in den Stetten in der Altenmarck und sonderlich zu Stendel. Da wolten die Gilden den Raht überfallen, da schrieben die Herrn des Rahts an Marggrafen Hansen ihren Herrn, der kame ihnen zu hülffe und lies der aufrührer viel kepfen und etliche zu Stendel, Soltzwedel und Garbeleben lies er fangen und

6. Voigte B.   satzte B.   12. Hallange B.   13. Stolburd B.   14. der Hertzog B.
18. 'an' statt 'in' B.   19. 'viel' statt 'ein' B.

1. Zu einer Belagerung Magdeburgs durch Erzbischof Ernst kam es in diesem Jahre nicht, wohl aber mußte sich die Stadt, durch Not gedrängt, zu dem Vertrage vom 10. Dezember 1486 verstehen, der ihrem Streben nach Reichsfreiheit völlig zuwiderlief. Vgl. Hoffmann, 1. Bd. S. 262 ff.
2. Erzbischof Ernst hatte Halberstadt mit einem 12000 Mann starken Heere im August 1486 belagert und die Stadt gezwungen, sich ihm auf Gnade und Ungnade zu ergeben.
3. Weserlingen, Marktflecken im Kreise Garbelegen, 6⅜ Meilen nordwestlich von Magdeburg.
4. Laurentius von Honlage. Dieser hatte das dortige Schloß zu einem Raubritternest gemacht. Die Herzoge von Braunschweig überließen als Landesherren Weserlingen nunmehr an das Bistum Halberstadt.

satzte eine Ziese in benselbigen stetten auf das bier von einer tunnen bieres acht ₰.

A. Albrecht wird B. zu Magdeb.

Anno 1513. Ward zu einem Bischof gekohren Marggraf Albrecht von Brandenburg der 41.¹ Bischof und ward darnach bald auch zu einem Bischof² gekohren, davon er die Chur überkame.

B. Alberti geschicklichkeit. Ist alles vergebens. B. lest der Bürger güter arrestiren. Des B. Vorwendung. Des Rahts Antwort. Wird ein tag zu Dessaw gehalten. Ziehen davon.

Darnach Anno 1517 ward er zu einem Cardinal gemacht und Anno 1520 schrieb er sich Legatus natus. Diser Bischof was ein sehr weiser kluger verstendiger Man als einer unter den Churfürsten, den wan er allein seine Weisheitt zu Gottes ehren gebraucht hette, wie er sie auf der Papisten seiten brauchet, den er war ein Papiste. Dieser nahm eine so große Schatzunge von beyden stiftern, das man viel sagete, er habe vom Stifte mehr den 48. tausendt taler Zeit seines lebens entpfangen, und war doch alles unfruchtbarlich und niemands den allen großen Handelern schuldig³. Er wolte auch solche und dergleichen auf Bürger güter legen, so sie braußen auf dem Lande haben, und lies ihnen ihre pächte und zinse durch seine hauptleute arrestiren und verbieten zu geben, darumb den auch viele tageleistungen zwischen dem Bischof und dem Rahte zu Magdb. gehalten sein worden. Der Bischof sprach, Es were ihme eine hülffe von Bürgemeister Jacob Roben⁴ von der Stat wegen zugesagt und sich mit unterschrieben, als er sich von Meintz wider hieher in beyde Stifter zu begeben⁵ gefordert ist worden, das sie auch einen herrn mochten im Stift Magdb. Halberstat haben. Da antworte der Raht auf, sie konten sich wol erinnern, das man seine Chur. Gn. gebeten hette, sich widerumb alhier her in beyde Stifte zu begeben, dieweil mancherley puckerey und Reiberey im Stifte geschehen, aber das sein Churfl. Gn. solte ein steur und schatzunge sein gewilliget und zugesagt worden, konten und wüsten sie sich nicht zu erinnern. Auch hette es Jacob Rode als regierenter Burgemeister zu der Zeit keine macht noch befehl gehabt, und ist letz-

---

1. Zeise B.   11. 1530.   15. so eine solche große B.   29. Reuberey B.   30. 'ober' statt 'in' B.

1. Muß heißen: 42.
2. Hier fehlt: von Mainz.
3. Ein Hinweis auf die verschwenderische Prachtliebe des Kardinals.
4. Bürgermeister 1525, 1528 u. s. f.

bis 1540.
5. Kardinal Albrecht war am 12. Dezember 1518 nach Magdeburg zurückgekehrt.

lichen auf dem tage zu Deſſaw¹ durch Claus Storm² regierender Burgemeiſter mit kurtzen worten angetragen und abgered worden. Er ſey der Raht und Bürger zu Magdb. einen pfennige mehr als von alters geben wolten, ehe wolten ſie alle ſterben und ihre helſe daran wagen, und ſind alſo mit ſolchen worten darvon gezogen und weiter mit der ſteur unangefochten blieben.

Monch kompt gen Magdb. Dem monch wird das predigen verboten.

Anno 1524 iſt ein ausgelauffener Monnich von Helmſtet alhier in der Subenburg kommen ‖ mitt nahmen Greve Köppe³, der hat alda das Evangelium angefangen zu predigen, denſelben haben die Bürger gebeten aus mitbeliebunge Claus Storms regierender Burgemeiſter, das er nicht wolt den Sontag Jubica das Evangelium zu S. Gertruden⁴ predigen, da man ja in der kirchen zugerüſtet hette, und als er nu auf den predigſtul ſteigen wolte, hat Hans Rubin⁵ alder auch regierender Burgemeiſter, der das wort zu zeiten auf dem Rahthauſe hielte, einen Statknecht dahin geſchickt und Greve Koppe alda zu predigen verbieten laſſen, da iſt er hinaus vor das Bruckenthor⁶ gangen und das volck ein gros hauffen hinter ihme here, und alda auf einen hauffen breter geſtiegen und das Evangelium geprediget, wer von Gott iſt, der horet Gottes wort. Und hat darnach in S. Jacob⁷ in der kirchen geprediget.

1. Kardinal Albrecht hielt mit ſeinem Bruder, dem Kurfürſten Joachim I. von Brandenburg, und den Herzögen Heinrich von Braunſchweig-Wolfenbüttel und Erich von Braunſchweig-Calenberg im Juli 1525 in Deſſau eine Zuſammenkunft ab. Es iſt unſeres Wiſſens nichts davon bekannt, daß dieſe Zuſammenkunft von Seiten der Stadt Magdeburg beſchickt worden ſei. Der Beratungsgegenſtand der Fürſten, Maßregeln zur Abwehr der lutheriſchen Lehre zu treffen, forderte dazu jedenfalls nicht auf.

2. Einer der entſchiedenſten Anhänger und Beförderer der Reformation und auch ein perſönlicher Freund oder Bekannter von Luther. Bürgermeiſter 1518, 1521 u. ſ. f. bis 1536.

3. Sein Name wird verſchieden angegeben: Grawert (Grauert), Graubard, auch Greve Köppen (d. h. Graukopf). Vgl. Hoffmann, 1. Bd. S. 338 f., und Fr. Hülßes vortreffliches Buch: „Die Einführung der Reformation in Magdeburg" (Magdeburg 1883), wo, wie ein für alle Mal bemerkt ſein mag, alle die auf die Einführung und Beſeſtigung der lutheriſchen Lehre in Magdeburg betreffenden Vorgänge zuſammengeſtellt und kritiſch behandelt ſind.

4. Eine zum Gertraubenſtift gehörige und von einem der Geiſtlichen an der S. Johanniskirche bediente geweſene Kirche die eine Zeit lang auch als Gotteshaus der franzöſiſchen Kolonie Magdeburgs gedient hat. Nachdem ſie, die vom Volke die „Eſelskirche" genannt wurde, lange Jahre als Speicher benutzt worden war, iſt ſie in den ſiebziger Jahren dieſes Jahrhunderts behufs Vergrößerung des Getraubenſtifts abgebrochen worden.

5. Einer der entſchiedenſten Anhänger der alten Lehre. Bürgermeiſter 1506, 1509 u. ſ. f. bis 1524.

6. Nämlich auf den, der „Marſch" genannten Werder.

7. Hier wurde Greve Köppen auch als Prediger angeſtellt.

Erste newe Geistliche Lieder feil. S. Hans Rubin. Der Man wird ins gefengniß gesetzt. Lassen ihn wider ledig.

Im selben Jare am tage Johannis vor der pforten zwischen pfingsten *Mai 6.* und ostern ist ein alter armer Man ein tuchmacher[1] bey Keyser Otten gestanden und alhie die ersten Geistlichen lieder feile gehabt, als Aus tieffer S.282. noht schrey ich zu dir || und: Es wolt uns Gott genedig sein, und solche den leuten fürgesungen. Da ist der Burgermeister alte Hans Rubin von S. Johannis aus der frühmesse kommen und gesehen, das viel volcks umb den Man umbher gestanden, hat er seine knechte gefraget, was alda were,
10 hat eine Custos genant ime geantwortet: Es stunde alda ein loser Bube, der hette des Luthers ketzerische gesenge feil und singe die dem volcke vor, da hatte der Burgemeister befohlen, das sie den Man ins gefengniß setzen solten, welches von stund an geschehen ist. Das ist für die Gemeinheit gekommen und sind bey 200 Bürger auf das Rahthaus gekommen, wel-
15 chen Johan Eickstedt[2] das wort gehalten, und für den armen man gebeten, das er möchte seiner gefengnisse entlediget werden, da die Statknechte hetten ihn boslich gegen den Burgemeister angegeben, da hat man den armen Man aus der gefengnisse los gelassen und die Statknechte, die daran schuld hatten, in seine stat gesetzt und letzlich aus der Stadt ge-
20 weiset.

Machen ein lermen im thume. Der Dechant stirbt vor schrecken.

Im selben Jare uf Maria Krautweihunge machten etzliche Bürger *Aug. 15.* S.283. und die handwerksgesellen || ein lermen im thume[3] und schlugen da-rinnen alle lampen entzwey und rissen dem bechanten, welcher war ein
25 Grave von Beichlingen[4] den Chorrock entzwey, der so sehr dafür erschrak, das er krank ward und starb. Umb des lermes willen ward der Raht vor dem Cammergericht verklagt[5] und citirt, da schickten sie den Syndicum

---

4. Otten *B*.　　10. 'Cüster' statt 'Custos' *B*.　　11. singe *B*.　　14. 'kummen' statt 'gekommen' *B*.　　'gegangen' statt 'gekommen' *B*.　　16. 'dann' statt 'da' *B*.　　20. verweyset *B*.
25. Bichling *B*.　　27. 'das' statt 'dem' *B*.

1. Vgl. Hoffmann, 1. Bd. S. 340. Nach der Historia des Möllenvoigtes Langhans (S. unten), der die damaligen reformatorischen Vorgänge in Magdeburg als erzbischöflicher Beamter und strenger Katholik mit ganz andern Augen ansieht, war der Liederverkäufer „ein loser Bube".

2. Ein Verwandter des oben (S. 68) genannten Schöffen Heinrich Eickstedt?
3. Vgl. Hoffmann, 1. Bd. S. 364 ff.
4. Es war Eustachius, Burggraf von Leisnig.
5. Ueber Kardinal Albrechts Klage-schrift siehe Hoffmann, 1. Bd. S. 396 f.

Leonharbum Mertzen¹ und Hansen Lohren² dahin und ward die sache also in der güte beygelegt³.

Aufruhr in Magdb. D. L. Mertz kompt wider vom Cammergericht. Raht lesset aufruffen. Hatten sich gerüst. Das stürmen wird untergangen. Wird wieder geendert.

Febr. 24. Anno 1525. am tage Matthiae hatt sich alhier zu Magdeburg von der Gemeinheit ein Aufruhr⁴ erhoben, die wolten auch⁵ den Innungen zween herrn von der Gemeinheit unter sich kiesen und in den Raht haben, da ließ der Raht die Bürger und gemeinheit uf des h. Geists Kirchoff⁶ verbeben in meinung sich mit ihnen zu vergleichen. Mitler Zeit war D. Leonharbus Mertze wider vom kammergericht kommen und wolte alba der Gemeinheit bericht thun, wie die sache in der güte im Cammergericht beygelegt, und vermeinte die Bürger damit zu stillen. Aber sie wolten ihme kein gehör geben. Da lies der Raht ausruffen: Alle die bey einem Erbarn Raht stehen wolten, die solten auf einen besondern ort treten, ‖ wie den geschah, da die reichesten vom Geschlechte und vermügensten bürger traten zu dem Rahte, da gedachten sie mit dem gemeinen gepobel wol überein zukommen, da ihr Reiter und diener waren alle wol gerüst uf dem Marstalle, darauf sie sich verließen, und wolten also mit ihrem anhange von dem kirchof gehen und die sache weiter also mit ihrer Gemeinheit ins werk stellen. Das vermerkt die gemeinheit und liessen ehe davon, den die herrn, einer gieng hier, der ander dort, und ließen alle ketten vor die gassen schließen, den die bürger waren albereits geschlossen und lief ein iglicher zuhaus und nam seinen harnisch und wehr und lief

2. 'also' nur in B.   18. 'denn' statt 'da' B.

1. Dr. Leonhard Merz war auch Schöffe und als solcher vom Erzbischof Albrecht in dem ersten in seiner Eigenschaft als Burggraf von Magdeburg am 26. Juni 1516 abgehaltenen Burggrafengericht bestätigt worden. Als Bevollmächtigter der Stadt Magdeburg unterzeichnete er den schmalkaldischen Bund am 23. Juli 1532.
2. Ratsherr und bekannter Buchdrucker. — Nach Hoffmann, 1. Bd. S. 374, begaben sich außer Merz und Lohr auch die beiden Doktoren der Rechte Bartholomäus Jungermann und Stephan Gericke als Vertreter Magdeburgs vor das Reichskammergericht nach Eßlingen.
3. Das Nähere bei Hoffmann, 1. Bd. S. 369 ff.
4. Der durch die beabsichtigte Veränderung des Wahlmodus zum Stadtregiment erzeugte Tumult wird hier ausführlicher erzählt, als in der hochdeutschen Fortsetzung der Schöffenchronik.
5. Kaum verschrieben für: aus. Gleich den Innungen?
6. Östlich vom Breiten Wege und dicht nördlich vom Kloster Unser Lieben Frauen gelegen. Bis zur Reformationszeit stand die Heilige Geistkirche im Filialverhältnis zur S. Johanniskirche.

nach dem Rathaus und markte zu, das wolten sie stürmen. Aber es ward durch die praedicanten und durch scheppen, auch durch Clausen Storme regierenden Burgemeister untergangen, den er alhir mehr geher hatte unter den Bürgern, den die andern alle, und ward dermassen gestillet und beygelegt, daß die Gemeinheit zwey personen aus den 6. pfarren kiesen solten, die da aus der Gemeinheit zween kysen mochten. Aber es ist das folgende Jar durch Bürgermeister Jacob Roden wiederumb verendert worden,[1] und gemacht, wie es itz noch ist, daß die newen geloren Rahthmannen zusamen aus den 6. pfarren zu kysen, die also fort aus der Gemeinheit kysen und bestetigen helfen. Und ist also bis anhero unter den Bürgern und ihnen fried erhalten[2].

Große teure Zeit.

Anno 1531 ward zu Magdb. große teure Zeit, das ein wispel weitzen 16 fl. galt, der Rocken 11 noch wol 12 bezahlet wurde, die gerste 8. und der haber 6. fl. und ein Wispel Rübesamen galbe 17 fl.

Wollen eine neue Müle bauen.

Im selbigen Jar Sonnabends nach Andreas ist der grund zu der newen Mollen[3] bey dem Grael angefangen zu bauen und zu graben. Do man zwey große lange heuser hat lassen bey aufbauen, aber es ist alles übel gerahten und hat keinen bestand gehabt.

Fischkauf.

Anno 1533. Lies ein Erbar Raht hier zum ersten gesaltzen hechte und fischwerk nach pfund Zale auswegen und verkauffen.

Faule hechte in Magdb. gebracht.

Anno 1534. Brachte Lorentz Lübecke von Ratenaw[4] alhier ein fuder gesaltzen hechte zu markte, die waren faule, deren lies man die helfte in die

---

3. 'allein' statt 'alhir' B.   11. 'errn' (Herren?) statt 'ihnen' B.   26. 'der war' statt 'die waren' B.

---

1. Hier befindet sich Butze in einem entschiedenen Widerspruch zur hochdeutschen Fortsetzung der Schöffenchronik, da nach dieser (vgl. oben S. 8, 82) es bei der direkt durch die Bürgerschaft erfolgten Wahl der beiden nicht zu den Innungen gehörigen Ratsherren bis zum Jahre 1560 verblieben ist.
2. Der Sinn dieses Satzes ist wohl der, daß die neu in den Rat eingetretenen Ratsherrn fortan aus den sechs städtischen Parochien Kührherren zu wählen hatten, die dann ihrerseits die beiden der nicht zünftigen Bürgerschaft zustehenden Ratsstühle zu besetzen hatten.
3. Schiffs- oder Wassermühle, wahrscheinlich in der Nähe der Gralbrücke.
4. Rathenow, Stadt an der Havel, im Kreise Westhavelland.

110 Der selbständige Teil der Magdeburgischen Chronik von Georg Buße.

Elbe schütten und die ander helfte bey dem Roland verbrennen bey Zeiten Jacob Roden und Caspar Glucken¹.

Wollen eine wasserkunst bauen. Bauen wider der Bürger willen.

Ott. 28. Im selben Jar Montag nach Simonis und Judae hat man gegraben den Grund zu der wasserkunst vor dem Brückthor². Aber die herrn, so darnach ins Regiment kamen, haben ‖ den bau stil liegen lassen bis in das 37. Jar, den es war ihnen nicht mit³. Da ward Jacob Robe wider zum Bürgemeister gekohren, der fing wider an zu bauen an der kunst wider der herrn und Bürger willen. Die rehren wurden des dinstags Juli 31. nach Jacobi⁴ und das wasser kam uf den Markt an S. Bartholomei Aug. 23. abend, da war bey Keyser Otten ein post mit vier rehren gesetzt, das das wasser auslief. Aber es hatte keinen bestand, wiewolch hernachmals viel daran verbauet ward.

Wil sein Gemahl vermauren lassen.

Juli 11. Anno 1535. Des Sontags vor Margreten ist Marggraf Jochim umb 7 schlege in Gott verstorben, ein großer hurentrecker. Es dorfte schir keine schene frau zu Berlin sich auf der gassen sehen lassen, er ließ sie zu sich fordern und machete sie zu schanden. Er wolte sein ehelich Gemahl⁵ haben vermauren lassen, damit er doch keine⁶ kinder gezeuget hatte, wen sie nicht were gewarnet worden, den sie ließ sich heimlich von Berlin weg führen zu dem Churf. von Sachsen Johan Friederichen, da bliebe sie bis Joachim Marggraf starbe, da ließen sie ihre kinder wider holen und setzten sie zu Spandau auf ihr Leibgedinge.

Zwinger erbauet.

Anno 1536. Da ward angefangen der Zwinger für ‖ der newenstat hinder dem Ziegelhofe⁷ und im 37. Jar vollenbet.

4. 'selbigen' statt 'selben' B.   11. sost B.   12. das hernachmals B.   19. 'seine' statt 'keine' B.   gezeuget B.

1. D. h. Als Jacob Robe und Caspar Glucke (auch Klinke geschrieben) regierende Bürgermeister waren.
2. Wahrscheinlich am Borlande der Elbe dicht südlich von der (alten) Strombrücke.
3. Nicht genehm.
4. Hier fehlt das Berbum, etwa: gelegt.
5. Elisabeth, Prinzessin von Dänemark.
6. Wohl verschrieben für: seine oder seine.
7. Lag dicht an der Elbe.

Thumherrn keller. Der Zwinger vorville.

In demselben Jare ward ein theil von der thumherrn keller[1] genommen und so weit gemacht, das man mit wagen und großem geschütz uf den Zwinger dahinder fahren kan. Es koste viel mühe und Arbeit, ehe sie
⁵ das bey den Thumherrn erhalten kunten, den der Raht darumb bitten lies, auf das es mit ihrem willen geschehe, wiewol sie zuletzten darein willigten, doch ohn ihren danck, den der Raht und die Bürger kunten das raume dar nicht entbehren und wolten es unversagt haben.

Magdeburger werden gen Zerbst citiret.

¹⁰ Anno 1537. Des Donnerstags vor S. Laurentii wurden unserer Aug. 9. herrn viel, auch der Scheppen und Bürger aus allen dreyen stetten gegen Zerbst citiret durch und von wegen Johan Friederichen Churfürsten zu Sachsen und lies sie fragen, was sie umb das Burggrafthum zu Magdeb. wüsten, wie ober wasserley weise es die herrn von Sachsen den
¹⁵ Bürgern von Magdeburg verkauft hetten. Es bliebe in der feder und ward darnach nichts mehr braus[2].

Groswasser zu Magdb.

Im selben Jare ward die wasser[3] vor S. Nicolaus thore wider aufs newe aufgericht und war auf den Montag Invocavit im selben Jar alhier Febr. 19.
²⁰ gros wasser, das die Elbe stets überlief, und regnet fast alle tage bis auf Trinitat: davon die Elbe noch großer ward, und wuchs die gantzen wochen Mai 27. bis auf den Donnerstag, ehe sie anhub zu fallen.

Bürger solten korn auffschütten zu Magdb.

Anno 1538. Des Montags nach aller h. drey konige tage gebot Jan. 7.
²⁵ der Raht zu Magdeburg, das ein iglicher Bürger, er were arm oder reich, dem Raht und gemeiner statt ein anzal korne solte uf einen vorraht auffschütten nach eines jeden vermegen, und das ein iglicher über sein brot ein übrigs ....[4], wolte er es ja verkauffen oder verbacken, so solte er anders in die stat uffschütten, das solte ein jeden frey und unverbotten sein.

15. 'fetter statt 'feder' B.   19. selben B.   28. vernigt B.   29. 'der' statt 'die' B.

1. Auf der Westseite des Breiten Weges, das jetzt mit Nr. 199/200 bezeichnete Gebäude.
2. Vgl. hierzu Hoffmann, 1. Bd. S. 437 f. Der Herzog Albert II. von Sachsen hatte durch Urkunde vom 30. Juni 1294 die Burggrafenwürde und den Gerichtsbann innerhalb der Mauern Magdeburgs dessen Bürgern käuflich überlassen.
3. Nicht zu entziffern, auch wird ein Nikolausthor meines Wissens sonst nicht erwähnt. Handschrift B hat deutlich „Wasser".
4. Das hier stehende Wort ist unleserlich und unverständlich.

Schreckliche geschichte.

Im selben Jar hat sich diese geschicht wie folgt zugetragen¹. Anno 36 hatte George von Barbeleben sich mit Berndt von der Schulenburg nachgelassenen Witfrauen Margaretha von Alvensleben verlobet und verehelichet, welche war Matthias von Alvensleben tochter zu Arleben², und wurden auch in selbigen Jare beygelegt und vertrauet. Nun begab es sich, das derselbe Jurgen von Barbeleben stets krank war nach dem Beylager, derhalben seine frau einen has auf ihn warf und machet des Montags Michaelis Anno 38. ein Vertrag mit ihrem gesinde als schneider, Staljunge, auch mit der Magt, denen sie alle grosse gaben verheißen hatte, wie sie doch ihren Junkern mochte von Leben zu todt bringen, den sie ihre buberey mit dem Schneider und Staljungen triebe, und schickete den schneider von stund an gegen Magdeburg und lies alba Rattenpulver in der Apotecken³ lauffen. Das gab sie ihrem Junkherrn zu trincken, als were es ein tranck vor sein krankheit. Aber der Junker ward davon bis in den todt vergift, wie den wol zu vermuhten ist, und sprach, er vermöchte nicht drey tage zu leben. Aber die frau konte der Zeit nicht erwarten, das ihn Gott nicht von hinnen genommen, besundern sie sante ihre Magt des nachts zu dem Schneider und Staljungen und lies ihnen sagen, da er lag und schlief, das sie kemen, wie sie den ihr zugesagt hetten, und helffen den Juncker vollend vom leben bringen. Da gingen sie mit einander in des Junkern Kammern, da er lag und schlieffe, und fielen ihm in die gurgel, da schrey und rief er zweimahl Margaretha, Margaretha, wo bistu, aber sie sprach zu ihrem gesinde, trucket ihm den hals zu oder wir kommen alle umb das leben, und sie hielt ihme selber den mund, das er desto eher sticken muste und in der Mangelunge bis er ihr einen finger abe. Als sie nun waren mit ihm so umbgangen, brachen sie ihme ein bein entzwey, das sie sahen, ob er todt were. Wie ein solches auf den Montag in der nacht geschehen war, da lies sich die Magt hören auf den Dinstag bey den Leuten und etliche wort entfliegen von des Junkers tobe, darauf sie gefenglich ward angenommen und zu Lauborg⁴ in den thurm geführet, da bekante sie von stund an, wie

---

4. Aluensleben B.   7. derselbige B.   21. hulffen B.   27. 'beis' statt 'bis' B.

1. Ueber diese Begebenheit vgl. v. Mülverstedt, Cod. dipl. Alvensleb. III. Nr. 269.
2. Wohl Erxleben, Pfarrdorf im Kreise Neuhaldensleben, 4¹/₄ Meilen nordwestlich von Magdeburg, alter Besitz der Familie von Alvensleben.
3. Bis zum Jahre 1631 gab es in Magdeburg nur eine Apotheke, die am Markte gelegen war.
4. Loburg, Stadt im Kreise Jerichow¹, 4¹/₄ Meilen östlich von Magdeburg.

der Junker umbs leben kommen were, da ward die frau auch gegriffen und gefenglichen in die Papen Zell geführt und verwahret. Der Schneider und stal Jung entlieffen. Der Jung ward zu Magdeburg gekriegt und gefenglichen eingezogen und Peter der Schneider kam davon, das man ihn nicht konte ausfragen, die Magd ward (zu) Lauburg in S. Gallen Abend lebendig begraben, Hans der Staljung ward des freytags hernach auf das Raht gelegt. Und des Jundern freundschafft und geschickten nahmen den Scharfrichter von Magdeburg fort mit sich nach Lauburch und ließen der frauen den Kopf abschlagen alles nach erkentnis der Scheppen[1]. Das brachte sie durch ihre Hurerey zuwegen, die solchen Lohn pflegen[2] zu geben, so man darin pfleget zu verharren.

Okt. 15.
Okt. 18.

Große teuerunge im Lande.

S. 291.

‖ Im Jar darnach Anno 1539 ward alhier zu Magdeburg eine große teuerung, das ein Wispel weitzen galt 15 fl., der hafer 9 fl., der Rocke und gersten galt 13 fl. und war an etzlichen orthen solche große teurung, das das volck in etlichen Steten und Dorffern von hungers wegen entlieffen und ließen haus und hof stehen und kamen etliche hieher gen Magdeburg bis auf die Erndte, da ward es wieder wolfeiler, der weitze galt 9 fl., der Rocke und gerste 6, Hafer 5 fl.

Turck mit einem Camelen zu Magdb.

Im selben Jare ward alhier zu Magdeburg ein Turck mitt einem Camel, das schenckte der Hertzog von Klewa Herr Heinrichen von Freyberg[3], und des turcken weib kam alhier in die wochen und das kind war zu S. Johannis getaufft.

Gros gewesser. Witterung.

Auch war im selben Jahre gros wasser, die Elbe hub an zu wachsen auf Matthaei und wuchs uf S. Dionisy tag und stund also bis auf aller heiligen tage. Da hub sie an zu fallen, das man den Ring[4] an der brücken begundte zu sehen, darnach frohr es 14 thage und bauete wider eilends uf und regnet fast alle tage, das die Elbe stets gros blieb.

Sept. 21.
Okt. 9.
Nov. 1.

5. 'zu' ergänzt, fehlt *A* und *B*. 7. 'ein' statt 'b' *B*. 21. 'weib' fehlt *B*. 24. 'getaufft' von späterer Hand; fehlt *B*.

1. Gemeint ist der magdeburger Schöffenstuhl, dessen Urtheil in dieser Sache eingeholt worden war.
2. Verschrieben für: pflegt.

3. Gemeint ist Georg Heinrich von Sachsen.
4. Wohl eine Wasserstandsmarke.

Städtechroniken. XXVII.

8

114 Der selbständige Teil der Magdeburgischen Chronik von Georg Buţe.

Raht kauft das haus zum Walfische. B. Cramers handelung.

Dez. 13. Am tage Lucie im selbigen Jahre kaufte alhier der Raht ein haus der Walfisch genant nahe bey dem Rahthause von Borchart Kramer und ließen ihme den grund brechen aus vielerley besorgung feuers halber, so dem Rahthause daraus entstehen muchte, den derselbige Borchard Kramer war ein gemeiner gastgeber, da jederman aus und einzoge. Er hatte großen handel mit vihe, pulver, ther und sonsten mit allerley wahr. Das dem Raht alba nicht leiblich ware und gaben ihm 900 fl. und der frauen ein halb leidisch laden gewandes, und der Raht bezahlete auch von 5. Jaren die Retardat und Zinse, so das Closter Berga davon hatte. Und er muste das haus binnen 4. wochen reumen, wie wol er das haus ungerne verkaufte, doch muste er es dem Rahte folgen lassen und zu seinem großen glücke, den es kam in kurzen Jaren darnach ein feuer aus im hause hart dabey, wie ihr horen werdet.

H. Georg von Sachsen stirbt. H. Georg hat 2 Sohne. NB. H. Heinrich nimpt das Land ein. H. Georg lesset viel Bürger aus Leipzig vertreiben.

Im selben Jare als hertzog Georg von Sachsen tobt war, starb die herrschaft an seinen Bruder Hertzog Heinrich von Freyberg[1], der war ein Evangelischer man und fürste und lies das Evangelium predigen in seinem gantzen lande. Da nu hertzog Georg seiner Krankheit vermerkt und keine Leibes Erben hatte, die zu dem Regiment tüchtig weren. Den er zween Sohne, Einer war ein Nar, der andre sof sich zu tott[2], da setzte er 20. seiner Rehte und Junkern den Narren zu vormündern und gab ihm eine von Mansfelt zum Weibe, aber er starb kurz darnach und ließ keine Leibes Erben. Da nam Hertzog Heinrich sein Bruder das Land ein mit macht und hülffe des Churf. von Sachsen Hertzog Johan Friederichs. Wiewol er das Land dem Keyser Carolo 5. in einem testament gegeben, und ließ in den Pfingst heiligen tagen das Evangelium zu Leipzig predigen. Das wolte Hertzog George in seinem Levende nicht gestatten, den er viel burger aus Leipzig wegen des Evangelij halben

---

3. 'den' statt 'der' B.   4. 'ihme' fehlt B.   10. 'daran' statt 'davon' B.   17. 'Jorge' statt 'Georg' B.

1. Vgl. die Schrift von Er. Brandenburg: Herzog Heinrich der Fromme von Sachsen und die Religionsparteien im Reiche (1537—1541). Dresden, 1896.
2. Der ältere Sohn Johann starb am 11. Januar 1537 und der trotz seines Blödsinns am 24. Januar 1539 mit Elisabeth von Mansfeld vermählte Friedrich starb schon am 26. Februar desselben Jahres.

vertrieben hatte, die kamen alle wider in die stat in ihre güter, da H. Heinrich die Stat einnahme.

Im selben Jare an aller heiligen tage ließen Marggrafen Joachim[1] Nov. 1. Marggraf Hans[2] nach ihres Vaters tobt das Evangelium zu Perlin und hernach in der ganzen Mark predigen[3].

Fleisch nach dem pfunde verkauft.

Anno 1540. Dinstags nach Exaudi gebokt der Raht alhier zu Mai 11. Magdb. den knochenhauern[4] das fleisch alhier in den Scharne[5] nach *d* zu verkaufen, aber es ist ein schwer geboht vor die Armen gewesen.

Das Rahthauß verneuert.

Im selben Jar ließ der Raht alhier zu Magdb. das Rahthaus, den Roland und Keyser Otten ufs newe wider machen und setzte 6. newe kupferne Erdener darauf, die wogen 7. ℔ 5. ℔, und in S. An- Nov. 30. S. 294. dreas tage ward die ‖ Seygerglocke uf das Rahthaus gehangen, die wige 18 ℔.

Einbeck ausgebrant. Wandschneider.

Im selbigen Jare an S. Stephans tage brante die Stat Einbeck Dez. 26. gar aus, das nichts darin stehen blieb als der Pulverthurm, das feur, wie man sagen wil, auch die Uhrgicht mittbringen[6]. Dar war ein Reicher Wandschneider daselbst gewesen und schuld halben entrunnen und enthielt sich bey H: Heinrichen von Braunschweig dem Jüngern, der unterhielt ihnen mit zweyen pferden, wie er nu gefenglich ward eingezogen, hat er bekant, Herr Heinrich habe ihn darzu erkaufft.

Kompt feur aus zu Magdb.

Im selben Jare Donnerstags nach Bartholomei umb drey schlege Aug. 26. nach mittage kam ein feur aus in der Lederstraß[7] aus Henning Hermes haus und branten abe nach dem breiten wege warts Steffen Wageners haus der Große Christof, Hans Struben haus, dar war des Armborstieres

---

14. 'wuge' statt 'wige' B.

1. Hier fehlt das Wort und.
2. Von Küstrin.
3. Vgl. die Schrift von Jul. Heidemann: Die Reformation in der Mark Brandenburg. Berlin, 1889.
4. In Magdeburg gab es zwei Knochenhauerinnungen, die des alten und des neuen Scharns.

5. Lag in der nach ihm benannten Scharrenstraße, östlich des Breiten Weges.
6. Der Sinn dieses Satzes ist unklar.
7. Kürzer berichtet hierüber auch die hochdeutsche Fortsetzung der Schöffenchronik.

haus hart darbey zwischen und also dem feur gewehret¹. Auf der andern seiten branten abe Hansen Blanckenburchs haus und sonst noch drey heuser bis an das Pauler Kloster² und gegen über Herr Bastian von Platen hoff ganz und gar, Herr Platenschlegers haus, S. Nicolaus Kirchen sampt dem Creutzgang und viel hinderheuser und stallunge hinder der pfaffen heuser nach Unser Lieben frauen Kloster, so verbrand und zerrissen wurden, das das feur geleschet wurde.

S. 295

Wurden drey geschmocket. Kauffen einen zum anstecken.

Jan. 10. Anno 1541 Sontags nach der H. Drey Konige wurden alhier zu Magdb. bei dem Graal Caspar Beyer, Jochim Jordans und Siegemund Francke mit feur zu tode auf dreyen Stylen geschmocket, welche zu großen Otterschleben VII hefe angesteckt und verbrant hatten, und ihrer gesellen drey wurden zu Gommern bekommen und also geschmocket, die hatten³ des Schweineschneiders Sohn zu Garbeleben Jurgen Gulicke alle darzu erkauft und in einem Jtzlichen 30 fl. versprochen, sie solten auch Magdeburg haben angelegt, aber sie hattens nicht bekommen können.

Zwu Glocken nach Magdb. geführet.

Aug. 29. Im selben Jar des Montags nach Bartholomaei wurden die zwu große glocken⁴ von Halle alhier zu Magdb. eingeführet, vor einer gingen 24. pferde, vor der ander zehen.

Schmeheschriften zwischen Sachsen und Braunschweig. Nehmen das Land Braunschw. ein.

Aug. 4. Anno 1542. Im Augusto freytags vor Laurentij haben Johan Friederich Churf. zu Sachsen und Philip Landgraffe zu Hessen nach

9. Sonnabents *B*.   18. 'vor' statt 'nach' *B*.   20. 'vnnd' statt 'vor' *B*.

1. Auch dieser Satz ist unklar. Bulpius, der diese Stelle in seine Magnificentia Parthenopolitana (S. 184 f.) übernommen hat, hilft sich so, daß er schreibt: „Da ward des Ambrustirers Hauß barber niedergerissen, und also dem Feuer auf der einen Seite gewehret."
2. Das auf der Westseite des Breiteweges gelegene Pauliner- oder Dominikanerkloster, dessen Kirche, nachdem sie seit 1694 der deutsch-reformirten Gemeinde als Gotteshaus gedient hatte, erst vor zwei Jahren behufs Neubaues des Oberpostdirektionsgebäudes abgebrochen worden ist.

3. Der Sinn erfordert: hatte.
4. Die einer dieser beiden Glocken, die größte der jetzigen Domglocken, „Susanna" oder „Maxima" genannt, eine der größten Glocken Deutschlands, stammt aus dem Kloster „Zum neuen Werke" vor Halle. Das Domkapitel ließ sie nach Magdeburg bringen, weil der Kardinal Albrecht sie aus dem Erzstift Magdeburg entfernen und nach Mainz bringen lassen wollte. Ueber die zweite damals von Halle nach Magdeburg geschaffte Glocke liegen bestimmte Nachrichten nicht vor. Vgl. Brandt, Der Dom zu Magdeburg, (Magdeburg, 1863) S. 124 f.

1541—1542.

vielen schandschriften, so sie wider H. Heinrichen von Braunschweig den Jungen und er wiederumb gegen sie geschrieben hatten, wie die Exemplar oder ihre schriften aufweisen, Hertzog Heinrich das ganze Braunschweigische Land ohn einig blutvergießen eingenommen, doch alles im schein, als theten sie es, die von Goslar und Braunschweig damit zuschützen, dieweil sie mit Hertzog Heinrichen nicht im friede stunden und die fürsten des Schmalkaldischen bundes öberste Kriegsrehte waren, aber sie reichten ihre handschriften damit.

Raht zu Magdb. lest das fleisch auswegen. Verkeuffer sein unfleißig.

Im selben Jar Sonnabends vor Margaretha ließ der Raht alhier zu Magdb. rindfleisch und hamelfleisch nach pfundzahl auswegen und verkauffen[1], damit sie sehen wolten, wie die knochenhauer ihr fleisch, so sie verkauften, zeigen kunten. Aber die jenigen, so es zu verkauffen befohlen ware, die waren bey der sache unfleißig, das der Raht nicht widerumb wider kunte zum gelde kommen. Derhalben die knochenhauer die Bürger und Armuht schindten bis auf diesen tag. *Juli 9.*

Fallen große schloßen. Schinke Windmüller.

Im selben Jare freitags vor Jacobi war ein gros gewitter und fielen schloßen als tauben eyer gros und hatten angefangen ein Meil weges über Halberstat und den strich herab nach Hatmersleben[2] und warf alda viel heuser umb und zerschlug alles korne allbo und zu Sulborf[3], Sohlen[4], Beiendorf[5], Hohenbobeleben[6], Otterschleben, Magbeburg, da warf es Schinken Windmüller vom Stucke mit dem haußbaw sampt 10. Wispel korns und thete vielen Mehlen[7] schaden, und der strich mit dem hagel *Juli 21.*

7. 'waren' ergänzt aus *B.*   8. reithen *B.*   23. Stuele *B.*   24. mölen *B.*

1. Danach scheint das Fleisch von den Knochenhauern bisher nach Gutbünken stückweise verkauft worden zu sein.
2. Stadt und (dicht daneben gelegenes) Dorf im Kreise Wanzleben, 4 Meilen südwestlich von Magdeburg.
3. Pfarrdorf im Kreise Wanzleben, 2 Meilen südwestlich von Magdeburg, sehr alter Ort mit einem ehemals ergiebigen Salzwerke.
4. Kirchdorf im Kreise Wanzleben, 5/4 Meilen südlich von Magdeburg.
5. Pfarrdorf im Kreise Wanzleben, 1 Meile südlich von Magdeburg.
6. Pfarrdorf, ebenfalls im Kreise Wanzleben, 1 Meile westlich von Magdeburg.
7. Mühlen? Bulpius, Magnificentia Parthenopolitana, S. 191, schreibt „und verdarb viel Mehler".

ging bis zu Buben¹ an dem flehming² und thete dem korne großen schaden.

M. Joachim zeugt wider den turcken.

Im selbigen Jar im September zoge Marggraff Joachim von Brandenburg mitt großer rüstung zu ros und fus als oberster Feldhauptman des Rom. Reichs gegen den turcken, der lage in Ohrwen³ in Ungerland und thete alda großen schaden, was vor menliche that alda der Marggrafe habe ausgerichtet, das findestu in hedionischer⁴ Chronicken beschrieben.

Brennen 9 heuser abe. Bürstenbinder.

Aug. 14. Anno 1543. Dinstags nach Laurentij des Morgens umb 2. schlege brante alhier zu Magdb. bey dem Rahthause nach der Speegelbrücke⁵ hinauf neun heuser abe, das feur kam aus in eines bürstenbinders hause, welcher die ganze nacht, wie man sagen wil, war bey dem bier gesessen und als er war heim kommen, hat er noch wollen arbeiten und also sein haus angesteckt, || wen alda das haus zum Walfische noch gestanden hette, e. 26. were das Rahthaus, wie zu besorgen, mit abgebrant.

260 heuser uf dem Schneeberg abgebrant.

Aug. 30. Im selben Jar Donnerstags nach Bartholomei sind auf dem
Aug. 31. Schneeberg⁶ 180. heuser abgebrant, des freytags nach Bartholomei in der nacht verbranten auf dem Schlafhause⁷ im thum zu Magdeburg die Betten und Sponden.

Gerstorf abgebrant.

Febr. 23. Im selbigen Jar des freytags vor Matthiae in der nacht brante das Dorf Gerstorf⁸ gar aus bis auf die Kirche, Cüsterey und hirtenhaus.

7. 'alba' steht in B hinter 'habe'.

1. Ganz deutlich geschrieben und kann hiermit nur das im Kreise Jerichow I, ⁷/₄ Meilen östlich von Magdeburg gelegene Dorf Büden gemeint sein. Ganz unrichtig erläutert Vulpius, a. a. O. diese Stelle so: „Der HagelStrich gieng biß zu Baden an dem Flemming, welches wohl 10. Meilen hinter Magdeburg".
2. Der, der Fläming genannte sandige und hauptsächlich mit Kiefern bestandene Höhenzug, der von der Gegend von Wittenberg aus in einem weiten Bogen das rechtselbische Land durchzieht und bei Hohenwarthe, nördlich von Magdeburg, die Elbe erreicht.
3. So für: Ofen.
4. Ist hiermit vielleicht das Chronicon Germanum des Kaspar Heid (Hedio), Mitbegründers der Reformation in Straßburg, gemeint?
5. Straße, führt vom Markt nach der Stephansbrücke.
6. Gemeint ist die Stadt Schneeberg in Sachsen.
7. Lag da, wo sich heutigen Tages des Kgl. Staatsarchiv befindet.
8. Kirchdorf im Kreise Wolmirstedt, 1½ Meilen nordwestlich von Magdeburg.

Brand zu Byern.

Des Montags nach Michaelis seind zu Byern¹ 7. freye hofe ab- Oft. 1. gebrant, das man den schaden von dem verbranten korne auf 100000 fl. that achten.

Graelmühle gebawet.

Anno 1544 des Montags nach trium Regum hat man uf der Jan. 7. Elbe bey dem Grael die pfelen zu der newen Mollen gestoßen und die Mohle ist erst des Dinstags nach Esto mihi fertig worden und gemahlen. Febr. 26.

M. Johan wird B. zu Magd. B. wil die stat nicht bey ihrer freyheitt lassen. H. Moritz von Sachsen.

Anno 1545. An S. Matthaeus tage starb Bischoff Albertus zu Sept. 21. Meintz und ward zu einem Bischof gekohren zu Magdeburg und Halberstat Johan Albrecht Marggraf zu Brandenburg und Burggraf zu Nürnberg, welcher lange zuvor des vorigen || Bischofs Coadjutor gewesen war, derselbige stund mit der Stadt Magdeburg etzlicher Articcel halben in irrunge, das sie ihme als einem gekohren Bischoffe nicht huldigen wolten, den er solte die Stat bey ihrer freyheitt lassen, wie seine Vorfahren gethan hatten, das wolte er nicht thun, sondern er richtet im Lande newe Zolle auf über die Bürger. Nu hette er sich letzlich mit der Stat wol verglichen, aber die thumpfaffen wolten es ihme nicht gestatten und warfen Hertzog Moritzen von Sachsen auf vor einen Erbvogt beyder Stift Magdeburg und Halberstat. Aber ihre büberey wolte nicht hinaus, wie sie es im Sinne hatten. Auch wolte die Ritterschafft und Stete darin nicht willigen², den sie vermerkten wol, das sie mit der Stat Magdb. nichts guts im Sinne hatten, wie her nachmals an den tag kam, als der Churf. zu Sachsen gefangen ward.

H. Heinrich nimpt sein Land wider ein. H. Heinrich zieget dem Churfürsten von Sachsen entgegen. H. Heinrich gefangen.

In demselben Jare Donnerstags nach Galli kam hertzog Heinrich Oft. 22. von Braunschweig mit einem großen hauffen volcks zu Ros und zu fus und nam sein Land widerumb mitt gewalt ein bis uf zwey heuser Wolfenbüttel und Scheningen und lagert sich vor Wolffenbüttel, das hatte Herr Bernt von Melo || inne. Da das der Churfürst von Sachsen und Landgraf von Hessen erfuhren, nahmen sie Reuter und knechte an

---

29. selbigen B.

1. Biere, Pfarrdorf im Kreise Calbe, 2½ Meilen südwestlich von Magdeburg.
2. Vgl. hierzu Hoffmann, 1. Bd. S. 479 f.

in meinung Hertzog Heinrichen wider aus dem Brannschweigischen Lande zu vertreiben. Als das H. Heinrich vernam, brach er von Wolffenbüttel auf und zoge ihnen entgegen in meinunge einen vorthel abezulauffen und kamen also bey Northeim gegen einander und thaten ein Scharmützel mit einander. Aber hertzog Heinrich gab sich letzlich gefangen mit seinem Sohne ohne einig blutvergießen und ward mitseinem Sone gegen Cassel von dannen in die Vestung Ziegenhain geführet und alda gefenglich enthalten. Man wil sagen, hertzog Moritz von Sachsen habe ihn verrahten, auch findestu viel schrift hin und wider, davon magstu lesen.

Carmelitenkloster nidergebrochen.

Anno 1545. Als Hertzog Heinrich alda im Lande lag, brachen die Burger das Carmeliten kloster vor[1] in der Sudenburg hernider und machten einen graben und wal daher.

Des Landgrafen knechte fallen in Aldenhausen.

Und des Montags darnach als Hertzog Heinrich gefangen war, fiel des Landgraffen knechte zu Aldenhausen[2] ein und namen Jacob von der Schulenburg all sein vieh pferde schweine und hausgerehte und was sie funden und wurden viel wagen vol geführet nach Schelningen und ein theil nach Braunschweig, darumb das er Hertzog Heinrich von Braunschweig gedienet und im Braunschweigischen Lande den armen leuten mit rauben und nehmen großen schaden gethan, als Hertzog Heinrich das Land hatte eingenommen.

D. Luther gestorben. Epitaphium. Der ander Cicero.

Anno 1546. Donnerstags nach Matthiae ist D. Martinus Luther zu Eisleben, da er bürtig war, in Gott verstorben, welcher ein gros licht der Christenheitt war, predigte das Evangelium 29. Jar und schrieb viel bücher und war des Papsts Pestilentze, wie du allenthalben aus seinen büchern zubefinden hast, den sein Epitaphium lautet: Pestis eram vivus, moriens ero mors tua Papa und die Herrn von Mansfelt haben die leich personlich zu Wittenberg gebracht und alda mitt großen ehren zu

---

2. 'vor' statt 'von' B.   7. Von 'von ... Ziegenhain' von späterer Hand ergänzt; fehlt B.
28. Neun vnnd zwantzig B.

1. Born? Vgl. die hochdeutsche Fortsetzung der Schöffenchronik, S. oben S. 22.
2. Altenhausen, Pfarrdorf im Kreise Neuhaldensleben, 4 Meilen nordwestlich von Magdeburg, seit 1475 im Besitz der Familie von der Schulenburg.

dem grabe beftetigt. Er hatt die Biblia alfo wol verteutfchet, das einem fo darinne lift fein hertz im Leibe mochte vor freude fpringen. Er war der ander Cicero in feinem fchreiben zu achten. Du findeft der Bücher fo viele von ihme gefchrieben, das weiter von ihme alhier meldung zu thun nicht von nohten.

Reichstag zu Regenspurg. Geschichten entsetzen sich. Antwort der Key. Rehte. Churf. und Landgraf von Hessen verstehen die brüder. Ziehen dem Keyser entgegen. H. Moritz nimpt des Churf. Land ein. Churf. zeugt nach Sachsen. Churfürst rückt vor Leiptzig. Sprichwort.

Im felben Jare zwifchen Oftern und pfingften ward ein Reichstag von Key. May. zu Regenfpurg ausgefchrieben[1], || aber die Chur und fürften blieben des mehren theils vor ihre perfonen zu haus und fchickten ihre Rehte dahin Key. May. gemüht und meinung und anbringen zu horen, als fie nu dar ein Zeit lang gelegen, ist alda ein gefchrey kommen, wie fich Key. May. in Hifpanien, Deutfchland und allenthalben umb kriegsvolck beworben, darob fich die gefchickten der fürften und Stete entfatzten, den fie nicht gedenken kunten, das Key. May. mit jemand des Reichs in ungutem zuthun hette. Und feind zu Raht worden Key. May. Rehte darumb zufragen, darauf ist ihnen ein antwort worden, Key. May. hette noch zur Zeit mit niemands im Reich in unguten zu thun, aber er wer willens, etliche deutfche fürften ihres ungehorfams halben zu ftraffen. Das haben nun die gefchickten der fürften zurucke von fich gefchrieben, welches die Fürften Johan Friedrich Churfürft zu Sachfen und Philips Landgrafe zu Heffen bald verftanden, das es ihnen gelten wurde, dieweil fie noch Hertzogen Heinrich von Braunfchweig bey fich gefangen hielten, und haben von Stund an in ihren Lendern und allen Reichftetten nach reutern und knechten laffen umbfchlagen und alfo in der eil ein merklich volck zufamen gebracht, das fich ein iglicher zu verwundern hette, und feind alfo mit großer || rüftunge Carolo V. dem Rom. Keyfer bis in Beyern entgegen gezogen und alda den ganzen Sommer gegen einander gefcharmützelt, aber gar nichts ausgericht. Wiewol der Landgraf von Heffen mit andern des Churf. Rehte alda gern hetten den Churfürften dem Keyfer aufs Creutz geopfert, aber fie habens nicht konnen zu wege bringen, den reuter und knechte habens gemerckt[2]. Da ift Hertzog

---

4. befchrieben B.   10. felbigen B.   32. ʼfamptʼ ftatt ʼmitʼ B.

1. Eröffnet wurde der Reichstag am 5. Juni 1546.
2. Diefer damals viel verbreitete, übrigens ganz grundlofe Verdacht, Johann Friedrich fei vom Landgrafen verraten worden, wird alfo auch von

Moritz, der auch viel Reiter bey sich hatte, aufgewesen und dem Churfürsten sein Land eingenommen, das ihme doch zu schützen befohlen war[1], ist kommen bis vor Wittenberg, aber dasselbige nicht gewunnen. Wie nu solches dem Churfürsten wurd kundt gethan, ist er vorgangen[2], da sie gegen Rey. May. lagen, aufgebrochen und stracks nach seinem Lande gezogen und dasselbige wieder eingenommen. Aber der Landgraf ist mit seinem Regiment auch in Hessen gezogen und ein geboht lassen ausgehen, das niemand dem Churf. aus seinem Lande zu Ros noch zu fus solte zuziehen. Da hat man wol vermerkt die Verretherey, wo nicht[3] der Landgraf und Hertzog Moritz sind umbgangen. Wie nun der Churfürst sein Land und zum theil hertzog Moritzen Land hatte eingenommen, Ist er vor Leiptzig geruckt, und alba seine schantze geschlagen und grossen schaden dafür mit schießen gethan. Er hette es noch wol gewunnen, wen seine eigene Rehte nicht verrehter mit gewesen weren, den sie hatten ihre Weiber Kinder und ihre meiste güter drinnen, als Wolf von Schonberg und andere mehr, das man sagte: Leiptzig lage vor Leiptzig, hett Leiptzig nicht vor Leiptzig gelegen, der Churf. hette Leiptzig wol gewonnen.

B. von Magdb. vertregt sich mit dem Churf. Keyser schicket H. Moritzen hülffe. Churf. rückt vor Rochlitz. M. befindet sich zu schwach. M. wird gefenglich verwahret. Große verrehterry. K. floßet zum Konige von Behmen. Churf. lest sich von seinen Rehten überreden. Keyser zeigt auf den Churfürsten. K. lagert sich gegen Molberg über. Wolff Schonbergk. Feinde schießen ins Churfürsten gezelt. Der Churfürste wird gefangen. Sonne den schein verlohren. Verrehter mit gelde erkauft. Wittenberg eingenommen. Dörfer werden geplündert. Besten freunde thun den grosten schaden. Des Churf. hauptleute sein verrehter. Churf. sol gekepfet werden. Kinder bitten vor den vater. Wittenberg wird afgeben.

Mittler weil hatte sich der Bischof von Magdb. und Halberstat mit dem Churfürsten vertragen und ihme beyde stifte huldigen und schweren lassen[4] und wieder in sein Land gezogen. Wie nun hertzog Moritz

---

29. 'sich' steht in *B* hinter 'Halberstadt'.

Georg Butze geteilt. Nach ihm spielte Verrat auch in der Schlacht bei Mühlberg die Hauptrolle, wie der Kurfürst überhaupt viele Verräter um sich gehabt habe.

1. Unrichtig. Noch 1545 hatte sich Moritz zu einem besondern Bündnis mit dem Kurfürsten bereit erklärt, doch hatte letzterer das Anerbieten nicht annehmen wollen.

2. Verschrieben für: vor Giengen.
3. So, für: womit.
4. Am 1. Januar 1547 ließ sich Johann Friedrich von der Stadt Halle huldigen, während der Erzbischof Johann Albrecht durch eine Geldabfindung

vor dem Curf. war aus dem Lande und bis ans Voigtland zu dem Konige von Bohmen geflohen, der dem Churfürsten alda wolte in sein Land fallen. Mittler Zeit schickete Key. May. Hertzog Moritzen zu hülffe Marggraf Albrechten von Nürnberg mit zehen fehnlein knechten und 5. geschwader Reuter, der kam im Fastelabend zu Rochlitz zu H. Moritz Mutter, wie Febr. 2. nun die Zeitung dem fürsten kame, ist er zu Leipzig aufgebrochen und sich zu Altenburg gelagert und des morgens frühe vor Rochlitz gerückt und angefangen zu schießen, da ist der Marggraf von Nürnberg mit seinem volck aufgewesen und dem Churfürsten ‖ entgegen heraus gezogen, und haben mit einander angefangen sich zu schlagen, da als nu der Marggraf gesehen hatte, das er zu schwach war gewesen, ist er mit seinem volcke zum theil wider in Rochlitz gerückt und ist ihme des Churf. volck auf dem fus nachgeeilet und den Marggraffen mit sampt allem seinen volck gefenglich genommen[1], die Reuter und knechte lies er schweren in VI. Monaten dem Churf. nicht wieder zu dienen[2]. Aber den Marggraffen lies er gefenglich verwahren. Da hette der fromme Churfürst auch untergelegen, wen nicht ein junger heßischer Edelman gethan hette[3], der brenget hernach mit seinen reutern, so gar viel verrehter waren umb den frommen Churf. her, das er sich schier vor ihnen nicht muste zu hüten, noch solte er es nicht mercken und lies sich überreden und zogen bis zu Geithain, da lag er eine lange Zeitt stille. Mitler Zeit kam Key. May. mit seinem volcke und Spanniern an die grentze im Voegtland zum Konige von Behmen, der auch sein volck da hatte[4], do das Hertzog Moritz erfuhr, machete er mit dem Churf. auf 8. tage ein stillestand[5] im sinne, als wolte er friede mit ihm machen und sich mit ihme vertragen, in selbigem stillestand samlet er all sein ‖ volck, so hin und wieder in der besatzung er hatte, zu sich, auf das er desto bas seinen willen mochte schaffen. Es ging alles durch Verrehterey zu, noch muste der fromme fürst nicht darvon wissen, den er lies sich von seinen Rehten über-

6. 'vor' statt 'zu' B.   10. 'da' fehlt B.   22. trentze B.

von 10000 Gulden gezwungen wurde, ihm beide Stifter, Magdeburg und Halberstadt, abzutreten. Von den magdeburgischen und halberstädtischen Ständen wurde dem Kurfürsten am 13. Januar 1547 gehuldigt. Vgl. Hoffmann, 1. Bd. S. 487.

1. Der Markgraf Albrecht von Brandenburg-Culmbach wurde am 2. März 1547 vom Kurfürsten gefangen genommen.

2. Der Sinn erfordert: nicht wider den Kurfürsten u. s. w.
3. Vor „gethan hatte" fehlt das Objekt, vielleicht: das Seine.
4. Am 5. April 1547 kam Karl V. in Eger an, Tags darauf auch König Ferdinand und Herzog Moritz.
5. Unrichtig. Schon im März hatte Moritz vom Kurfürsten einen einmonatlichen Urlaub erbeten und bewilligt erhalten.

reden und schickte sein volck das mehrer theil von sich, den Thumsherr lag auf Sant Annenberg und Jochimsthale[1] mit eilf fehnlin knechten und 4. schwaber Reuter. Graf Volrad von Mansfelt[2] lag mit einem hauffen vor Erfort und horete vitz sachen[3], das ander volck schickete man hin und her in der besatzung, das also der fromme herr das wenigste volck und kleinsten hauffen bey sich behielt. Als nu solches geschehen, ist Key. May. sampt dem Konige aufgewesen und immer fort und fort zum Churfürsten zugezogen, da der Hertzog Moritz auch zukommen ist, und ist der Churfürst zu Molberg[4] eingezogen und sich alda gelagert, den sie überredeten ihn, er lege dar am aller sichersten, aber es war kein gefehrlicher orth an der Elbe als da, den man kunte allenthalben durchgehen und reiten und Key. May. sampt dem Konige und Hertzog Moritz legerten sich gleich gegen Molberg über, das sie zu dem Churfürsten vermochten zu kommen, wen sie wolten, noch muste der Churfürst nicht wissen, das der Keyser vorhanden, wiewol das weiber und kinder in des Churf. lager und für sein gezelt sein gelauffen kommen mitt heulen und weinen und zeigten an, wie das land vol Spanier und Hussern weren, noch triebe sie der verrehter Wolf Schonberg von des Churfürsten Gezelt und mit solchen worten sprechende. Solte ich meine Wache nicht besser und kundschafft bestelt haben, den also das euch heilosen baur und weiber Sant Veltens wunden und marter ankommen. Er auch den feinden ein Zeichen gegeben, wen zwey schewren mit feur würden angehen, so solten sie anfallen. Als nu der Churfürst solches vermerkt, das feinde vorhanden weren, hat er des Sonnabendts vor Matthias[5] dnj wollen zu Torgaw einreiten, aber sie überredten ihnen, er solte auf den Sontag erst predigt horen und essen, als dan wolten sie algemach zu Torgaw einreiten, es were allein die streiffende rotte vorhanden, die feinde weren noch lange nicht dar, wis den nu der Churfürst am Sontag Misericordias Domini nach der Predigt Anno 47. zu tische saß mit seinen verrehtern, haben ihme die feinde bis in sein getzelt geschossen, da hat er allererst die große verretherey gemerkt und ist eilend ufgebrochen in meinung, er wolte noch zu

26. predigen *B*.

1. Thumshirn, der, wie in verschiedenen Berichten gemeldet wird, damals, also etwa im März 1547, an der böhmischen Grenze stand, zog sich nach der Schlacht bei Mühlberg mit seinem Korps nach Gotha zurück und nahm dann an der Schlacht bei Drakenburg an der Weser Teil.
2. Sohn des Grafen Albrechts III. von Mansfeld.
3. Was heißt das? Vielleicht: er vertrieb sich mit unnützen Dingen die Zeit?
4. Mühlberg an der Elbe, im südöstlichen Teile der heutigen Provinz Sachsen, dicht an der Grenze des Königreiches Sachsen.
5. So für Misericordias Dni.

Torgau vor dem feinde einkommen, aber es war zu lange geharret. Als
er nu schier an das holtz oder ‖ wald, der bey Molberg liegt¹, mit seinem
volck kame, gingen die Schewren hinder ihme auf, da fielen die feinde allenthalben hinden und forne zu, das er nirgends kommen mochte: er muste
sich wehren oder geschlagen werden, der verrehter hatte es also beschlossen,
er muste also gefangen werden, wiewol die Lantzknechte ihr ordnung gemacht und sich tapfer zur wehr gesetzt, muste es doch nicht helffen, den ihr
eigene Reiter haben den Lantzknechten ihr ordnung zutrennet und seind
darnach von ihnen gezogen, haben also den frommen fürsten mitten unter
die knechte halten lassen und also auf die fleischbank mit geopfert und ist
letzlich gefenglich angenommen und zu Keyserlicher May. geführet worden.
Es hat die Sonne vier oder fünf tage lang vor der Niderlage ihren
natürlichen schein verlohren und hat gestanden als eine scheube voller
bluts und gantz keinen schein von sich gegeben, welchs ein sonderlich Zeichen
von Gott ist gewesen, das sich auch die Element am Himmel über solche
verrehterey erbarmet haben. Als nu Key. May. durch seine verrehter,
die er mitt großem gelde dazu erkaufft, den Churfürsten gefangen und
wol hat verwaren lassen, ist er von stund an vor Torgaw gerückt und
dasselbige eingenommen², den die Bürger waren zu theil verrehter mit,
wie es denselben nachmals ergangen ist, sind sie wol inne ‖ worden.
Und von dannen sind sie gezogen vor Wittenberg und dasselbige belagert, den davon hat der Churf. die Chur. Die Spanier und Hussern haben in der Wittenbergischen pflege³ großen schaden gethan mit
rauben uud brennen unt frauen und Jungfrauen schenden und haben
solche schande und muhtwillen getrieben, das in dem Lande kein mensch
sein lebelang gesehen noch davon gehoret hat. Zichaw, Niemick und andere
Derffer mehr haben sie geplündert und darnach gar ausgebrant. Es hat
dem Lande, wie glaubwürdig sagen wil, niemand mit rauben und stelen
großern schaden gethan, den die Mercker und ihre eigene Nachbarn
und besten freunde, wie sie sein solten oder wolten, und was sie vor dem
feind in die Marck gebracht hatten als zu denen, darzu sie sich gutes versehen, das haben sie ihnen noch zum theile genommen⁴. Es ist von der

4. Ueber das ursprüngliche 'mochte' ist in B 'kundte' geschrieben.

1. Die Lochauer Heide, genannt nach dem vormaligen kursächsischen Schlosse Lochau, jetzt Annaburg.
2. Torgau ergab sich am 26. April 1547 ohne Widerstand an den nach der Schlacht bei Mühlberg vor Wittenberg ziehenden Kaiser.

3. D. h. im Amt Wittenberg, in seiner Umgebung.
4. Der Sinn ist der, daß, so groß der Schaden war, den die Spanier und Böhmen in der Umgegend von Wittenberg anrichteten, die von den benachbarten und glaubensverwandten Mär-

verrehterey nicht genugsam zu schreiben. Sachsen ward mit eitel verrehterrey umbgeben. Wie nu der Keyser eine Zeitlang vor Wittenberg gelegen und sie in der Stat sich mit ihren knechten ehrlich und auffrichtig gehalten, das er sie nicht hat gewinnen mogen, So hat er doch durch seine verrehter, so er darinnen hatte, (den des Churfürsten hauptleute waren des mehrentheils verrehter) so viel zu wege gebracht, das das frauenzimmer und die Jungen¹, so die Zeit darinne waren, ins Keysers lager kommen seind und umb ihren herrn vatter bitten wollen, und als sie nun für das Lager kommen, da hatte man den Churf. herfürgeführet, als wolte ihn der Keyser den Kopf lassen abeschlagen. Wie nun solches das freulein sampt den jungen herrn gesehen, haben sie alle jemmerlich geweinet und kleglich gethan und für Key. May. nider gefallen und gebethen, er wolle ihne seines lebens verschonen, sie wolten ihme Wittenberg aufgeben, da der Churfürst auch selbst umb gebeten hatte. Also ward Wittenberg, so mit aller noturft überflüssig versehen, 14. tage vor pfingsten aufgegeben², und hat der Churfürst ihnen den Eid erlassen und Hertzog Moritzen seinen verrehter wiederumb huldigen und schweren lassen und hat die Knechte in der Stat ehrlichen bezahlt und verlassen, der sind etzliche hundert gen Magdb. kommen und angenommen, da von hernach weiter meldung gethan wird.

Raht zu Magdb. nimpt Berga ein.

Anno 1546. Dinstags nach Petri et Pauli lies der Raht zu Magdb. das Kloster Berga einnehmen und bewachen bis auf Mittwochens nach Galli ließen sie es gar in den grund brechen, den man meinete, der Keyser würde sein lager darin schlagen, den er würde vorziehen.

Der Raht lefft den dhum zumachen.

Im selben Jar an S. Annen tage lies der Raht den dhum zumachen und bewachen, den die pfaffen des mehren theils als verrehter entlauffen waren, den doch der Raht der alten Stat ihnen ihren schutz anbote, aber sie wolten nicht.

2. verrethern *B*.

fern, den Unterthanen des auf der Seite des Kaisers stehenden Kurfürsten Joachim II., angerichteten Verheerungen doch noch ärger waren.

1. D. h. die Kurfürstin Sibylle, die sich mit ihren jüngeren Kindern in das feste Wittenberg geflüchtet hatte.

2. Die sogenannte Wittenberger Kapitulation wurde am 19. Mai abgeschlossen, während die Besetzung Wittenbergs durch die kaiserlichen Truppen erst am 23. Mai erfolgte.

Raht lesset Silberwerg aus dem Thum holen.

In Vigilia Epiphaniae ließen unsere herrn der Raht das Silberwergk, so noch vorhanden, aus dem thume holen und den Donnerstag nach purificais Mariae ließen sie brey kasten vol arnaten nachholen, so etzliche 1000 fl. gestanden hatten¹.

Egeln wird eingenommen.

Anno 1547. Nach Epiphaniae lies der Raht zu Magdb. Egeln und das haus einnehmen und des Sonnabends hernach ward die newe stat und Sudenburg eingenommen und musten dem Raht huldigen und schweren, und schlugen ihre Wapen dafür².

Spanier kommen gen Magdb. Spanier halten hinter den weiden. Bauren setzen sich zur wehr.

Die wochen darnach vor pfingsten im selben 47. Jar seind der Spanier bey 800. hier zu Magdeburg gewesen und in die Borche³ gefallen und bey vier schock pferde den bauren genommen, an gelb und Silberwerg, was sie sonsten bekommen haben. Seind auch dieselbe nachte zutheil bis gen Berga und S. Michael gewesen, als man nu des Morgens umb 4. Uhr in der Stat lerm schlug, seind die Bürger eilends zu Walle gelauffen, da haben die Spanier hinter dem Rotterstorfischen teiche gehalten hinder den weiden und hat einer von dem thorme mang sie geschossen und einen getroffen, das er sich überworffen hat, ∥ da ranten die dieb Berga an und plünderten großen Otterschleben. Als sich nu die bauren, so noch da waren, zu wehr setzten, den des mehrentheil war in der Stat, haben die Spanier das Dorf angesteckt und von stund an Lütken Otterschleben auch etzliche hefe abgebrant und sind also mit dem geraubeten gut wieder nach dem hauffen nach Wittenberg gezogen.

K. kriegt traurige Zeitung. K. zeugt nach Auspurg. H. Moritz wird Churfürst.

Als nu der keyser gleich auf sein wolte und sich vor Magdeburg legen, wie jederman dafür hielt, ist ihme die Zeitung gekommen, wie

---

21. 'sie' statt 'sich' *B*.

1. Hieraus ergiebt sich die Wahrheit der den Magdeburgern damals namentlich vom Domkapitel gemachten, von ihnen aber bestrittenen Beschuldigung, daß sie sich an den Kostbarkeiten des Domes bereichert hätten.

2. Hiervon berichten die bezüglichen Quellen meines Wissens nichts.

3. Vielleicht verschrieben für „Börde", welchen Namen die linkselbische Umgegend von Magdeburg führt? Oder Burg?

das Hertzog Erich von Braunschweig die schlacht vor Brehmen[1] verlohren hatte, welchen krieg der keyser auch angestiftet hatte. Ist er
eilends von Wittenberg aufgebrochen und nach Halle gezogen und von
dannen nach Augspurg und hat den Churfürsten mit sich geführet
und alda einen Reichstag ausgeschrieben, da den die Churf. des Reichs
in eigener Person seind hingezogen und lenger den ein Jar gelegen, aber
wenig ausgericht. Allein das Keyser Carl der V. hertzog Moritz von
Sachsen mit dem Ertz Marschalck Ampt und der Chur zu Sachsen sampt
etlichen andern herrschaften.

Keyser gehet mit den fürsten auf den pallast. H. Moritzen vorzug.

Anno 1548. den 24. Februarh auf dem Reichs||tage zu Augspurg
offentlich unter dem himmel belehnet hat und ist etzliche tage zuvor auf
dem Weinmarckte auf dem Dantzhause ein Pallast aufgericht und S. Matthias tage mit golden stücken und andern tapezereyen belleidet worden,
denselbigen tag umb 3. Uhr nach mittage ist Rom. Key. May. mit den
5. Churfürsten Meintz Trier Colln Pfalz und Brandenburg auch
etzliche fürsten mehr auf den Stuel[2] oder pallast und von dannen auf
das tantzhaus gegangen, da den K. May. durch Marggraff Joachim
als des H. Reichs Ertzkammerer mit dem Key. ornat und habit,
wie in solchen fellen gebreuchlich, belleidet und angethan worden. Als
nun Key. May., desgleichen die andern 5. Churf. habiten alle seind angelegt gewesen, ist Key. May. sampt den Churfürsten wiederumb herfür
auf das Pallast kommen und also in ihrer Key. May. krone Zierheit und
Majestat, wie solchen[3] fellen einem Rom. Keyser gebuhrt. Auf den Pallast
seynd Key. May. trommeter und heertrommeln verordnet gewesen, ge-
blasen und die trommel geschlagen. Als ist erstlich Hertzog Moritz zu
Sachsen vorzug mit der blutfahnen aus einer gassen herfür gerückt und
den Stul || dem alten gebrauch nach berant, und seind die Reuter in
Sammet belleidet gewesen, haben auf den henden desgleichen auf den
geulen alle kleine rote fehnlin geführet und darin das Kuhr und fürstliche
Sechsische Wapen gemahlet war.

In des hat Hertzog Moritz in seinem Churf. habit mit einem
andern hauffen auch stattlich belleidet gegen dem Pallast über in einer
ander gassen gehalten und vor ihme 12. trommeten sampt einer Heertrommeln, von solchem hauffen seind nach gewohnlicher berennung des

---

1. Gemeint ist die Schlacht bei Dralenburg an der Weser vom 23. Mai
1547.
2. Stuhl.
3. Vor solchen fehlt „in".

stuls Herzog Heinrich zu Braunschweig, Pfalzgraf Wolfgang beym Rein und Herzog Albrecht zu Beyern für den Stul gerücket, hinauf gegangen und nach gebührlicher dreyfacher Reverenz vor Kay. May. auf die knie gefallen und von wegen Herzog Moritz zu Sachsen umb die Lehen auch samptbeleihung unterthenigst angesucht und geworben. Auf solche werbung hat Key. May. sich mit den 5. Churfürsten unterredet und folgendes durch den Churf. zu Mentz Ertz Cantzlern diese antwort geben lassen, das Ihr. May. Herzog Moritzen die antwort also bald zu thun geneigt were, || so er selbst zur stelle kommen und die bitten würde.

Dieser antwort haben sich die drey Fürsten von wegen Herzog Moritzen bedanket und seind von K. May. mit gebührlicher Reverenz abegetreten und wieder auf die genle gesessen, zu H. Moritzen geritten und haben Key. May. antwort seiner fürstlichen (Gnaden) vermeldet.

Darauf ist Herzog Moritz also bald mit obgemelten seinem hauffen fürgerücket und zu dem Stul gerennet und seind ihm folgende Lehenfahnen vorgeführt worden, nemlich Herzog Erich von Braunschweig hat die Churf. geführet Sachsen, Herzog Philip zu Braunschweig, Herzog Carl Victor zu Braunschweig Doringen, Graff Christoff zu Regenstein Meißen, Graf Hans Heinrich zu Leiningen[1] das Burggrafthum zu Magdb., Graf Hans von Ottenburg die Pfalz zu Sachsen, Herr Berthold von der Lippe auf Cronaw des Konigreichs Bohemen Ertzmarschall die Graffschaft Brene, Herr Wilhelm von der Lipke auf Cronaw die herzog an der Pleiße[2], Graf Eck zu Solm das Burggrafthum Aldenborch und Christof von Regewitz die Regalia der blutfahnen.

Wie nun herzog Moritz vor den Stul kommen ist || mit den dreyen fürsten, so umb die lehen gewerbet, sampt den andern fürsten, Graffen und herrn, so die Lehnfahnen geführet, und neben ihm Graf Hans Hoyer zu Mansfelt als der der semptlichen belehnunge halben von wegen herzog Augusti[3] mit anzugreiffen gevolmechtiget gewesen und andern herrn mehr mit gebührlicher ehrerbietunge aufm Stule gegangen, und traten die fürsten und herrn, so die Lehen und blutfahnen geführet, je fünfe auf die eine und fünfe auf die ander seiten, hernach ging H. Moritz zu Sachsen und folgeten ihm die drey fürsten, so umb die Lehen geworben, diesen fol-

---

14. 'Gnaden' ergänzt; fehlt in A und B.   17. 'zu' statt 'von' B.   20. Lenningen B.

1. Leiningen.
2. D. h. die Fahne des Herzogtums oder der Herrschaft an der Pleiße.
3. Des Bruders des Kurfürsten Moritz.

geten hernach Graf Hans Hoyer zu Mansfelt und die drey Ritter als Herr Christof von Taubenheim auf Bredaw, Herr Conrad von Bemelberg und Herr Moritz von Fehlitzsche, wie sie nun alle auf dem Stul waren, fiel H. Moritz vor Key. May. auf die knie und neben ihme von wegen hertzog Moritzen[1] Augusti aber knieten die drey fürsten, so zuvor umb die Lehen geworben, nach dem die drey Ritter und auf den seiten die fürsten Graffen und herrn mit den fahnen.

In dem wie man also vor Key. May. kniet, ward || die obberührte werbung repetiret von wegen H. Moritzen von Sachsen umb die Lehen und die gesamte belehhunge abermals angelangt und gebeten, darnach hat K. May. durch den Bischof von Meintz diese antwort gegeben. Ihr May. wüste sich der gnedigen Zusage zu erinnern und nach deme Ihre May. hertzog Moritz und Augusto zu Sachsen umb ihrer vielfeltigen getreuen dienste willen, ich hette schier verrehterey gesagt, welche sie ihrer May. mit darstreckunge ihrer leibe Land und Leute getreulich geleistet, mit besondern gnaden geneigt were, wolte Ihre May. ihrem vorigen erbieten nach, do Hertzog Moritz zuvorn ihrer May. und dem H. Reich den gewöhnlichen Eid thun würde, seinen gnaden und desselben Leibes Lehens Erben das Ertzmarschalk Ampt und Churfürstenthum zu Sachsen auch alles das andere, so von Ih. Key. May. und dem H. Reich zu Lehen rührende und H. Johan Friederich zu Sachsen zuvor gehabt, so viel das S. F. Gn. Sohnen in Ihrer May. Capitulation[2] nit vorbehalten, allergnedigst leihen. Nach dem leith der Churf. zu Meintz der Key. May. das Evangelium buch aufgethan auf die schos und knehete hertzog Moritz || zu neheste vor ihrer May., leistete derselbigen und dem H. Rom. Reich den gewöhnlichen Eid, den las der Churf. zu Meintz S. F. G. von worte zu worte für. Nach geleistetem Eide nam die Key. May. von Wolffen von Pappenheim des Reichs Erbmarschalck das schwert, gab dasselbige hertzog Moritzen und belehnete also dem alten gebrauch nach S. Churf. Gn. mit dem Ertzmarschalck Ampt des h. Rom. Reichs.

Darnach belehnet ihre May. seine Churf. Gn. durch und mit den zehen Lehnen und blutfahnen, mit den Landen Leuten und Regalien, so zuvor H. Johan Friederich zu Sachsen gehabt und S. F. G. Sonen in der Key. Capitulation nicht vorbehalten sein. Erstlich mit der Chur zu

---

10. 'darauf' statt 'darnach' B.   15. 'liebe' statt 'leibe' B.

1. Muß fehlen.
2. Gemeint ist die Wittenberger Kapitulation vom 19. Mai 1547, durch die die Länder des Kurfürsten Johann Friedrich östlich der Saale an den Herzog Moritz übergegangen waren.

Sachsen und was darzu gehoret, zum andern mit dem Hertzogthume zu
Sachsen, so viel H. Johan Friederich daran gehabt, zum britten mit der
Landgraffschafft in Doringen, so H. Johans Friederich gehabt und S. f. g.
Sohnen in der Capitulation nicht vorbehalten ist. Zum vierten mit dem
teil des Marggrafthums zu Meißen, so hertzog Johans Friederich gehabt,
und was darzu gehort. Zum fünften mit dem Burggrafthum ‖ und
Grafengebinge zu Magdb. und Halle. Zum 6. mit der Pfaltz zu Sachsen,
zum siebenden mitt der Graffschafft Brene. Zum 8. mitt der Herrschafft
an der Pleiße, so viel Hertzog Johannes Friederich daran gehabt. Zum
9. mit der Burggraffschaft zu Albenburg. Zum 10. durch die Blutfahnen
und Hohen Regalien, was H. Johannes Friederich zu Sachsen sonsten
von Ihr. May. und dem H. Reich zu Lehen gehabt und s. f. g. Sohnen
in der Key. Capitulation nicht vorbehalten ist. Letzlich nam Ihr May.
abermal das Schwert, gab es zum andern mal dem Churf. von Sachsen
und gab dadurch also ohne ordentlichen proceß und ohne erkentnis des
Rechten seine Churf. gn. seine gebührliche Session. Solcher gnedigen
belehnung bedanckete sich H. Moritz gegen der Key. May. zum allerunter-
thenigsten mit Leibe und Vermügen (ich weiß nicht wie) zu verdienen. Bey
und neben dieser belehhunge stets kniete hinter H. Moritzen Graf Hans
Hoyer von Mansfelt und greif nach dem Churf. alle Zeit von wegen H.
Augustus zu Sachsen seinem befehl nach ‖ zu einer jeden belehnunge mit
ane. Die zehn fanen wurden alle mit einander, wen sie von der Key. May.
der Churf. zu Sachsen entfingen, dem alten gebrauch nach über den Stuel
unter das volck herab geworffen. Wie nun die belehnung obberührter weise
angenomen, sas Key. May. mit den 6. Churf. noch ein weile in ihrer
Majestet¹, stund darnach auf und ging mit den 5. Churf. wider auf das
tantzhaus und legten ihren habit abe. Aber Hertzog Moritz zoge nach be-
schener Dancksagunge und genommenen abschiede mit seinen fürsten und
herrn sohne² zu dieser seiner Ehr gedienet, in seinem Churfürstlichen Habit
wider nach seiner Herberge.

**Gelerten von Wittenberg ziehen auf den Reichstag. Schickt Philippum
zurück. Die andern ziehen auf den Reichstag. Adler stost den Bürger
vom pferde. Philippi auslegung.**

Im 1548. Jar des Montags nach Palmarum seind aus befehl des Martz 26.
newen Churf. H. Moritzen die gelehrten von Wittenberg auf den
Reichstag gefordert nemlich Philippus Melanthon, D. Creutziger,

6. 'wil' (verschrieben) statt 'teil' B.   23. entpfangen B.   25. 'ergangen' statt 'angenomen' B.

1. Hier fehlt sicher ein oder mehrere Worte.   2. Ergänze: welche.

D. Georgius Major[1], und von Leiptzig D. Camerarius. Als sie nun zehen meile von Nurnberg bereidt, da er sie hin gefordert hatte, seind komen, hat er Philippum Melanthonem wider zuruck geschickt mit einem geschenk als CC. fl. ein Sammet baßredt und befohlen, er wolte zu Wittenberg zihen und der hohen schul zu sampt D. Pomeranus versorgen und versehen in gleicher gestalt, wie er bey des Alten Churf. Zeiten gethan hatte, und hat also D. Creutziger und D. Major sampt D. Camerario von Leipzig gegen Augspurg auf den Reichstag geschickt. Was alda mitt ihnen gehandelt wird werden, wil sich mit der Zeit wol ausweisen. Man sagt glaubhaftig, das kurz vor dieser Zeit ein manhaftiger Bürger zu Schwebischen Halle sey ausgeritten, als er nu ins feld komen ist, hat sich aus den Lüften plötzlich ein Adler hernieder gelassen, denselben Bürger mit seinen flügeln vom pferd herniber geschlagen, von welcher geschichte der Bürger sehr erschrocken aber sich wieder ermannet, sein schwert zu beyden handen gefast und nach langem kampf den Adler in der mitten von einander gespalten. Welches Philippus Melanthon also sol ausgelegt haben, das der Keyser in Deutschland noch sol erschlagen werden. Den dieweil von vielen personen sey gesehen worden ein Leich oder todtenbahre mit vielen roten feldzeichen am Himmel, welche ohne bedeutinge nicht wird abgehen, got geb uns seine gnad.

K. Gottesgnade ausgebrant. Woher das feur entstanden sey.

Item im selbigen Jare des Montags morgens umb drey Uhr ist das Closter zu Gottesgnade[2] vor Calbe bis auf zwey scheurn noch gar ausgebrant und, wie man sagt, wol vor 500 fl. korne verbrant, und haben die Monche, so noch darin gewesen, nichts gerettet, den ihr ist nicht mehr als 2. noch dar gewesen. Der Probst wil sagen, es sey ihne angelegt. Aber der gemeine man sagt, er habe einen wagen vol frauen am ostertage zu gaste gehabt, und sich mit ihnen vol getrunken, und als er sie auf den Abend hat lassen wieder zu hause fahren, hab er vieleicht mit einem lichte sein eigene schlafkammer also in der truncken weise verwarloset und angesteckt.

5. In *B* fehlt 'zu' vor 'sampt'. 19. 'einem' statt 'vielen' *B*.

1. Caspar Cruciger war (von 1525—1527) der erste Rektor des neubegründeten magdeburgischen Stadtgymnasiums; sein Nachfolger wurde Mag. Georg Major, der die Schule von 1527—1536 geleitet hat.
2. Gottesgnade, Pfarrdorf und Domaine im Kreise Calbe, 4⅜ Meilen südwestlich von Magdeburg, an der Saale. Die Domaine ist gebildet aus den Gütern des früheren dortigen Prämonstratenserklosters, das, eingeweiht am 9. Oktober 1163 vom Erzbischof Wichmann von Magdeburg, im Jahre 1549 zerstört und später säkularisiert wurde.

Schnee umb Ostern.

Item im selben Jahre am Osterabend ist etwa knie tief ein schne *März 31.* alhier zu Magdb. gefallen und hat also mit großer kelbe die gantze feyertage geschneyet.

Den Magdeburgern wirdt bier genommen. Bürger binnen Borch. Rauben wider gut.

Im selben Jar Donnerstags nach Judica seind unsern Bürgern und *März 22.* fuhrleuten ihre pferde und wagen mit dem Zerbster bier¹ bei Schora² genommen und nach Brandenburg in die Marck geführet und alßo etliche pferde verkaufft durch die banck vor 3. thaler, die wol 15. oder 20. thl. werth waren, und ein faß bier umb 2. fl., welches alles, wie man sagt, binnen Borch³ ein Bürger sol gekaufft haben, des haben unser Burger als Jürgen Meyr, Hans Hintze und Marus Hinneboltz wiederumb den von Angermünd⁴ des freytags nach Nativitatis Dni genommen *Dec. 28.* 2. wagen mit gut, als sie nach Leiptzig fuhren und alhier zu Magdb. eingebracht, welches uf CCCC fl. geschetzet ist worden.

Forwerg zu Egeln geplündert.

Anno 1548. Ist das forwerg oder hoff, so zu Egeln eingehoret, geplündert und das vieh hinweg getrieben worden, das zu der Zeit der Raht zu Magdb. hat inne gehabt. Und man wil sagen, Johan von der Asseburg und Wichman von Wulfen haben es gethan und den Raub in dem Kloster zum Hamerschleben getheilt.

Bürger von Magdeburg ziehen vor Hamerschleben. Zerschlagen alles. Überkommen gleiche beute.

Im selben Jare sind unser Bürger sampt etlichen knechten am Sontags nacht vor Bartholomei auf den Abend ausgezogen VIII C. zu fus *Aug. 19.* und 1½ C zu pferde und seind auf den Sontage Morgen umb 5. schlege vor Hamersleben kommen, alda eingefallen⁵, dasselbe geplündert, alle schaffe pferde kühe schweine und was sie sonsten haben bekommen, mit sich genommen, das ander als kasten, fenster alles zerschlagen, darumb das sie

---

a. In *B* fehlt 'den' vor 'fuhrleuten'.

1. Das Zerbster Bier bildete früher einen sehr wichtigen Handelsartikel.
2. Pfarrdorf im Kreise Jerichow I, 4¼ Meilen südöstlich von Magdeburg.
3. Burg, Kreisstadt des Kreises Jerichow I, 3¼ Meilen nordöstlich von Magdeburg.
4. Tangermünde, das früher oft auch „Angermünde" genannt wurde.
5. Vgl. hierzu den Bericht der hochdeutschen Fortsetzung der Schöffenchronik. S. oben S. 25.

Aug. 22. unser feinde gehauset und geheget, und seind denselbigen Sontag auf den Abend wider einkommen und haben des Mittwochens darnach alle diejenige, so mit gewesen seind, gleiche beuthe von allen, so sie genommen, überkommen, ausgenommen was in die kirchen als kelche, monstrancien und Silberwerg gefunden, haben unsere herrn vor sich behalten, doch mit der Reuter und knechte beliebunge, auch das schmiedezeug und Ambos das eben statlich gewesen ist.

Landschafft wil nichts willigen.

Aug. 26. Im selben Jar des Sontags nach Bartholomei ist der lame Bischoff[1] wieder zu Halle einkommen vom Keyser, den Johan Friederich H. zu Sachsen vertrieben hatte, und alba ein Landtag gehalten, und des Mon-
Aug. 27. tags nach Bartholomei das Land ihme huldigen und schweren lassen und begehret das Interim oder Papsts Lehre wiederumb anzurichten und auf die von Magdb. rauben, nehmen, auch ihre feinde hausen und hegen. Und den zehenden pfennig beyde von ‖ der Ritterschafft Stete und gantzem Stifte ihme und dem Keyser Ferdinando zu geben, aber sie haben nichts gewilliget, besondern 6. wochen ein bedenken genommen, und was sie als dan werden einbringen, wil wol offenbar werden[2].

Die Mercker nemen den Bürgern 4. pferde.

Jan. 6. Anno 1549. Nach der H. Drey konige tage haben die Merkische strauchdiebe unsern Bürgern Hans Buhneman 4. pferde bey Letzle[3] genommen und in der Marke verkaufft. Über 14. tage darnach hat derselbige Bürger den Merckischen fischführern wiederumb VI pferde aus derselbigen stete genomen und zu Magdb. eingeführet und behalten.

Apt von Berga entlauffet.

März 8. Im selbigen Jahr freytags nach vastelabend ist der Apt von Berga sampt dem procurator aus dem kloster[4] heimlich entfahren und das seine

---

10. 'Churf.' statt 'H.' B.   26. 'vor' statt 'nach' B.

1. Erzbischof Johann Albrecht. Dieser, der durch ein Mandat des Kaisers vom 12. Juli 1548 die Stifter Magdeburg und Halle zurückgehalten hatte, nahm am 24. August seine Residenz wieder in Halle. Der von ihm dorthin ausgeschriebene Landtag wurde am 25. August 1548 eröffnet.
2. Vgl. hierzu Hoffmann, 1. Bd. S. 500 f.
3. Leitzkau, Marktflecken im Kreise Jerichow I, 3¾ Meilen südöstlich von Magdeburg.
4. Hiermit ist wohl das Pauliner- oder Dominikanerkloster gemeint, das nach der Demolierung des Klosters Berge im Jahre 1546 dem Abte Heinrich Zierau, dem letzten katholischen Abte von Kloster Berge, und seinem Konvent von seiten des magdeburger Rats als Wohnung überlassen worden war.

verlauffen, wolte Gott das sie alle zum teufel und wir der Buben los worden.

Die Merker fallen in Konigsborn. Jagen den dieben nach.

Im selbigen Jar des Montags in der nacht nach Palmarum seind *Apr. 15.* die Merkische Junkern oder Strauchdiebe, wie man sie nennen wil, dem Bürgermeister Heine Aleman[1] in sein vorwerg zu Konigsborn[2] eingefallen und geplündert und die gantze Stuet der pferde und alles Rindvieh hinweg getrieben. Als das gerüchte zu Magdb. ist kommen, hat man mit etlichen pferden und Lantzknechten lassen nachjagen und haben die Diebe vor dem feinerthaim[3] erehlet und alda ihnen das Rindviehe abgejagt und genommen. Aber mit den pferden waren sie bereit über den feinertham für dem vihe hinweg gejagt, das die unsern nicht weiter kunten nachjagen und seind mit dem vihe wieder zurücke getrieben nach Konigsborn.

Bürger nehmen einen Juden gefangen. Führen ihn bis gen Sagen. Jude entspringet über eine wand. Werden gefangen und enthauptet. Jude stürtzt den hals.

Im[4] selben Jar in Ostern haben unsere Bürger als Marcus Hinne- *Apr. 21.* bolbt Kleine Peter Arendts Sohne und Christof Kirchener sampt zweyen vom Adel, die des Marggraffen feinde waren, Michel Juden der Juden Rabbi bey Frankfurth gefenglich genommen und führten (ihn) bis auf ein Dorf beym Sagen[5], da haben sie mit ihme stille gelegen, aber Christoffel Kirchner ist von ine geritten, das sie vieleicht der Brüder halben bereit sein uneins worden. Wie sie nun alda stille liegen und wieder auf sein wollen, bittet der Jude, man wolle ihne für sein gemach thun lassen, also gehet ein Edelman mit ihme und lassen ihn los, die andern aber gingen im Stalle und satelten die pferde. Wie nun der Jude sich niderfetzet, lehret sich der Edelman, umb das er nicht ihm in den hindern sehen wolt, da das der Jude sihet, springet der Jude über eine wand und machet ein geschrey im dorf. Er sey H. Moritzen nechster Raht, und sey gefenglich genommen und weggeführet, man wolte ihme helffen, das er

---

4. 'Mittwochens' statt 'Montags' *B.*   20. 'ihn' ergänzt; fehlt in *A* und *B.*   25. 'lehet' statt 'lassen' *B.*

1. Regierender Bürgermeister 1527, 1530 u. s. f. bis 1554.
2. Rittergut, 1 Meile östlich von Magdeburg. Jetzt eine in raschem Aufblühen begriffene Kolonie.
3. Gemeint ist der Fiener-Damm, der über das südlich von Genthin gelegene Fiener-Bruch führte.
4. Die folgende Begebenheit wird kürzer auch von der hochdeutschen Fortsetzung der Schöffenchronik (s. oben S. 26. 27) erzählt.
5. Dorf bei Torgau.

los würde oder sie würden in große ungnade kommen ihres herrn, da seind die bauren zugelauffen und haben sie alle gefenglich angenommen und zu Torgaw eingeführt und alda gefengliche enthalten. Aber den Juden hat H. Moritz los gelassen und seind die Edelleute sampt unsern bürgern

Mai 24. freytags nach Cantate zu Torgaw enthaupt. Es hat auch Michel Jude 5 denselbigen tag zu Perlin den hals entzwei gestürtzet, also seind sie alle umb ihr leben kommen.

600 heuser zu Eimbeck abgebrant.

Mai 15. Im selbigen Jar Mittwochs nach Jubilate seind zu Eimbeck in der nacht bey 600. heuser abgebrant, darunter 400 Brauheuser seind gewesen, 10 und ist von ihrem eigenem feur auskommen, das zu erbarmen ist. Den vor neun Jaren brante die Stat gar aus, das nicht ein stock darin stehen bliebe, Gott erbarme sich der armen Leute.

Beschlus. H. Georgius Butze Author dieser Croneken.

Und hiermit hat der fromme ehrliche ‖ Man Herr Georgius 15 Butze Bürger zu Magdeburg, welcher ein besonder Liebhaber des worts und ein erfahrner und eines erbarn aufrichtigen gemühts was, diese Chronica beschlossen, da er in Gott verschieden ist den freytag zu nacht vor

Juni 7. Pfingsten umb elf uhr Anno 1549.

Zu Calbe kompt feur auf.

Febr. 16. Anno M. DL. am tage Esto Mihi ist zu Calbe[1] feur aufkommen umb eilf uhre vor dem thore, welches von zweyen Vetern unter dem Ampt ist worden angesteckt und seind dieselbigen hernach verbrant worden bey der vogelstangen.

B. Johan Albrecht stirbt.

Im selben Jar ist der Ertzbischof Johan Albrecht zu Halle uf der Moritz (-Burg)[2] gestorben am Sonnabend post Vocem Jucun-

Mai 17. ditatis.

17. 'war' statt 'was' B.   18. 'denn' statt 'da' B.   'ist' ergänzt aus B.   21. ein Groß Fewr B.

1. An der Saale, Kreisstadt des Kreises Calbe, 4 Meilen südwestlich von Magdeburg.   2. Ergänzt.

Monstrum.

Im selben Jar ist ein kalb jung worden mit 2. kopfen zu Eickendorff[1] und nach Calbe gebracht.

Kirchtorm zu Dessau eingefallen.

Im selbigen Jare am Sonntage nach Egidii ist der kirchthorm zu Dessau des Sonnabends zu Abend umb 8. uhr ohne gefahr eingefallen, die kirche so gewelbet eingeschlagen, die schone Orgel und taufstein, dergleichen weit und breit nicht ist, gantz || und gar zerschmettert, auch seind die glocken bis auf eine gar in stücken gefallen und zerbrochen. *Sept. 7.*

Braunschweig belagert.

Im selben Jar ist H. Heinrich von Braunschweig vor die Stat Braunschweig gezogen, dieselbe etliche wochen belagert, aber nichts ausgericht.

H. von Meckelborg plündert Wantzleben. Die von Magdb. fallen aus und werden geschlagen.

Im selben Jare ist Hertzog Jürge von Meckelborch für das Stettlein Wantzleben, welches zwo Meilen von Magdeburg ligt, gezogen, das Schlos dreymal gestürmet, aber nicht gewunnen, als hat er das Stettlein geplündert, viel schand und laster mit den Weibspersonen bildern geübet und entlich ohne schuld und ursach verbrant. Das Schlos ist aber ungewunnen und stehen blieben. Und ist dasselbige geschehen den Donnerstag nach Exaltationis S. Crucis. Volgendes am Sontag seind die von Magdeburg in ziemlicher rüstung heraus gezogen den feind anzugreiffen. Aber den folgenden Montags am tage Mauritij (Gott erbarme es) seind die von Magdeburg baur und Bürger fast alle erschlagen worden und wenig seind ihr davon kommen, die Wagenburg und alle ihre Rüstunge, der sie viel gehabt, seind ihnen genommen worden und ist die schlacht geschehen zwischen Hildesleben und Ammesleben[2] bey der Ohra. *Sept. 18.* *Sept. 22.*

Heuptman zu Calbe nimpt K. Gaterschleben ein.

|| Im selbigen Jar freytags nach Mauritij ist der Hauptman zu Calbe Heinrich von Saltze mit 200 Man zu Ros und zu fus ausgezogen und *Sept. 26.*

---

25. 'wenig' fehlt in A.

1. Pfarrdorf im Kreise Calbe, 3 Meilen südwestlich von Magdeburg.
2. Gemeint ist das Pfarrdorf Groß-Ammensleben im Kreise Wolmirstedt, 2 Meilen nordwestlich von Magdeburg.

138 Der selbständige Teil der Magdeburgischen Chronik von Georg Butze.

das haus newen Gabersleben¹ einem Radt zu Magdeburg zustendig, eingenommen, denen zukommende Landesfürsten und dem hochwirdigen Dhom Capittel zu Magdb. zu gute.

H. von Mansfelt nimpt Egeln ein.

Am selbigen tage hat Graff Hans George von Mansfelt das Schlos Egeln sampt der pflege eingenommen, welches die von Magdb. ins vierte Jar inne gehabt.

Schonebeck eingenommen.

Sept. 27. Am Sonnabend darnach hat Hertzog Georg von Meckelborch Schonebeck eingenommen und daselbst ein Lager aufgeschlagen.

Lager zeugt auf Buckaw.

Ott. 4. Acht tage hernach als des Sonnabends nach Michaelis ist das Lager zu Schonebeck aufgebrochen und bis gen Buckaw nach Magdeburg zu gerückt.

Wintmühlen vor der Stat abgebrant.

Ott. 9. Am Donnerstage hernach als am tage Burchardi zu nacht umb 12 uhre hat des Hertzogen von Meckelburg volck die Windmühlen vor der Stat umme gebrant.

Erobern die Neustatt. Starcke Scharmützel.

Folgends hat H. Moritz zu Sachsen und H. George von Meckelburch die newe Stat erobert, die hernachmals mit brennen und schießen in grund verder||bet. Und die Altensteter haben die Sudenburg eingerißen   G. XII. und verbrant. Und ist nicht wol müglich das man die vielfeltigen starcken Scharmützel, die sie teglich vor der Stat mit einander gehabt, kan beschreiben, den ohne das ein jeder theil nicht gerne aussagen wil, wie viel auf einer seiten todt blieben seind.

Die von Magdb. fallen in G. Ottersleben.

Dez. 19. Die von Magdeburg seind den Freytag vor Thomae zu nacht heraus gefallen ins Dorf Großen Otterschleben, daßselbige an etlichen orten angezündet und etliche viel stattliche Edelleute darinne bekommen, erstochen

6. 'dem' statt 'der' B.   20. 'und' fehlt A.   30. Adelleuthe B.

1. Im Jahre 1549 hatten die Grafen von Mansfeld es schon einmal eingenommen.

und mit dem meisten theil¹ seind gefangen genommen, auch mit pferden, die gefangen worden, über 400. in die Stat gerückt und damals ein große beute erlanget.

H. von Meckelborch wird gefangen.

Folgends tags ist der Hertzog von Meckelborch sampt etlichen reutern Dez. 20. gefangen, geschossen und in die Stat geführet worden, darauf man alle das geschütz hat lassen abgehen und alle glocken in der Stat leuten lassen. Wan der Zoll der Proviantwagen, so die von Magdeburg in die Stat geholet ist, der viel seind, den es ist oft geschehen, noch nichts gewisses darvon zu schreiben, den es fast teglich geschehen².

A. herolt kommet vor die Statt Magdb.

S. 332. ‖ Anno 1551. Ist der Keyserliche herold für die Statt kommen und hinein begehret den 28. Januarij, aber ist es ihme von denen zu Magdeburg abgeschlagen, wie folget.

Antwort der Alten Stat Magdeburg auf beschehen Ansuchen des Keyserlichen Heroldes.

Es ist unser von Magdeburg meinungen noch nie gewest, auch noch itz nicht, wider die allerhöheste Key. May. und das Reich zu handeln. Sondern haben uns stets zu allem gebührlichen gehorsam aller unterthenigkeit erbotten. Und ob wol ein vermeinter ungehorsam uns von Magdeburg wird zugemessen, so kompt es doch im grund daher, das wir unsern lieben Gott wollen erkennen lassen, das er dort recht richtet, das wir bey dem h. reinen waren wort ohn allen menschlichen Zusatz aus Gottes gnaden bleyben, und die verlust unserer Seelen heil und seligkeit, die papistische greuel und Abgötterey nicht wissen zuzulassen und uns S. 333. schuldig erkennen, in sachen Gottes Ehr und sein H. wort ‖ belangende Gott mehr gehorsam zu sein den den Menschen. Derhalben unsere sachen zu dem gnedigen veterlichen willen unsers lieben Gottes gestellt. Also das wir es wollen machen, wie er es haben wil. Und bieweil wir wider Gott werden feindlich angesehen und gefehdet und belagert, so wil uns nicht gebühren, den Herolden, wie begehret, wir dahin kommen zu lassen. Es kan uns auch niemand mit billigkeit darumb verdencken. Datum Magdb. den 29. Januarii³.

Laus Deo.

2. 'geschatzt' statt 'gefangen' B.   24. die B.   23. In B ist unter Laus Deo noch Τελος geschrieben.

1. Hier fehlt das Relativum, etwa: welche.   2. Dieser Satz ist unklar.   3. Dieses Schreiben findet sich unse-

Anno 1115¹ da war der Streit vor Welpesholz.

1278. Da war der Streit zu Frosa.

1293. Am tage Petri und Pauli ist ein gros feuer entstanden, also das nicht allein unzehliche gebeu, sondern auch das Rahthaus sampt den Gildeheusern, beyde spitzen und kirche zu S. Johannis, so neulich aus dem grunde erbauet, seint abgebrant.

1307. Da ward Schonnebeck gewonnen.

1318. Da war ein große theure Zeitt.

1350. War ein gros sterben in dieser Stat, das man die todten alle tage mit zwey karren und einem wagen muste gen Notterstorf führen und starb unzehelich volck.

1351. Des Sontags vor Herrnmessen war der Streit an der Ohra und wurden viel unser Bürger erschlagen.

1396. War die Romfahrt.

1432. War ein gros wasser in der Ernte.

1461. Am tage Mariae Magdalenae branten beyde Spitzen in S. Johannis zum andern mal ab.

1517. Schrieb D. Luther wieder des Bapsts Ablas.

1550. Am tage Matthaei geschah eine Schlacht an der Ohra. Die Stat Magdeburg belagert Jar und tag.

1552. War ein grausam wind der thet großen schaden.

1566. War ein Sterben, das wehret 18. Monat.

Geschrieben von einer taffel, welche zu Magdeburg in S. Johannis kirche gehenget².

---

1. Der mit Anno beginnende letzte Zusatz fehlt B.

res Wissens sonst nirgends. Wohl aber berichten Johann und Elias Pomarius sowie Seb. Besselmeyer, daß das in Magdeburg liegende Kriegsvolck durch einen kaiserlichen Herold am 6. Februar zum Abzuge aufgefordert worden sei.

1. Der folgende Nachtrag ist von derselben Hand, die die ganze Handschrift A geschrieben hat.
2. Jetzt nicht mehr daselbst vorhanden.

IV.
Die Historia des Möllenvogtes Sebastian Langhans.
1524—1525.

Historia.

Was im Anfangk der Lehre des Heiligen Evangelij vom Anfange des Jahres 1524 biß 1525 auff Blaß| In allen dreien Stedten zu Magdeburgk sich begeben. Beschrieben durch Sebastian Langhans, Mollenvoigten boselbst.

Ein loser Bettler hatte zue Magdeburg[1] auf dem Marckte etliche Martinische Lieder[2] feile und sang die offentlich hin und wieder, wo er kam, und leret Mann und Weib, auch Jungfrawen und Gesellen, so viele, || das die deutschen Lieder und Psalmen so gemeine worden, daß die von gemeinem Volcke dieselbigen bornach teglich in allen Kirchen, ehe man die Predigten angefangen, offentlich gesungen und noch singet. Hierauf waren etzliche des Rabts der Altenstabt[3] bewogen worden und ließen den vorbemelten Bettler gefenglich annehmen und unter das Rabthauß in newen Keller[4] setzen', am tage Johannis ante portam Latinam 6. Mai. Dieweil nun Fest war in Sanct Johannis Pfarr, kamen im nw uber sechß- ober acht hundert Menschen zusamen und brachten den gefangenen mit gewalt || darauß, gaben ein Marck auß ihrer aller Beutell und setzten den einen Stabtknecht Hans Kuster genannt in die Stedte, Wilhelm, der ander Knecht, entlief. Alß der ander Stabtknecht drei wochen gefenglichen gesessen, ist er auf Drangsaal der gemein der Altenstabt Magdeburgl vorweiset. Dies war der erste Aufruhr.

Erstlich in der Marterwoche prebigte von der Auferstehung Lazari

---

1. Am Rande steht: „Der 1. Aufruhr. 1524 am Tage Johannis für der Pforte war der 6. Maij".
2. Die von Luther gedichteten Lieder, welche der „lose Bettler" — es war ein alter Tuchmacher — sang, waren: „Aus tiefer Noth schrei' ich zu Dir" und „Es woll' uns Gott genädig sein". S. Bulpius, Magnific. Parthenop. S. 92. 93. Hülße, Die Einführung der Reform. in Magdeb. in den Magdeb. Geschichtsbl. XVIII. S. 209. (Auch als Separatabbruck erschienen.) Besonders von S. 254 ab ist diese vortreffliche Arbeit für die Historia zu vergleichen.
3. Nach anderen Quellen nur der Bürgermeister Hans Robin.
4. Die Keller des Rathauses wurden als Gefängnisse benutzt. Die Namen der einzelnen Abteilungen sind: Sibirien, Jungfernkeller, Bonensack, Schweselkammer, Bischofszimmer; in letzterem wurde der Erzbischof Burchard III. 1325 erschlagen. S. Bulpius, a. a. O. S. 112.

der Grawert, sonst Johann Grawekopff[1] genant, auf dem ‖ marsse[2]; tunc
dederunt sibi munera ad manus suas.

    Darnach prebigt der Grawert zu S. Jacob und der Doctor von Halberstadt Eberman von Wibensehe[3] im Pfingsten Anno 1524 zu S. Ulrich, der Fritz Hans[4] zu S. Johans und andere mehr hin und wieder, daruber das Volck gantz muhtig worden, und haben etzliche Hanbtwerckergesellen ungeferlich ihrer zwölfe oder zo in der Capellen unter der Haube[5] von dem Heiligbohm den sarch S. Florentii[6] mit gewalt angegriffen und anberthalb ‖ Silbern bilde davon gerissen, die mit gewalt enttogen, hettens sarck gar weggenommen, so mein gnebiger Herr der Dechanbt[7] und der Hern des Capittels Voigt[8] ihnen nicht mit brennenden Fackeln begegnet

---

1. Im Mskr. steht fälschlich „Brawekopf". Der Name des Mannes wird verschieden angegeben: Grawert, Graubard und Graukopf. Er war zuerst Mönch in Helmstedt, später Pfarrer von S. Jacobi in Magdeburg. S. Hülße, S. 248 ff.

2. Der Marsch ist der Teil des Werders, der dem südlichen Teile der Altstadt gegenüberliegt, und heißt noch jetzt der Stadtmarsch.

3. Dr. theol. Eberhard Weidensee war vorher Propst des S. Johannisklosters in Halberstadt. S. Kettner, Clerus Magdeb. S. 349. Rebe, Die Kirchenvisit. des Bistums Halberstadt (Geschichtsquellen der Prov. Sachsen. XII) Einl. S. 3 ff. Hülße, S. 246. Kawerau, Eberhard Weidensee, Neujahrsblatt der Hist. Komm. der Prov. Sachsen 1894.

4. Johann Fritzhans war zuvor Franziskaner in Magdeburg und eifriger Gegner der Reformation. S. Hoffmann, Gesch. der Stadt Magdeburg. 2. Aufl. I. S. 336. Hülße, S. 241. Kettner, Clerus Magdeb. S. 278.

5. Die Kapelle unter der Haube ist die Marienkapelle östlich vom Domkreuzgang, gegenwärtig ein Teil des Königl. Staatsarchivs. Das ganze Gebäude führte den Namen „die Haube". S. Brandt, Der Dom zu Magdeburg S. 129.

6. Der Sarg mit dem Körper des heiligen Florentius (oder Florentinus) genoß unter den in Magdeburg vorhandenen Reliquien (Heiligtum) eine besondere Verehrung. Pomarius, Sechsische Chronika S. 313 sagt darüber: „Uber dieses erzeltes Heiligthumb hat man auch auff einem mitten in der Kirchen aufgerichteten Gerüst oder Pallast auf einer mit Grabtüchern und Gold und Silber gezierten Todtenbare den Cörper S. Florentii gezigen, dabey ein Pfaff gesessen und soll solcher Cörper Florentii mit Haut und Haar noch so gantz gewesen sein, als wenn er erst were begraben worden, wie man auch die Strieme am Halse, da er geköpft, als ein frischen Blutstreich noch gesehen haben soll, da er doch unter dem Kayser Diocletiano gerichtet worden ist. Diesen Florentinum haben sie zu Magdeburg in großen Sterbeläuften, und wenns treuge Zeit gewesen, in der Procession von einer Stadt und Kirchen zur andern getragen und den Beyglauben gehabt, daß dadurch solche Strafen gelindert worden." Die Reliquien wurden in 3 hochfeierlichen Gängen oder Processionen unter Vortritt des Abtes vom Kloster Berge und des Propstes von U. L. Fr. in pontificalibus dem andächtigen Volke gezeigt. Eine Aufzählung und Beschreibung der vielen Reliquien im Dom findet sich in Sebastian Weynmanns Libellus de sanctis reliquiis et gemina ostensione apud sanctam Magdeburgensem ecclesiam etc. handschriftlich auf der Stadtbibliothek in Bremen. S. Magdeb. Geschichtsbl. XXVI. S. 123 ff.

7. Eustachius, Burggraf von Leisnig, war Dechant von 1508—1524.

8. Der Vogt des Domkapitels, analog dem Vogt des Erzbischofs (Möllenvogt) und der Dompropstei, hatte die Gerichtsbarkeit in den Aemtern und Dörfern des Kapitels auszuüben. Es war, wie unten angegeben ist, Heinrich von Zwemen.

1524.

wehren in der Duster Pforten¹ und solches nicht furkommen. Denn alß sie die sahen, liefen sie davon, wollten sonsten den Sarck in der Elben nach Hamburg haben fließen laßen. — Und diese Zeit solten die Pfarleute zu S. Katharinen einen Evangelischen Prediger annehmen, des sie
S. 6. ⁵ sich den mehren theil thäten beschweren, || derohalben ein Magdeburgischer Schepe, wie man sagt, diese persuasion an diese Pfarleute gemacht und ihnen zum seligen Jahre geschandt, ut sequitur:

Der Titell².

Eine christliche Unterricht und Vormanung an alle fromme Christen
10 Menschen und an die Pfarleute und Einwohner gemein S. Katharinen der Altenstadt Magdeburgk des Predigampts halben, daß sie sich nicht abschrecken laßen, den Predicanten anzunehmen, sonder fest stehen bey dem
S. 7. Evangelion Christi, unsers || Seligmachers, von einem unvorstendigen Leyen Hern Heinrich Eichsteten den Schöppen auß bewerter Heiliger schrifft
15 zusamengebracht und auffs Kurtzte begriffen. Anno Domini 1524. Haltet hart und forchtet euch nicht, ewer Gott der lebet, der fur die seinen sicht. (Das gedruckte, nemlich 1 bogen deest.)

Diese hier eingelegte Artickel haben die Prediger und die gelohren Vohrstender von der gemein einem Rade der Altenstadt Magdeburgk uber-
20 geben³. Actum an der Mitt||wochen nach Trinitatis Anno 24. Desunt. 25. Mai
S. 8.

Hie folget nach der Erste Rumor in der Newstadt im Kloster
S. Agneten begangen, die Bonifacii.

Aufn Sontagk am Tage Bonifacii in diesem 24 Jahre kegen den 5. Juni Abendt ist mir dem Mollenvoigte im Kloster zue Ammenschlebe durch den
25 Herrn Abt von Berga⁴ in kegenwertigkeit des Herrn Abts doselbst zue Ammenschleben⁵ und Ern Joachim edel von Plothe⁶ Thumbherrn zue Magdbe-

---

1. Die düstere oder Herrenpforte lag hinter dem Dom und ging durch einen Turm. S. die nähere Bestimmung bei Janicke, Schöffenchron. S. 180 Anm. 1.
2. Der Titel ist wohl von Findemann hinzugesetzt, während die Schrift in Langhans Manuskript eingelegt war. Die Schrift umfaßt wirklich nur einen Bogen. Uebrigens ist der Titel hier nicht genau angegeben, vor allen Dingen fehlt darin der Name des „unvorständigen Leyen", welchen Langhans vielleicht in seinem Exemplar hinzugeschrieben hatte. Der Schöffe Heinrich Eichstedt ist der erste gewesen, der in Magdeburg das Abendmahl unter beiderlei Gestalt nahm. Den genaueren Titel der Schrift s. Magdeb. Geschichtsbl. XV. S. 278.
3. Auch diese Artikel haben offenbar dem Berichte des Möllenvogts beigelegen. Die Artikel und die mit denselben verknüpften Umstände s. Hoffmann, Gesch. der Stadt Magdeb. 2. Aufl. I. S. 342.
4. Kloster Berge dicht bei Magdeburg; der Abt war Heinrich Zierow.
5. Der Abt dieses einige Meilen nördlich von Magdeburg gelegenen Benediktinerklosters war Egbert († 1543).
6. Joachim Ebler von Plotho war Domherr 1512—1543.

Städtechroniken. XXVII. 10

burgk, auch Ehrn || Johann Krehmer Official der Thumbprobstey[1] bo-
selbst klagebar angezeigt mit bericht, wie nachfolget:

Das Er Ambrosius, ein vormelnbter Capellan[2] des Klosters S.
Agneten in der Newstadt Magdeburgk denselben Sontagk nach Essens
ahne der Ebtissin und Probstes[3] erleubnuße nach Lutherischer Ahrt habe
geprediget, dahin ihm uber die zwey Tausent Menschen, wie man sagt,
gewaltiglichen und mit einer großen Ungestuemigkeit, alß des Grawerts
Predigt zu S. Jacob ein ende gehat in der Altenstadt, ihne zu hören
gefolget sein sollen. || Alß nu der Sermon, in welchem derselbige Er Am-
brosius fast hart wider die Geistligkeit solle geredt haben, beschloßen und
Jungfrawen und Frawen den mehrern theil entwichen, sein viel loser
Handtwercksknechte und allerley gemeines gepöbels in der Kirchen geblieben, haben alda einen grausamen Aufruhr folgender weise geubet, wie
mir vorangezeigter Herr von Berga zusambt den von Ammenschleben in der
Summen angezeiget: || Das den armen Jungfrawen dieses Klosters die
Thoren und fenster mit gewalt aufgestoßen und zerbrochen sein sollen,
haben auch etzliche von den armen Kindern mit gewalt herauß zunehmen
freventlich unterstanden. Alß der Herr Abt von Berga diesen Anfang
gesehen, hat er sich eilende davon gemacht und des endes nicht abwarten[4]
wollen, mich gebeten, das ich Ampts halben nach endung dieser tages-
leistung mich persönlich mitsampt dem Rathe der Neustadt und den Vohr-
stendern in derselbigen kloster kirchen zum furderlichsten neben den Hern
Ebten und Doctori || Cubito[5] Thumprediger wolten verfuegen, die Eb-
tissin zusambt gantzer sammlung des begangenen rumohrß halben zu
hören und den armen Kindern tröstlich zu sein durch Gottes willen. Das
ich mit grosser mitleitung neben bemelten Hern Prelaten alß Visitatoren
desselbigen klosters nach endung des gehalten tageleistunge uf negst verschienen Mittwochen frue umb funfe im selbigen Kloster zu S. Agneten
habe helfen verhören, da die Ebtische mit sieben oder achte andern Jungfrawen diesen bericht hertzlich klagende mit grosser wehemut gethan:

---

1. Der Offizial der Dompropstei stand dem Offizium derselben vor; er hatte die Kanzlei unter sich und war Richter in geistlichen Angelegenheiten.

2. Wahrscheinlich Kieseberg, der nachher floh, um sich der Strafe zu entziehen. Nach mancherlei Schicksalen wurde er schließlich Superintendent in Gardelegen. — Was das Wort „vormelnter" heißen soll, weiß ich nicht zu sagen. Findemann hat in seiner Vorlage das Wort nicht lesen können und sich nicht gescheut, ein offenbar unsinniges Wort hinzuschreiben, wie er es noch öfter gethan hat.

3. Die Aebtissin (Domina) war Katharina Schencken, der Propst Peter Welen.

4. Uebergeschrieben: harten.

5. Der Domprediger Dr. Cubito (Wolfgang Schönler) war ein eifriger Papist und hatte mit den evangelischen Geistlichen viele Streitigkeiten.

S. 13.   ‖ Das Hans Polckowen sohn ein beckergeselle der erste gewesen, der mit seinen feusten das blech vor dem Sprachfenster eingeschlagen und dornach einer seiner gesellen mit einem Fahnenstabe das verschlossen turlein desselben sprachfensters uf Drummern zustoßen und ein buech
5 zusambt etlichen wachslichten, so sie im selbigen sprachfenster gefunden, zurißen und unter die fueße geworfen. Es haben auch dieselbigen buben, der uber die dreyhundert dageplieben, etzliche thoren ufgestoßen, auch eine thor mit einem Diederich ufgeschloßen und also mit gewalt die armen
S. 14. Kinder uberfallen, der auch etliche von stundt ‖ haben wollen mit gewalt
10 hinnehmen, so sein etzliche des Rades und Vorstender der Pfarkirchen dieses Klosters[1] zusambt dem Schultzen daselbst zugetreten und soviel mit diesem losen Pöfel und vorgeßenen buben in der guete gehandelt, das sie bozumal solches abgestanden sein.

Aber folgendts Montaggs sein diese und andere, auch etzliche von Zerbst,   6. Juni
15 mit einer mercklichen Summa Volcks in das bemelte kloster gekomen, haben alba ein Jungfraw, jedoch mit ihrem willen, zusambt all ihrem gerethe und sechß gulden an gelde gefordert und weggenommen, des sich die Domina auß großer furcht nicht hat durfen weigern.

S. 15.   ‖ Uff den Dinstag haben diese und andere noch zwu Jungfrawen auß   7. Juni
20 diesem Kloster gefordert, der eine mit frölichem willen außgetzogen und hingefuhrt ist zusampt ihrem gerethe.

Es klagten nichts desto weniger die Ebtische und anderen Jungfrawen allesambt und besondern, das die dritte Jungfraw, Katharina Plugken genant, von ihrem brueder Andreß Plugken, einem Belerer der Altenstadt
25 Magdeburgk, zusampt einem Laternenmaler vor der hohen Pforten[2] in bemelter Altenstadt seßhaftig, mit einer grausamen gewalt wieder ihren
S. 16. ‖ willen und fulbort auß dem kloster genomen und alß die arme Jungfraw uf ihre Knie gefallen und weinende durch Gottes willen und das leiden Christi hochfleissig gebeten, sie in dem kloster zu laßen, solch un-
30 geachtet haben die bemelten beiden burger auß der Altenstadt sie mit frevel auß dem kloster zu schleppen understanden; und do ihr die ander Jungfrawen zu Hulfe gekummen, haben die beide Tyrannen mit ihren feusten die armen Kinder vor ihre bruste gelaufen und also unmenschlich von sich
S. 17. gestoßen ‖ und darnegst die gedachte Katharina Plugken, wiewol sie unauf-

---

1. Die Kirche des Klosters S. Agnes hatte am 4. Juli 1254 durch Erzbischof Rudolf Parochialrecht erhalten. Ihr wurden damals auch die Bewohner des Dorfes Frohse bei der Neustadt überwiesen. Pfarrer war der jedesmalige Propst des Klosters. S. Ledebur, Archiv XVII., wo Beyer eine urkundliche Geschichte des Klosters giebt, S. 77.

2. Das nach der Neustadt führende Thor an der Nordostecke der Stadt.

hörlich uber sie geschryen und gerueffen, in einen Wagen geworfen und hin in die Altestadt mit solchem geschrey, biß dahin sie die haben wolten, gefueret und abgeladen.

Dornach kegen den Abend im selbigen Dinstage sein abermals eine rotte Manne und Weiber auß der Altenstadt vor das Kloster gekummen und haben noch drey Jungfrawen auch mit Gewalt nehmen wollen. Alß solchs der Radt in der Newenstadt in meinem Abwesen erfahren, sein || sie vom Radthause ins Kloster gegangen und solchs in der guete, wie sie best mochten, biß uff mein Heimkommen uffgehalten und abgewandt, wie die Jungfrawen im Kloster selbst angezeigt haben.

Es sein auch etliche Irrungen vom Rabte und Vorstendern der Ornat halben und Kleynodia zue der Pfarr gehörende, die im Kloster sein sollen und men von den Jungfrawen heraußzugeben geweigert, clagebar uffgebracht, des wir[1] uf erkenntniß || unsers gnedigsten Hern heimverordnete Hoffräthe guetlich verfassete bitt mir dem Mollenvoigte doruff befehl thun, ob solch Ornat und Cleynobia den Pfarrleuten wiederumb in dieser sehrlichen Zeit auß dem Closter gereicht sollen werden, domit darauß auch kein furder Vorbrieß erwachsen durfe.

Dieweil wyr die vielbemelten Prelaten und (ich)[2] in diesem Handel gewest, liessen sich zwey Partheyen burgere, ein Part auß der Altenstadt, das ander auß der Newstadt, zu uns einfordern, zaigten an, das die Jungfrawen, ihre Töchtere und Schwestern ihnen geschrieben hetten, auch mundtlich gepeten, sie ein Zeitlang auß dem Kloster zu sich zu nehmen, biß das man ansehe, wohin es mit dem Rumorischen leben kommen wolte.

Nach Essens sein noch drey Partheyen auß der Altenstadt burgere zu mir auf den Molhoff[3] gekommen, die ihre befreundte Jungfrawen auß beiden Klostern der Neustadt Magdeburgk zu sich zu nehmen von mir Urlaub gebeten und guetlich zuvorgunnen, auf das sie auß nodt in dieser sehrlichen Zeit nicht geursacht wurden, mit dem Haufen die Ihren zu holen. Daruff ich sie gebeten mit fleiß ein tag zwen oder drey gedult zutragen und kein Aufruhr || derhalben furnehmen, ich wolte solchs an M. g. H. des Cardinalß heimvororbenten Hofräthen gerne im besten antzeigen und ihnen dornach ihr Gnade und gunstige gemuete und bedencken

---

1. Diese Stelle ist unklar und jedenfalls ist das Wort „wir" falsch oder es ist etwas ausgefallen. Offenbar handelt es sich um die Kleinode der Pfarrkirche, die das Kloster in Verwahrung genommen, auf welche aber die Bürgerschaft, die zu der Pfarre gehörte, Anspruch erhob.
2. Fehlt im Manuskript.
3. Der Möllenhof lag am Domplatz; darin wohnte der Möllenvogt. S. Einleitung.

unvorhalten wiſſen laſſen; boruf ſie friebeſam von mir geſcheiben. Bin aber nicht gewiß, ob ſie es auch bobey pleiben laſſen.

Dieſe[1] Altſteber zeigten mir auch an, baß ſich ber Rumor am Suntage unb folgenbes Montages unb Dinſtages nirgenbt anbers auß erhaben hatte, ban bas ber Abt von Ammenſchleve zwu Jungfrawen in weltlichen Kleibern mit etzlichen laben unb Kaſten, borinne bes Cloſters beſter ſchatz geweſen ſein ſollen, entfuhret haben ſolle.

Sie berichten mich auch beſchließlich, bas 15 loſe buben, bie gar nichts zuvorlieren haben, am Mittwoch frue auf bie beiben Ebte gewartet hetten, unb ſo ich, ber Mölnvoigt nicht mit ihnen im Kloſter geweſt wehre, wolten ſie bie albeibe Ebte beſchnitten haben, alß bem Prior zu Halberſtabt[2] geſchehen iſt.

Es ſollen auch etzliche burger unb burgerskinber zu bieſem rumor hanttetig geholfen haben, alß nemlich Clawes Hermans ſöhne zwene, ben ber eine bie Fane abgeriſſen unb umbgegurt ſoll haben, bamit umbgeſprungen unb geſagt (bieweil er ein Schmebeknecht iſt), bieß wirb mir gubt Schohtfell.

Item Bartholbus ſöhne im Margenbörfe[3] ſoll auch mit beruchtiget ſein, bas er ſoll geholfen haben.

Item Nicolaen ſohn zu ben Tornichen[4] in ber Altenſtabt ſoll auch geholfen zu bemſelben rumor, wie mir Hans Polckow ber elter zuſampt ſeiner Haußfrawen unb Tochter eigentlichen angezeigt haben, bo ſie ihrem Sohne Geleite worben.

Item, ſein Sohne ber junge Polckow iſt ber erſte geweſt, ber Hanb angeleget hat mit Ausſtoſſung ber fenſter, barumb ſoll man ihn zu recht geleiten, bas er ſich in gericht, wie Recht, mit ſampt ben anbern entleſtiget.

---

1. Dieſer unb ber folgenbe Abſatz ſinb im Mſkr. burchſtrichen.
2. Dieſes bezieht ſich wohl auf bie grauſame Verſtümmelung, bie ber Titularbiſchof Heinrich von Accon, Weihbiſchof in Halberſtabt an bem Mönch (nicht Prior) Valentiu Muſtäus im Servitenkloſter baſelbſt vornehmen ließ. S. Nebe, Die Kirchenviſit. bes Bistums Halberſt. Einl. S. 6.
3. Margenborf = Marienborf war bas frühere Jubenborf, welches bei ber alten Subenburg lag. Als 1192 bie Juben vertrieben wurben, wurben ihre Beſitzungen verkauft, ber Ort ber Subenburg inkorporiert. Die Synagoge wurbe vom Erzbiſchof Ernſt ſelbſt zu einer Kirche ber heil. Maria geweiht unb von ihr erhielt nun ber Ort ben Namen Marienborf.
4. Zu ben Tornichen, b. h. aus bem Hauſe zu bem (ober ben) Türmchen. Es gab in Magbeburg zwei, vielleicht ſogar brei ſo benannte Häuſer, von benen ſich aber nur bie Lage eines einzigen genau angeben läßt, jetzt Breite Weg Nr. 20. Ein anberes lag am Ulrichsthor ober in ber Ulrichsſtraße, bas britte wahrſcheinlich auch am Breiten Wege in ber Nähe bes Alten Marktes.

Hie folget der ander Rumor in S. Lorentz Kirche in der
Newstadt begangen am tage Visitationis Mariae.

Es hat der Cappellan von S. Katharinen[1] am tage Visitationis
Mariae, alß er zu S. Niclaß[2] in der Neustadt geprediget hatte, abgekun-
diget, das ‖ er folgendes tages zu S. Lorentzen im Kloster wollte predigen. ⁵
Alß solchs der Probst[3] erfaren, schickt er zu ihme und ließ ihn bitten, S. 25.
das er sich solchs wolte enthalten. Darauf der Capelan geantwortet, er
wehre zweymahl gefordert und itzt zum britten mahl, so kunte ers nu nicht
laßen, wolten die Nunnen nicht zuhören, so hetten sie woll so viel tuecher,
domit sie die Ohren verstopften; wolts auch der Probst wehren, möchte ¹⁰
er sein eventuer stehen.

Ein Schmedeknecht, der bey Meister Jacob pflag zu sein, und Hans
Lemke haben denselbigen tag umb funf schlege des Morgens den ‖ Probst S. 26.
angeredt und geseckt: Pape, Du sollt noch heut das wort Gottes hören.
Doruff der Probst geantwortet: Ja, das will ich gerne hören. ¹⁵

Dornach umb sechs haben Pankratz und Curdt Kleinschmedt söhne
in der Kirchen vor der Thoren gesessen, alß der Probst von der Domina
gefurdert, sein die aufgestanden, ihne bekleget und von stundt, alß der
Herr auß der Kirchen kam, haben sie die Thor hinder ihm zugestoßen.
Dornach ist der Probst zum Doctor im Thumb[4] gegangen und mit seinem ²⁰
rathe zum Burgermeister gangen, ihme auch vermant der Zusage, die sie
M. G. H. Räthen gethan hatten.

‖ Daruff der Burgermeister gesagt und gebeten: Lieber Herr Probst, S. 27.
ich bitt, Ihr wollet itzt gedult tragen, dan ein Rabt ist itzunder der gemeine nicht mechtig. ²⁵

Des Burgermeisters fraw ist gantz spöttisch gewest up den Probst
und gesagt: Kondt Ihr nicht dulden, das wort Gottes zu predigen, So
ihr das leidet, so habt Ihr kein nobt. Es sollen auch etzliche an den
schilden und bilden schade geschehen sein.

Es hat auch der Marckmeister[5] von des Rabts wegen die schlussel ³⁰

---

1. Johann Ziegenhagen, auch Deten-
hagen oft genannt. Er ging 1526 nach
Hamburg. S. Kettner, Clerus Magdeb.
S. 445.
2. Pfarrkirche der Neustadt. S.
Scheffer, Die drei Kirchen der Neustadt
bei Magdeburg, S. 3 ff.
3. Der Propst hieß Christian Grot-
hovet, die später erwähnte Aebtissin
(Domina) Anna Lammes. Ueber die
Stiftung des Lorenzklosters, wie über

seine Lage s. Magdeb. Geschichtsbl. III.
S. 444 ff.
4. Der schon erwähnte Dr. Cubito.
5. Die Marktmeister waren städtische
Beamte, welche ursprünglich die Polizei
auf dem Markte hatten, während der
Marktrichter die den Markt betreffende
Gerichtsbarkeit ausübte. Bei Torquatus,
Annal. Magd. (herausg. von Boysen,
Monum. inedita I. S. 155) heißt jener
praecipuus inter lictores.

zu der Pforten hinder dem Kloster von der Domina geforbert, und als
die Domina sich solchs geweigert, hat der ‖ Marckmeister gesagt, so sie
ihnen die nicht wolte schicken, so wollte der Radt die schlussel selbest holen.

Es hat auch Jacob Zeger ein Schmedt der Domina vorgehalten, das
sie ihme einen Priester solle schicken, der ihme sein Kindt teutsch teuffe, das
ihme die Domina geweigert. Ludolphus Lange von Abbendorf[1] ein grott
mahl schloch vor der Kirchen der nach dem Klosterhofe weith[2].

Das schloß up der orgel ußgerissen und zerbrochen, die bare und
pulpt zerbrochen, die schilde von den wenden abe gerissen ‖ ein Sangkbuech
ist weggenommen von der Orgel.

Diese hievor angetzeigte Klagen wurden zu Halberstadt am Sontage nach Kiliani den Neustetern, alß der Furstentag was, fast ernstlich 10. Juli.
vorgehalten in praesentia Decani et Domini Joachimi de Latorff
per Magistrum Curiae coram Capitaneo diocesis Hanssonem de
Wertern et Cancellarium Doctorem Türcken in parva stuba Domini praepositi Halberstadensis[3].

Zu solchen Vorbescheidt sein der Radt und etliche von der gemein
der Neustadt‖Magdeburgl, auch ich der Mollenvoigt doselbst mit diesen
hernachfolgenden briefen gefordert worden, wie borauß zu vornehmen.
Non scripsi[4].

Haec sunt acta Dominica post Visitationis Mariae, quando
eram cum novecivitatensibus in Halberstadt.

Der Probst von S. Lorentzen klagt uber grosse gewalt, die ihme
sollen wiederfahren sein.

‖ Diese hienach geschrieben Viere haben verhindert dem Probste und
dem kuster die Kirchen zuzuschliessen, alß nemlichen: Otto Harstorff,
Joachim Hermans, Kurbt Kleinschmedt iunior und Steffan Kock. Diese
sagten, sie wolten auch ein mahl schließen, er hette lange gnug geschlossen,
wolten sehen, was er darumb thun könte.

Otto Harstorff hat begert uber tische den schlussel, domit uffzuschliessen, mit unstumigen Worten und fluechende. Alß ihme der Probst

---

1. Dies kann nur Ebendorf, das der Neustadt zunächst liegende Dorf des Kreises Wolmirstedt, sein, denn Abbendorf bei Osterwebbingen war damals schon wüst.
2. Unverständlich; für „mahl" ist vielleicht zu lesen „maul".
3. Der erzbischöfliche Hofmeister. Der Capitaneus diocecis ist der Stiftshauptmann von Halberstadt. S. Rehe,

a. a. O. Einl. S. 5. Dr. Türck war nachher erzbischöflicher Kanzler. Die Angelegenheit wurde in Halberstadt verhandelt, weil dort ein Landtag gehalten wurde. Der Rat der Neustadt mußte sich zur Abstellung des Unfugs verpflichten. S. unten.

4. Hier hat der Abschreiber leider wieder die Briefe weggelassen.

solches geweigert, holte er hulfe, nemlich Magnus Winckelmann, Hans Trampe, Thlen dem bunger mit Steffan Koche und Kleinschmedt vor- genant. Diese haben dem Probste die schlussel abgedrungen und dem Kuster auch gewaltiglich vorzue geschlept und gezogen, das er muste den Chor auffschliessen. Sie haben auch zum Probste gesagt, er hette sie vor dem Mollenvoigte und dem Rathe vorklagt, dar wolten sie ihn ubermachen, er sollts nimmermehr thun.

Alß nun der Kuster uffgeschlossen, haben sie das schloß an dem einen Chor zum Hofe wahrts mit gewalt zubrochen und die || ander Thor zur Probsteyen warth haben sie zugepfelet.

Diese selbigen haben alle gestuele und Lichte zurrissen und zu- brochen, auch alle fahnenkasten und Lichtekasten umbgeworfen, zerstrewet, den Weykessel außgegossen und voll Kalck gethan, die Krohnen und grosse Lichte alle aufs gewelbe gezogen in die Hohe, das man dartzu nicht kan kommen.

Der Cappellan zu S. Katharinen hat den Probst ein Dieb, schalck und Vorreter geschulden unter dem Sermon, den er alda selbst gewaltig- lich wieder den Probst Anzeige || soll gethan haben, und gesagt, er habe dem Kloster funfhundert gulden gestohlen, man solle ihm lassen Rechnunge thun, so wurde mans finden. Darauff ihme der Probst mit lauter stim geantwortet hat: Jch höre wol einen —[1]. Da ist das gemein gepöfel gantz irrigk und wolten den Probst !in der Kirchen erschlagen haben, so ihnen der gedachte Cappellan nicht hette solches verboten.

Dinstages und Mittwochens hievor sein uffm Radthause oder leuben in der Altenstadt der Probst zu Unser Lieben frawen || von Praemonstrat[2] und die seinen jemmerlich außgestrichen von den vorlaufen Predigern; auch sein dieselben uber den Probst gesatzt und gezogen vom Rathe und ihne gar kein trost gewurden, besunder er solle ihn zu S. Johannis und S. Ulrich[3] Pfarherr schicken, die ihnen Evangelische Meß halten und das Sacrament unter beide gestalt ministriren oder sie wollen sich selbst vorsorgen, wie den folgender Zeit auch geschehen.

---

1. Nämlich: Dieb.
2. Heinrich Stot von Seehausen, ein alter würdiger Mann, welcher zuvor Propst des Klosters Leitzkau gewesen war. 1497 wurde er vom Erzbischof Ernst als Propst vom Kloster U. L. Fr. bestätigt und starb zwischen 1532 und 1536. S. Magdeb. Geschichtsbl. XIV. S. 292. 293.
3. Die Pfarren von S. Johannis und S. Ulrich waren Patronate des Klosters U. L. Fr., erstere seit 1170, letztere seit 1349. S. Hertel, Urk.-Buch des Klosters U. L. Fr. Nr. 38. 209. Damals wurde das Patronatsrecht dem Kloster entfremdet und vom Rate der Stadt in Besitz genommen. Ebenso das der Hei- ligen Geistkirche, welches auch dem Klo- ster gehört hatte. S. Walther, Decen- nium primum S. 14. Anm.

Mittwoch am Tage Margaretae[1] sein, (wie mir der Probst zu Unser Lieben frawen geklagt) wol 60 Burger auß der Alten‖stadt zum Probste ins kloster uf seine Pröbstye gekommen und alda von ihm begehret, die Pfarren mit solchen Evangelischen, wie sie es nennen, Pfarhern zu bestellen.

Doruff der Probst drey wochen dilation gebeten, die sie ihn geweigert und in keinem wege haben wollen nachlassen, besondern von stundt von ihme Antwort wissen wollen. Hat er sich auf M. G. Hern Cardinal etc. und J. Churfl. g. Hochwirdig Capittel und Räthe beruffen; hat ihme nicht gehulfen, besondern uff ihren vorigen achtzehen Augen gestanden[2].

‖ Doctor Wulfgangk Cyclop[3] und Hans Muller der Schepe[4] sein Capitanier in diesen sachen gewest, wie mir der Probst selbst angetzeigt[5].

Dornach folgendts Donnerstages haben die gantze samlunge der Pfarrleute zue S. Johans in der Kirchen doselbst, alß sie uff die Messe beschlossen, ein grosse mercklich Aufruhr mit dem Altenmeister Zabel, Hans Hinrix und schwartzen Hansen angericht und noch dreien burgern, die sie gar grausam getzogen hetten, so solches Fritz Hans nicht hette mit macht gewehret, denn er hatte ein stock in die Handt uberkomen und war uff einen Kasten gesprungen, rief und schlug so viel, daß die rumorischen Leute widder besinnet wurden zum theil; alß ers nu nicht gantz und gar konte wieder zue guete machen, ist der Fritz Hans uff dem Predigstuel gestiegen

---

1. Nach Angabe des Dr. Cyklops geschah dies erst am 14. Juli. S. Hülße S. 281.
2. Der Ausdruck ist vom Würfelspiel hergenommen; s. Glossar.
3. Wolfgang Cyclop, auch Cycloff, war Dr. medic., gebürtig aus Zwickau. Nach mancherlei Schicksalen war er Leibarzt der Braunschweiger Herzöge in Celle geworden. Da er sich dort in die religiösen Streitigkeiten mischte, wurde er verwiesen und kam um Ostern 1524 nach Magdeburg, wo er sich sofort der reformatorischen Bewegung anschloß. Er hat großes Verdienst um die Einführung der Reformation in dieser Stadt. S. Hülße S. 252.
4. Er war 1516 vom Erzbischof als Schöffe eingeführt.
5. Langhans berichtet über diese Verhandlungen zwischen dem Propst vom Kloster U. L. Fr. und den Abgeordneten der beiden Pfarren nicht so eingehend, wie es Dr. Wolfgang Cyklop thut in einer von ihm über diese ganze Angelegenheit verfassten Schrift, welche den Titel hat: Vrsach vnnd Handelung, In der Keyserlichen Löblichen vnn Christlichen Stadt Meydeburg, Eyn Christlich wesen vnd wandell belangende, Dornstages nach Margarethe, des 14. tages Julij. In dehn zweyen Kyrchspyl bem S. Joannis vnd S. Vlrichs durch by Christlichenn gemeynen vnnd vorsammlungen Offentlichen gehandelt vnd beschlossen. Anno etc. MDXXIIII. Meydeburg. — Abgedruckt ist diese Schrift nochmal in Wolfs Glücklich wieder gefundenem Alten Magdeburg, 1701, S. 25—48. — Ueber die näheren Verhandlungen selbst s. Hoffmann II. 50—51; über jene Schrift auch Hülße in den Magdeb. Geschichtsbl. XVII. S. 287—289.

und das Volck vormanet bei der straf Gottes, wer da wolte pleiben bey dem worte Gottes, solte uff eine stede treten, die andern zur Kirch außgehen. Do seindt 2 Becker ‖ außgangen, die andern aber alle geblieben und zwei finger aufgericht. Die Becker, die außgangen, hießen der eine Whytingk und der ander Windell.

Es haben auch etzliche Buben vom gemeinen Haufen Thomas Sultzen[1] zu schanden und schmach briefe an funf örter der Altenstadt angekleht, dorinnen sie ihn einen langen Dieb und Stadtvorreter etc. gescholten. Das ist geschehen in der nacht nach Außgange Sanct Margreten tagk.

‖ Vor viertzehen tagen am Abende um neun schlegen als Unser Lieben frauen tagk Visitationis vergangen, war eben uff einen Sunnabendt, hat ein böser Bube mit einer Handtbuchsen nach meinem Kammerfenster geschossen, das das gelöte abgefallen ist, des Morgens gesunden, habe zum Wahrtzeichen noch vorhanden, und so er das fenster getroffen, hette er mir mein Weib oder ein Kindt erschossen, das Gott gnediglich abgewendt hat.

‖ Ich höre auch, das die acht Prediger von der gemeine vorordent dem Hochwürdigen Capitel alhie zue Magdeburgk sollen geschrieben haben, das sie das rechte Luther Evangelium und kein Menschentandt thun predigen oder sie wolten beschaffen, das sie grausam sollen geschmecht werden, auch vom Predigstuel geworfen.

Dorogleichen sollen sie den Predigern zum Thume auch in besonderheit geschrieben haben.

Uber diesem schreiben gingen ein ‖ Hochwirdig Capitel und der Radt auß der Altenstadt einen gantzen Namittagk Sonnabend (nach Margaretae) zu rathe, es ward aber gar weinig oder nichts geacht[2].

Doruff folgenden Sontag dornach, alß die Vesper auß war und die Hern eins Hochwirdigen Capitels sich wolten uff ihre bancke setzen, da war die banck all voll loser buben. Do drangk sich M. g. H. von Leißnig[3] der Thumbdechandt hinzu und kam zu sitzen; solten die andern Hern auch sitzen, muste ‖ der Thumb Hern Voigt die buben mit bitte und guten worten usbrengen, das die Hern ein weinig raum kriegeten.

Alß nu der Sermon schier auß war und der Sonntags Prediger uff die Messe und ihre Voranderung begunte ein weinigk zu sagen, do wardt ein getuemel im Thume, daß niemandt weder hören noch sehen kundt. Do

---

1. Bürgermeister Thomas Sultze erscheint als solcher nach dem Verzeichnis in der Schöffenchronik von 1496 bis 1526.
2. S. dazu Hülße, S. 250 ff.
3. Im Manustr. steht Wißnigl.

1524.

S. 44. ging der Fritzhans und sein Anhangk hinwegk und pfiffen den Prediger an wie einen Bachanten, sie hetten ihn auch vom Predigstuel gzogen, so es ihn der Fritzhanß hette wollen vorstatten, das dasmals kaum vorblieb.

Dieses selbigen Sontags ist zu S. Ulrich und zu S. Johans die erste Evangelische Messe, wie sie die nennen, gehalten und sein zue S. Ulrich 5 Communicanten und zu S. Johans 7 gewest, die unter beider gestalt gecommuniciret haben.

Ich höre auch, daß nu nicht mehr die von der gemeine das Regi-
S. 45. ment allein wollen haben, besundern haben die Rabtheren gedrungen, das in iglichen Pfarren vier oder zwene des Rats, dornach die Pfarren groß sein, ihnen zu Hulfe sein gehören zu ihrem Evangelischen Regiment, wie sie es nennen[1]. Gott helf zue besserung, es ist bißhero so hin gewest.

Wie die Herrn eins Hochw. Dohmcapittels ihre reliquien und Cleinodia, auch ihre gueter weg gefluchtiget, ist ein gemein geschrey; es
S. 46. solle geschehen sein am tage Margaretae und etzliche Tage hernach.

Am vergangen Montage nach Margaretae zu Abendt ist in S. Ja- 18. Juli. cobß Pfarr durch den Grawert und andere Prediger verboten, ein Pahr Volcks nicht zu copuliren, darumb das der Breutigam vorhin einer ein Kindt gemacht, wiewol geschlacht, auch die speise gahr gewest und alle notturft vorhanden. Sein der Doctor Syndicus[2] und Peter Döringk der Schepe zu den Predigern gangen, haben aber solchs nicht mugen er-
S. 47. halten und ist die copulatio also biß in den Dinstag vertzogen, do hat ein ander Priester der freundschaft zue ehren dennoch die copulatio gethan, doruber sich der Grawert sehr unnutze gemacht, dorüber ihn der ahn sorgitzgen[3] beinahe, so er nicht gereth worden, erstochen mit einem Spieß.

Wen auch Frawen zur Kirchen gehen, wollen sie die nicht einfueren, sie mussen in beider gestalt communiciren, sunst halten sie kein Messen.

Wen auch Tobten begraben werden in den Evangelischen Pfarren,
S. 48. so bitten sie die nachparen darzu, lassen auch vor der bare singen, biß der Cörper begraben, nach dem Begrebniß gehen sie in die Kirche, sprechen ihre Gebedt vor die seelen vier oder funf Paternoster lang ahne alle Vigilien und seelmessen und gehen wiederumb heim; damit ists geschehen.

1. S. Rathmann, Gesch. der Stadt Magdeb. III. S. 376. Hülße S. 294.
2. Syndicus des Rates, d. h. der rechtskundige Beigeordnete, war damals Dr. Leonhard März.
3. So steht im Manuskr. In „ahn sorgitzgen" steckt wahrscheinlich der Name des Ahnsorge, der von Langhans unter den Ruhestörern öfter genannt wird. — Ueber „gereth" ist „bbet" übergeschrieben.

Juli 25. Am tage Jacobi jungst verschienen sein Doctor Melchior[1] zu S. Johannes und der Doctor von Halberstadt zu S. Jacob vor ein Pfarrer jeglicher vor sich in besonderheit mit einer procession eingefuhret und ist ihn solcher || infuhrunge gesungen worden: Justum deduxit Dominus S. 49. per vias rectas etc.

Juli 28. Und folgendes Donnerstages darna ist der Fritzhans zum heiligen Geiste gleichmessig fur ein Pfarrer eingefuert.

Juli 17. Vor solcher Infuhrunge ungefehrlich am Sontage nach Margarethae hat sich der Magister Marcus[2] zu S. Peter in seine Pfarre wieder eingesetzt, die Evangelische Meß gehalten und sein Pfarleute erstlich sub utraque specie communiciret und thut solche gleichs den andern verfolgen.

Juli 26. || Dinstags nach Jacobi kegen den Abendt ist in der Beckerschen Hause S. 50. bei der Gahrkuchen vorm bruckthore ein schedtlich Feur aufgegangen, dadurch beide jegen[3] an Heusern und buden daselbst, zusambt dem Stadtthore und einem Thorme mitsambt dem bolwerke und hangender Zwingel darane, auch einer grossen steinbuchsen zusambt viel andern Hakebuchsen daruff vorbrandt und zue grunde vom Fewr vortzehrt, darunter auch zwei Kinderchen und eine Dienstmagd sollen vertorben sein und ein beckerknecht, des Heupt freytags dornach im Schweineloth || ist gefunden worden, der die schweine wolte abelassen, die auch alle verbranten. S. 51.

Juli 30. Sonnabendts dornach hat der Rabt einen kleinen Jungen lassen gefenglichen annehmen und uf der leuben in ein Fenster hinten der eine kleine Mattheusscheune[4] hatte feur gelegt, hatte sich lassen hören, sein eltern hettens ihme geheissen, und der knaben sollen drey gewesen sein, die also feur einzulegen sich unterstanden hetten. Man sagt, der Junger sey wider loeß gelassen, welcher gestalt ist mir verborgen.

Juli 25. || Es haben am tage Jacobi vier Weiber auß der Newstabt zu S. Jacob S. 52. communiciret in beider gestalt.

Und die Mann und Weiber auß der Neustadt folgen dieser meinung, wens ihnen gelustet, ihre Pfarhern ungefragt und unerleubet.

---

1. Dr. Melchior Mirisch, vorher Augustinermönch, zuletzt in Magdeburg. S. Kettner, Clerus Magdeb. S. 80. Hülße S. 267. — Der Doktor von Halberstadt ist Weidensee.
2. Marcus Scultetus von Stendal war vorher eine Zeitlang in Barby beim Grafen Balthasar gewesen, 1524 aber nach Magdeburg zurückgekehrt. S. Kettner, Clerus Magdeb. S. 531. 820. Hülße S. 231. 290.
3. Dies Wort ist wieder unverständlich, ebenso der folgende Abschnitt.
4. Wenn das Wort richtig ist, so kann es nur bedeuten „eine Scheune in oder an der Matthäuskapelle", welche am Rathause lag. Es war eine der Sühnekapellen für die Ermordung des Erzbischofs Burcard.

1524.

Mir klagte auch der Pfarherr zu S. Ambrosius[1], das eins Tuchmachers Weib auß dem Margendorfe, die schwanger war, das Sacrament in beider gestalt von ihm begehrt hette, darauf er ihr hette geantwortet, er hetts nicht macht, konten sie es an M. gnebigsten Hern dem Dechandt erlangen, er wehrs woll zufrieden. Darauf hatte Karsten Nestelers tochter gesagt als eine Worthelterinne des Weibes, wolte er nicht, sie wolten wol ein antern finden, der es ihnen gern gebe; das sie auch also gefolget hetten. Kurtz bornach hatte dasselbige schwanger Weib ein todt Kindt.

Der verlaufen Munch zu S. Michel[2] und Karsten Nestler sein Vater haben der Prediger funfe zu Gaste gehabt mit sampt der Pauluschen, der Altenstadt Sreiberinnen, de will den Doctor Melchior haben zur Ehe von Liebe und nicht von borste[3].

Es clagte mir auch der Pfarrer zu S. Ambrosius, das eins Korßner Junger in der Nacht, alß das feur in der Altenstadt war, hette er offentlich vor den Wechtern und Hansen Henneken außgeruffen, nu sollt man uff die Pfaffen und Mönche schlahn, itzt weret recht Zeit. Da hat der Pfarherr sein fenster zugethan und sich wieder nieder gelegt.

Es haben die verordenten der gemein in den dreien Pfarren zu S. Johans, S. Ulrich und zu S. Jacob die vorigen Pfarrer und alle ihre Viccarien in iglicher Kirchen besunder zusamen gefurdert und ihnen vorgehalten, das sie solten abestellen alle Memorien, Vigilien und Seelenmessen und andere, darzu solte ihr einer eine Evangelische Messe teglich umb den andern halten, sich auch einer oder zwen von ihnen communicirten in beider gestalt, wie es denn Christus habe eingesatzt, so konten sie gleich woll Messen halten und göttlicher, denn vor.

Zum britten solten sie hernachmalß die Kinder teutsch teufen und die Todten ahne Vigilien und Seelenmissen begraben etc.[4].

Alß solchs allenthalben von den Pfarherrn und Altaristen unangenommen und geweigert, haben der Radt und die gemeine eigene Pfarherr gesetzt nach Wittembergischer ahrt und gemeiniglich eitele verlaufene

---

1. Pfarrkirche der Sudenburg.
2. Er hieß Gabriel, einer der ärgsten Ruhestörer, wurde nachher Tuchmacher.
S. Michel war ein Flecken vor Magdeburg bei der Sudenburg und wurde dieser später inkorporiert.
3. Unverständlich.
4. Dies bezieht sich auf die Beschlüsse der 3 Gemeinden vom 14. Juli. S. Rathmann, a. a. O. S. 369 ff. Von diesem Tage datiert auch Chklops Schrift, deren Titel unten richtig, wenn auch mit veränderter Orthographie angegeben ist. S. Hülße, Magdeb. Geschichtsbl. XV. S. 287 ff. Aus dem Folgenden geht hervor, daß diese Schrift erst am 5. August erschienen ist.

Mönche. Gott helfe uns zu einem gueten ende. Der Anfang ist ufrurisch und fast sehrlich.

Aug. 5. Am Freytage (nach)[1] Steffani Inventionis hat Doct. Wolffgangk Cyclop bes Rabts und gantzer gemeine zue Magdeburgk newe ordnunge und Regiment in Druck gebracht außgehen laßen, wie man barauß clar S. 57. sehen und vornehmen mag, folgt ber Titel[2]:

Ursach und Handelunge in der Keyserlichen löblichen und Christlichen Stabt Meideburg ein Christlich wesen und Wandel belangende. Donnerstags nach Margarethae des 14. tages Julii in ben zweien Kirchspill den S. Johannis und S. Ulrichß, durch die Christlichen gemeinen und Vorsamlungen offentlichen gehandelt und beschloßen. Anno M.D.XX.IIII. Meideburgk.

Aug. 6. Anno 1524 Sonnabendts nach Stephani Inventionis ist Jacob S. 58 Mertens sache durch die beiden Burgermeister Thomas Sultzen und Henning Storm[3] mit Doctor Jungermanne und Andern von Wulfen und Hinrick von Zvemen Thumbhern Voigte in der guete und auß Drandsaal der gemeine im Augustiner-Kloster zue Magdeburgk mit den Pröbsten von Letzkla[4] und Unser lieben frawen und dem gantzen Orden von Praemonstrat[5] vortragen, das sie ihme 610 fl. geben sollen, uff schirsten Dinstagk zu acht schlege 210 fl. und Michaelis schierst 200 und bornach negstfolgenbe weynachten auch 200 fl. an ganghaftiger Muntze. Daruff S. 59. ist die Fede M. g. H. dem Cardinal zue Magdeburgk und Meintz Ertzbischof J. Churfl. g. allen dreyen Stiften, ben Neustetern und Mölnvoigte abgesagt und bemelte Pröbste zusambt dem Mollenvoigt umb Gottes willen gebeten, ihme sulche seine geubte beschebigung durch Gott zuvorgeben. Actum autem in beywesen sechshundert gepösels ungeserlich[6].

Unter diesem Handel hatten eliche bueben dem Probste in Magen S. 60.

---

1. „Nach" ist ergänzt, denn Stefani Inventio fällt auf Mittwoch.
2. Diese Worte sind wahrscheinlich von Findemann hinzugesetzt, während im Original die Schrift selbst eingelegt war.
3. Thomas Sulze war Bürgermeister 1520, 1523, 1526, zuletzt 1529. — Statt Hennig Storm ist vielleicht Claus Storm zu lesen, der 1524 Bürgermeister war, während Henning Storm 1522 und ben 3 Jahre früheren Terminen im Amte war. Freilich werden, wie es ja auch bei Thomas Sulze hier geschieht, auch gewesene Bürgermeister einfach als Bürgermeister bezeichnet.
4. Leitzkau, Prämonstratenserkloster im 1. Jerichowschen Kreise, östlich von Magdeburg.
5. Das bezieht sich nur auf die zur sächsischen Circarie des Ordens gehörigen Klöster, deren Haupt und Vertreter der Propst des Klosters U. L. Fr. zu Magdeburg war.
6. Ueber diesen Streit wissen wir nichts, als was Langhans hier berichtet. Dieser kommt übrigens später nochmal barauf zu sprechen, weil es scheint, daß Mertens seine Fehde gegen die Klöster wieder aufgenommen hat, weil der Propst von Leitzkau den Vertrag als einen erzwungenen und barum ungültigen ansah. S. Rathmann a. a. O. S. 388.

1524.

unter den Pueſten gemarbiret¹, eztliche ſagen, es ſolle vorgekommen ſein, das er vorblieben.

Am Sonntage nach Sixti hat der verlaufen Munch, der des Oel- ꜩug. 7.
ſchlegers tochter hat zu S. Michael, den Munch, der geprebigt hatte zu
den Paulern², offentlichen gelugen ſtraft, war uff einen ſtuel in die Höge
geſtiegen, das alles Volck geſehen und gehört haben, das ers geweſen iſt,
S. 61. ut mihi D. ‖ Decanus summae ecclesiae comes de Leiſenig etc. in
propria persona retulit.

Am ſelbigen tage hat ſich ein Radt der Neuſtadt Magdeburgk mit
Hanſen Lobewichen auch vertragen und mich mit eingezogen Amptshalben,
daruber ſie einer dem andern außgeſchnitten Zebeln³ verſiegelt gegeben
haben; die Zebel, die dem Rabte geworden, iſt (mit)⁴ Hanſen Lobewigen
Pitzier verſiegelt und iſt durch den Schreiber, der Jacob Mertens alle ſeine
S. 62. feibebriefe geſchrie‖ben hatte, geſchrieben, und die Zebel, die ihme der
Radt wieder gegeben, iſt mit des Erbarn Rabts Secret vorſiegelt im
24 Jahre am tage, wie oben berurt⁵.

Am Dinſtage Vigilia Laurentii hat ſich der ehrwirdige Herre der ꜩug. 9.
Abt zue Berga zuſambt den Herrn Doctori Cubito mit dem Probſt zue
S. Lorenzen an mich Amptshalben thun beclagen, das am vergangen
(Sonntage)⁶ im Kloſter zu S. Lorenzen ein Sermon iſt gethan von einem
S. 63. ver‖laufen Pfaffen, etwan Cappellan zue Plötzke⁷ geweſt im Jungfrawen
Kloſter, der eine Converſe boſelbſt aufgeſprochen und wechgerett hat, auch
die allhier zue Magdeburgk zu der Ehe genommen. Dieſer hat mit eigenem
trotze alba geprebiget und ſo gar ſchampare rebe vor den armen Kindern,
wie der Probſt antzeigt, ſoll gethan haben, das zue viel im gemeinen frawen-
hauſe⁸ geweſt wehre, hatte auch öffentlich geſagt und dem gemeinen Volcke
S. 64. erleubet, das Kloſter mit Gewalt‖ aufzureiſſen und die Jungfrawen darauß
zunehmen, mit gar viel uffruriſchen Anleitungen ſich hat hören laſſen,
das es Jammer und noth geweſt den armen Kindern anzuhören; und alß
nu derſelbige unluſtige ufruriſche Sermon ein ende gehabt, da ſein etzliche

---

1. Unklar.
2. Dominikanerkloſter am Breitenwege.
3. Ausgeſchnittene Zettel ſind Briefe oder Urkunden auf Papier, welche doppelt ausgefertigt und am unteren Rande in der Welſe ſäge- oder zackenförmig ausgeſchnitten wurden, daß die Ausſchnitte in einander paßten, zedulae serratae. Man wollte dadurch Fälſchungen verhüten.
4. Ergänzt.
5. Ueber die hier berührte Fehde wiſſen wir auch nichts weiter.
6. Im Manuſkr. fehlt der Tag. Da Predigten ſtets Sonntags gehalten wurden, ſo darf man wohl dieſe Ergänzung vornehmen, zumal die Anzeige am Dienſtage, alſo möglichſt bald erfolgte.
7. Nonnenkloſter Plötzke oder Plötzky gegenüber von Schönebeck im 1. Jerichower Kreiſe.
8. Oeffentliche Frauenhäuſer, Borbelle, gab es in allen Städten, ſie gehörten zu den ſtädtiſchen Einrichtungen.

viel vom gemeinen Haufen sich zu der Vorgengirschen¹ genötigt und haben sie mit Gewalt wollen bedrangen, das Kloster zuöffnen, also das das arme Weib schwerlich die Thor hat vor ihnen behalten mögen mit weinen, bitten und jemmerlichen geschrey, || dorüber das Volck bewogen und also davon gegangen.

Es sein aber nach Abescheidt der andern alle miteinander drey burger der Neustadt, daselbst in die Pfarr gehören, die mit namen Hans Trampe, Otto Harstorff und Steffan Koch ein schlechter alda geplieben und haben do ins Kloster mit gewalt gewolt und zu der Vorgengirschen gesagt: Wirstu uns und andere nicht mehr hereinlassen, so wollen wir einmal kommen und wollen die Nunnen herauser stengen und schmölen, sie sollen Gott dancken, das sie herauß kommen || mögen. Montags nach Sixti hievor sein Claus Storm der Burgermeister und Anthonius Moritz der Seidenkrehmer Meister recht frue weggeritten und zum Churfursten Hertzogen Friederich zue Sachsen sich begeben, wohin, ist noch nicht wissentlich oder offenbar; etzliche sagen woll, es soll ein Erbar Rath zue Zerbst einen tag¹ wollen halten; ist etwas heimlich geblieben².

Am selbigen Montage sein der Radt und Predigers und newen Pfarrers, die man Bischoffe auch nennet, in Doctor Paschen Alvenschleben³ Hause gewesen den gantzen || nachmittag, was zu thunde gewest sey, ist noch verborgen.

1. Das Wort ist wieder entstellt, obgleich es unten nochmal vorkommt. Sicher ist „Portenerschen", Pförtnerin, zu lesen, wie es auch der Sinn erfordert.

2. Der Grund, warum Bürgermeister Sturm und der Meister der vornehmsten Innung, derjenigen der Seidenkrämer, nach Wittenberg zu Kurfürst Friedrich gingen, war der, daß sie Nicolaus von Amsdorf, welchen Luther bei seiner Anwesenheit in Magdeburg dem Rate sehr empfohlen, auch zu schicken verheißen hatte, vom Kurfürsten für die Stadt erbäten, nachdem sie ihn schon am 23. Juli brieflich darum angegangen hatten. Wiedensee war nämlich als Prediger an die Jacobi-Kirche berufen und dort am 25. Juli eingeführt, so daß die Ulrichsgemeinde jetzt des ersten Predigers entbehrte. Der Kurfürst gewährte den Magdeburgern ihre Bitte, worauf Amsdorf noch im September als Prediger an der Ulrichskirche eintrat. Vgl. Magdeb. Jubeljahr S. 29. Rathmann III. 380 ff. Hülße S. 312. Auch Pomarius, Sechs. Chron. thut dieser Gesandtschaft Erwähnung, nennt aber als Abgesandten Ulrich Emden.

Es mag hier zunächst bemerkt werden, daß auffallender Weise Langhans Luthers Anwesenheit in Magdeburg nicht erwähnt, obgleich ihm dieselbe doch unmöglich unbekannt bleiben konnte. Nach den Angaben der verschiedensten Quellen war Luther am Tage vor Johannis (23. Juni) nach Magdeburg gekommen, soll aber erst am 6. Sonntage nach Trinitatis (dies war der 3. Juli) in der Johanniskirche gepredigt haben, wozu eine ungeheure Menge Volks zusammenströmte. Diese Angabe ist nicht richtig, vielmehr hat Luther am 6. Sonntage nach Pfingsten, also am 26. Juni in Magdeburg gepredigt. S. Hülße S. 274 Anm.

3. Dr. Pascha Alvensleben war Schöffe und kursächsischer Geschäftsträger in Magdeburg.

Dornach habe ich erfaren, das sie die brueberschaft S. Annen[1], die fast die groste pflag zu sein, abegethan und ihren Vorrath in gemeinen Kasten verordent und gegeben.

Sonntags nach Sixti soll auch einer von den Seidenkrahmer Knechten *Aug. 7.* und etzliche viel mehr den Barfuesser Mönch[2], der daselbst gepredigt, offentlichen vor allem Volcke gelugen strafet haben und zu ihme gesagt solche und dergleichen wort: Munnich Du leugst, ‖ alles was du sagst; sich, hie stehet viel anders und hatte ein buech in der Handt gehabt. Derwegen ist der Munnich gantz und gar verschrocken und ist von stundt vom Predigtstuel gegangen, er hette den Sermon bey der Helfte zu ende gebracht, ist das Volck mit bespottung davongegangen.

Aufn Dinstag am Abend Laurentii haben Doctor Melchior Mirisch *Aug. 9.* und Doctor Eberhardt Widensehe mit Johans Fritzhans und andern Predigern diese hie nachfolgende xviii Artikel in Druck gebracht und dieses tages außgehen lassen mit erbietung, die mit ‖ gegrundter schrift legen die Magdeburgischen, die sie Papisten nennen, zu vortheibigen, wie hieneben zu besichtigen ist.

Doctor Melchior Mirisch, Doctor Eberhardus Widensehe, Johannes Fritzhanß sampt andern Predigern deß Evangelii der löblichen und Keyserlichen Stadt Magdeburgk erbieten sich, diese nachgeschriebene Artickel vor einer gantzen gemein mit gegrundeter schrift zu erhalten wieder alle Papisten hie zu Meideburgk. Anno 1524.

1. Dieweil die heilige schrifft keinen Zusatz oder Abbruch leiden will, ist es gantz ‖ fehrlich, etwas in Christlichen sachen zu lehren, verordnen oder setzen, das in der heyligen schrifft kein grundt hat.

2. Menschen wan lehre und satzung in Christlichen sachen ohne grundt der schrifft thun nichts zue der seligkeit, binden auch die gewissen der Christen nicht zu sunden.

3. Wann ein Christen Mensch ist nindert zu verbunden, das Gott nicht gebotten hat, derohalben stett, Zeit, speiß, Klehdung sein den Christen frey und unterworffen und die Christen nicht ihne.

‖ 4. Der Geistlich genanten gelubbe sein wieder Gottes wordt, gebot, Christlichen glauben und freyheitt, wieder Menschliche Vernunfft und über menschliche muglichkeit, darumb sein die Christliche gewissen die zuhalten nicht verbunden.

---

1. Ueber die Brüderschaft und die Kapelle S. Annä auf dem Annenkirchhof zwischen der Berliner (früher Kuh-) und der Heiligen Geiststraße s. Magdeb. Geschichtsbl. VI. S. 264. VII. S. 175 ff.

2. Das Barfüßerkloster lag am Breiten Wege zwischen der großen Schul- (früher Brüder-) und Dreiengel- (früher Barfüßer-) Straße.

5. Alle Gottesordnung ist recht und gutt und gebuert einem Jeden sich dornach zu schicken, so das Gott verordnet hat, dan der Mann ein Weib und das Weib ein Man haben soll und sollen sich mehren und wachsen, ist ein Jeder, der nicht von Natur Zufalle oder von Gottes∥gabe zu dem ehelichen standt ungeschickt ist, sich zu vorehelichen vorpflicht. S. 72.

6. Dorumb thun die Geistlich genanten die zu dem ehelichen standt nicht ungeschickt sein, in dem das sie zu dem ehelichen standt greiffen, recht und nach Gottes ordnung, das sie aber Hurerey, ehebrecherey und ander ungenante sunde treiben, ist unrecht und wieder Gottes ordnung.

7. Die Christen wissen von keinem sclichen Priesterthumb, sondern nach Inhalt der schrifft in dem newen Testament ist Christus allein ein einig und ewigt∥Priester und alle Christen mit ihme ein ewig Priesterthumb. S. 73.

8. Darumb ist das außwendig sichlich Priesterthumb mit seiner salbung, Platten und weihung in dem newen Testament ohn schrifft durch Menschen errichtet und erfunden.

9. Die Geistlich Oberkeit, alß man sie nennet, hat ihres grabts keinen grundt aus der Leer Christi, darumb ist der Römische Bischoff nicht ein Stadthalter Christi uber alle Christliche gemein in der gantzen weldt von Christo eingesetzt, auch sein die Bischöff nicht hern∥sonder diener der Christen. S. 74.

10. Aber die weltliche Oberkeit ist durch die lehre und durch das wordt Christi bestettiget und bekrefftiget, welchen alle Menschen schuldig sein gehorsam zuleisten in allen Dingen, zu welchem sich ihre Oberkeit strecket.

11. Ein Christlich gemein oder Versamlung hat recht und macht alle Lehre und lehrer zu urtheilen und Diener des worts Gottes zu erwehlen nach Inhalt der schrifft und nicht allein die Bischoffe, Gelerten und Concilia, wie sie sich rühmen.

12. Derhalben muß man in Christlichen sachen nicht Acht haben auf Menschen wan, gesetz, recht, gewonheit oder alt Herkommen, sonder allein auf die schrifft und Gottes wordt. S. 75.

13. Die Meß ist kein opffer, sonder ein Gedechtnuß des einigen volkhomen und ewig geltenden opfers Christi, darin ein Jeder Christen Mann und Weib macht hat, das heilige Sacrament nach der einsetzung Christi unter beiderley gestalt zu empfahen.

14. Darumb die Winckelmeß oder opfer,∥darin man Christum für die lebendigen und todten opfert, sein aus unwissenheitt der schrifft und unglauben wieder Christi einsetzung erwachsen und darumb abzuthun. S. 76.

15. Das nach diesem Leben ein Fegfeur sey, darinne die seelen gepeiniget werden, kan man mit der heiligen schrifft nicht bewehren, welche allein zweyn wege anzeigt, einen zu der seligkeit, den anderen zur Verdamnuß.

16. Derhalben Vigilien, Seelenmessen, Mohnzeit, Jahrzeit etc. fur die Verstorben Christen zu halten, ist nicht allein nerrisch ‖ sondern auch Gottlesterich und allein uff den unglauben und der geistlich genanten geitz gerichtet.

17. Es ist allein ein Mittler zwischen Gott und dem Menschen, unser lieber Her Christus Jesus, durch den allein wir zu dem Vater kommen, darumb bedörffen wir zu der seligkeit keines Heiligen hulff, trost oder furbitte.

18. Allein durch den glauben in Christum wirt der Mensch in Christus rechtfertigkeit rechtfertig und selig. Darumb ist es abgöttisch und gottloß thun, ohn den glauben durch werck wollen rechtfertig und selig werden[1].

Finis articulorum.

‖ Alß Doctor Melchior Mirisch vor ein Pfarrer zu S. Johans eingefuert geworden, da haben der Prior zue S. Augustin und Doctor Johann Jßleben[2] der alte mit noch sechß Patribus und zweien Leienbruedern einem E. Rabt der Altenstadt Magdeburg ihr Kloster ubergeben mit allen ihren briefen und gerechtigkeiten, Privilegien und weß sie des guts gehabt, damit zuthun und zulassen nach alle ihrem gefallen[3].

Von den acht Munchen, so im Augustinerkloster geplieben, wollen vier herausser, ‖ so bleiben ihrer noch viere, mit den Leienbruedern sechse, die will der Rath vorsorgen und nach ihrem Aussterben und noch eer, wie davon geret wirdt, ein schöne Hospital darauß demselbigen Kloster machen, also daß die Leprosen[4] in sonderlichem Orte und die andern Armen

---

1. Diese Artikel sind gedruckt im Magdeb. Jubeljahr II. S. 383, wo auch eine Erklärung zugefügt ist, und danach bei Hoffmann, Gesch. der Stadt Magdeb. 2. Aufl. I. S. 360, Hülße S. 303. Vgl. auch Magdeb. Geschichtsbl. XV. S. 289. Findemann hat sie im Ganzen richtig, aber mit veränderter Orthographie abgeschrieben. Wahrscheinlich haben sie im Manuscr. auch im Druck vorgelegen.

2. Bruder Johann Voigt aus Eisleben (Islebius) war der erste, der sich in Magdeburg zu Luthers Lehre bekannte. S. Hülße S. 214. 228. Prior der Augustiner war damals Ulrich Müller, Senior Ulrich Flete.

3. Die völlige Räumung des Klosters erfolgte erst am 6. November 1525. Die Umwandelung desselben in ein Hospital bestätigte Erzbischof Sigismund am Mittwoch nach Palmarum (25. März) 1562. S. Magdeb. Jubeljahr I. S. 39. Walther, Decenn. primum S. 18 Anm. g. Rathmann III. S. 379. Magdeb. Geschichtsbl. V. S. 535. Bock, Das Armenwesen und die milden Stiftungen in Magdeb. S. 152—198.

4. Die Leprosen oder Aussätzigen

auch sunderlich ihr wesen sollen haben mit gueter provision eines redt-
lichen Hospitalmeisters.

Es wirdt auch davon geredt, das der Burgermeister Clauß Storm
selbst ein Jahr drey oder viere zuerst ein Spitalmeister sein wolle.

‖ Item es sollen algereit drey tausend Gulden an einem orte liggen, S. 80.
die zu einem redlichen Hospital und Provision der Armen testiret und
legiret sein sollen, darzue wollen sie auch nehmen alle spenden, Memorien
und der Pfaffen Lohn, die in ihren Kirchen loßsterben mit der Zeit.

Es ist in gemeinem Buhrdinge außgerufen, das ein E. Radt will
halten uber die Evangelische Messe und ordenunge, wer dargegen thut, 10
singet oder sagt, dem will ein Radt ernstlich strafen. ‖ Der Radt hat auch S. 81.
geboten in der Altenstadt Magdeburgk, me soll von niemands schmehe-
lieder singen, nachsingen, auß Ursachen, das Kinder und Alte das liedt
vom Ochsentreiber[1] singen.

Gleichmessigk hat ein E. Radt in der Sudenburgk auch den Ihren 15
verboten und wirt in den beiden Stedten gehalten, aber in der Neustadt
da singen die losen Buben reich und arm von meinen gnedigsten Hern
dem Cardinal und Ertzbischoffe etc., dem Heuptman zue Calbe[2] und mir
dem Möllenvoigte stets tag und nacht, und wen ich darkomme oder die
meinen, viel mehr dan sonsten, darauß man sehen hören ‖ und gemercken kan 20 S. 62.
ihren mehneidischen ungetrewen Ungehorsamb. Gott vorgebs ihn und sein
Gottliche gnade leite sie zu rechten gehorsam und underthenniger erkennt-
niß. AMEN.

Sieder das M. g. H. der Hofemeister zusampt m. g. und g. Hern eins
hochwirdigen Capittels und den andern Hoferäthen zue Halberstadt uff m. 25
g. H. deß Thumbprobstes Hofe den geschickten eins E. Radts und der gemeine auß der Newstadt sich in gehorsam legen S. Churfl. g. zu erzeigen mit beleidunge der Diener, Haltunge der Pferde und anders,
auch Auf‖ruhr zu vorhueten, so viel ihnen immer muglich, darzue in keinem S. 83.
wege zu gestatten, m. g. H. zu besingen oder sonsten ungehorsamlich zu 30
bereden, das sie alle, so aldo zue Halberstadt waren, also zu halten mit
gethanem Handtgelubde zugesagt[3]. Es ist aber keins gehalten, besondern

---

waren sonst im Siechenhof vor der Stadt,
dem Hospital S. Georgii. untergebracht.

1. Das Lied vom Ochsentreiber ist
nicht bekannt, ebenso wenig das vom
Hauptmann zu Calbe und dem Möllenvogt. Wahrscheinlich handelt es sich nur
um ein einziges Lied, welches aus Anlaß der Vorgänge in Calbe und Gottesgnaden entstanden ist. S. unten.

2. Hauptmann des Schlosses in
Calbe a. Saale war damals Simon
Hale aus einem dort ansässigen Ritter-
geschlecht. S. Hävecker, Chronika der
Städte Calbe, Aken und Wanzleben
S. 17.

3. Dies bezieht sich auf den Fürsten-
tag zu Halberstadt am 10. Juli. S.
oben S. 151.

vielmehr dan vormalß sein die burger der Neustadt M. G. H. und mir Amptshalben zuwider geweft mit reden, singen, bedrawung meiner Person zu leib und leben, auch dem Rade, ihren eigen Herren, den todt gedrawet, so ein Feuer doselbst geworden.

S. 84. Es ist offentlichen von viel Leuten gehort || worden, wie etzliche von der gemein, alß nemlich Panthell, der ein Roßmüller[1] geweft, Pfundt, der arme Schmedt, beneben Joachim Hermanns, Hanß Trampe mit seinem Anhange, Hanß Koppe der schmidt mit seinem Anhange, Lorentz Martens und sein Anhangl, der fast groß, alß nemlichen Hans Kannen-
10 giesser mit den 25 Burgern, Jacob Martens, darzu Hans Bohne mit seinen Knechten, Jochim Hermans, und sein schwager und viel ander fast die gantze Gemeine doselbst haben sich fast unluftigl wieder M. g. H. der

S. 85. diese halben, auch wieder mich lassen hören und gesagt, sie wolten || einen newen Radt nach ihrem gefallen kiesen, haben auch ihrer eins theilß
15 ein Radt gekoren vor der hohen Pforten, alß das seur war vor dem bruckthor in der Altenstadt, do sein sie so gar toll und töricht gewesen, das sie Radthern, wechter und Marckmeister und Knechte von sich gejagt, und nu den Radt so blöde gemacht, daß sie, auch ihre Knechte niemandts durfen wieder in burgliche noch peinliche strafe nehmen; wie ehrlich und
20 löblich das von ihnen zu hören ist, erkenne Gott der Almechtige.

S. 86. Mir wirdt auch angezeigt, das die Neusteter || keinen Gerichtszwangl[2] mehr zu dulden gedencken; so sie sich des unterstehen, so werden sie ihre selbsthern sein und keiner Oberkeit mehr gehorchen.

Wen das Vorhaben in der Neustadt Magdeburgk wie angefangen
25 bei ihnen unangefochten im schwank kömpt, so bin ich an dem orte M. gn. H. gar kein nutze und ist besorglich, auch gewißlich hie zuvoranhuten, das die Neusteter mit den Altstetern ein Dinck werden, das mir fast be-schwerlich, das ich solchs bey meinen Zeiten ansehen muß, und kan leider

S. 87. || ahne Hulfe meiner Obrigkeit darzu gar nichts thun. Dieweil es nicht
30 anders kan gesein, muß ichs Gott dem Herrn befehlen.

Anno 24 am Donnerstage nach Laurentii hat der Radt in der Alten- Aug. 11. stadt ihre burgere gemustert[3] und sein alle brey Räthe, auch die 100 Mann[4]

---

1. Roßmühlen sind solche, die mit Pferden in Betrieb gesetzt werden. Solche befanden sich in der Prälatenstraße und in der Höllenstraße (Wallstraße), hiernach wohl auch in der Neustadt.

2. Gerichtsherr über die Neustadt war der Erzbischof und dessen Beauftragter, der Möllenvogt.

3. Den Anlaß zu dieser Musterung gab die Befürchtung von Feindseligkeiten seitens des Erzbischofs. S. Rathmann, a. a. O. III. S. 398.

4. Die Hundertmannen war ein Ausschuß der Bürgerschaft, der bei besonders wichtigen Angelegenheiten vom Rate zur Beratung hinzugezogen wurde.

umb funfe ein iglicher in seinen pesten Harnisch auf die Leuben oder Rabthauß gegangen und alda ihrer burger und sunderlichen des funften theil¹ der Stadt erwartet, die auch in ihren besten Harnisch geschickt von funfen bis ‖ umb halbe achte sich theten samlen, und sein dornach mit buchsen und Hellebarten in die ordnung gebracht uffn Marckte und also angeweiset, wou und welcher gestalt sie den Marckt und das Rabthauß vorwahren sollen, wen in der Stadt ein geruchte wurde, und wen sie auß nodt den andern Burgern uff den Thoren, Thurmen, Wellen und Mauren solten zu Hulf kommen, wie starck sie darhin schicken sollen und wie starck sie dableiben sollen.

Die andern vier theil der Altenstadt ‖ sein verordent etzliche uff und in die Stadtthor und sunderlich am sterckesten hinter dem Möllenhoff, etzliche und ein merckliche Zal auf den Wall, auch etzliche auf die Mauren und Thörn mit ihren Heuptleuten geschickt und verordent, ihnen auch allenthalben befohlen, wie starck ein jeglicher Haufe, wens von nöten, den andern sollen zu Hulfe kommen und wie viel ihr da zur stedte pleiben sollen, ihre örter, dahin sie geordent, dannachst statlichst zu verhueten.

Ich erfahre auch, wie das so weit alß ‖ gantz Meideburgk die Altestadt, sein uber 15 burger und Hauptmann verordent und aber uber zo ein Hauptman, so lange alle Burger reich und arm je zo mit einem Hauptman versorget sein geworden.

Und nach dieser ordnung hat ein Rabt der Altenstadt die gantze gemeine uff funf theil partiret und gescheiden und uber jeglichen funften theil zwene Rabthern, die zue Kriegsleuften erfahren und gelart sein sollen, zue Capitenern deputiret und den gantzen ‖ befehlich uber die funf theil semptlich und sonderlich gegeben; was diese Capitenier heißen und vorbieten, sollen sie sich bey ungnediger strafe leibß und guets gehorsamlichen bey tagk und nacht thun und halten, den alle burger dem Rathe also zu vorfolgen und getrewen Horsam zu leisten mit newen Bereibungen² und Verpflichtungen sollen zugesagt haben, wie ich bericht bin wurden.

Es mag auch wol die meinung haben, bieweil das thun teglich ins werk gehet, wie man augenscheinlich alhie ‖ zue Magdeburg sicht und vornimpt. Es hat auch ein Rabt der Altenstadt von Nuhrenbergk 4hundert Handtröhr, die da gudt sein, bringen lassen und ihren burgern umme

---

1. Es scheint, daß zu dieser Zeit also die Bürgerschaft in 5 Abteilungen oder Viertel zerfiel; nachher waren es stets 9 Viertel, nur 1632 werden 18 erwähnt.

2. Den neuen Bürgereid, in welchem besonders auch auf die Aenderung des Bekenntnisses in der Stadt Rücksicht genommen ist, überliefert Pomarius, Sechß. Chron. S. 581. — Im Mskr. steht „meinen" Bereibungen.

1524.

ein ziemlich gelbt zue Henden thun reichen. Men sagt, das sie derselben Handrohr noch ein mercklliche (Zahl)¹ bestalt sollen haben.

Dergleichen haben die von Magdeburgk einem E. Rabte umb ihr Regiment, das daselbst zue Nurnbergk nach Evangelischer weise soll vorgenohmen sein, geschrieben. Der bote ist noch ‖ auffen gewest, Sontags nach Laurentii anno 24. Was dornach hierauß zue Magdeburgk will vorgenommen werden, wird sich mit der Zeit wol an tag geben. *Aug. 14.*

Montags am tage Assumptionis Mariae zue xii schlegen nachmittage hat sich zu den Barfuessern ein groß Rumohr unter der Predigte begeben, also das der Prediger doselbst mit der schrift ist gestrafft worden, wie ban zuvor Sontags nach Sixti auch wahr geschehen, daruber nun der Haber so groß geworden, das das gemeine Pöfell mit steinen zu dem uff dem Predigtstule mit macht geworffen, und wie man mich bericht, auch eins theilß mit faulen Eyern geklickt hatten. Do hatte nun der Gwardian im klloster etzliche schmiedeknecht² beschafft, die wiederum auß dem Chore heeraber geworffen, und haben einen den kopf durch geworffen, daruber das gemein Pöfell so gahr irre geworden, das sie hetten die Munche alle im klloster erwurget, so sie sich nicht so hart verschlossen hetten, und do sie beßmals bar nicht ihren willen konten beschaffen, do haben sie sich in Hauffen zum Thume gefuget ‖ in demselbigen Grill und Zorn, und eben alß sie daselbst hin in Thum gekummen und gesehen, das die Thumhern die reliquien oder das Heiligthumb weggebracht³ und alß (auf)⁴ dem Altar nach alter gewönlicher weise keins verhanden, sein dieselbigen losen buben, das Handwergk gesellig und allerley lose burse bey den funf hunderten noch vieler toller und törichter geworden und sein in den beiden Thoren im Chore im Thome so gar dicke und voll gestanden, und alß der Sangmeister wolt uff und abegehen noch seiner notturfft, do ist er mit einem von den losen gesellen ‖ zue Haberreden kommen also hart, das die losen buben den Sangkmeister wolten erstochen und erwurget haben, so er ihnen nicht im Chor unter die andern Pfaffen entrunnen wehre. *Aug. 15.*

Alß nun die Herrn das Magnificat gesungen, hat der Herr Dechandt mein gnedigster Herr von Leisenick selber geruechert oder thurisicirt; do solches geschehen, ist Veith, der Thumhern reisige knecht. in der einen Chorthuer gestanden under den Hauffen von gemeinen Pöfell, die sich immer stercklten uff den Beclagten der mit dem Sangkmeister uffstutzig

---

1. Fehlt im Manuskr.
2. Die Kirche des Barfüßerklosters war die Kirche der Schneiderzunft.
3. Die Reliquien waren nach Egeln oder Halberstadt geschafft.
4. Fehlt im Manuskript.

geworden, wente ehr hatte geclagt, der Sangkmeister hette ihn aufs maul S. 97. geschlagen.

Derselbige Veith hatte angehort, das einer unter dem Hauffen manckt den losen bueben hatte geret, alß er den Hern Thumbbechandt hatte sehen umb den Altar gehen mitm Reucherfaß: Ey welcher ein grosser fetter Mastrange ist das, es wehre schier Zeit, das man den ein mahl abschlachtete.

Ein ander hette gesagt: Ich will schier hinlauffen und nehmen dem grossen Ochsen die silbern glocke auß der faust, domit er also gehet alfantzen, und meinet das Reucherfaß.

Aber ein ander hatte gesagt: Ey Potz macht, ich will schier den S. 98. grossen schelm vor sein blick werffen mit dieser bley Kuegel, er soll uff den rucken fallen und wil das Silber nehmen und lauffen davon; das hatten den die andern, so bey ihnen stunden, nicht gestatten wollen. Besonder sie hatten gesagt: biß zufrieden, laß anstehen, kriegen wir den alten grawköpfigen Bröllochsen den Sangkmeister mit dem wollen wir erst recht handeln.

Dorueber ist der Sangkmeister gewarnt worden, er solte in keinem Wege mit dem Hern abegehen, den das Gepöffel hatte alle vier Thoren S. 99. am tore eingenommen, das er ihnen nicht entwerben solte.

Alß nun die Vesper aussen wahr und die Herrn zusambt den Vicarien Chorschuelern abegiengen zwischen der Vesper und Completen, wie den von Alters ihre Gewohnheit gewest, bo verbarg sich der Sangmeister uffm Lector[1], da man das Evangelium und Epistell zu lesen pflegt, alß ihme den Hern getreulich geraten wahr. Alß nun die bueben den Sangkmeister dermassen also verloren hetten und nicht wusten, wohin er gekomen wahr, wurden sie Herrn Joachim Klitzing[2] gewahr mit dem S. 100. grawen Heupte und meinten, eß wehre der Sangkmeister gewesen, den sahen sie in dem Creutzgang gehen, dem folgten sie bey nach alle mit den Hauffen; indes förbert Herr Paul Gerolt[3] den Sangkmeister vom Lector uffs Capitell Hauß durch S. Bastians Capellen[4]. Do die burffe sach, das es Herr Jochim Klitzing wahr, dem sie wahren nachgelauffen, kehrten sie eilendts wieder nach dem Kohre im Thumb.

1. Das Lectorium, der Lettner, ist die Wand, welche den hohen Chor von dem Schiff der Kirche trennt. Er hatte einen kanzelartigen Vorsprung, von welchem die biblischen Lektionen stattfanden. S. Brandt, Der Dom zu Magdeb. S. 72.

2. Domherr Joachim von Klitzing wurde nach dem Tode des unten genannten Seniors Albrecht von Arnstedt Senior des Domkapitels.

3. Der Schreiber des Domkapitels.

4. Diese Kapelle ist wahrscheinlich die jetzige Militärsakristei, von wo eine Treppe in das über dem Domkreuzgang gelegene Kapitelshaus führte.

Und alß nun von etzlichen der Jhren besehen wahr, das der Sangkmeister doselbst hinein, wie ‖ bemelt, wahr gebracht und ihnen also entwurden, sein sie mit Macht gefolget, und alß sie die Treppen hinan gekommen,
haben sie alda M. g. H. den Dechandt, den alten Herr Arnstedten und den
Doctor[1] gefunden bey einander stehen.

Die dem Doctor hatten angetzeigt, er solte den tagk keinen Sermon
thun, den es wehre ihnen Warnunge kommen, wo er uffstige zu predigen,
so hetten sich die losen buben uff viele Steine gerichtet, ihne heraber zu
steinigen, und etzliche hetten viel faul eyer bey sich gehabt, wie man her-
nacher in gemeinen reden offentlich gehört und vernommen.

‖ Und dieweil diese also mit dem Doctor reden, komen die gemeinen
bösen buben mit einem sehr grausamen trotze an den Hern Dechandt
und stracks den Sangkmeister von seinen gnaden haben wollen. Do hat
ihn sein gnad diese wort gegeben: Lieben Gesellen, der Sangkmeister
ist nicht hie, schohnt doch umb Gottswillen! Es hat sein gnad nichts
geholffen.

Diese bueben sein so hart und mit solchem ernst an seine gnade
gekommen, das ihm einer mit der faust unters Kinn oder alß man sagt
uff sein g. mundt geschlagen ‖ oder fast hart soll gestoßen haben[2], und die
andern haben ihm das Ruckell vom Leibe gerissen und zuertrennet, wie
mich des Capittels schreiber Herr Paul Gerolth, der mit dem Sangkmeister sich unter diesem Rumohr in ein gemach verschutzet hatte, berichten thet.

Do nun diese buben gewalt genug mit meinem g. Hern dem
Dechandt geubet und sie also den Sangkmeister nicht uberkommen möchten,
haben sie zuletzt sein gnad verlassen und gesagt: Wolan, wir wollen
den alten Huerentreiber noch woll ein mahl erlauren und ihme seinen
rechten lohn geben.

‖ Nach dieser grossen schmach, Jnjurien und gewalth, so sie am
Herrn Dechandt geubet, sein sie wieder im Thumb hinter den Chor gelauffen, alda die Ampeln oder glesern Lampen zu Drummern geschlagen
und geworffen und dornach alle andere Lampen im Dohme geringes umbher alle zustucken zuworffen und zu nichte gemacht. Dornach die Bilder

---

1. Dr. Cubito, der Domprediger.
2. Der Dechant Eustachius Burggraf von Leisnig soll infolge dieser
Mißhandlungen erkrankt und gestorben
sein. Sein Tod wurde von den Bürgern als eine Strafe Gottes angesehen
dafür, daß er sie wegen des Evange-
liums beim Kardinal verklagt hatte.

Sein Nachfolger im Dekanat wurde
Graf Ernst von Mansfeld (1525—1551).
Die Geneal. comit. Leisnic. bei
Mencken, Scriptores III. Col. 917
verlegt den Aufruhr fälschlich in das
Jahr 1522 und den Tod des Dechanten
in 1523.

hin und wieder, beide steinern und hultzern, zum theil abgeworffen, auch etzliche Pfaffen Köchinnen, wie ich bericht, mit den bildern getroffen. Nach allem geubten gewalt sein diese verzweifelten bösen buben vor S. Niclaß-Kirchen[1] uffm newen Marckte gelauffen; alß sie da verschutzt gewest, sein sie wieder zurucke in einem grossen grimme umb die Thumb-pröbstey[2] hingelauffen, und wo sie einen Pfaffen ersehen, sein sie toller weiß, den wie die Jagthunde einen Hasen oder Wilde nachgeeilet. Und sonderlich sein ihrer zehene einem Priester nachgelauffen biß hinder S. Sebastian[3], der ihne so gahr kaum entwurden war, das uber die Masse gewest, und so sie den ergriffen, hetten sie ihren gewalt an ihm alß besorglich zu viel geubt, den arman zu schaden. Alß die Kirche zu S. Bastian auch verschlossen gewest, haben diese lose rotte ins Pauler Closter mit dem gantzen Hauffen gesuegt und alda alle wachßlichte und kertzen groß und klein, so viel sie der alda gefunden vor allen bildern, uff den throhnen und Altaren, abgeschlagen, geworffen, die auch zubrochen uff studen, in die Ermel gestackt und gantz und gar mit weg genohmen, keinß da gelassen; an dem unbesetiget die losen bilde den mehrern theill von den Altaren und wo die gestanden, abgeworffen, zum theil entzwey geschlagen, auch etzliche vor ein Affenspiell mit wegk genomen.

Nach dieser unchristlichen bösen that sein diese bueben wiederumb hinabe zum Barfuessern furs Kloster gelauffen in meinung das zu stormen, das ihnen zu feste verschlossen wahr. So gingk auch der Abendt und die nacht heraner und (auf)[4] etzlicher fromer Leut untersagen hat sich dieser uffruhrische (Haufe)[4] wieder zurtrennet. Es ist ihnen aber auß forcht wieder vom Rathe noch von Jemands hierumme strafe uffgelegt, wiewoll es offentlich gnugk soll besichtiget sein, wer diese bueben den mehrern theil gewest.

Eben unter diesem rumohr bin ich von Halberstadt heimkommen, habe solchs, so viel ichß den Abendt erfahren konte, M. g. H. Cardinalß zue Magdeburg und Mentz Ertzbischoffen heimgelaßen Rethen zugeschrieben. Den Abendt wie bemelt sein die Completoria in allen dreyen Thumen umme den newen Markt[5] uber diesem rumohr gefallen und nachgeplieben, auch der Sermon zum Thume, da den uber dreyhundert Menschen wahren,

---

1. Das Stift S. Nicolai lag am Breiten Wege bis nach dem Domplatz, seine Kirche ist das jetzige Zeughaus.
2. Die Dompropstei lag neben der Kirche des Nicolaistifts, wo jetzt das Lazarett steht.
3. Das Stift S. Sebastian lag neben dem Dominikanerkloster auf der Westseite des Breitenweges.
4. Fehlt im Manuskr.
5. Der Dom, S. Nicolai und S. Sebastian.

die sich alle uber diesen Aufflauf von einander drehseten, alß des Herrn Junger im Oelgarten.

Ich werde bericht und mag's auch wol wahr sein, das der Doctor[1] am selben unser lieben frawen tage soll zuvor, alß man das Kraut geweihet[2], geprediget haben, er wolte, das den alten Huren, die sich mit Krautweihen so hart bekummern, wiederfuhre, wie vorm Jahre in Jena[3] soll geschehen sein; da haben etzliche guete gesellen den Weibern (das Kraut)[4] auß der Kirchen genummen und auf alle Gassen gestrawet; geschehe solchs alhie zue Magdeburg auch, er wolte woll mit durch die finger sehen, jedoch also, das sie niemandts sust kein schaden mehr zufugten.

Es soll auch dieser Doctor im selbigen Sermon geprediget haben, wollen die Traumprediger das Evangelium nicht rein und klar predigen und von ihren treumen abstehen, so mugen sie denselbigen woll sagen mit harten strafworten, das sie falsch und unrecht geprediget, und zeigent ihnen die schrifft daneben an, wo sie geirret haben; ihr solts aber nicht thun, dieweil sie uff dem Predigstuel stehn, besunder wen sie heraber kommen, doch ohne Verletzunge ihrer Leibe und gueter. Uff diese erlaubnusse haben sich etzliche vom gemeinen losen Volcke zu Hauffe geworffen von stundt an und haben die kreuter und Wurtz auß den Clostern und Kirchen genohmen und uff dem Marckte uberall gestrauffet und daruff getantzet, alß wehre es der fastnacht, wie man alhie umb die Kueffe pfleget zu schlingern[5]. Nach diesem tantze sein diese lose buben also bey einander geplieben und ummer me und me Zulouffes gewunnen und von dar das rumohr im Barfuesser kloster erstlich gemacht und dornach die andern, wie gehort, erfolget.

Es hat ein alt Weib ihre Wurtze und Kreuter in Unser lieben frawen Kirchen in den Weihezober gestackt, naß gemacht, den buben, der ihr die Wurtz wollt nehmen, damit in die Augen gesprengt, do ist er zu ihr eingelauffen, hat sie umbfangen, die Kleider vor ihren Hintern uffgehaben, sie also entblösset und sie mit den blossen lenden in den Weyzober gesatzt, des Ibermenniglich lachete, alß wehre es wolgethan, wie den durch die sölich und dergleichen schandtspiel angerichtet werden.

---

1. Dr. Mirisch oder Dr. Weidensee.
2. Der 15. August (Mariae assumptio) hieß daher „Kraut- oder Wurtzweihe".
3. Dort predigte 1523 ein Anhänger Karlstadts Namens Reinhard.
4. Fehlt im Manuscr.
5. Diese Worte beziehen sich wohl auf eine bei dem alljährlichen Wechsel des Rates stattfindende Volksbelustigung, bei welcher vermummte Gestalten um brennende Kufen tanzten. Sie ist beschrieben bei Torquatus, Annal. Magdeb. (bei Boysen, Monum. ined. rer. German. I. S. 154). Auch an anderen Orten war das Kufenbrennen zur Belustigung gebräuchlich. S. Nebe, a. a. O. S. 132.

Darumb ist nicht guet, dem gemeinen Pöfell etwas zu erleuben oder sie mit Predigen irgents an verhetzen. Es ist zu besorgen, es wirdt nichts guets hierauß erfolgen. Der Almechtige ewige Gott wende sein Zorn und Ungnade gnediglich von uns. Amen.

Aug. 16. Folgendts morgens hat man die Stadt biß umb sechse zugehalten, do bin ich kegen Borch¹ gezogen, alda mit der gemein gehandelt, das sie ihren Burgermeister Jasper Bluhmen wieder zu gnaden genomen, den sie auß ihrer Stadt vertrieben hatten umb Hansen Burgen ihres seitz² willen. Alß ich wieder anheimisch gekomen den Dinstag zu Abendt, habe ich erfahren, das ein Rabt der Altenstadt das Barfuesser Kloster hat lassen befehlen zuzustehen, biß das rumorisch Volck wieder zu sinnen greiffe.

Es ist auch das gemein geschrey in den Stedten alle drey alhier zue Magdeburgk, das ein Rabt und gantze gemeine in der Altenstadt sollen beschlossen haben einhelliglich, das sie nimer wollen gestaten, das der Rabt uffs Capittelhauß zum Capittel uff Capittels Verbotschafften und beschicken sollen gehen und also in geheim handeln; besonder hat ein Rabt und gemein mit dem Capitel was zuthunde, so wollen sie die woll wissen zu finden; dergleichen wiederumb soll das Capitel den Rabt, wen sie mit ihnen zuthun haben, auf ihrem Rabthause besuchen, da werde ihnen woll Antwort begegnen etc. mit viel andern spitzigen reden, die sich gahr nichts zu gueter einigkeit, besunder zu Verdrieß und wiederwillen erreichen mugen. Gott erbarmß, das solche grausame Uneinigkeiten unsern g. Hern ohn sein verursachen zufallen. Es ist warlich der hochlöbliche fromme Furste woll mit Jammer zu beklagen; Gott von Himmel fuege sein gnade dazue, das sichs zum besten thue andern. Die gemeine zue Borg hatten in dieser Zeit ihren Burgemeister Jasper Blumen umme Hanses Burgis willen auß der Stadt gewisen, das er acht tage zue Magdeburgk gingk, wie sie loeß, und alß er solches clagte M. gnedigen Hern rethen, do wart mir befohlen mich persönlich dartzufuegen und neben der Rethe schreiben so viel zu verfugen, das sie, wiewoll schwerlich bewilligten, ihne³ biß uff der Sachen Verhör zue Wittenberg uff den Donrstag Sept. 1. am tage Egidii in ihrer Stadt zu dulden. Alß ich nhu Dinstages zue Abendt wiederumb kegen Magdeburg gekomen, ward mir angezeigt, wie das ein Rabt einen brief vom Churfursten zu Brandenburg hetten

---

1: Burg an der Jhle, Kreisstadt des 1. Jerichowschen Kreises, nordöstlich von Magdeburg.
2. Unverständlich. Vielleicht soll es Fehde heißen. Ueber diese Sache ist nichts weiter bekannt.
3. Im Manuskr. steht zue.

1524.

gekriegen, darinne ihnen S. Churfstl. g. das geleite und sicherunge, auch alle Verhandlunge soll uffgeschrieben haben, nicht mehr sie zu schutzen noch vor Jemandts vortheidigen, das die von Magdeburgk nicht weinig,
E. 117. sondern merdlich thut verbrießen; ‖ geben fur, sie wollens abewarten mit
⁵ S. Churfstl. g. und allen Andern¹.

Mittwochens hat ein E. Radt der Altenstadt die ihren auffs Capittelhauß geschickt.

Es gehet in allen dreyen Stedten das geschrey, das allen Menschen fast thut verdrießen, die Uffrur, so an ihrer lieben frawen tage geschehen
¹⁰ und sonderlich das der Dechandt also geschlagen und vorgewaldiget, und sich kegen ein Hochwirdig Capittel fast höchlich thun entschuldigen des ge-
E. 118. walts halben, den die losen bueben also sollen im Thume angericht ‖ haben, wie dan vorbemelt, mit erbietung, das sie alle diejenigen, so in ihrer Stadt befunden, die des Anfenger gewest sein und darzu geholffen haben,
¹⁵ den wollen sie mit allem ernste nachtrachten, und haben ihr algereit drey angenummen und Nicolaen Shone zu den Thörnichen gesucht und nicht gefunden mit Anzeigung, das die meisten, die diesen Handel angefangen, in der Neustadt, Sudenburgk und zu S. Michael sich sollen enthaltten, und sunderlich der verlauffen Munnich zu S. Michael und des Oel-
E. 119. ²⁰schlegers tochter hat genohmen, und etzliche Tuechmacher|gesellen im Margendörffe.

Freytags nach Assumptionis haben die Hern des Capitels die Aug. 19. Rethe auß beiden Stedten² und zu S. Michael sampt allen Meister der gewerfen der Handtwercker, alß Becker, Schnider, Schuester etc. vor sich
²⁵ uffs Capitel in meiner des Mollenvoigts kegenwertigkeit bescheiden, ihnen also semptlichen vorgehalten der Altensteter entschuldigunge und wie sie die ihren angegeben haben mit begehr und bitte, so sie solche buben und verlauffen Munche in ihren Stedten hetten, zu straffen, auch
E. 120. die hinfurder nicht dulden, besunder sich der gentzlichen ‖ euffern. Darauf
³⁰ sie alle ein Unterredung gebeten; alß sie die gehalten, haben die Newsteter erstlich ihre entschuldigunge gethan mit erbietung, das sie alle diejenigen, so darzu geholffen, wann sie die in ihrer Stadt ankommen, mit ernste wollen annehmen und straffen, auch straffen lassen.

Sie haben auch zweier Pforten halben durch ihre Stadtmauren in
³⁵ beiden Clöstern³ bittlich angetragen, das ein Radt und ihre wechter des nachts der schlussell hierzue muchten mechtig werden, allein des nachts, so

---

1. Der Brief ist gedruckt bei Walther, Decenn. prim. S. 29 ff. Zur Sache s. Hülße S. 326.

2. Neustadt und Sudenburg.
3. S. Agnes und S. Lorenz in der Neustadt.

nicht des Dages, ‖ damit sie nicht von dem Capittel an M. g. H. Räthe ge- S. 121.
weiset; auch des Predigerß halben, der itzundt in der Sudenburg ein Cappellan ist, den wolten sie zum Pfarrer und Prediger annehmen und ihm
mittheilen, das korn, das vorhin die armen Leute im Schwisowen Con-
vente¹ gehabt und dornach das Kloster zu S. Augustin empfangen haben,
davor ihn der Neustadt alle Sontage biß anhero geprediget haben und nun
solches einem E. Rathe ubergeben haben.

    Dornach haben der Rabt in der Sudenborg mit allen den ihren, so S. 122.
mit ihnen wahren, sich auch entschuldiget und der Straffe erbotten uber
die uffruhrischen, so ihnen mochten angezeigt werden und sie die erfuhren.

    Die Michaelischen haben mit gar Kurtzen sich auch entschuldiget, wie-
woll man offentlichen weiß und Herr Klitzing² selbst gesehen hat, das
der verlauffen bube Kersten Nestlers Tochterman³ der erste und uberste
Anheber ist gewest; men sagt auch, er solle M. g. H. Dechandt geschlagen
haben, quod est notandum.

Aug. 20.   Uff Sonnabendt nach Assumptionis Mariae Virginis ist der Uber- S. 123.
kuster zu S. Niclaß uffm newen Marckte vom Rabt der Altenstadt Magdeburg gefenglich angenommen und in gefengniß gesatzt, was Ursachen, ist
mir verborgen. Man sagt mit fliegenden reden, er soll den Burgermeister
Clauß Storm ein schalck, bösewicht und vorreter gescholten haben, obß
wahr ist, wirt mit der Zeit woll an tag kommen.

    Der Rabt hat auch die 25 stunden ubergangen und den itzbemelten
Kuster dem Offiziall unsers g. H. presentiret, ‖ ut moris⁴. Was darauß S. 124.
guts erfolgen magk, weiß ich nichts zu bedencken. Diesen selbtigen Sonnabendt ist dieß hiernegst folgende gedruckte vom Doctor zu S. Ulrich
ußgegangen, daß er alß ein Halberstetischer Probst an den Rabt zue Halberstadt geschrieben und ußgehen hat lassen mit viele scheldtworten gespickt. deest⁵.

Aug. 23.   Dienstagß an S. Bartholomeus Abendt hat der Rabt der Altenstadt
Magdeburg einen tieffen graben uß der Elbe in den sumpff hinter dem
Mölhofe lassen machen und wollen alle unter der Asseburger neuen Hause
daß Elbwasser in den Stadtgraben leithen ‖ und fuhren, vermeinen also ihre S. 125.
Stadtgraben mit Wasser zu verfullen, auch sagen etzliche, so die Elbe

---

  1. Das noch jetzt bestehende Hospital
Schwiesau in der Neustadt S. Magdeb.
Geschichtsbl. VI. S. 1 ff.
  2. Der oben erwähnte Senior des
Domkapitels.
  3. Der frühere Mönch Gabriel.
  4. Der Rat der Altstadt hatte auf
dem Neuen Markte, dem am Dome gelegenen Gebiete des Erzbischofs, keine
Gerichtsbarkeit.
  5. Es ist hiermit jedenfalls die Auslegung des 11. Psalmes gemeint, in
welcher Schrift sich Weidensee an den
Rat zu Halberstadt wendet. S. Hülße,
Magdeb. Geschichtsbl. XV. S. 284.

nicht hinein in graben will, alßban wollen die von Magdeburgk die Schrode¹ uber der Stadt in graben leithen und hinter dem Möllhofe laßen abelauffen, auch vor der Neustadt.

Es gehet auch eine gemeine rede, das der rabt boselbst bey dem eingange ein starck blockhauß will setzen laßen; so es geschicht, wirdt man innen werden.

Am tage Bartholomäi haben Doctor Melchior, auch der Fritz Hans geprediget von beiden schwertern, geistlich und weltlich, wie die stumpf geworden sein und wie man die solle wieder scherffen. *Aug. 24.*

Das auch so ein Herr vor diese Stadt Magdeburgk keme, alß dannen sollten sie eim E. Rathe gehorsam sein, die den Glauben hetten angenommen oder nicht, und einer bey dem andern lebendig und todt bleiben, sollichen gewalt zu verhueten; denn man der Stadt auß neidt das wort Gottes wolten zulegen und eine andere lose ursachen von einem Zaune brechen, die nicht eins Drecks wirdig, den wehre nodt, das sie einhelliglich bey der Uberkeit stunden und getrewen gehorsam leisten, uff das ihn nicht ihre Stadt und gueter genohmen, auch ihre weiber kinder und freunde nicht erschlagen möchten werden.

Man sagt auch, daß sich etzliche burger laßen hören, sie wusten woll, das M. g. H. die Stadt bereit hette, das es nur friede bliebe und ihre Handelunge frey im schwangk bliebe.

Am Donnerstag nach Bartholomäi haben mir etzliche Scheppen und Ratthern der Neustadt clagende angetzeigt, wie ihnen ihre gemeine auß dermaßen ungehorsam geworden sein, erstlich, das die gemein unangesehen M. g. H. Vorboth einen verlauffen Munnich² zu einem Cappellan biß uff Michaell dem Rathe zuwieder angenommen. *Aug. 25.*

Zum andern haben die gemein stracks geweigert, m. g. H. die stewr zu geben und hat Heinrich Becken mit hellen Wortten gesagt, sie gedechten stracks dem Bischoff nichts zur Zeise zu geben, er hette sie gnug geschabet und geschunden, wolt der Rabt was geben, das möchten sie thun, und hierzue haben mit anhangen alß Heuptleute zue allem Vorbrieße und Ungehorsam Clauß Papen, Jochim Hermans, Hans Faen der Schneider, der ein alter Mann zu S. Lorentzen ist, und Hans Kangießer, auch Lorentz Martens, Gercke Remeken und viel ander ihres Anhanges, werden sich mit der Zeit woll selbst an tag geben und melden.

Am Mittwoch zu Abendt nach Egidii³ sein etzliche burger vor

---

1. Ein bei Magdeburg vorbeifließender und unterhalb der Stadt mündender Bach.
2. Er hieß Paulus, s. unten.
3. Dies kann nur der 31. August sein; es muß also heißen vor Egidii oder am Abend Egidii.

Doctor Cubito Hofe legen den Abendt erschienen und all die fenster zuworffen; do haben der Doctor und sein Vicarius wiederumb heraber geworffen und ein Schmedeknecht hart ans Heupt gesetzt und Doctor Cubito hat mit einem Armborst geschossen; do sein die Herrn und Vicarien, auch etzliche Thuemschueler von S. Niclaß ihnen zu Hulffe gekomen und die Leien mit steinen verjaget.

Sept. 3. Sonnabendts nach Egidii ist ein Mann zue S. Michael gestorben mit nahmen Churdt Pattensen, dieweil er ahne beicht[1] und Sacrament verstorben, im Banne gewest, hat der Pfarrer ihnen nicht wollen begraben; do sein die gantze gemeine zugefahren und haben ihn begraben und der verlauffen Munch, der des Oelschlegers tochter hat, ist der erste gewest, der zugegraben hat und gesprochen uff Teutsch, alß er die ersten drey Schuffel erden auf ihn geworffen: Von Erden bistu geworden und zu Erden mustu wieder werden. Im Nahmen deß Vaterß, deß Sohnß und des Heiligen Geistes Amen. Do haben sie den todten begraben, und alß er begraben wahr, sein sie alle frawen und Mann uff die Knie gesessen und ihr gebet gesprochen. Do ist der Pfarrer zugekomen und gesagt: Lieben Frunde, was unterstehet ihr euch, sehet zue, das es euch nicht gereue. Daruff hat ihme ein Weib geantwort und gesagt: Lieber Herr Pfarherr, es ist jo ein Christen-Mensche gewest, worum solt man ihn nicht begraben, und sein also domit von dannen gegangen.

Alß der Pfarherr solchs der Thumbpröbstey Official geklagt, hat ihne der an M. g. H. Official Doctor Werbeck remittiret, der ihme gerathen, das er folgendts Sontagk nicht sollte circumiren und ihnen eine freundliche Vormahnung thun, das ihr Kirchhoff entweiht, darum konte er nicht mehr umme hoff sprengen, auch keinen Todten doruff begraben.

Do hat ihm des Oelschlegers Sohn, ein halbwachsner bube, hierauf geantworttet: Ja lieber Pfaff, wir haben ihn dahin begraben, wolt ihr ihn da nicht leiden, so grabe ihn uff und grabe ihn unter den galgen. Do hat ihn der Pfarherr auß der Kirchen heißen gehen, do hat des Oelschlegers Kersten Nestlers[2] gesagt: Heist Du uns uß der Kirchen gahn, hastu uns doch nicht heißen, hereiner gehn. Do ist vom Volke ein rumohr geworden und haben diese beiden buben gestraffet, do sein sie auß der Kirchen gegangen. Alß nun der Pfarrer solchs anderweit geklagt bey den Officialen, do haben sie ihnen gesagt, er sollte mich derhalben ahnsuchen, doruff ich ihnen gesagt, ich konte ahne der Rethe befehlich daranne nicht thun, ich wolts ihren Gnaden und g. anzeigen; was

---

1. Im Mstr. steht „bericht".
2. Hier fehlt wohl „Tochtermann", der oft genannte Gabriel.

mir zur Antwort wurde, sall ihn unverhalten pleiben, sich dornach zu richten.

Es gehet das geruchte alhie zue Magdeburgk und ist wahr, das die von der Schulenborg und sunderlich die von Angern[1] Hans und sein bruber und schwartze Albrechts sohne den von Magdeburg etzliche wagen uffgetrieben haben, nemlich Bastian Guterman, ‖ Heldrungen und Kunigßperg dem Kupfferschmede, darum das sie den Dechandt ufß maul geschlagen und das sie ihren Hern ungehorsam gewurden.

Es sein auch vor Magdeburgk vier Pferde genommen am vergangen freytage zue Abendt oder Sonnabendts zue Morgen einem burger Ahnsorgen genant, und haben ihm ein sohn mitgenohmen und wechgefuhret. Der allmechtige Gott fuegß zum besten nach seinem göttlichen willen! Amen.

Uff Sonnabendt nach Nativitatis Mariae sein alle brey Rethe zusampt den hundert Man|nen und Schöppen den gantzen tagk zue Radthause gewest umb dieser und ander sach halben, zum aller hertesten geradtschlaget, kam ein gerucht in die Stadt und an sie ufs Radthauß, das einen ihrer burger mit nahmen den jungen Ahnsorgen bey Olvenstede[2] vier Pferde genommen und ein shun mit wechgefuhret wurden, welch sie noch törichter gemacht. Dornach umb Vesper Zeit sein brey Kauffknechte von Eißleben und Manßfeldt hieher wieder anheimß gekummen, die auch dem Rathe der Altenstadt bericht gethan, das sie gesehen, wie etzlich merdlich geschutze im Manßfeldischen ‖ lande vorhanden sey und etzliche tapffere rustung zugericht werden, die sich vornehmen lassen, es gulde vor Magdeburgk etc. Welchs sie noch unsinniger in ihren Radtschlegen verwirret hat. Man sagt, es sey endlich beschloßen, das alle diejenigen, so solt wollen vordienen, teglich durch die Trummenschleger außgeruffen sall werden, sollen sich bei Clausen Tolwichen und andern der Stadt Capitener einziehen lassen. Man sagt auch alhie in einer gemeinen rede, das die Altsteter 500 Reuter und 200 Knechte kurtzlich zu sich einnehmen ‖ werden, mit den und ihren eigen Volcke uff ihre beschediger zu suchen.

Montags nach Nativitatis Mariae haben die von der Schulenburg lvi Wagen in die Altestadt gesandt, uff der Thumbpröbsteien, auch bey

Sept. 10.

Sept. 12.

---

1. Kirchdorf nördlich von Magdeburg im Kreise Wolmirstedt. Die von der Schulenburg waren vom Erzstift mit dem Schloße zuerst 1448 belehnt. Schwarze Albrechts Sohn soll wohl heißen, daß dieser der sogen. schwarzen Linie des Geschlechts angehörte.
2. Olvenstedt, Kirchdorf westlich von Magdeburg im Kreise Welmirstedt.

Knickebein und Thuritzen Weiffen auß der Stadt zu laden, und waren bereit bei den zwo wagen voll geladen. Alß solchs die Burger innen geworden, haben sie die zu beladen wagen wieder abezuladen gedrungen und musten die wagen allesambt unbeladen auß der Stadt fahren, den sie weinig spottischer Wort gaben, musten die armen ‖ Leute vor gut nehmen.

Uber diesem thun sein die burger der Altenstadt innen geworden, das Knickbein und Thuritz den Weitzen verkaufft hatten. Do sein sie vollendt toll und töricht geworden und haben Knickebein gefengklich angenommen in Jacob Röbels deß Schneiders Hause, da hinein er ihnen wahr entlauffen, und Thuritz entrante ihn mit einem klöpper biß in die Subenborch und auß der Subenborch den Roßfuhrt hinabe und also nach Berge hinwegk muste er den burgern entfliehen, sie hetten ihn anders erschlagen oder ja zum ‖ weinigsten gefangen.

Sept. 13. Dienstag hiernach sein der Radt von Magdeburgk mit den Ihren zum Hertzogen Hinrich von Brunschweig[1] geritten und in der Mittwochen nacht zue zwölff schlegen kamen sie wiederumb; was sie aber ußgericht, ist noch heimlich, wirt aber woll mit der Zeit fuhr die Leuthe komen. Es lassen auch die von Magdeburg söcke und spitzen an die Wagenburg machen, darzu alle Stellmacher und Zimmerleut musten erbeiten, auch alle schmiede, die zu beschlahen und beschwern.

Sie haben auch auf bemelten Dinstag ‖ ihre gantze und halbe schlangen butzen bey der Steinkulen[2] uber Olvenstebte beschossen und rustig gemacht.

Es hat auch ein Radt 4 hundert knechte angenommen und einschreiben laßen, geben jeglichen uff seiner werckstete zu pleiben, biß man ihr bedarf, ein wochen 3 gl., und wen sie außziehen und so balbt sie vor das thor kommen, soll ihr solt angehen.

Sept. 15. Der Radt der Altenstadt hat ufn Donrstag des achten tag Nativitatis Mariae angefangen den wall zwischen S. Ulrichs und dem Schrotorffschen Thore[3] zuvorhögen, ‖ darzue alle Burger ihre weib, Kinder und gesindt, auch schueler und bettler teglich nachpuer bei Nachpuer helfen muffen.

Sept. 21. Am tage Matthaei zue Abend blieb die predigte nach[4], das in etz-

---

1. Herzog Heinrich der Jüngere. Ueber die Verhandlung s. Hülße S. 329 ff. Auch mit Fürst Wolfgang von Anhalt knüpfte man Verhandlungen an; s. unten.
2. Die Steinkuhle, ein Steinbruch, lag nach Olvenstedt zu, wo jetzt die nach ihr benannte Straße liegt.
3. Beide Thore im Westen der Stadt.
4. Mit einem Gottesdienste am Vorabende des Festes des heil. Moritz (22. September) begann die Herrenmesse, der Hauptfesttag in Magdeburg, bei welchem

lichen und hundert Jahren nicht mehr geschehen; ein Barfueßer Munch
sollte geprediget haben, wart gewarnet, daß sich die burße auff faule eyer
hatte gerichtet; do gingk er wieder zu Closter und das Volck, 3 oder 4 tausend
wahren, hueben an zu singen die deutsche Psalmen und giengen zuletzt
auch davon. ‖ Also fingk man die Heremissen mit demselbigen gesange an.

Am Tage Mauritii, auch vörigen tag Matthaei wart von den Sept. 22.
krahmern, wie vormalß geschehen, nicht gefeiret: es laufften, vorlaufften
ein Iderman, auch erbeiten die Handwerkßleute in der Stadt, das vohr-
malß ungehort.

Uff den tag Mauritii wardt das Heiligthum, wie von Alters, nicht
geweiset, gingk zumahl schabll auß.

In der nacht S. Mauritii wahren bey den 30 loser buben dem
Probste zu unser lieben frawen in seinen Weingahrten¹ ‖ gestiegen und den
all und gar abgeschnitten und gahr jemmerlichen zurissen.

Dem Abtte zu Berga ist dergleichen geschehen in seinem Weingarten
noch grosser schade und viel ander leuten ihr obst abgerissen fast in allen
gahrten, also Evangelisch werden die buben itzunter alhie zu Magdeburg.
Gott bessers durch seine grundlose barmhertzigkeit!

Am Dinstage nach Mauritii eben in den Heremissen ist durch Georgen Sept. 27.
der Keyserlichen Maytt: und des Regiments bothen ein Mandat oder
Citation einem Erbarn Rabt der Altenstadt uberliefert², darauß ‖ ein Rabt
und gantz gemein fast hart wieder die Geistlichen in Zorn, neidt und
haß bewogen, das gar nach ein sollich rumohr uber die ergangen wehre,
das nicht unleidelich.

Donnerstag nach Mauritii haben meins g. H. Räthe mit den Alt- Sept. 29.
stetern zum Saltza einen tagk gehalten, da ließen sich 2 Thuembherrn mit
nahmen Herr Johann von Meyendorff und Her Johann von Walwitz
zue diesem handel nicht sehen noch gebrauchen, das die von Magdeburgk
erfaren und hart uff sie geschulten, alß sie ihre Horcker gewest sein.

‖ In diesem Handel liessen sich die von Magdeburg des Keyserlichen

das Heiligtum gezeigt wurde. Daran schloß sich der damals 8 Tage dauernde Markt die Herrenmesse.

1. Dieser Weingarten lag auf dem Terrain zwischen der jetzigen großen Kloster- und Heiligen Geiststraße, sowie oberhalb der Fürstenwallstraße.

2. Der kaiserliche Bote Georg Alber überreichte beide Mandate, das des Reichsregiments vom 6., unterzeichnet in Abwesenheit des Statthalters von Georg Truchseß, Grafen von Waldburg, und das des Reichskammergerichts vom 10. September. Beide waren ziemlich gleichlautend. Hülße S. 335 teilt das zweite Mandat im Wortlaut mit, ebenso die von Georg Alber gegebene Bekenntnisurkunde über die Auslieferung der Schreiben an die beiden Bürgermeister. Das Mandat enthält die gegen die Magdeburger von seiten des Kardinals erhobenen Beschuldigungen, die eine gute Ergänzung zu dem Berichte des Möllenvogts geben.

manbats gantz und gar nichts hören, hatten allein umb radt und beistandt gebeten des Marggrafen¹ halben, was aber beschloßen, ist mir nicht wissend.

Sept. 23. Freytags nach Mauritii musten die gemeine von Kalbe² ihren alten Burgermeister Hansen Herman mit Hansen Philipsen, die ein radt uff derselbigen gemein bedrangen Sonnabendts in³ den Heremissen hatte mussen gefenglich setzen des Ochsen halben, davon uber alle Landt bißher gesungen ist. Sie musten auch Georgen Hermans seinen bruder seins S. 146. gefengtniß wiederumb mit bemelten gefangen ahn allen entgelt loeßgeben.

Dieß ist nun von den Räthen M. g. H. uff mein Bastian Langehanses beklagen also erkandt, quod sunt germani mei, ergo iustitia mediante eosdem liberavi et steterunt mecum Matthaeus Volckmar, maritus filiae meae, et Georgen Strun, maritus sororis meae, cum Moritz Woygen, patruo meo, in castro Calvensi.

Lorentz Böbbeker, ein burger zu Kalbe, der uff den E. Radt fast sehr geschultten hatte, und alß er derhalben zu Burgerhanden gebracht und noch S. 147. burglich gewest, hat er in Arnimbß Hofe bei der Federnputzen⁴ und im Stadtkeller sich offentlich lassen hören, da Leute gnugk bey an und uber gewest, also lautende: man sollte noch einen galgen uber den andern bawen und Hansen Herman zusampt Georgen seinen bruder an den uberften hangen, dann sie wehren Schelcke und vorreterisch Ochsendiebe; darumb ist er vom Rathe gefenglich gesatzt worden.

M. g. Hern des Cardinals heimverordnete Hoffräthe haben im Handel S. 148. besprochen, das bemelter Lorentz, so er gnuglichen kan verburgen, einem E. Radt gnuglichen Abtrag zuthun und Hansen Herman und seinem bruder, auch Hansen Philipß des rechten zustehen, und wes zu rechte erkandt, soll ehr herinnen gnugsam verburgen, darumb zu pflegen.

M. g. H. von Stolberg⁵ hat auch die gantze gemeine in straffe genomen biß an unsern g. H. den Cardinal, das sie I. Churfstl. g. solchs sollen verbueßen nach ihrer gnaden erkentniß und die Anleiter der andern

---

1. Auf dem Tage zu Salze baten die Magdeburger das Domkapitel um seine Vermittelung bei dem Kurfürsten Joachim von Brandenburg, erreichten aber nichts. Hülße S. 334. Groß-Salze ist eine Stadt südlich von Magdeburg bei Schönebeck im Kreise Calbe.

2. Calbe an der Saale, Kreisstadt südlich von Magdeburg. Auf dem dortigen Schlosse wurden häufig Landtage gehalten.

3. Dieses „in" ist sicher unrichtig, denn die Entlassung der Gefangenen erfolgte schon am Freitag in der Herrenmesse (23. September). Es ist demnach jedenfalls zu lesen „vor" den Heremissen.

4. Eine Gasse in Calbe, die Federpfütze, erst vor wenigen Jahren mit Badergasse bezeichnet.

5. Graf Botho von Stolberg war Hofmeister des Kardinals und spielte in allen diesen Händeln eine große Rolle.

sollen in besunderheit s. Churfstl. g. ‖ Abetrag thun, dergleichen den gefangnen, die loß gegeben, soll der gefengnuß halber kein wandel und
Abetrag nach J. Churfstl. g. auch geschehn.

Alß der Burgemeister solchs abzubitten vermeinet, wart ihme von
seinen gnaden geantworttet, das die gemein vor sollichen meineidigen
Ungehorsam sollten ungestrafft bleiben, da wurdt es J. Churfstl. g. in
keinem wege hinkommen lassen, und seind also Radt und gemeine mit
grosser confusion abgescheiden.

Dornach den andern tag haben M. g. H. Hoffräthe beschaffet, das
etliche burger alß ‖ Hans Huboldt selb vierdte sein gefenglich angenommen
und zu burgen Handen biß zum Abetrage gebracht.

Alß nun die andern Burger solchs vernommen, das die Jenigen, so
gantz hart darzu gedrungen, das ein Radt die bemelten hat müssen gefenglich setzen anschan, do sein ihrer wol bey 20 burgern entlauffen
und abegetretten, was in dieser sachen mehr geschehen, findt man klar
in den actis der sachen. Der Almechtiger Ewiger, guetiger, barm-
herziger Gott gebe seine göttliche gnade darzue, das die ‖ unschuldt nicht
untergehe und biß Alles zue einem glückseligen guten ende, domit das
böse liebt, daranne viel frommer Christen geschmecht, gedempfft, muge
kommen. Amen[1].

1. Der ganze Abschnitt über die
Unruhen in Calbe ist nicht klar. Es
handelt sich hier wieder um das Lied
vom Ochsendiebe. Dr. Neubauer hat
im Montagsblatte der Magdeb. Zeitung
1892 Nr. 26 diese Vorgänge zu erklären
versucht und zieht noch 2 urkundliche
Nachrichten heran, die sich auf das
Spottlied beziehen. Die erste lautet:
„Endlich, so läßt der Rat (der Neustadt)
zu wissentlichen, daß jedermänniglich in
ihrer Neustadt unserm gnädigsten Herrn
Tag und Nacht besingen und vor einen
Glockendieb ausschreien. Es werden
auch in demselbigen Schandliede der
Hauptmann zu Calbe und der Richter
daselbst, auch der Möllenvogt zu Magdeburg und viel andere meines gnädigsten Herrn Unterthanen verschimpfiret
und besungen, welches doch wieder in
der Sudenburg noch alten Stadt so
offentlich noch nie geschehen; wie sie
ihren Pflichten und Gehorsam hierinnen
nachgehen, ist offentlich am Tage." (A.
Cxst. M. II. Nr. 626.)
Die zweite Nachricht ist eine Urkunde
des Klosters Gottesgnaden bei Calbe
vom 13. Juli 1541 (Cop. 113 im Königl.
Staatsarchiv), welche besagt, daß das
Domkapitel dem Kloster eine Glocke, die
eine Zeit lang im neuen Stift zu Halle
gehangen hatte und dann der Domkirche
in Magdeburg geschenkt und zugestellt
worden war, auf des Propstes ernst-
liches Bitten aus dem Grunde, weil
das Kloster übel mit Geläut versorgt
war und die betreffende Glocke anfänglich im Kloster Gottesgnaden gewesen,
wiederum hat zukommen lassen. Dafür
verspricht das Kloster diese Glocke zurück-
zugeben, falls kein Klosterleben mehr
sein solle oder die Klöster durch Krieg
zerstört werden. Wegen der Wegführung
dieser Glocke, die wahrscheinlich mit
Ochsenwagen geschah, wurde der Kardinal Ochsentreiber genannt. — Auch aus
Aken an der Elbe hatte der Kardinal
eine Glocke wegführen lassen. In Calbe
erregte jener Vorfall großes Aergernis
und gab Anlaß zu den Unruhen. —
Die Glocke von Gottesgnaden wollte
der Kardinal bei seinem Weggange aus
Halle mit nach Mainz nehmen, aber
das Domkapitel kam ihm zuvor und

Sept. 24. Sonnabendts nach Mauritii ist der Amstorffer[1] der newe Pfarrer zu S. Ulrich zu Magdeburg in sein Posseß gesetzt, ein schön groß hauß, da etwan Hans Wulf, der von Magdeburg Feind[2], innen gewohnt hat, beschaffet. Es ist ihme auch selb Vierdte die Kost ein Jahr verdingt um 60 gulden.

In dieser folgenden nacht zwischen den Sonnabendt und Sontage S. 152. sein die von ‖ Magdeburg Ein E. Radt der Altenstadt in der nacht umb einen schlagk außgereiset hin nach Gaterschleben[3] auß den Ursachen, wie man sagt alhie zue Magdeburg, das ein Radt W. g. H. Graffen Wulffgangen zu Anhaldt etc. an ein Ort bescheiden, mit S. F. G. in der guete gehandelt und gebeten, das sein furstliche gnade die andern Fursten, Graffen, Ritterneßigen und gantzen Adel wolte zusamen vorschreiben mit ihnen sich zu underreden ihrer Notturfft nach; obs aber durch s. f. g. gewilliget oder abgeschlagen, ist mir noch zur ‖ Zeit verborgen und unbewust. S. 153.

Okt. 2. Sontagß nach Remigii haben Doctor Eberhardt Whytensehe und Magister Marcus[4], der Pfarherr zu S. Peter, eelichen beigelegen und Jeglicher ein Jungfraw genommen zu der ee, das vormalß alhie zu Magdeburg kein Gewohnheit gewest. Der Fritzhanß wirdt auch schier ein fein junges Mäblein nehmen, ist ihm gelobt biß uffß bylager et proficiat illis; der Pfaffen wundsch ist anders, die sagen: Es gesegens ihnen der Teufel etc.

Okt. 1. ‖ Es ist auch vorgangen Sonnabent alhie zu Magdeburgk und sonder- S. 153. lich in der Altenstadt ein so grausam rumorisch wesen vorhanden, das die gemeine, so es Gott nicht sonderlich abgewendt, mit den Geistlichen ein sölchen Zugriff thun wurde, der vor sie ubell sein wollte. So sein auch alle Handtwercke uff allen Gildehöfen, dergleichen die gemeinen burger uff dem Radthause und uff dem newen Kauffhause, auch auff des heiligen geistes hofe mit gantzer macht beieinander gewest und allesampt uff die

---

brachte sie also nach Gottesgnaden zunächst zurück. S. Hoffmann, a. a. O. 2. Aufl. I. S. 456. Hertzberg, Gesch. der Stadt Halle II. S. 166.

1. Ueber Nicolaus von Amsdorf s. Rettner, Clerus Magdeb. S. 171. Herzog, deutsche Realencyclopädie und Allgem. Biographie. Er war Professor in Wittenberg und einer von Luthers besten Freunden. Ueber seine Ankunft in Magdeburg sagt er in einem Briefe an den Kardinal vom 1. August 1525 (A. Erzst. II. Nr. 619): „Als ich uff Michaelis irst vorschieben hirher gen Magdeburg kommen bin."

2. Hans Wulf hatte eine lange Fehde mit der Stadt Magdeburg. S. Hülße S. 314 Anm. 2.

3. Neugattersleben an der Bode unterhalb von Staßfurt. Das dortige Schloß gehörte der Stadt Magdeburg seit 1363.

4. Marcus Scultetus. Ueber die Heiraten der Magdeburger Geistlichen s. Hülße S. 316 Anm. 2.

1524.

S. 155. ‖ Pfaffen und Munche gedröschen, lermen uber sie geruffen mit viele treulichen wortten gesagt: So ein Radt nicht mit Ernste wieder sie trachten wurde, daß sie gemeine Stadt fur dem Keyser und gantzem Reich auß sölchen nöten, dorin sie die mit ihren grossen Luegen zu fueren unberstunden, zum allerfurderlichsten wieder abewenten, woltten sie dermassen uff sie tasten, das sie Gott danckten, das sie muchten der Thor reumen,

S. 156. und wen es die Wege erreichte, solthen sie dannoch nicht ehe hinaußge‖lassen werden, es wehre den vorhin ihren burgern alles das Jenige, so ihn neulich abgeplundert, uff den eussersten Pfenning wiederumb von den Munchen und Pfaffen dargelegt und bezahlet, mit mancherley wuesten reden, so ein Radt diß wie bemelt nicht verfolgete, wolten sie etzliche des Radts, die dawieder sein wurden, ahne leitern zu den fenstern hinauß setzen. Alß solchs an den Radt der Altenstadt gelanget, hat sich Clawß Storm der

S. 157. Burgermeister zu den gemeinen hauffen in eigener ‖ Person verfueget und sie mit solchen worten angesprochen: Ersamen lieben Burger, alle die Jenigen, so bey dem Rathe und dem Wort Gottes bleiben wollen, die richten alle ihre Hende uff wie ich. Alß er nu erstlich seine Handt uffhielt, haben die andern alle dergleichen ihre feuste auffgerichtet, dornach hat er sie mit tröstlichen wortten angesprochen: Lieben burger, alles was ihr an einem E. Radte begehret, darin will sich ein Radt dermassen

S. 158. erzeigen, das ihr alle darab ein gutt ‖ gefallen tragen sullet; und hat ihn domit ein gunstig urlob gegeben, derwegen die gemeine burger itzund so gar toll und rumorisch grimmen und trotzen, das es zuviel. Der gantze Radt der Altenstadt Magdeburg haben sich stadtlich uff das Capittelhauß jegen den Abendt zu den Hern ein Hochwirdigen Capittels verfueget und alba ein geraume lange Zeit verzogen, was aber albo verhandelt, ist mir verborgen; wes sich nu hierunter hinfurter begeben wird, steht in gott-

S. 159. lichen gewalt. ‖ Montagß nach Remigii hat der Radt der Altenstadt von Okt. 3. der Union gantzer Clerisey und von allen Pfaffen begert, das sie sich ins Burgerrecht mit Schosse und aller unpflicht begeben sollen, oder sie wollen ihn alle schutzunge, so sie ihnen mit brieffen und siegeln etwan vorschrieben, gantz undt gahr uffsagen und loeßkundigen, mit viele andern beschwerungen, die ein Erbar Radt wieder sie angezogen sollen haben den gantzen tagk uffm Capittelhause. Do haben sich die Herrn eins hochw. Capittels, so viel der alba gewesen, wie man sagt, erboten kegen den E.

S. 160. Radt, sie wollen sich recht nachparlich ‖ und freundlich kegen sie halten und leib und gubt bey ihnen lassen und zusetzen.

Es haben auch ein hochw. Capitell ihnen zu gefallen uff den folgenden Dinstag M. g. H. hofestuben uff M. g. H. Ertzbischofflichen hofe Okt. 4.

laſſen reine machen, alda auch hin die gantze Unio[1] verbottſchaffet, da ſie alleſampt biß zu hohen Mittage handelten, was beſchloſſen, wirdt hienach folgen.

Es gehet die gemeine rede uberlaut alhie zue Magdeburg, das die gemeine einen Radt hart angeſprochen haben und an ihnen begehret, das ſie der Cleriſey die ſchutzung, ſo ihnen etwan vom Radt und gemeiner Stadt ſtahtlich mit brieffen und ſiegeln verſchrieben, abkundigen und loeßſagen ſollen.

Hierauß haben E. Radt der Altenſtadt drey tage zu Radte gangen uber ſolcher Loeßkundigung, und weil ſie befunden hetten, das alle Articfel, ſo im Keyſerlichen Mandat oder Citation durch etzliche Thumbherrn angegeben, wolten ſie auch wiederumme von gantzer Cleriſey alles ſchadens, ſo ihnen darauß erwachſen möchte, relevirt und ſchadeloß gehalten werden oder ihnen alle ſicherunge und ſchutz hinfurber uffgeſagt haben.

Man ſagt auch in fliegenden reden, das ſich alhie die Thumbherrn, ſo alhie zur ſtedte im Handel geweſt, ſich mercflich und hoch kegen den Radt der Altenſtadt ſollen entſchuldigt haben; darauff ſolle geantworttet ſein, es wiſſe ein Radt und gantze gemein, das drey von den jungern Thumbherrn daß ſpiel treiben ſollen, und werden von gemeinen Hauffen in ſolcher Verdacht gehalten Ehr Johann von Meyendorff, Er Johann von Walfitz und Er Bartram von Breda[2]. Furder gehet das Rumohr under dem gemeinen Pöfell, die ſich laſſen hören, die ſachen werden vertragen, etwan wie ſie wollen, ſo werden doch die itzt bemelten drey Thumbherrn vor der gemeine nimmermehr ſicher in der Stadt Magdeburg bleiben mugen, wie ſie ſich ihrer unbeſcheidenheit nach vornehmen laßen.

Es haben die neuen Pfarrer in der Altenſtadt am jungſt verſchienen Sontage am Tage Egidii[3] uff der Cantzell offentlich laſſen hören, daß ſie hinfurder keinen Menſchen mehr mit der Oelung beſuchen wollen, dieweile das kein Sacrament, auch in keiner wolgegrunnten göttlichen ſchrift bewert ſein ſall.

Sie wollen auch keinen krancken hinfurter mit dem Sacrament wie

---

1. Die Union ſämtlicher Geiſtlichen.
2. Johann von Meyendorf, Johann von Walwitz und Betram von Bredow waren die heftigſten Gegner der neuen Lehre. Johann von Walwitz, der 1552—1554 auch Dekan war, hat auf das Domkapitel bis zu ſeinem Tode immer einen großen Einfluß gegen die Einführung der Reformation ausgeübt.

S. Hertel, Die Einführung der Reformation in das Domkapitel. (Programm des Pädag. zum Kloſter U. L. Fr. zu Magdeb. 1895.)
3. Von neuerer Hand iſt übergeſchrieben Dionyſii, was wohl richtig iſt, denn Egidii fällt auf Sonnabend, Dionyſii (9. Oktober) auf Sonntag.

vorhin besuchen, besondern vor einem jeglichen krancken Meß halten und das Testament in beider gestalt ben krancken, so he des begehret, reichen.

Es sall auch zu ben Todten nicht mehr geleutet werden, die freundschaft und nachbauren sollen ihre todten in stille mit frembden begraben und nach dem Begrebnuß mit Dancksagung ihr Gebett zue Gott sprechen, auch Gott loben und ehren, das er ihren Christlichen brueder von diesem betruebten Jammerthal zu sich in sein ewiges Reich genommen hat, und also wedder anheim gehen und das Ihre warten, domit alle Vigilien, Seelmessen, Memorien etc. nebdergeleget sein bleiben sollen.

Die ubersten von der gemeine haben auch den Radt der Altenstadt in der vergangen wochen in sachen wieder die Geistligkeit zue mehrmahlen uff bem Rathhause ersucht und zulezt beschließlichen und mit ernste von wegen der ganzen gemeine vom Rathe begehret, bas sie uber das Wort Gotts und das angefangen Evangelische regiment ihres hochsten fleißes halten sollen.

Haben auch begehret den Jenigen, so in Kirchen, Stiften und Klöstern gewalt gethan und derhalben gewichen, solches ohne entgelt zuverlassen, dieweil sie es dem Wort Gotts zue erhaltung vorgenommen und sich unberstanden, und das die auch wiederum in ihre vorsichert sein sollen, das wollen sie alß mit ernste gehabt haben. Und so etliche unter ihnen im Rathe wehren, die dawieder sein wolten, die wolle die gemeine des Radtstuels entsetzen und andere fromme Liebhaber in ihre Stadt kiesen und verordnen. Daß Wordt von der gemein wegen hat gehalten Heine Alemann[1].

Daruff der Radt ihnen diese antwort gegeben, das alle Personen des Radts unter sich guet einigt wehren, sie wolten auch uber dem Wort Gottes einhelliglich und mit fleiß halten, darumb sollte sich die gemeine derhalben zufrieden geben, es sollte bey ihnen kein mangel erspurt und befunden werden, ihrem begehren nachzugehen.

Die von Meideburgk den mehrern theil rühmen sich und sagen, das Gott sein götlichs wordt selbst versechte und haben dem Herrn Dechandt, m. gnedigen herrn von Leißnick seligen, auß einer besondern straffe hingenummen, das er die von Magdeburg unbilliger weise bey andern Fursten und Herrn und sonderlich bey u. g. H. dem Cardinal soll angegeben haben mit dem anhangk, es werde Gott die andern Thumbherrn, die sie dermaßen umb des Wort Gottes willen verfolgen und bey dem Churfursten zue Brandenburgk und andern vorgetragen, auch dermaßen

---

1. 1527 erscheinen zwei Heine Alemann, der eine als Bürgermeister, der andere als Kämmerer, im Rate; der Bürgermeister dann noch öfter. Die Familie gehörte zu den reichsten und angesehensten in der Stadt.

straffen, das sie selbst fallen werden mit mancherley reden, die mir zu schreiben zu langk. Dergleichen ruhmen sich auch die gemeine der Altenstadt, das etzliche ihrer Burger in hauffen mit dreyplötigen buxen zu Leipzig gewest, welche zum theile von des Hertzogen¹ reutern, die uff der straße gehalten, angesprochen mit befragung, wem sie angehörten, haben sie geantwort: whr sein von Magdeburgk. Darauf weiter gefragt, ob sie auch Jemandts mit gerüste angeritten hetten, da sagten sie: Nein; darauff ihnen endtlich solle von denselbigen reutern befohlen sein, sie solten frölich hinziehen, ihn wurde niemandts kein leidt thun. Es wehre ihn auch dermassen ergangen mit weiteren ruhmen, das den von Magdeburg in allen Herbergen zu Leipzig von allen Kauffleuten auß allerley Landtschafft groß lob und preiß nachgeredt und gegeben sey, das sie so getreulich uber das wort Gotts durffen halten.

Es gehet auch alhie zu Magdeburg ein ruhmretig geschrey und gerüchte, wie das M. G. H. der Churfurst zu Brandenburgk vor acht oder zehen tagen ungefehrlich mit alle seinem Adel und Ritterschafft zum Berlin einen Landtag solle gehalten haben und also ernstlichen geboten, das alle die Jenige, so den von Magdeburgk etwas uffgetrieben oder genommen, uff den eussersten Pfennig sollen wiedergeben, und hernachmalß soll auch niemandts mehr in seinem Churfurstenthumb und allen breien Marcken uff die von Magdeburgk keine Zugriffe mehr thun, auch niemandts der ihren berauben oder berauben lassen, auch nicht andere leute uff die von Magdeburgk beschedigen bey Verlust leibß und guets, mit anhengenten wortten, es sey dem Marggraffen der schertz gereuen, dann es habe ihm bereit etzliche tausent gulden abgetragen, das der Handel und ihre Fuhrwagen durch Luneburger und Braunschweigische landt getrieben und gefuert sein. Daß diß wahr sey, so ist der Kastner Donnerstages nach Egidii zue Magdeburgk beim Rahte persönlich erschienen und alda auß befehl Churfstl. g. zugesagt, ihren Burgern, so sie ihn ansuchen wurden, alles, was sie verlohren, wieder zu schaffen. Darauff mich die Neusteter, sie gleichmessig am Kastner zu vorschreiben, gebeten².

Man redt auch zue Magdeburg offentlich, das die von Leipzig Hertzoge Jurgen zue Sachsen³ gar hertiglichen und mit einem Dranckfal sollen genöthigt haben, den Handel und die straße von Magdeburgk, darahne die andern Hauptstete mit schweben, in keinem wege zu versperren auß Ur-

---

1. Herzog Georg der Bärtige von Sachsen.
2. Diese Angabe von Langhans ist unrichtig. S. Hoffmann, a. a. O. 1. Aufl. II. S. 90.

3. Herzog Georg hatte dem Kardinal bei der Hochzeit von dessen Neffen Joachim von Brandenburg in Dresden seine Unterstützung gegen die Magdeburger zugesagt.

sachen, so Leipzig an ihren Mercten beschwechet und der Handel kegen Erfordt oder ander örtter geleget, so wehre Leipzig zue grundt vertorben, das ihnen in keinem wege leiderlich. Hierumme sey der Hertzoge auch viel anders sinnes worden kegen die von Magdeburgk, den er gewest, und sein die Magdeburgischen trotzlicher und trotziger, den sie vor je gewest sein.

Es lassen die von Magdeburg nicht desto weniger teglich uber die drey schock Menschen in ihren Stadtgraben ihre Stadt zu befestigen erbeiten, zwischen S. Ulrichs und dem Schrotorffschen Thore, wie den augenscheinlich zu besichtigen ist.

Die von Magdeburgk haben auch den Syndicum ihrer Stadt Doctor Leonhardum Mertz, mit einem des Rads selbfunffte[1] uff die angesetzet Termin vor Kayserlichem Kammergerichte, auch vor den Regenten und Stenden des Reichs zu verantwortten kegen Eßlingen abgefertigt mit weitern befehlich, wie in geheim alhie davon geredt wirdt. So ihne alda nach ihrer Stadt besten nicht gelingen wurde, alßbann soll er sich von stundt furder zue Keyserlicher Mayestät mit seiner Credentz und einer merck[l]ichen Praesentz oder geschenck verfuegen, alda ihrer notturfft nach ihrem besten außzurichten. Er ist uff Sonnabendt an S. Dionisius Abendt dieses 24 Jahres wegk geritten, wes es fur gueter newer Zeitung wiederumb bringen wirdt, wollen wir mit der Zeit wol erfahren.

Ein Radt der Altenstadt lassen auch fast starck blockheuser uff ihre Meuren und welle setzen, domit sie sich desto baß erwehren mugen, so ein Heerlager vor ihre Stadt kehme.

Hinter dem Mölnhöfe, da sie den graben in die Elbe gemacht haben, und sunderlich auf das quermeurlein zwischen der Sudenborch und der Altenstadt Mauren, da sie die erden abgestochen uber dem sumpffe bei der Zogebrucken, do haben sie ein blockhauß gesatzt und den uff der mauren fort hinter Wettendörfe und Arnstetten Höfen noch 2 blockheuser uff die Mauren gesetzet, wie den augenscheinlich zu besichtigen; ist alles geschehen umb Bartholomäi dieses 24 Jahres.

Item in den newen Wellen haben sie etzliche gewelbe verschuttet und auch auf denselbigen wellen große blockheuser geleget, wie am tage zu besichtigen.

Sontagß nach Francisci hat der Johann Fritzhanß sein wirtschafft und ehelich beylager gehalten.

Dinstag nach Galli sein zween Barfusser Munch auß dem kloster

---

1. Es waren die Rechtsgelehrten Dr. Bartholomäus Jungermann und Dr. Stefan Gerden, der Ratmann Hans Lohr und ein Sekretär.

getretten und sich in weltlichen Habyt bekleidet, soll der eine[1] ein gar geschickter Mann sein, den sie zu allen Capitteln ihres Orrens pflegen zu
vorschicken und gebrauchen.

Ott. 25. Am vergangen Dinstage nach Severi hat der Rabt der Altenstadt in
einem gemeinen Baurdinge laßen abekundigen, das alle Burger ein Jeg- S.178.
licher soll haben eine ‖ buchse vom gantzen Centner, vom halben und vom
Viertel eins Centners, darnach ein Jeder an seiner Nahrung reiche sey,
und sollen damit uff den Mauren, Thörmen und Wellen ein Jeder seine
staht halten, dahin ein Jeder verordnet ist, uff welche Zeit sie gefurdert
werden, ein Rabt will sie ihnen laßen gießen, es sölle ein Jeder speise
von alten Keßeln und töpffen zu hulfe brengen[2].

Es hat auch ein Rabt der Altenstadt fur dreyen wochen ungeferlich
einen Meister alhie zue Magdeburgk gehabt, der wiße Mölen zu ‖ machen, S. 179.
die ein Mensch sall umbziehen mit seinen henden und damit so viel meel
teglich machen, das davon hundert Personen Jahr und tagk enthalten
sollen werden und solliche Mölen die Burger sechse, achte, v, vi, weniger
oder mehr, bornach sie reiche sein, unter sich machen und erbawen laßen.
Ich bin auch bericht, das ein Rabt mit demselbigen vorbemelten Meister
in verhandlunge sein geweßt, er habe auch zu thun vorheischen, das er die
Elbe vor dem Bruckthore wolle einfaßen und uff den Altenfteter marckt
in einem Röhrkasten laßen außlauffen und allda wieder einfallen, ‖ under S. 180.
sich lauffen laßen und in allen gaßen der Stadt laßen außspringen in
Röhrkasten so starck, das alle burger darauß backen und brawen sollen
und zu alle ihrer notturfft gebrauchen.

Dergleichen hat ein Rabt der Altenstadt mit ihren Stadtgeschworen
im Rabtschlage gehabt, das sie ihre Stadtgraben wollen unterscheiden an
sechß oder sieben stellen und in iglichem orthe sunderliche fischereyen
in der Stadt nutz machen, auch in denselbigen Stadtgraben funf oder
sechß Kornmölen, eine Walkmöle und eine Papyer‖Mölen durch denselbigen S.161.
meister laßen setzen oder hencken und bawen mit dem anhange, sie wollen
die Waßer mit rädern uber alle die Stadt eingießen laßen, so sollen auch
sustent in den Stadtgraben viele gueter springk sein, die auch darzue
helfen sollen. Der Meister ist wieder heimgetzogen, man sagt er sölle uff
newen zukunftigen Rabts Zukunfft sich hierher legen Magdeburgk heuslich
besetzen und ins Rabts Dienst und gantzer gemein begeben[3].

1. Er hieß Antonius; s. den Brief
Langhans' an den Kardinal vom 29.
Oktober 1524.
2. S. denselben Brief.

3. Auch dies berichtet Langhans in jenem
Briefe. Eine solche Waßerleitung wurde
in der That 1534 zu bauen angefangen
und nach längerer Unterbrechung 1537

1524.

Anno Domini 24 auf heute Freytag am tage Simonis und Judae Ott. 28. hat Appollonia, Hennings Könen Tochter von Soltwedell, ein groß starck Harkater mit Kathrinen aus der Neustadt geporen, innigen Hanß Rubinß maget am vergangen Sonnabende in Herr Jochim Klitzings hofe einen gantzen tagk wein und bier gesoffen und sein die nacht do geblieben, wie sie sagen, in der Köchinnen kammer bey einander geschlaffen, das doch nicht frommer mechte ahrt ist.

Die Appolonia hatte dem Herrn Probste von Hamburg bey den CX. fl. an golde und an Muntze aus seinen Kasten gestolen, die alle wiederbekommen unter der Messen und bey ihr befunden in ihrem beutel biß auf 3 oder 4 fl. nach.

Am Sontage nach Omnium Sanctorum hat des Munnichs weib Nov. 6. zu S. Michael mit andern Weibern, eben alß zu S. Michael Kirchmeß gewest, Michel Götzen Kindt, das in der Fiberei vorm Bruckethore geborn und zu S. Michael gestorben, vor Mittage begraben mit ihrer selbst gewalt ahne des Pfarrers willen und vulbohrt, daruber der Pfarrer sehr geklagt, das meinem gnebigsten dem Herrn Cardinal geschrieben und angezeigt.

Nach diesem begrebnuß haben dieselben weiber die Mutter zu diesem Kinde gehörende, die desmalß eine Sechswöchelrinne gewest, ahne des Pfarrers Zuthun in die Kirchen hinein gefuhrt, sich mit dem Wasser besprengt und also wieder hingegangen.

Die gantze Gemeine der Neustadt Magdeburgk haben dies Jahr M. G. H. dem Thumbprobste seliger gedechtnisse[1] das gemeine Weidegeldt S. f. g. zu geben geweigert und sich des getrotzt, daß vor etzlichen hundert Jahren ein Radt und gantze gemeine vom Erzbischoff Dieteriche mit einem Privilegio[2] versorget, daß sie und ihre Nachkommen der Weide zue Rodensehe[3] ganz frey und unbeschweret mit ihrem Viehe zu ewigen gezeiten betrieben sollen, des sie darnach mit Römischen banne von einem Römischen Thumbprobste davon gedrungen und haben sich mit demselbigen Thumbprobste und gantzen Capitel zu Magdeburg in einen verschriebenen Vertragk gegeben, welchen Vertragk ein Ertzbischof mit bewilliget[2]. So ist auch ihr Privilegium in dem Vertrage nicht cassiret noch wiederrufen, und obgleich ihre Vohrfahren zu derselbigen Zeit von dem

vollendet, doch hatte sie nicht lange Bestand. Besonderes Verdienst um diese Anlage hatte der Bürgermeister Jacob Robe. S. Hoffmann, a. a. O. 1. Aufl. II. S. 163.

1. Fürst Magnus von Anhalt, Dompropst 1516—31. Oktober 1524.

2. Die Urkunde des Erzbischofs Dietrich ist nicht mehr vorhanden. Der Streit kam bis an den Papst, der für den Dompropst entschied 1403. S. Magdeb. UB. I. Nr. 823. II. Nr. 5.

3. Kirchdorf nördlich von Magdeburg im Kreise Wolmirstedt.

Privilegio nicht gewußt ober auß Unvorstandt ober vorgessenheit dasselbige vorleget und nicht vorhanden gehabt, soll ihnen ihres Verhoffens unschedtlich sein. Ich habe aber alß ein Mölvoigt in diesem 24 Jahre der weiniger Zal dahin geredt, daß sie M. G. H. Thumbprobste das itzt vortagete Weidegeldt entrichtet und gegeben haben und nach der betzahlunge haben sie uff ihre verhoffliche recht den Regenten deß Thumbprobsts hinfurder kein Weidegeldt unerkantes Rechten zu geben loßgekundiget und abegesagt.

Gleichmessig haben die von Frosen der Neustadt[1] so weit von Alters von den Wohnheusern daselbst Rauchpfennig einem Hochw. Capitell bei der Parhe gezeben, diß Jahrs gentzlich geweigert und außzugeben versagt.

Das gemeine Pöfell auß der Alten- und Neustadt laufen auch teglich den armen Jungfrawen zu S. Agneten in ihrem Werder[2] zwischen beiden Elben, dergleichen M. G. H. dem Thumbprobste in S. g. Werder zu Rodensehe, howen selb gewaldiglichen grosse burden Holtzes, tragens heim teglich sagente: Es sollen der Christen gueter gemein sein etc. damit die armen Kinder uff grossen beschwerlichen schaden gebuld tragen mussen.

Sich enthalten auch itzt in der Neustadt Henrich und Andreas Ketzow, die Hansen Wulffen vordrythen[3] und kegen Bardeleve[4] gefenglich haben helffen fuhren. Sich enthelt auch einer doselbst Jacob Wythun genant, hat ein Mutter in der Neustadt, der die von Zerbst beschediget, das sie ihn 140 fl. geben musten. So ist auch Jacob Mertens, den der Probst zu Lehtzla und sein ganzer Orten sechß hundert und z fl. geben musten, nach viel gethanen schaden und mordbrande[5]. Bey diesen Heubtbuben enthalten sich noch 4 oder 5 andere dießes bösen Handwercks, welche zu sich ziehen alle lose verlauffene Vorterber, die hin und wieder in allen landen sachen zu haben vormeinen, rathen den, schreiben ihn und schaffen hin und wieder so viel Unglimpffs, das ich deme nicht alle geraten kan, weil ein Radt und gantze gemeine darzue nichts thun noch vornehmen.

Es sein itzt von diesen gesten ein Hochw. Capittel, auch M. g. H. Furst von Anholt zue Dessaw, ein Radt von Mölhausen, auch Hern Arndt Beudewitz und viele andere, des ich noch nich alles erfahren, bedrawet und mit beschedtlichen Schrifften angetastet[6].

---

1. Frohse war ein Dorf zwischen Magdeburg und der Neustadt, welches zwar 1372 vom Erzbischof Peter der Neustadt inkorporiert war, aber doch noch häufig in den Quellen als selbständiger Ort genannt wird.

2. Der Agneswerder unterhalb der Neustadt.

3. Vielleicht zu lesen: „vorrieten". Vgl. oben S. 182.

4. Barleben, Dorf nördlich von Magdeburg, Kreis Wolmirstedt.

5. S. oben S. 158.

6. Ueber alle diese Fehden ist nichts

Der Radt der Altenstadt hat itzt neulich uber alle andere angefangene gebew zwene newe Stakeht im Stadtgraben bey S. Ulrichs
Thore, eins unden am walle im graben und das ander recht oben uff
dem walle angefangen, wie vor augen zu besichtigen. Sontags nach
Nicolai ist ein Priester vom Altar gejaht, mith Sneeballen[1] wardt er Dez. 11.
geworffen, das er entlauffen muste.

S. 191. ‖Dergleichen ist auch der Herrn ein zu unser lieben frawen frue morgens eben des tages, alß das Gebot geschehen den bettlerklöstern, das
sie zuberschlossen stehen solten, auch vom Altar gejagt, mit außgetzogen
messern bedrawet wurden und hat einer den andern gehalten, er sollte
zufrieden sein und sollich nicht thun und der ander hin und schluck in die
Steinen Thör gleichwoll mit grossen schelten und fluechen sich hineinzu-
nötigen, daruber der Herr sein angefangene Messe hat nachgelassen und
ist davon gegangen.

S. 192. Dieselb welbige muttwillige lose bursse ‖ hat alhie zue Magdeburgk
zum Thume auch in ander kirchen und Klöstern die Sprengkessel umb-
geworffen, vulgemachte töpffe, todte Katzen und alte federn und kalck
darin geworffen.

Sie thun auch sandt und Kalck unter das geweihete saltz in Klö-
20 stern und Beginenheusern.

Am Donnerstage nach Katharinae ist ein groß Stein zum fenster Dez. 1.
hinturch geworffen zu den Barfueßen bey hellem tage und wahr ein
gahr nach uber dem Altar todt geworffen, das viel burger haben gesehen,
S. 193. die hinaußgelauffen auß der Kirchen‖ haben aber niemandts kont antreffen
25 noch ersehen.

Zue S. Michael hat ein Weib ihren Pfarrer offentlich einen Esel
geheißen vor allem Volck. M. g. H. hatte dem Rathe in der Neustadt geschrieben, er sollte sich seines predigens enthalten, das sie im Krafft der
Commission und laudt derselbigen Schrift verboten.

30 Do hat er sich uff die gemein beruffen, was die ihme hieß und
riethe, er des wolte sich halten. Derhalben haben die gemein an M. g. Hern
S. 194. geschrieben, was sie fur antwort erlangen, werden sie wol befinden. ‖
Dieser Paulus, ein verlauffener Munch, der sich bey der Teiderinnen alß
ihr ehelich gemahl, wie man teglich an Kleidern und allem thun sieht,
35 sich thut enthalten.

Er predigt nach wie vor, lest sich uffm Predigstuel offentlich hören,
ihme verwundere gantz sehr, das ein Radt in der Neustadt sich mit einer

bekannt. Namentlich ist nicht zu ersehen, hausen für Streit hatten.
was diese Leute mit der Stadt Mühl- 1. Im Mskr. steht „Suerballen".

so losen Zöbel[1] lest abeschrecken, er wolle dannoch predigen und wens allen Teuffeln leidt wehre.

Es gehet das gemeine geruchte uber alle drey Stete, das er das alte Weib die Teiberinnen zu der Ehe werd nehmen und es ‖ soll bereit klar iha sein.

Dez. 15. Dem Grawerte ist am Donnerstage na Conceptionis Mariae anno 24 Drewes Luxes, eins Radtmanns tochter in der Neustadt, zu der Ehe gelobet, ist, wie man sagt, ein Meidlein von 16 Jahren et proficiat sibi.

Es hat auch mit mir geredt Gabriel frawen Vater, der ein Delschleger ist zue S. Michael, und seinen Söhnen, das ihn itzbemelter Gabriell entschuldigt der Uffruhr im Thume halben mit dem Herrn Dechandt und Lampen, das er aber ein Pauler Mönch zu S. Paull gelugen gestrafft habe, ist er nicht in Abereden. Zeiget auch an, das der Burgermeister Storm sein gueter freundt sey und sey in seiner wirtschafft gewest, er habe ihn getreulich lassen vorwarnen, er solle woll zusehen, ihm sey eine Kappe zugericht.

Auf Anregen eins E. Rads der Altenstadt Magdeburgk ist Hans Weichmann vom Rathe in der Neustadt gefenglich in M. g. H. Cardinals sicher geleite gefenglich gesatzt, und alß er wolte sterben, haben die Altsteter bewilligt, daß er ‖ in sein Hauß geschworn und dornach gewilligt, das er in der Neustadt muge hantelen und wandel, aber auß der Rinckmauren soll er nicht komen[2].

Wiewol ihn genanter sein Churfrstl. Cantzler und den g. Adolffen von Hagen dar geschicket und gebieten lassen, er solle ahne allen entgelt seins gefengknis loß getheilet werden uff einen ziemlichen kurtzen Urfriede, des sich der gefangen auch bißher geweigert, stehet darumb also ahn. Es ist alhie zue Magdeburg uber Doctor Zorch[3] viele clagens, wie er zu Eßlingen viel trefflicher Lugen uber die von ‖ Magdeburg vortrage, aber es solle ihme der Syndicus gar tapffer begegnen und wie Hans Lor kurtzlich anheims komen werde, der werde erst sie recht unterrichten, wie die sachen stehen fur des heiligen reichs regenten.

Man sagt auch hie, das ein Marggraf von Baden[4] itzt solle Stadthalter sein und der habe ein eigen Evangelischen Prediger und ligge im

---

1. Das ist der eben erwähnte Brief des Kardinals.
2. Vgl. A. Erzst. M. Nr. 626 im Kön. Staatsarchiv zu Magdeburg.
3. Soll heißen Zcoch, welcher Kanzler des Erzbischofs war und seine Sache in Eßlingen gegen die Magdeburger führte. S. Hoffmann, a. a. O. 1. Aufl. II. S. 85.
4. Markgraf Philipp von Baden war Statthalter.

Barfuesser Kloster zur Herberge und alda lasse er teglich uff gut Lutterisch predigen und solle das Volck zu Eßlingen fast mercklich sehr zulauffen.

E. 199. ‖ Es sollen auch haben das Evangelium angenommen die von Reutling, das sey nur 3 meil von Eßlingen und halten alda auch Evangelische Messen etc.

Dergleichen rühmen auch die von Magdeburg sich des Fiscalß[1] unter den Regenten des Reichs, den er solle auch, wie sie sagen, guet Evangelisch sein, und werde ungezweiffelt dem Wortte Gottes nicht abefallen.

Anno domini 1525 am Sonnabendt nach Epiphaniae Domini Jan. 8.
E. 200. ist ein falsch Muntzer uff der Mersche vor der Altenstadt gebrandt worden und sein helffer einer ist zue Egeln[2] gebrandt worden, und noch ein burger auß der Altenstadt ist auch in ihrer Geselschafft gewest, Lorentz Bein genant, ist vorfluchtig geworden; diese haben vor acht Merckische groschen so viele Blech gekaufft, das sie vor x fl. muntze auß gemacht und damit Landt und Leubte betrogen.

Es sein in dieser vergangen nacht, ehe dieser armer Sunder gebrandt, etzliche Zedeln an der brawer Hoff[3] geschlagen alhie in der
E. 201. Altenstadt und in dem ‖ newen Scherren[4] sein auch etzliche gefunden, in welchen Zedeln solten verzeichent etzliche Muntzmeister, die auß einem grossen Jochimßthaler sechs Merckische Orttgroschen sollen gemacht haben, und es ist die gemeine fast irre darauf, das die Armen gestrafft und die Reichen frey durchgehen.

Der Grawert hat am Sonntage des neuen Jahrestage Anno 25 wirtschaft gehalten mit Drewes Lucas Tochter auß der Neustadt uff der Pfarr zu S. Jacob.

Es hat ein Hueffschmiedeknecht in der Neustadt zu S. Niclaß und zu
E. 202. S. Agneten ‖ am Sontage vor Thomae auch an S. Thomastage geprediget. Dez. 18. Dez. 21.

Dornach hat Meister Hans der Neteler am Christage geprediget[5] und bornach ein Kliptenmacher ist ein Pfaff gewest, man sehe das ende an.

---

1. Der Reichsfiscal war Dr. Caspar Mert. Derselbe war der evangelischen Lehre zugethan und betrieb deshalb die Sache gegen die Magdeburger sehr nachläßig, wie der neue Geschäftsträger des Kardinals, Otto Roßwurm, am 17. März 1525 an seinen Herrn berichtet. S. A. Erzst. M. Nr. 618 im Kön. Staatsarchiv zu Magdeburg.
2. Stadt an der Bode im Kreise Wanzleben.
3. Der Brauerhof lag hinter der alten Ratswage, jetzt die Pionierkaserne am Victoriaplatz.
4. Die heutige Scharrenstraße.
5. In einem Briefe an den Kardinal vom 25. Dezember berichtet Langhans (A. Erzst. M. II. Nr. 619), daß bei der Predigt des Huffschmieds über 3000 Menschen zugehört hätten; wirdt sere gelobt vom gemeinen volcke, man saget, er werde morgen auf Sanct Steffans tage aber alda predigen. — Es hat auch heut ein Neldener, meister Hans genannt, in der Altenstadt Magdeburgk uf der Spigelbrucken seßhafftig[.]

Städtechroniken. XXVII. 13

Nachdem Herr Steffen ein Pantoffelmacher hat auch in der Neustadt geprebiget.

Es ist allhie zue Magdeburgk ein gemein Gerüchte, wie das zu
Berlin ein Doctor Pauler ordens in Kegenwertigkeit des Churfursten zue
Febr. 2. Brandenburgk solle geprebigt haben am tage Purificationis Mariae,
und alß er uff Paulum den heiligen Apostel sehr gescholten || und seine wort
sich mit der schrifft zu bewehren erboten, ist er uber die Cantzel mit der
brust stilschweigende behangende blieben und also gestorben. Alß solchs
die Marggrävin gesehen, habe sie dem Churfursten gesagt: Gnediger
Herr, Nun sehen e. g., wie trefftig das wordt Gottes ist; ich rathe, ihr
wollet nummer verfolgen. Do habe der Churfurst geseufftzet und sey von
ihr gegangen. Ecce miraculum magnum Domini, qui pugnat pro
verbo suo sanctissimo omnibus finibus terrae, ille nos bene-
dicat. Amen[1].

Febr. 12. Am Sontage nach Dorotheae anno Domini 25 hat Doctor Mel-
chior folgendts Montags[2] beygelegen || und Simon Meurers des Seilers
tochter zue der Ehe genommen et proficiat sibi. Es haben sich viele
Leute daran geergert und ihme solchs ubel außgeleget.

Man sagt auch alhie zue Magdeburgk, das Doctor Martinus
Luther dem Amstorffer solle geschrieben haben, das zwen Juden zue
Wittenberg sein gefangen, die ihne zu vergeben unterstanden, was mit
dem soll vorgenommen werden, wirt man mit der Zeit erfahren.

Febr. 3. Freitags am Tage Blasii sein etzliche burger von der gemeine irre
geworden uff die zwen Barfuesser Munche, die uff dem Marckte || nach den
Almusen gestanden, und haben sie vom Marckte heißen gehen, daß sich die
Mönche beschweret, und unter söllichem getzencke kompt der Burgermeister Westphal[3] mit zu und untersaget den Burgern, wolte auch, das
die Mönche da stehn solten mit gewalt. Do nötigten sich die burger

zweene Sermon gethan vor Essens, zwischen acht und newnen sal her in der
Neustadt zcu Sanct Agneten das Irste
Capittel Pauli ad Titum gepredigt
haben und nach Essens umme zwölffe
hat her zcu Sanct Getruden in der
Altenstadt auch ein Sermon gethan.
  1. Diese Worte sind wohl ein Zusatz
des Abschreibers.
  2. Diese Zeitangabe ist unklar: die
Hochzeit des Dr. Melchior Mirisch fand
statt Montag den 6. Februar. Zu derselben war auch Luther geladen, er
konnte aber, wie er am 18. Januar an

Amsdorf schreibt, wegen eines Fuß-
leidens nicht kommen. Dieser Sache
erwähnt auch Langhans in dem Zettel,
den er seinem Briefe an den Kardinal
vom 26. März beilegt. Dieser Zettel,
wohl ein Bericht an die erzbischöflichen
Räte in Magdeburg, muß am Sonntag den 5. Februar geschrieben sein,
denn der Tumult, der wegen des Bar-
füßermönchs am „negest vorgangen freytage" entstand, war am 3. Februar.
  3. Heinrich Westphal zuerst Bürgermeister 1510, gestorben 1532.

mit unnutzen wortten, bebraweten ihn auch zu schlagen den Burgermeister itzt bemelt, des sich der Burgemeister kegen einem E. Rabt von stundt an hat thun beclagen. Do sein die Burger uffs Rabthauß gefurbert, solten burgen setzen, woltens stracks nicht thun, und als nun die Viere vom Rathe etwas langk uffgehalten uffm Rabthause, haben sich die ‖ gemeine Burger über drey oder vierhundert gesamlet und den gantzen tagk uffm Marckte gestanden und die viere vom Rathe ohne entgelt mit gewalt abgefurbert und gelöst[1]; respice finem, was hierauß werden will.

FINIS.

Haec scripta sunt per Henricum Findemannum Soltquellensem, Vicarium S. Sebastiani Magdeburgensis ex antiquo et obscuro exemplari. Anno Domini 1601.

1. S. den Zettel zu dem Briefe des Möllenvogts an den Karbinal vom 26. März 1525.

Beilagen.

Urkunden zur Historia des Möllenvogtes Sebastian Langhans.

I.

Langhans an die erzbischöflichen Räte[1].

1521. Juni 23.

Erwirdigen achtbarn hochgelarten wirdigen gestrengen und Ernvehsten herrn. Meyne gehorsame gantz willige und unverdroßen dinste seint Ewern achtbarn wirden und gunsten allezceit zuvor. Gunstigen herren. Ewer achtbar wirden schreiben, das sich Einer hewt acht tage an dem Sontags aber under- prediger alhir im Thume mit Scheltworten vorgriffen haben solle, derhalben folgendes Montags wyder denselbigen gesellen briefe an die kirchthoren an- geschlagen mit begehr, Ewer a. w. und g. des eygentliche erkundunge zw schreiben etc. habe ich Inhalts irleßen und gebe daruf e. a. w. und g. dinst- lich zu Irkenn, das diß thun Irstlich Ern Heinrichen Wettendorfs des Elderen Summissarien der kirchen zw Magdeburg etc. unechter Sohn erwagt und ist zwsampt Einem korthesanen, der in desselbigen Ern Wettendorfs hofe zcur Herwerge leyth, gedachten prediger Irstlich im Paradiße im Thume ange- kommen und haben ym vil unnutzer worth gegeben, gekettzert und sich mit ym biß in sein hawß geschulden, welchs er allewege mit gelhmpf und guthen worthen vorantwert, auch das volgt, das dobey gewest, mit bethe ufgehalten, damit er weitern ufruhr vorwarth hat. Wer aber diejhenigen gewest, die volgendes Mitwochs frwe die brive angeschlagen, habe ich bißher nicht er- fahren mogen, wil aber nochmals mogelichen fleiß vorwenden, das awßzcu- richten und Ewern a. w. und g. bey eigner botschaft unvorhalten zwschreiben, welchs ich e. a. w. und g., den ich in gehorsam allezceibt zwdienen vorpflicht byn, zcur antwort nicht habe bergen wollen. Datum Magdeburgk Vigilia Johannis Baptiste anno etc. xxi.

E. A. W. und G. W.

Bastian Langehans Mollen-
Voith zw Magdeburg.

---

1. Diese und die folgenden Briefe finden sich in dem Altenstück A. Erzst. M. II. Nr. 617 im hiesigen Königl. Staatsarchiv.

II.

Das Domkapitel an den Cardinal.

1524. August 17.

Hochwirdigister in got vater, durchlauchtigister Hochgeborner furst und Herre. Ewirn Churfürstl. gnaden sind unser innigen Gebethe zw got mit underthenigen gehorsamen und gantz willigen dinsten alle Zceit zuvor bereit. Gnedigister Churfurst und Herr. Uff unser gethan schrift haben wir e. Churf. g. antwort entpfangen und yr begirlich ansynnen und trewen Rath von e. Churf. Magdeburgischen kirchen nicht liederlichen zwsslihen oder die- selbige zwbeben alles forders inhalt vernommen, und fügen e. Churf. g. doruff undirthenigklichen zwwissen, das es e. Churf. gnaden gentzlich dofür sollen halten, das wir nyhe willens gewest, auch ungerne thun wolten, uns ane merklich ursachen von e. Chur. g. kirchen abezwwenden und by zuver- lassen, dann wir wol abenehmen konnen, das solchs uns nicht alleyn, sun- dern derselben e. Churf. g. zw abebruch, nachteil und unverwintlichen schaden, auch e. Churf. g. zw merklichem Hon und schmaheit gereichen wurde, haben uns auch bißher mit sehrlicker unsers leibes und guts schwerlich gelieden, wie wir iczt noch thun und ufruher und oberfalles tegelich besorgen müssen. Und hat sich sind unser Jüngst an e. Churf. g. gethane schrifft alhir zw Magde- burgk begeben, das der Rath der Aldenstad ein offentlich edict gethan und im Buerdinge hat verkündigen lassen, das nymandes wider yre angenommene krigerischen missen, die sie evangelisch nennen, und andere ihre ceremonien sprechen noch reden solle bey des Raths straffe und willor, dorumb sie auch etliche bereit in straffe genommen, und sind durch vorletzunge und anretzung yrer krigerischen prediger es gemüthes, in den clostern in der Aldenstad und bey uns dy predigten und missen gantz abezwbringen und nyderzwlegen, dann der Grawhardt an vergangenem Sontage zw Sand Jacob geprediget und offintlich gesaget, wie das Worth gotis durch Bluth vorgissunge müste ge- handhabt und vorteydinget werden, ane das were es unnutze, er sehe wol, das der Rath nichts darzu thun wolde, die gemeyne muste selbs mit ernste dorzu gedencken, das die Mönche und pfaffen außgetrieben und geslagen wurden, domit yr heycheley und falsche predigitt nochbleiben möchte, dann es were unnützlich, das eyner bawethe und der ander wider nyderbreche, durch solche und vill andere anretzung aller yrer prediger das gemeyne Volck bewogen wurden, das sie desselbigen Sontages und dornach am tage Assump- tionis Marie im barvothen und Pauler clöstern zwene brüder und prediger yres ordens irstlichen mit yren ketzerischen gesengen in der predigit turbiret und dornach offintlich geruffen: Monch du lewgest, sie gehönet und ge- schmehet, auch zwlezt mit fawlen eyern und steynen zw ynen eingeworffen, das sie von den predigtstuhlen haben entlauffen müssen, ym nochgeschrien: Monch Hanrey, Monch Hanrey, der Wolf der lewfft, der Wolff der lewfft, und haben dy bilde eyns teyles mit ine auß der kirchen mit hinwegk ge- nommen und zwslahen, doran sie nicht gesetiget, und ist der loße hawffe, dy die ermel voll steyne gelessen, noch dem Thume gelawffen und sich vornehmen

lassen, wu unser prediger wurde auffsteygen zwpredigen, wolten sie yne vom Predigkstuhl oder doruff mit steynen tod werffen, und sein unber der Vesper mit grosser anzcall uff den Chor gekomen, von dem Thurificiren und andern Ceremonien und gesange yren spot getrieben, doselbst hat unser Sandmeister
⁵ vom Chore abegehen wollen, das er vor grossem gebrange nicht wol hat thun konnen, dann eyner im wege gestanden, der nicht gewichen und ursache zw widerwille und ufruhr gesucht und mag yne der Sandmeister villeicht ane geseher an den arm angeruret und gestossen haben, das er vor arg angenommen, geflucht und gescholden, ym auch zw beleydigen und zwslahen offint-
¹⁰ lich bedrewet. Als die personen noch der Vesper auß dem Chore gegangen, ist der Sangmeister doruff gebliben und sich verborgen, haben sie seyner mit eyner grossen anzcall gebeytet; als sie yne nicht gesehen, sind sie in den kreutzgang E. Joachim Klitzing, den sie vor den Sandmeister angesehen, nochgelauffen, yne zwbeschedigen, dem sie doch nichts gethan. In des als
¹⁵ unser g. herr der Thundechand in der Capellen Sancti Sebastiani gegen dem chore ober uff der treppe mit Ern Albrechte von Arnstede und dem Doctorn Cubiten unserm Theologo und prediger gestanden und befohlen sich des predigens beßmals zwenthalden, ist der Sandmeister von dem Chore in dieselbige Cappelle gelawffen, dem dy loßen buben mit grosser vorsamelung
²⁰ eylende nochgevolget, und wu er durch unsern g. herrn Techand und Ern Arnsted, die oben an der Treppe stehende blieben, mit guten Worthen, wie sie gekont, mit grosser fahr und feherlicheit yres leibes und lebens, darunder sein gnade uf den mund geslagen und ihm sein röchel¹ zwrissen, nicht ufgehalden und abgeweißet, das her hinwegk gekomen, hetten sie ynen zw tode
²⁵ geslagen, und ist eyne merckliche grosse ufruhr und geschrey in der kirchen durch die loßen Buben, der bey fünff oder sechshundert gewest, die den Sandmeister gesucht und todslahen haben wollen, das es unsegelich. Als sie yne nicht oberkomen, haben sie auß muthwillen alle Lampen im thume frevelich entzwey geworffen und zwslagen, auch eyn steynern bilde unsers herrn Christi
³⁰ eyne misericordia genant mit gewalt von der Wand gerissen uud uff stucke geworffen. Sie hetten auch das bilde Sancti Mauritii von Alabaster gehawen uff dem altare Sancti Johannis Baptiste mitten in der kirchen stehende auch zwnichte gemacht, wu es yne von redelichen lewthen nicht were gewehret worden, und dyweile sie den sprengelessel nicht umbwerffen konden, haben
³⁵ sie yne vol unflots getragen. welche ufruhr, gewalt und frevel der regirende Burgermeister Claus Storm mit anderen vil bürgern und vorwanten des Raths, dieweile die kirche voller Volcks gewest, angesehen und doch nichts dorzwgethan, domit das unsynnige thorichte volck were gestillet worden, ist abezwnehmen, wie auch rüchtig, das es yne nicht leydt gewest. Und ist die lob-
⁴⁰ liche Ertzbischofliche kirche leyder violiret und also geunehret und geschmehet worden, das es zwsagen und zwerfuhren clegelich. Dornach sind sie wider in das Paulercloster gelawffen, doselbst dy bilde von den altarien und tafeln abegerissen, zwslagen, auch vil mit sich zw eynen spot hinwegk getragen, dorumb ihrer leyner gestraffet wurden, vorsehen uns auch, das es ein bestalter reyen
⁴⁵ gewest seyn soll, und wu der Sandmeyster oder eyn ander von uns mit der

---

1. Chorrock steht in einem andern Aktenstück.

thab angegriffen und beleybiget, es were domit kein ufhören gewest und zubesorgen, das an uns und gemeyner Clereſey ein gros mordt und todſlag begangen were worden, dan ſie beylewftig zcweyen ſtunden in der Kirchen als die wutenden Hunde frevel und vil unfuge triben. Solcher und gleichmeſſiger uffruhr und überfalles müſſen wir teglich gewertig ſein und müſſen der urſachen halben das predigen im Thume nochlaſſen, vermuthen uns auch keyner beſſerung, dann dy barvothen und predicatores haben geſtern und heute datum in yren kirchen Januis clauſis celebriren müſſen, darauß E. Churf. g. unſer anligende noth und ob wir urſache haben uns von hynnen zwwenden aber nicht, mögen gnediglichen bedencken. Wir wiſſen auch auß ſchuldiger pflicht e. Churf. g. keynen andern und beſſern rath mittezwtehlen, dann das ſich e. Churf. g. zum allerforderlichſten ane alles vorzihen in eygener perſon alher in e. Churf. g. Stift Magdeburg füge und e. Churf. g. herren und frunde umb trewe hulfe rath und beyſtand zu verteydigung lande und lewthe und zwwiderbringung und vortilgung der groſſen eingeworttelten leyterey, hohemuts und gewalt der von Magdeburg mit hochem fleiſſe anſuche und ſich als ein loblicher großmechtiger landesfürſte, dem ſeyne underthanen in yren anligenden nothen vor unrechter gewalt zuverteydingen, zuhandhaben und zubeſchutzen eigent und geburet, auch der billickeit beweyſe und erzeige; ane das konnen und mogen wir uns in dieſen unſern nothen und oberſchwinden lewften nie lenge und weitter alhir nicht enthalden und müſſen uns auß noth wider allen unſern willen von hynne wenden. e. Churf. g. und uns zw eyner ewigen ſchande, hon und ſchmaheyt, auch e. Churf. g. Ertzbiſchoflichen kirchen zw Magdeburg, die dann provincialis und dy vornemlichſte in bewtſcher nation iſt, zw unvorwintlichem vorterb, nochteil und ſchaden, darauß urſache genommen, das es andern Stifftkirchen in bewtſchen landen auch alſo begegen und in grund zw nichte gemacht werden. Und dyweile ſich dy von Magdeburg teglich mit Heherwagen, leyttern, Buchſſen, pulver, muſterung yrer burger und allem andern zcum ernſte und kriege dienende ſchicken und rüſten, wil e. Churf. g. auß noth dorkegen auch zwtrachten geburen ane alles ſewmen, und wu ſolchs nicht geſchied, iſt höchlich zwbeſorgen, das ſie auß eynem vorſtockten boßen gemüthe e. Churf. g. hewßere und Sloſſere im Stiffte zw Magdeburgk gelegen erobern und einnehmen, die Dörffere pochen, das land verheren und verwuſten, und were alsdann zubefurchten, das ſich dy von Halle und Halberſtad mit andern cleynen Steten in beyden Stiften zw den von Magdeburgk wenden wurden und mochte e. Churf. g. durch ſolche unachtſamkeit, vorſewmenis und vortzog dieſes orths umb lande und lewte komen, das ſunſt in E. Churf. g. gegenwerticleit durch dy hulfe gotes und e. Churf. g. herren und freunde rath und beyſtand ungezwehfelt nochbleiben mochte, dinſtlichs fleiſſes demütiglichen bittende, e. Churf. g. wollen dieſe unſere trewe vorwarunge und ermanunge von uns gnediglichen annehmen und zwhertzen führen, e. Churf. g. eygen nutz, ehre und beſtes ſampt unſer und gemeynes Stifts und der armen underthanen gedeyen und vorterb auß hochem vorſtencnis gnediglichen betrachten und uns in ſolchen unſern ewſſerſten anligenden nothen, dieweile wir ſunſt ober gotliche hulffe kein zwflucht zw ymands wiſſen nicht untterlaſſen, und ab wir uns mitler zceit von hynnen wenden müſſen, des kein miſſefallen tragen, das erkennen wir uns ober unser innigen gebethe alles unsers vermogens alle Zceit mit fleiß zuverdienen schuldigk![1]. Datum zw Magdeburgk Mittwochen nach Assumptionis Marie virginis gloriosissme Anno ec, xxiiii*to*.

E. Churf. G.

unberthenigen und

demutigen Capplan, Techand, Elbesten und Capittel
e. Churf. g. kirchen zw Magdeburg.

III.

Langhans an den Kardinal.

1524. Oktober. 29.

Hochwirdigster in got vater durchleuchtigster hochgeborner furste, gnedigster her. Meyn unberthenige gehorsame stets willige dinste sein ewern churfurstlichen gnaden allezceidt zuvorn bereidt. Gnedigster Churfurst unnd herre, Irstlich thue ich mich E. Churf. g. geluckseligen anheimeskummen höchlich erfrawen mith underthheniger anzceigung, das am negst vorgangen dinstage Eyn Radt der Altenstadt Magdeburgk in eynem gemeynen Baurdinge hat lassen abekundigen unnd gebytten, das ein iglicher Burger, so in yrher Stadt bekessen, eyn yder nach seyner vormegkligkeit eyne Buxen in seyner behausunge das stugk von eynem Centner vor die Reichen, von Eynem halben Centner vor die mittelmeßigen und von eynem virtel eynes Centners vor die gemeynen Burger haben und halthen sollen, damith bey tagk unnd nacht uff die thorme, welle und mauern, dohin eyn yder vorordent ist, wen eyn geruchte wirt oder sie sust gefordert werden, sich zuer were stellen sullen. Es hat sich auch der Radt erbotten in derselbigen abkundung eynem iglichen Burger seyne Buxen gißzen zcu lassen, es sollen alleyn die Burger die Materien von alten Toppfen und kessheln, zovil sie des haben, zcu hulff brengen. Nw geth uff dieß des Radts gebot eyne gemeyne rede, es sey dyß gebott der meynung außgangen, die weyle der arme gemeyne hauffe etwas zcubrengen nicht vormagk, das sie eynen radt auff die glocken in den kirchen zcusampt den leuchtern uff den Altarien und an die Ehrene Sprenkesshele, wie dan auch teglich davon geredt wirdt, wetzeten sölten. Es bauwet auch, gnedigster herre, noch teglich der Radt in der Aldenstadt an yhren wellen, legen auch große starke Blockhewsser uf dieselbige yhre welle unnd Mawren und haben eyne geraume zceybt her teglich uber die anderhalb hundert Menschen in yrher erbeyt gehabt, wie dan augenscheinlich byß anher zcubesichtigen gewest. Myr ist auch vorgekummen unnd ist war, das itzbemelter Radt eynen fremden Meister vorschrieben hatten, der sich also kunstreich berumet hat, das

---

1. Ueber die hier geschilderten Vorgänge vgl. auch die Instruktion, „waß von wegen meines gne*ten* Heren bey Churfl. und Fürsten, so itzo zcu Dreßen uff der Hochzeit werden beysamen sein, der von Magdeburgk fürnemen halben soll geworben werden". (A. Erzst. M. II. Nr. 617 fol. 149.)

her handtmolen, der Eyne eyn Mensche mith henden zcu malen bewegen
solle unnd domith szovil mels machen, davon vor hundert personen Brodt
teglich muge gebacken werden, unnd wollen sechs acht Burger sulcher molen
eyne vor yhre haußhaltung, wie man sagt, erbawen laßen. Dyßer
Meister ist widder abgescheyden unnd solle sich erbotten haben, er wolle uff
seyn widderkummen, szo es dem rathe unnd gemeyner stadt gefelligk, wolle
her die Elbe vor dem Brugktor auffaßen unnd in eynen Rohrkasten mitten
auff den Aldtstether margkt eynfallen laßen und widder unther sich in viel
ander Rohrkasten uber die gantze Stadt in allenn gaßen vorteylen, das alle
Burger darauß bagken und brawen mugen. Entlich hab ich ouch in er-
sharung, das viel bemelter Radt unther sich in geheyme berabtschlaget sullen
haben mith vorangezceygten Meyster, das sie yrhe Stadtgreben in sechs
aber siben aber mehr teyl zcu unterscheyden bedacht seyn und in iglich teyl
sunderliche fyschereigen zcu der Stadt vorrath vorschaffen, auch funff aber
sechs kornmulhen eyne walkmule und auch eyne papir Mulhen in dieselbigen
underscheydt thun bawen. Es sollen auch vil guther wasserquellen in den
Stadtgreben seyn, darzcu szo wollen sie mith rederen durch desselbigen meysters
kunst die Elbe auch zcu hulff dareyn furen, und dyßer meister solle irstlich
uff zukunftige fasten uff ankunfft des Newen Radts widderkummen und angenummen werden. Es seyn auch in der vorgangen wochen alhie zcu Magdeburg zcwene Barfußer Munche auß dem Kloster abgetreten und wernitligen
habit angethan, under den eyner mith nhamen Anthonius der glarteste, wie
man saget, yrhes ordens zcu dyßer zceydt seyn solle, den sie in alle yrhes
ordens Capittellen vor dem tappfersten sollen gebraucht haben, geth das geschrey, das derselbige Anthonius alle yrhen heymradt in seynem schreyben,
das her widder gemeyn orden zuthun bedrawet, zuvormelden unnd vor-
malelen willens sey etc. das ich E. Churf. g. in binstliger underthenigkeit
meynen Eyden unnd pflichten nach allenthalben nicht habe wust zcuvor-
schweygen unnd denselbigen E. Churf. g. leybes unnd guts ungesparts zcudienen Bin ich uber meyne gethane pflicht gantz gehorsam willigk unnd bereydt.
Datum Sunnabents nach Simonis et Jude anno domini etc. xxiiii°.

 E. Churf. g. undertheniger
   und gehorßamer
     Bastian Langhans.
    Molnvoigt zcu Magdeburgk.

IIII.
Langhans an den Kardinal.
1525. März 26.

Hochwirdigster etc. Ich fuge E. Churf. g. in undertheniger wolmeynung zcewißzen, das Eyn Radt der Altenstadt Magdeburg Eynen Interlocutorien sententz erlangt haben, den yhnen Irher procurator auß Eßlingen zuegeschickt, in welchem Sententz widder Ihr mandat und procuratorium, alß solte es nicht mith bewilligunge gantzcer gemeyne außgangen

seyn, durch E. Churf. g. procuratoren excipieret. Derhalben seyn uff morgen Montag die gantze gemeynheidt der Burger uffs Rathauß solchs Ihr procuratorium zcw ratificiren gefordert, es seyn auch vyehr Burgermeister und etliche Rathern des Neweu und alben Rathes uff negest vorschynnen Sunnabendt irstlich im Barfusern und darnach iu Prediger Closter erschynnen, alda sollen sie mith denselbigen München, wie davon gereth wirdt, gutliche vorhandelunge gehalten haben, das sie sich zcw dem wortt gottes mith Eynem Rathe und gantzer gemeyne bezeben unnd uff die Artickel, so von yhren Predigern ausgegangen, mith bewerter heyliger schrifft gebürliche anbtwordt thun wolten, aber ßo sie der nicht zuverlegen wusten, erfolgen und mithalten. Darauff die Barfuser irstlich zcwo Manet sich zcwbedengken frist und dilation gebeten, sollen sich auch bekandt haben darzu, das sie in etzlichen stugken und puncten geirret hetten, mith erbietunge, sie wollen sich gerne besseren und unther Eins E. Raths schutz und schirm sich begeben, auch entligen beflossen, das sie in ernantben zweyen Manzeyten uff die vorangezceigten artickel mith wolgegrunter schrifft fueglicher und freuntliger weyß anbtworten wollen, aber ßo sie das dermassen nicht erfolgen wurden, alsdann wollen sie sich willigklichen auß Irher Stadt begeben und abscheyden. Die Pauler aber haben vom Rathe uff Irhe beswirligen vorslege trotzigklichen geandtwordt, wen der allerheyligester vater der Bapst mithsampt allen Cardinelen und patriarchen in Eynem gemeynen Concilio oder E. Churf. g. alß Eyn primate in Germanien sulche enderunge besloßzen hetten unnd von inhen des Eyn gemeyne Mandat ausgangen were, alsbannen und nicht ehr wolthen sie den vielbemelten Artickeln und anderen irhen gutlichen begeren und vornhemen gefolgick seynn in trostliger verhoffunge. Eyn E. W. Rabt wurde sie uf sulch Ihr zcimlich und gleich erbiethen in geburliger handthabung nach wie vor erhalthen, darauff Eyn Rath ynen unther anderen viel reden und widderreden beslieslich geandtwordt, wurden sie von Irhen stoltzmutigem vornhemen nicht abestehen und inhen daruber etzliche gewalt von dem loßen pöfel widderfharen wurde, des wolthe Eyn Rath hiemith entschuldiget seyn, darnach solten sie sich zcuachten wißen. Das solchs allenthalben wie bemelt ergangen sey, zceyget ahn, das die Closter uff gestern am tage Annunciationis Marie zcusampt Irhen kyrchen und kyrchoffen feste versloßen zcwgestanden seyn, es hat auch keyn mensch widder prediget, gesangt aber meße alda vernummen, welchs Ich E. Churf. g. meynen Eyden und pflichten nach zcusampt demjenigen, was Ich hirinverwarter zcebelen vorzceichnet, in schulbiger underthenigkeit nicht habe wissen zuvorhaltten unnd vielhochgemelten E. Churf. g. leybes und gudts ungespart zcudienen, erken Ich mich schuldigt und thue es alle zcelbt gerne. Datum Suntags Letare Anno domini etc. xxv°.

E. Churf. g. undertheniger gehorsamer diener

Bastian Langhans.
Mollenvoigt zcw Magdeburg.

Auch, gnediger und gunstige heren, Bitte ich E. g. unnd g. wolthen meynen gne^{ign} herrn dem Cardinal etc. anzceygen, das hewte Sonntages dato dyßes Brieffes Eyn Prediger in der Newstadt Magd., wie mir eyn Rath daselbst hat lassen ansagen, zcw predigen uffgestygen, der sich solle vornhemen lassen, Er kumme von Halle und sey von Irhen Churf. g. alda zcwpredigen vororbent, des ich, dweyl er keyne schriffte oder erleubnis Brive mith gebracht, eyn bedenglen trage, dienstlich bittende, Eynem Rathe und myr gnedigklichen zcu bepfelende, wes wyr uns kegen eynen sulchen umbekanthen prediger hinfur zcu halten haben.

Es ist auch alhir zu Magdeburg in der Altenstabt den Barfwßer Munniche am negest vorgangen freytage von etzlichen gemeynen Burgern uf dem vyschmarglte zcustehn und der Almissen zcw gewartten myth ernstliger ungestümiglheyt vorbotten, und als Inhen vom Burgermeister Wesfall darinnen unthersaget, haben sie dem Burgermeister von stundt uff dem marglte vor allenn leuthen überpochet unde zcu der Erhen gescholten, des er sich alsbaldt uffs Rathaws vor Eynen sitzenden Rabt vorfüget, uber dieselbigen gemeynen Burger sollicher Iniurien beclaget, die der Rabt von stundt uffs Rathaws vorgeforbert, und als der Sindicus, der erst voriges tages wibber anheyms gekummen, Eynem Rathe eyne langtweylige Relacion gethan, daruber dyße gemeynen Burger bys nach Essens uff dem Rathawße behalten, des sie beswerunge gehabt und ahn die gemeyne hynder sich geschigkt, isth von stundt nach der Malzceyt uff dem Albtsteter marglte Eyn grosser Concurs von der gemeyn gewurden und seyn uber die dreyhundert Burger vorsamlet, die dem Rathe ließen ansagen, sie wolthen die Beschigkten Burger, so mith dem Burgermeister Westfale uffrurigk gewurden, ahn alle entgelt wibber vom Rathe haben unde auch wißen, was der Sindicus zuer anbtwordt eyngebracht hette, aber sie wolten sich alle uber die Mawren erhenken lassen, wan Inhen sulchs abgeslagen. Dyß hat sich vom Mittage byß in die finster nacht vorzcogen und ist gar gnauwe anhe wehteren Rumor und auflauf abegegangen.

Es geht auch das gerüchte alhie in geheyme, das Doctor Martinus Luther uff morgen Mantagk zcu abendt doctor Melchars predigers zcw Sanct Johans wirthschaffts gast seyn wyrth, ab her aber gewißlich kome aber nicht, kan ich nicht eygentlich erfharen, das ich hochgemeltem M. gne^{tn} h. underthenniger wolmeynung anzcuzceygen dienstlich wil gebethen haben. Datum ut supra¹.

V.

Langhans an ben Kardinal.

1525. März 30.

Hochwirdigster etc. Ich frage E. Churf. g. in dienstliger underthenigkeit zcwwißen, das sich der pfarrer zcw Sanct Michael vor mir hochligen hat thun beclagen, das in meynem abwesen am negesten Sontage Letare ein Tuchmacher knecht, der eyn verlauffener Munch auß dem Überlande sein soll

---

1. Dieser Zettel, der wohl an die Hofräte des Kardinals gerichtet ist, muß nach den gemachten Zeitangaben am Sonntag den 5. Februar geschrieben sein.

und zcehen jhar ein meßpriester gewesth, widder seyn willen vor und nach
mittage in seiner pfarre zcw Sanct Michael uffm kirchoffe sal geprediget
haben und das auch die Michelischen burger in der vorstadt itzunder aber
eine verstorbene wittewe, die nach christliger ordenunge bey yme yhre be-
5 grebniß hette bestellen laßen, mith selbs gewaldt uff seinen kyrchoff zcube-
graben understanden, und sey itzt das dritte mhael, das sie mith gewaldt die
toden begraben wollen, beclaget sich auch, das die sechs wocherin sich nicht
laßen mhe einleithen, und wen her umb dise stucke mith ynhen redet, so
thuen sie in bedrawen zcw steinigen und ernidirzcuslan, hath mich deshalben
10 gebeten, das ich mith dem Rathe in der Sudenburgk und Sanct Michel
ernstlich wolthe Ampts halben vorschaffen, das sollich frebell und gewalth
hinfurder von den yhren muchten verbleiben. daruff hab ich den Radt der
Saudenburg und zcw Sanct Michel von stundt beschickt und ynhen diße clage
vorgehalten, die mir daruff mith diser andtwordt beiegent: Irstlich die
15 Saudenburger, das sie das gantze Handwergk der tuchmacher in yhren Bur-
hoff derhalben, als sie das erfharen, zcusammen vorheisschet hetten und sich
mith vleiße thuen erkunden, ab sie den prediger wie bemelt gefordert, haben
sich alle meister und gesellen entschuldiget und gesagt, das am vergangen
Sontage Ein gros volck vor dem Stadtthore und Finster pforten sich ver-
20 samlet, die gern zur prediget in der Altenstadt gewest, so seyn die Startthor
verslossen zcugestanden, und als sie lange also in dem drange gestanden und
muchten nicht hinnein kummen, do sey der gantze hauffe Irre geworden, derhalben habe sich der vorbenanthe Tuchmacher knecht kegen sie alle laßen
horen, wolten sie mith ymhe gehen, Er wolte ynhen gotz wordt sagen. Uff
25 sollich sein erbieten sein sie mith ymhe gegangen bey zcweihundert menschen
und haben ynhe gehort, und als her beslossen, habe er gesaget, Er wolte
nach Essens noch Eine cleyne vermhanunge thuen, wers horen wolthe,
mochte sich widder dar sfygen, derhalben sey viel mehr volcks dan vormittage
nach der mhalzceidt dar gekomen, die ynhe gehort. Eß sey aber alles
30 anhe einß Raths wissen nach zcuthuen geschen. So hath der Rath vor
sollicher meinunge des volcks anhe perikel yrhes lebens nicht weren mugen,
mich derhalbenn mith vleyße gebeten, sie kegen E. Churf. g. im allerpesten
zuverschuldigen und vor sie bitten, das sie mith guten predigern muchten versorget werden, uff das kein erger zcufall hirus entstunde, dan ynhe were un-
35 muglich dem gewaldigen hauffen zcwstewren. Aber die von Sanct Michel
haben von stundt, als mir yhr pfarrer der begrebnisse halben geclaget, dweill
die tote wittewe nach unbegraben, so wie vleiß vorgewanth, das die gewaldiger abgestanden und dem pfarrer Raum gelaßen den toden corper zcw begraben; von dem Muthwilligen prediger haben sie sich entschuldiget, das sie
40 damit nichtz zcethunde gehabt, besunder der sey mith dem großen hauffen
gekomen, kegen die sie sich nicht haben mugen uffrichten, das auch weiber
selbgweldigklich in der kirchen uningeleitet, ee die sechs wochen zcu ende ge-
loufen, gegangen, tragen sie seyn wissen, dan sie haben wol gehort, daß
sollichs loße umbesesse nearme betlerinnen sollen gethan haben, die der hunger
45 ausgetrieben, der sie nicht gewaltig. nachdem die Ihm lande hin und widder
lauffen, mith entligen Erbieten, so der pfarrer ymantz wisse, der yhm gewaldt zcwgefuget mith worten und werden, das her die nhamhaftig anzceyge,

die wollen sie neben mir mith ernste gerne helfen straffen, Bitten sich auch hiemith entschuldiget zcw achten, das Ich E. Churf. g. zcw undertheniger underricht, ab sollichs an E. Churf. g. clagebar gelanget würde, nicht habe wissth zuverhalten unnd denselbigen E. Churf. g. viel gehorsamer schuldiger dienste zcw irzceigen, Erkenne Ich mich mich über mein gethane pflicht leibs und guots vorhafft und thue es unverdrossen recht gerne. Datum Donnerstags nach Letare Anno etc xxv^o:

E. Churf. g. undertheniger g. biener

Bastian Langhans
Molnvoigt zcu Magdeburgk.

VI.

Instruction[1], was die Geschickten unßers gnedigsten Herrn an die zcwu stedt Newstadt und Sudenburgk werben sollen.

Erstlich sollen sie zu den Newstettern also reden, daß seyner Churf. g. glaublich furkommen, was großen Muttwillens Ungehorsams und gewaltsamer uberfahrung sich yre Burger Burgers Sohne und gesinde in den Clostern und Gottshewsern selbweldiglich und widder die Geboth und ordnung der kirchen understehen sollen, wie sie auch und ire Weiber zcu Sanct Jacob in der Altenstadt Magd. in beider gestalt communiciren, auch ire kinder deuts tewffen lassen sollen, deßgleichen wie sie auch zcwene vorlauffene Munch zcu Predigern angenommen und sust vil anderen vorlauffen buben bey ihnen haben predigen lassen. — —

Werbung an die Sudenburger.

Daß seinen Churf. g. glaublich angelange, wie etzliche von Irer gemein, auch weiber und kinder sich der Newen uffrurischen secte fast anhengig machen sollen, dodurch Iren selsorger und sunderlich den zcweien Pfarrern zcu Sandt Ambroßus und Sand Michael Ire geburlich einkommen und enthaltunge enzcogen werde und wie denselben durch Becker, Brawer, Fleischer, Ackerleuth etc. sein geburlich Jargelt geweigert werdt, wie auch etzlich vor bezgrebnuß Irer kinder das begrabgeltt nith haben geben wollen. Deßgleichen wie sie eynen vorbantłen Mann selbweldiglich uff den kirchhoff begraben, auch wie die sechswocherin selbweldiglich und uneingeweist in die kirchen gehen sollen etc. Diewell dan dieß alles sich zcu vorachtung aller guthen ordenung Bebstlicher Heyligkeit und key. Matt. Mandaten und edicten, auch seiner Churf. g. uberkeitt zceucht und referirt, tragen sein Churf. g. von Inen nitt wenig beschwerung mit Beger, daß sie darane sein wolten, domit solchs hinfurder von den Iren verbleiben mocht und die pfarner yres einkommens geruglich genießen mugen.

1. Die Instruktion (A. Erzst. M. II. Nr. 626) ist undatiert, gehört aber offenbar in das Jahr 1524.

V.

Von dem Kriege vor Magdeburg,

wie es sich darinnen zugetragen, auch von den Scharmutzeln, so darvor gehalten worden sindt.

Angefangen Anno Domini 1550.
Geendet Anno Domini 1551.

Als Hertzog Heinrich von Braunschweig ein Zeit lanng vor der Stat Braunschweig gelegen mit dem Hertzog Georgen von Mechelburg unnd nichts Schaffen mogen, ist Hertzog Georg[1] mit etlichen Kriegsvolck abgefertigt gegen den Herbst, sich mit denen in die Börde[2] begeben, alda die Bauern im lande geschatzet, mit dem beding, wo sie auffgesatzte Schatzung in zweien tagen nicht entrichten wurden, wurde man allenthalben bernen und zog also erstlich aus fur ein Haus genandt Wandtschleben[3], dasselbige stürmet er dreimal und verlohr bald gar 1½ C Mann davor, wie er aber nichts daran schaffen kunt, stecket er den flecken, so vor demselbigen Hause lag, an, brannbt in gar ab und zog weitter gen Dreyleben, schatzet die Leut sehr, dardurch sie dann hefftig beschweret, lieffen zur Stat, begerten hilffe und beistanbt vom Rath der alten Stat Magdenburg. Als nun ein Erbarer Rath des landtvolcks schwere Burden und Klagen vornamen, nam sich Ir ahn und verschaffe, das in einer Eil ein Hauffen Volcks zusammen kam.

Anno domini 1550.

Sontags nach[4] Mathei zogen die Magdeburger aus mit XII fenb- Sept. 21. lein Landtsknechten, Burgern und Bauern, namen mit sich XII stück feldtgeschütz und etlichen reißigen Zeug sambt irer Wagenburg, zogen aus gehn Holdesleben[5], do dann der feindt vermarcket, das die Magdeburger starck vorhanden, zoge er auf mit seinem heufflein, lieferte denen von Magdenburg eine schlacht. Alß || wie er sahe die Magdenburger so unordentlich herziehen, eilet er nach dem orth, da die Bauern zogen, schlug an, gewahn

---

1. Die Litteratur über den Zug des Hertzogs Georg s. oben S. 30 Anm. 1.
2. Die Börde ist das Gebiet, welches das Erzstift links der Elbe besaß, speziell das zwischen Ohre und Bode. S. Magdeb. Geschichtsbl. III. S. 149. IX. S. 432.
3. Kreisstadt Groß-Wanzleben, südwestlich von Magdeburg.

4. Der Tag S. Matthaei fiel 1550 auf Sonntag. Da nach den anderen Quellen der Auszug am Sonntag erfolgte, so ist das Wort „nach" zu tilgen.
5. Es ist damit jedenfalls Hillersleben gemeint, bei welchem Orte die Schlacht stattfand, nicht die benachbarte Stadt Haldensleben, jetzt Neuhaldensleben, Kreisstadt nw. von Magdeburg.

die schlacht, erobert alles geschütz und was sie mit außgenohmen und wurden also bei II c Bürger und vil pauern erschlagen, auch etliche landtsknecht und reutter und waren III c und etliche Knechte, auch etliche Bürger gefangen.

Wie nun der feindt III tage bei der schlacht Walstat und erobertem platz still ligende bliben, schicket er den dirtten tag seinen Trommeter, ließ die stat anblasen und zog auf mit seinen gantzen läger vor der Stat über bis gehn Schonebeck[1], da lage er 14 tag still, brandtschatzet noch alle die Dorffer, so vorhin nicht geschatzet waren.

Darnach lagert er sich neher der stat in ein Dorff genandt Fermersleben, fienge an zwischen dem Dorff und Buckaw eine schantz zu bauen, machte des nachtes vil lermen, stackt die wintmülen an, brandt irer ab bei XII. Nachdeme begunten die Magdenburger an zu scharmutzelln mit dem feind und vast alle tage, damit dem feinde ein zimlicher abbruch gescheen.

Das ander läger legeten sie zwischen Deßtorff[2] und der stat im felde, daselbst auch eine zimliche feste schantze gemacht.

Nov. 24. Montag nach Elisabeth umb X Uhr hat der feindt den Zoll[3], so über der Elbe vor der langen brücken stundt, eingenohmen, aber doch einmal von den Magdenburgern wider abgetriben, und haben die Magdenburger denselben also angestecket nnd was sie mitnemen konnen, mitgenohmen und abgebrandt, auch die brücke an einem ort fast zweier langen spies abgeworffen, der feindt aber hat daselbsten angefangen eine Schantzen zubauen und hefftig davon in die stat geschossen.

Nov. 28. Freitags nach Dato in der nacht umb X Uhr hat der feindt die Neustatt[4] angefallen, dieselbigen erobert und vil Burger darinnen erschlagen, und wie wol der Magdenburger Kriegsvolck aus der alten stat in die Neuenstat gefallen, doch den feindt zurucke nicht treiben konnen, haben sie die Neustat angestackt und so weit sie vor dem feinde komen khan, abgebrannt. Darnach haben die Magdenburger die Sudenburg auch zum tail nidergebrochen, aber letzlich dieselbigen angestackt und gar abgebrannt.

Nov. 30. Sontags Adventus domini unter der predigt seindt die Magdenburger etliche aus der alten stat in die Neustat gefallen und da mit dem

---

1. Schönebeck an der Elbe südlich von Magdeburg, ebenso wie die nachher genannten Dörfer Fermersleben und Buckau.
2. Das ist Diesdorf westlich von Magdeburg, Kreis Wanzleben.
3. Der Zoll lag am Ende der langen Brücke, wo jetzt die Friedrichsstadt liegt.
4. Die Neustadt lag nördlich von der Altstadt an der Elbe.

1550.   213

seindt gescharmutzellt und die feinde auß dem rathaus, so in der Neustat
stunde, gejaget bis in ire vorthail und es¹ herein gefangen bracht.

Dinstags nach Dato seindt Knecht und Burger fenſlein weis alle Dez. 3.
auf den Marckt in der alten ſtat gezogen und zuſammen komen, alſo mit
grafen Albrechten von Manßfeldt ſeinem Sohne² und dem von Oetigen,
auch deme von Schwartzenburg ſambt den reutern zuſamen geſchworen.

Freitags nach dato Morgents ungeſeehr umb III Uhr ward ein Dez. 5.
großer lermen, alſo das Bürger und Knechte zur Wehr gelauffen, in deme
iſt ein Schantzgreber, welcher von Hertzog Moritzen drei taler den graben
zu ermeſſen empfangen, in graben gefallen und von dem Hirſchen, ſo im
graben weidete, zerſtoſſen, zu morgents von den Magdenburgern gar erſtochen worden.

Sontags nach Nicolai ſeindt der Magdenburger reuter außgerannt Dez. 7.
und einen wagen, darauf bier, wein und gewandt geweſen und nach Deßdorff faren wollen, bekommen.

Montags nach Dato am Abendt umb VII Uhr haben die feinde nach Dez. 8.
Dz. 4. der Neuſtat an der hohen pforten³ einen ‖ lermen gemacht, die Magdenburger aber ſehr unter ſie geſchoſſen, ſeindt ſie wider abgewichen.

Donnerstags nach Mariä Conceptionis ſeindt der Magdenburger Dez. 11.
reuter und knechte etwa in die funffhundert ſtarck außgezogen und mit dem
feindt gescharmutzellt und hart vor der Deßdorffer ſchantze L III⁴ der
feinde Knechte gefangen hereinbracht, der Magdenburger aber keiner ver-
ſehret.

Die nacht ſeindt ungeſehr bei acht rotten der Magdenburger die Elbe
auffgefaren und zu Salpeck⁵ einen hoffe geblundert und acht gefangene
herein gebracht.

Freitags nach Dato haben die Magdenburger der gefangenen Knechte, Dez. 12.
ſo in der Schlacht⁶ gefangen wurden, L II in die Neuſtat geſchicket, wel-

---

1. Nach der Waren Beſchreibung, die hier faſt wörtlich übereinſtimmt, haben die Magdeburger die Feinde bis in ihre Schanze getrieben und 15 Gefangene gemacht, darunter Heinrich von Nürnberg, eines Hauptmanns Leutenampt. Nach Beſſelmeyer aber wurden die Magdeburger zurückgetrieben und zum Teil in die Elbe gejagt, auch wurden 2 Hauptleute geſchoſſen, von denen einer hernach geſtorben.

2. Graf Karl. In den anderen Quellen fehlen die beiden folgenden Namen, bei Beſſelmeyer die Erzählung des ganzen Vorgangs.

3. Die Hohe Pforte iſt das nach der Neuſtadt führende Thor von Magdeburg.

4. Beſſelmeyer (Baſ. Ausg.) ſagt 6, die ſpäteren Ausgaben 68, die Ware Beſchreibung 53 Knechte.

5. Salbke, Dorf ſüdlich von Magdeburg an der Elbe zwiſchen Schönebeck und Fermersleben. Der geplünderte Hof gehörte einem Herrn von Ingersleben.

6. Nämlich bei Hillersleben. Näheres bei Beſſelmeyer (Baſ. Ausg.).

cher Herzog Moritz XLVIIII gen Queblinburg verlegt und nur brei wider in die Stat geschicket.

Dez. 15. Montags nach Lucie seindt der Magdenburger Reutter und Knechte starck außgezogen und einen wagen mit Ascherßlebischem bier bekohmen. Darnach sein die feindt auch starck aus dreien Lägern gezogen, aber ein jeder in sein vorthail geblieben und nicht zusamen kohmmen.

Dez. 19. Freitags nach Luciä frue umb II Uhr sind die Magdenburger an reutern und Knechten in die || XIIII c starck zwischen zweyen Blockheusern als Budo und Deschdorff gehn grossen Otterßleben[1] gezogen, daselbst eingefallen und vierthalbhundert reutter, so von des Capitels pfaffen[2] bestallt und bestellt waren, erlegt, alles, so sich zur wehr gestallt, erwurget und die sich nicht geben wollen, in den heusern verprand. Doch haben sie vil[3] vom Adel, derselbigen Knechte und in die II½ c pferde sampt allem, so sie in einer eil bekommen, herein bracht, das Dorf also gar angestackt und brennen lassen.

Diese nachgeschriebene Edelleut seindt die, so unter der fanen zu grossen Otterßleben gelegen und nicht gefangen worden[4].

	Rittmeister.	Pferde
	Johann von der Aschenborch	18
	Fendrich.	
	Mathias von der Schulenborch	22
	Christof von Schulenborch, Hanses Sohn	3
	Jost von Veltheim von Langelebe.	12
	Gunell[5] von Veltheim	6
	Fritz von Mollendorff ist für sein person damals in der Neustat gewesen	
	|| Jung Gebhardt Edler von Plato	7

---

1. Dorf Groß-Ottersleben südwestlich von Magdeburg, Kreis Wanzleben.
2. Das Domkapitel hatte seit 1546 die Stadt verlassen und stand im Bunde mit den Belagerern. Das Domkapitel hatte sich in dem Vertrage von Dresden zur Zahlung von 40000 Gulden für das Kriegsvolk verpflichtet. Außer dieser Summe hat es aber noch 77937 Gulden 12 Groschen für das Kriegsvolk aufgewendet. (A. Erzst. M. II. Nr. 620.)
3. Die Ware Beschreibung sagt 40, Besselmeyer 30; die Gesamtzahl der Gefangenen giebt Besselmeyer (Baß. Ausg.) auf 225, später 175 an, Merckel, Warhaffter Bericht, auf 30 Edelleute und 225 Gefangene an. Auch die Fahne des heil. Moritz, das Banner des Erzstifts, wurde erbeutet.
4. Die folgenden Namen finden sich nur bei Besselmeyer in der Baseler Ausgabe und bei Merckel. Sie sind in den Verzeichnissen, namentlich bei Besselmeyer, zum Teil sehr abweichend angegeben.
5. D. i. Gunzel, Günther.

1550.

	Pferde
Joachim } von Bißmarck	6
George } von Bißmarck	2
Jost }	6
Hanns } von Itzenplitz	5
Joachim } von Itzenplitz	4
Reiner von Albenslebe [1]	4
Levin von Marenholdt	5
Curt von Buhle [2]	5
Claus von Arnim	6
Hanns Losow mit einem Jungen aus dem Land Jericho	7
Christoff von Bieren	
Jacob Hopffentorb	
Merten Krah	
Christoff Sibentenstain [3] vom Saltz, ist selbst nicht beim Hauffen gewest.	
Heinrich Schilling	
Arndt von Ebeling	
Steffan Wildt von Angermünde	
Caspar Mayer von Zelle	
Joachim Eßbeck.	

Dise hiernach geschriebene Edelleutt sindt die, so gefangen in die stat gebracht worden sein.

	Pferde
Asche von Kramme	6
Buß von der Schulenborch, Hansen	9
Caspar von der Schulenborch.	4
Zacharias Ribelt	8
Christoff Falck	6
Heinrich Katze [4], Hansen Sohn	4
Balthasar von Warnstedt	2
Andres Hard vom Hockster.	6
Hanns Studwitz [5]	3
Melchior von Laben [6]	7
Joachim von der Lehe [7]	2

1. Alvensleben.
2. Bülow.
3. Merckel: Gebingstein, Beßelmeyer: Gebichstein.
4. D. i. Katte.
5. Merckel: Stansewitz, Beßelmeyer: Staudenmitz.
6. D. i. Löben.
7. D. i. von der Lühe.

	Pferde
Merten Roher[1]	2
George Edler von Plato	8
Wolff Edler von Plato	3
Bicke von Beltheim	4
Christoff Schenck	7
Caspar } von Arnim[2] Moritz	6

Diese nachfolgende Edelleut haben bei den andern gedienet.

Jobst Cunradt[3]	Barthlt Schwilling
Heinrich Butz	Egidius von Dunen
Aßmus Klitz	Albrecht Breus
Christoff Kennerich	Fabian Schaderich
Ottho Bitticko	Andres von Arnstat
Boldewein von Zerbst	Hanns Schlegell.

|| Es sein auch einspennige Knecht, so auch zum tail perdt gehabt, hierein gebracht und sein an Junckherrn und Knechten 125 gefencklich hierein gebracht.

Dez. 20. Sonnabents nach Dato umb 9 Uhr seind der Magdenburger reutter und Knechte in die vierhundert starck außgezogen und mit dem feinde, der sich damals seer gewaltig hat sehen lassen, gescharmutzellt und damals Hertzog George von Mechelburg sambt acht Hoffleuten, darunter gewesen, Hanns Rotze, Hans von Throte, Levin Winterfeldt, Caspar Flanns[4], gefanngen bekommen und ist damals der Hertzog Georg sehr verwundet worden, der Magdenburger drei beschediget worden.

Dez. 22. Montags nach Thomä Apostoli haben die Magdenburger der feindt vier Reuter und II knecht gefangen herein gebracht.

Dez. 30. Dinstags nach dem Christage haben die Magdenburger sehr mit dem feinde gescharmutzellt, wie man aber von den wellen hefftig unter ire reutter geschossen, sein die feinde abgewichen.

Dez. 31. Mitwochs nach Dato haben die feinde den Magdenburgern zu trotze

---

1. D. i. Rohr.
2. In dem Aktenstück A. Erzst. M. II. Nr. 620 findet sich die „Rechnunge der gefangenen Edelleuthe", die am 19. Dezember gefangen und bis zum 6. November 1551, d. i. 10 Monate und 23 Tage in der Gefangenschaft gehalten wurden. Danach wurden für die Edelleute: Zacharias Robel, Ascha von Kram, Melchior Loben, Christoph Schenke, Andreas Hacke, Georg von Plotho, Barthel Lantzbergk, Busse von der Schulenburgk, Caspar von Arnim und Fricke von Beltheim und für ihre Pferde bezahlt 9307 Gulden 6 Groschen.
3. Die folgenden Namen, geringeren Geschlechtern angehörig, sind in den 3 Verzeichnissen besonders verschieden angegeben.
4. Besselmeyer nennt außerdem Albrecht von der Schulenburg.

auff der Elbe, so damals uberfroren, umbgelauffen, da seindt irer XII unter
das Eis gefallen und ersoffen. ‖

In denselbigen Weihnachtsfeiertagen sein die 49[1] gefangnen Knechte,
die gehn Quedlinburgk verlegt waren, widerumb herein komen.

Ende der geschicht, so im 1550 Jare gescheen. —
Anfang der Geschicht, so im 1551 Jahre gescheen.

Freitags nach des Neuen Jarstage seindt die Magdenburger mit
VII fliegenden fenblein zu felde gezogen und seindt der feinde reutter auch
gewaltig aus der Neustat gekomen, mit der Magdeburger reutter gescharmutzellt und deren Rittmaister Hanns von Wolffen[2] genandt gefangen
genomen, die Magdenburger aber hatten sich wider umbgewandt[3], an die
feinde gesetzet, iren Rittmeister widerumb erlediget und der feinde zwene
vom Adell widerumb herein gebracht, die geheissen sein George von Malthwitz und Joachim Karstett.

In der heiligen 3 Konig tag nach Dato sein die Magdenburgischen
reutter und knechte ausgezogen, aber ungewitters halben nicht gescharmutzellt.

‖ Sontags nach Trium Regum haben die Magdenburger die Neuenstat an III orten angefallen, die Schantz, so der feindt an S. Lorentz[4]
gebauet, innen gehabt, dieweil aber der nachdruck in der eile nicht volgete,
musten die Magdenburger widerumb weichen und mit schanden nach der
alten statt graben lauffen, wurden also den tag der Magdenburger uber
XXX beschedigt, ohne die sonsten noch in der Neuenstat waren ligende
bliben, doch musten die feinde auch zimlichen [schaden⁵], wie ire gefangene
zuverstehen geben, haben genomen.

Dinstags nach Dato haben die Magdenburger mit dem feinde gescharmutzellt und offt einer dem andern zugerandt, doch wenig schaden gethan, letzlich haben die Magdenburger vom walle der feinde reutter einem
ein bain ab und ein weißes pferdt unter ime zu todt geschossen.

Mitwochs nach Dato seindt der Magdenburger etwa in die XXX
pferde ausgeruckt, mit dem feinde gescharmutzellt, von den feinden damals
VI pferde sambt denen, so darauff geritten, erschossen worden. Den abent
umb 7 Uhr ungefehr haben die feinde freudenschos gethan, derhalben das
der hauffe, so von fernne lag⁶, zertrennet war, nichts besto weniger

---

1. Genaueres bei Besselmeyer. Nach ihm waren es 6 Rotten Knechte.
2. D. i. Wulfen.
3. Nach der Waren Beschreibung kam Graf Albrecht von Mansfeld den Magdeburgern zu Hülfe.
4. Nonnenkloster S. Lorenz in der Neustadt, aufgehoben 1561.
5. Fehlt im Mskr.
6. Dies war die vom Freiherrn von Heydeck und den Grafen Volrad und Johann in den Seestädten und Meck-

| seindt die Magdenburgischen Knechte etwa bei II c starck zu wasser auff gehn Pocha¹ gefaren, alda die brücken, so auff dem tham waren, abgebrochen, in das dorff gefallen, das geplundert, auch sein etliche am morgen nach der Klausen² gelauffen, die auch außgeplündertt und angestadt, das also dem feinde, so zu Kracke³ lagen, keine proviant in dreien tagen zukomen konte.

Jan. 22. Donnerstags nach Fabiani seindt der Magdenburger eine rott reuter und bei sechs (?) rotten knecht außgezogen mit dem feinde gescharmuzellt und XI von den feinden gefangen hierein gebracht, darunter einer vom Adel gewesen mit Namen Christoff von Hoburgk⁴, welcher sich nicht geben wollen, ist erschossen, auch einer von den feinden mit namen peter Heher ist mit seinem pferdt in der Magdenburger Vorthail gerant und II mal mit dem pferde gestürzt und also von den Magdenburgischen knechten erschossen und außgeplundert worden.

Jan. 23. Freitags nach Dato seindt der Magdenburger knechte außgelauffen, sehr begirig zu scharmutzelen gewest, aber der feindt ist nicht an sie gekommen.

Jan. 25. Sontags nach Dato haben die Magdenburger reutter und knecht den feinden einen wagen mit proviant, darauff speck und brot gewesen, mit gewalt || genomen und in die stat gebracht, und wiewol die feindt mit gewaldt auf die Magdenburger gesetzt, haben sie doch nichts schaffen mogen und sein von inen III Reuter erschossen worden.

Jan. 25. Sontags am tage Pauli seindt die feinde mit auffgerichten fenblein aus etlichen wagen aus Deßdorff gehn Lemßdorff⁵ gezogen, alda ein läger geschlagen und sein der Knecht etliche gewesen, so mit von verne gelegen.

Jan. 29. Mitwochs nach Dato seindt der Magdenburger reutter etliche außgerannt, der feinde wach von der Staingruben⁶ bis an die Neustat gejagt und etliche der feinde hackenschutzen herein gebracht.

Jan. 29. Donnerstags nach Dato haben die Magdenburger Reutter der feinde wache abermals gejagt und den burgermaister von Schonbeck selb viert

lenburg zusammengebrachte Erfatzmannschaft, die sich am 7. Januar 1551 in Verden ergeben mußte. Der Freiherr von Heydeck und ein Teil der Mannschaft trat in des Kurfürsten Moritz Dienste. S. Hoffmann, Gesch. der Stadt Magdeburg 2. Aufl. I. S. 548.

1. Pechau, Dorf östlich von Magdeburg im 1. Jerichowschen Kreise.
2. Die Klus, Försterei östlich von Magdeburg, war sächsischer Besitz im Amt Gommern.
3. Kralau an der Elbe, schräg gegenüber von Magdeburg.
4. Die Ware Beschreibung nennt ihn von der Harburgk.
5. Lemsdorf südwestlich von Magdeburg bei Ottersleben. Kurfürst Moritz errichtete dort das 5. Lager, nachdem er mit frischen Truppen zurückgekommen.
6. Die Steingrube oder Steinkuhle lag vor dem Schrotdorfer Thor, also im Westen der Stadt.

auf einem wagen bekommen und sambt 10 behemischen bauern herein gebracht.

Den nachmittage seindt der Magdenburger reutter etwa in die II c starck außgelauffen, mit den feinden seer gescharmutzellt[1] und ire knechte sehr ‖ geschossen, wie sich aber die Magdenburger aus dem vorthail begeben, haben der feinde reutter mit gewalt an sie gesatzet, sie gejagt bis an der stat schlagbaum und sindt der Magdenburger den tag XI erschossen worden, dem feindt aber sein 7 pferdt ligen bliben und 10 von inen gefangen herein gebracht.

Sonnabends nach Dato haben die Magdenburger mit dem feinde sehr gescharmutzellt, dieweil aber vor gewitters nicht vil geschafft worden, seindt die feinde abgezogen, doch III von inen gefangen herein gebracht. *Jan. 31.*

Donnerstags nach Liechtmeß sindt der Magdenburger etliche reutter und knechte außgezogen an die feinde auff der staingruben gesatzet und irer III gefangen herein bracht. *Febr. 5.*

Freitags nach Dato seindt der Magdenburger knecht und reutter außgezogen, auch die feinde mit III geschwader reutter im selbe gehalten, aber ein itzlicher in sein vortheil gebliben und nicht zusamen komen. *Febr. 6.*

Montags nach Esto mihi haben die Magdenburger mit dem feinde scharmutzeln wollen, da thaten die von den wellen ein schos oder etliche mit dem grossen ‖ geschutz unter ire reutter, das sie von stund an weichen musten, von den Magdenburgern den tag nur einer todt bliben. Dann nach Mittag haben die feinde sehr starck auf der steingruben gehalten und domals etlich geschütz bekommen, welches sie belaitet bis an die Neustat. *Febr. 9.*

Dinstags nach Dato hat der feindt angefangen nach S. Jacobs thurm[2] zu schiessen und den tag uber IIII c schus gethan, gemaintlich VI stuck mit einander. Darunter hat er etliche kugel herein geschossen, die 44 pfundt gewogen haben, und ist den tag die ainig spitz sehr beschedigt worden. *Febr. 10.*

Freitags nach Dato seindt der Magdenburger reutter und knecht eilendts aus dem Schrottdorffischen thor gelauffen, der feindt wardt gejagt und einen wagen mit bier bekomen. Darnach seind der feindt reutter und knecht auch aus der Neuenstat komen, da ist ein hefftig scharmutzell worden, also das uff baiden saiten vil pferdt und volck todt bliben. *Febr. 13.*

---

1. Das Scharmützel war bei Schrotdorf, einem jetzt wüsten Dorfe dicht bei der Stadt.
2. Die Jacobi-Kirche lag nahe der Stadtmauer nach der Neustadt zu. Von ihrem Turme wurde hauptsächlich auf die Feinde mit Kanonen geschossen. Ein auf den Turm und seine Schicksale bezügliches Gedicht s. bei Pomarius, Sechsische Chronica S. 797. 801.

Febr. 20. Freitags nach Invocavit haben die Magdenburger die eine hohe Spitze an S. Jacobs thurm abgewunnen.

Febr. 23. Montags nach Reminiscere seindt der Magdenburger reutter und knecht aus dem Sudenburger thor gezogen nach den Sichhoff[1], mit der feinde reutter alda gescharmutzelt, doch einer dem andern geringen schaden gethan. Dieselbigen nacht hat der feindt die wintmuhl, so nach der Neustat stundt, anstecken wollen, aber der Magdenburger wache hat seer unter sie geschossen, das sie widerumb abweichen musten.

Febr. 26. Donnerstag nach Mathiä Apostoli seindt der Magtenburger Hackenschützen ungeverlich in die 100 starck in die Neustat gefallen, zu besehen, was der feindt in dem rathaus, so in derselbigen neustat stundt, gegraben hetten und domals XI gefangen und V der feindt erstochen, domals seind auch etliche reutter und knecht aus dem Sudenburger thor gezogen, alda mit den feinden neben dem Sighoff gescharmutzellt, von denen V pferdt und von Magdenburgern III pferdt erschossen worden. Darnach hatten sich die feinde, so aus der Neustat komen, bei Schrottdorff in die gerten hinter die vortheil starck gelegt. Da waren der Magdenburger knecht aus dem Ulrichs und Schrotdorffer Thor[2] sambt etlichen reuttern mit gewalt an sie setzent gelauffen, die feindt aus dem vortheil geschlagen, irer etliche in die schrot gejagt, etliche erschossen und erstochen, also das man sie darnach hat mit wagen in die Neustat sehen abfuren, von den Magtenburgern XII beschedigt und verwundt worden.

März 4. Mitwochs nach Oculi seindt etliche brief von den feinden in die stat geschickt in Namen Marggraff Hansen[3] und Hertzog Heinrich von Mechelburg, die umb einen stillstandt und geleidt als denen tag umb II Uhr einzukomen geschrieben, wie man sich aber darauff gerustet, ist nimandt von denen gesehen worden; wie treulich sie nun die stat gemaint, ist hierbei leichtlich zu ermessen, und hat der feindt denselbigen tag die schantz an dem Rottersdorffischen[4] thor angefangen zugraben.

März 5. Donnerstags nach Dato seindt der feindt Reuter und Knecht starck in der Steingruben gewesen; wie nun die Magdenburger aus der stat komen, hat der feindt etliche stück an der auffgeworffen schantzen nach Rottersdorf bracht, damit hefftig unter die Magdenburger geschossen, also das sie einziehen musten und nichts schaffen mogen.

---

1. Der Siechenhof lag vor dem Sudenburger Thor, also südlich der Stadt, nach Kloster Berge zu.
2. Beide führten westlich aus der Stadt, das Schrotdorfer Thor nördlich vom Ulrichsthor.
3. Markgraf Johann von Brandenburg (Küstrin).
4. Rottersdorf ist ein wüstes Dorf bei der Sudenburg. Das Thor war in dieser Vorstadt.

Bl. 11. ‖ Freytags nach Dato sein der von Magdeburgk knecht ungefehr mit März 6.
dreyzehen kahnen und fischern in die hundert starck die Elbe hienunter vor
der Neustat uber gefahren und wiewoll der feindt wach da gehalten, haben
sie dieselbige zuruckgeschossen und zw Hohewardte[1] bey Wolmerstedt eingefallen, dasselbige geplundert und alles, was sie mitnehmen khonnen,
mit zweyen der feindt knechte gefangen hienein bracht.

Sonnabent nach Dato haben die Magdburger etzlich grofs geschütz März 7.
vor der Langen bruck in ein plockhaufs domit nach den schantzen, so der
feindt am Zoll gebauet, geschossen, den abent sein etwan 17 rotten auf
der Elben aufgefahren und wie sie an der feindt wach khommen, haben sie
derer sleben erstochen und in die Elb geworffen, darnach zu Elbenaw[2] eingefallen, das geplundert und den haubtmann, so darauf gewesen, mit
allem, was sie mitnhemen konnen, gefangen herein bracht.

Montags nach Lätare sein der Magdburger knechte an die britthalb März 9.
hundert starck die Elb aufgeffaren gen Pechaw, alda ein leger geschlagen
und denen, so zu Krackaw lagen, den pafs aufgehalten, also dafs sie in funf
tagen nichts von proviant, allein was sie aus der Neustadt und Bucka
bekommen, kommen. Den freytag aber nach dato haben die feinde sich mit März 13.
zweyen fhenlin aufgemacht und nach der klausen hinter die Magdburger
angebrenget, das also die Magdburger wiederumb herein ziehen müssen.

Sonnabent nach Dato hat der feindt die schantz auf der steingruben März 14.
angefangen zu bauen.

Sontags Jubica hat der feindt sehr aufs der Neustadt nach Sanct März 15.
Jacobs thorm und in die Stadt geschossen.

Mitwochs nach Jubica sein der Magdburger Reuter und knechte in März 18.
Bl. 11v. die vierhundert starck ‖ aufsgezogen und in die schanzen, so sie auf der steingruben gebauet, angefallen, alda ein fhenlin knechte und vierhundert
pauern erleget, alles was sich zur wehr gestellet erschlagen und hundert und
breyfsig knecht sampt den fenlin, so roth und grun gewesen, gefangen herein
bracht.

Donnerstags nach Dato ist in der Stadt ein aufrhur unterden knechten März 19.
der Zalung halben entstanden und sein die knecht mit allen dreyen fhenlin
auf den Neuenmarck gezogen, aber durch handlung Grafen Albrechts bald
wiederum gestilt worden[3].

---

1. Dorf auf dem rechten Elbufer abwärts von Magdeburg. Wolmirstedt liegt auf dem linken Ufer.
2. Elbenau, Dorf auf der Elbinsel südöstlich von Magdeburg.
3. Graf Albrecht von Mansfeld handelte im Auftrage des Rates.

März 26. Am grünen Donnerstag seindt der Magdburger knechte, so zu wasser außgefharen, wieder einkhommen, vieh und korn mit ihnen bracht.

März 27. Am Stillen freytag sein der Magdburger etwan bey XL reutern nach der Rotterstorffischen schantzen gerandt, vor der Dehstorffischen¹ schantzen uber, alda etzliche der feindt reutter gejaget und etzliche knecht erstochen, auch acht gefangene herein bracht. Wie nhun die reutter alle abgezogen, sein der Magdburger knecht in dem selbe umbschleigen gangen; da hat der feindt etwan in 300 reuttern starck an die Magdburger knecht gerandt, sie gejagt biß an den Stadtgraben und damals acht von den Magdburgern erstochen und XV gefangen genhomen, doch hat der feindt an reutern auch grossen schaden genommen.

März 28. Am Osterabent sein der Magdburger knecht, so die Elb hinunter gefharen, wieder einkhommen, viel vich, korn, butter und fleisch mitbracht, damals etzlich volck vorloren.

März 30. Montags in den Ostern ist der haubtman Hanß von Kindelbrück² begraben worden.

März 31. Dinstags nach Dato haben sich die feindt auf Buckaw biß an die Sudenburgk gekhommen, da seindt der Magdburger sieben reuter und etliche knecht außgefallen, mit den feinden gescharmutzelt von ihnen acht erstochen und neun gefangen herein bracht, damals der Magdburger zwen todt blieben.

April 1. Mitwochs nach Dato sein der Magdburger reuter und knecht etzliche außgefallen, mit den feinden gescharmutzelt und ist einer von den feinden erschossen worden, welchen die ihren nicht abbringen konten, ist er von den Magdburgern geblundert worden und haben die bey ihm gefunden einen silbern Dolch, auch etzlich gelt und drey kronen, so er auf dem ermel gehabt, von den Magdburgern domals IX todt blieben.

April 12. Sontags Misericordias Domini sein der Magdburger knecht 6 rotten uff der Elben hinunter in ein dorf Nigrip³ gerant khommen, daselbst ein Edelman Wilprecht Tresche⁴ genant mit zweyen seiner knechten gefangen genhomen und alles, so sie da gefunden und mitnhemen können, mitgenomen. Als nhun der feindt erfharen, daß sie zwey schiff und etzliche kahnen die Elb hinunter gefharen, schaffet er ein gros schiff mit etzlichen khanen auf das wasser, leget darein 100 wolgerüstet knecht. Als nhun die Magdburger den Dinstag frue nach der Stadt eylenten, machten sich die

---

1. D. i. Diesdorf.
2. Er war bei dem Aufruhr am 19. März von den Soldaten so geschlagen worden, daß er starb.
3. Dorf westlich von Burg am rechten Elbufer.
4. Die Treslow besaßen Nigrip seit langer Zeit.

feindt mit ihrem schiff an die Magdburger, schossen heftig auf sie zu, schrien und ruften alle wolgewunnen, vorhosten die schiff sollten den tagk gen Magdburgk nicht wider kommen. Wie nhun der feindt abgeschossen hatte, satzten die Magburger mit Gewalt an die feindt, schossen heftig in sie, sprungen letzlich auß ihren in der feindt schiffe, erstachen sie, so darinnen waren, nahmen das geschütz, so sie bey ihnen hatten in ihre schiff und erlegten der feindt damals bey 100, der Magdburger aber wahr nhur eyner todt blieben. Darnach sein sie wieder vor der Neustadt uber- gefharn und zu Magdburg wieder einkommen. Darnach hat der feindt eine schantz auf Sankt Agneten wehrder[1] an der Elbe, damit er den Magd- burgern den paß aufhalten mocht, gebauet.

Dinstags nach Cantate bey Nacht hat der feindt die Beume in den garten bey Berg[2] abgehauen; den morgen sein der Magdburger etzliche knecht und reuter ausgezogen, etzliche wegen mit sich genhomen und die baum in die Stadt gefurt. Dornach ist der feind starck aus Buckaw an reutern und knechten kommen, die Magdburger auß der Sudenburgk ge- drenget. Da hatten die Magdburger etzliche reuter im Sudenburger thor aufm hinderhalt bestellet, die hieben mit gewalt hinauß, vorranten den feindt den wegk, erstachen ihrer bey 100 und brachten 26 gefangen. Der Magdburger damals acht todt blieben und sonst acht vorwundt worden.

Donnerstags nach Dato haben die Magdburger mit dem feindt scharmützelt, von den feinden domals fünf, von den Magdburgern zwen todt blieben.

Sonnabendt nach Dato haben die Magdburger auß dem thumthorn[3] geschossen nach der Buckawschen schantzen, alda die reutter ausgetrieben.

Dinstags nach Philippi Jacobi ist auch sehr auß dem tumthorn ge- schossen und hat der feindt auch sehr von Buckaw wieder herein ge- schossen.

Mitwoch nach Dato ist ein ehrlicher stilstandt gehalten worden und sein die Magdburgischen hern uber die Elb[4] gewesen, mit Hertzog Moritzen sprach gehalten, am abent aber ist wieder herein in die stadt geschossen worden.

Montags nach Exaudi haben die feinde den Magdburgern die wach- gejaget. Darnach ward ein geschwader frendischer reuter auß Buckaw ge- rant, aber die von den wellen haben unter sie geschossen, das sie sich wie- der gewandt und nach der schantzen geritten.

1. Unterhalb der Neustadt an der Elbe.
2. D. i. Kloster Berge südlich vor Magdeburg.
3. Der Domturm.
4. Die Verhandlung fand hinter Krakau statt.

Von dem Kriege vor Magdeburg.

Mai 21. Donnerstags nach pfingsten hat man mit dem feindt gescharmützelt, da haben der Magdburger Schützen von den wellen irs eigen volcks erschossen.

Mai 22. Freytags nach dato haben sich die Magdburger den nacht gerustet und außziehen wollen, auch mit mist die steintham und thor befült, aber durch radth des alten graffen von Mansfelt war der anschlag zurück gelegt.

Mai 28. Donnerstags nach trinitatis frue ist der Hauptmann Hans Springer erschossen worden[1].

Juni 10. Mittwochs den zehenden Junii morgendts umb 8 uhr sein die feindt auß allen schantzen geraudt, der Magdburger wacht nach der Stadt gejagt und etzlich vich, so sie draussen weyden lassen, genhumen. Darnach sein die Magdeburger außgehauen und ein zimlich scharmutzeln gehalten.

Juni 16. Dinstag nach Viti haben sich die feindt ins feldt und in die gerten[2] begeben, die Magdeburger auch an reutern und knechten außgezogen mit dem feinde gescharmutzelt, den feindt aber, da er sich auß dem vortheil nicht geben wollen, doch gleichwoll die Magdburger reuter und knecht beschlossen in die Stadt zu ziehen und im thor aufm nachdruck zu halten, etliche auch draussen zu bleiben, als nhun der feindt vormarck, das die Magdburger meistteils eingezogen, ‖ er gedacht aber nicht, das sie im thor halten wurden, satzt er mit seinen knechten auß dem vortheil an die, so noch braussen wahren, und wie der so wenig sich nicht enthalten mochten, den sie vom feindt bis an Sanct Ulrichsthor gebrenget wurden, da haben[3] die andern, so im thor an reutern und knechten hielten, aus, verranten denen den wegk, erstachen ihrer bey die 60 und nhamen 30 gefangen, der Magdeburger aber damals bei 10 beschebigt worden.

Juni 19. Freytags nach dato ist ein ehrlicher stilstandt gehalten worden, sein die Hern von Magdburgck außgezogen zu tagen[4].

Juni 21. Sontags nach Dato hat der feindt von der schantz am Zoll herüber in Sanct Johans kirch geschossen, da den volck zur Predigt in gesessen haben, die sein so von der kugeln zerschmettern, etliche beschebigt und ist eine Jungfraw daran gestorben.

Juni 24. Mittwochs am tage Johannis am abent haben die feindt in allen legern heftig mit grossen und kleynen geschutz geschossen und mit feur hin und weech gelauffen, damit sie Sanct Johannisfest begangen.

---

1. Er hatte bei dem Aufruhr der Knechte eine verdächtige Rolle gespielt. Ein Schuß aus der Steinkuhlenschanze verwundete ihn am linken Bein, sodaß er starb.
2. Diese lagen bei Schrotdorf westlich der Stadt.
3. Es muß jedenfalls heißen: blieben.
4. Die Verhandlung war zu Pirna. Die vom Kaiser gestellten Artikel s. bei Bessesmeyer.

1551.   225

Den Nacht unterstunbt sich der feindt und warff etzliche feurwelle
auß der Neustadt herein, aber durch Gottes Gnade konndt er damit nichts
schaffen.

Mittwoch den ersten Julii haben die feindt ihren erlitnen schaden Juli 1.
rechnen wollen und sein ihre reutter sehr starck zu felt khommen, der Magdburger tagwacht gejagt und biß an den neuen bau heran gerandt, da sein
Bl. 14. auch etzliche reutter und knechte auß der Stadt kommen, mit dem ‖ feindt
hefftigk geschartmutzelt und wiewol der feindt mit gewalt an die Magdburger gedrungen, haben sich doch dieselbigen, wiewol ihrer an reutern
über hundert nicht gewesen, so ritterlich gewehret, das der feindt mit
schanden abweichen und bey 30 pferten im selbe hat liegen lassen müssen;
wes er aber an volcks schaden genhomen, weiß man nicht gewieß, von den
Magdburgern sindt Ihr 10 todt und sunsten auch 9 pferdt liegent im felt
blieben.

Freytags nach dato sein die Magdburgischen hern wieder vom tagen Juli 3.
einkhommen.

Mittwochs am tag Magdalenä haben die feinde der Magdburger Juli 22.
wach nachgejaget, da sein die Magdburger sehr starck auß ins felt gekommen, die feinde aber wieder eingezogen und nicht gescharmutzelt.

Donnerstags nach dato ist der feindt gleichermaß ausgerandt, auch Juli 23.
nicht gescharmutzelt.

Freytags nach dato khamen die feindt abermals herauß, jagten der Juli 24.
Magdburger wach, do eileten reuter und knechte auß der Stadt, trieben
die feindt wieder nach ihren schantzen, da kahmen etzliche reuter und knechte
aus der rotterstorffischen schantze. Als nhun die Magdburger an die
setzten, flohen die reuter nach ihren schantzen, die knechte aber, so mit
herauskommen wahren, wurden fast erstochen, doch etliche, so in den
Teich[1] neben der schantze gelauffen wahren, entkhamen der Magdburger
reuter, damals in die 20 beschedigt.

Donnerstags nach Jacobi sein der Magdburger reutter und knecht Juli 30.
Bl. 14v. starck außgezogen und ‖ der feindt wacht vom Berge[2] biß in ihre Schantze
getrieben. Darnach sein etzliche der Magdburger reuter durch die Suden-
burck neben der Elb biß an Ihre schantze gerandt. Da solchs der feindt
vornhomen, hat er im lager lermen schlagen, auch sein etzliche der feinde
reutter mit gewaldt außgerandt und sampt seinen knechten die Magdburger
wiederumb gejagt, der Magdburger knecht aber hatten sich in die vortheil

---

1. Der jetzt nicht mehr verhandene   2. Kloster Berge.
Teich lag bei Rottersdorf.

begeben. Als nhun die feindt auf der Magdburger reuter mit gewalt setzen wolten, wichen sie alle und zeigeten die feindt auf ihre knechte. Da schoffen die knecht so heftig in die feindt, das sie manchen man und Roß mußten lassen. Nichts desto weniger ranten sie noch eins mit gewalt an die; da schoffen sie noch hefftiger, das der feindt also den tag grosen schaden genhomen und fast bey 60 pferden verlhoren, der Magdburger aber bey 20 man beschebigt, aber doch über 5 pferde nicht vorsehret wardt.

Aug. 13. Donnerstags nach Laurenti sein der Magdburger reuter etwan bey anderthalb hundert starck und bey sieben hundert knecht ungefehr ausgezogen, mit den feinden scharmutzelt, als aber der feindt lang nicht heraus wolt, khamen ihrer knecht etzliche, so auf der steingruben lagen, durch die gerten biß an den holen weg gegen den Schrottorfer thor. Da das die Magdburger vornhamen, satzten sie an zweyen orten mit reutern und knechten an die feindt, schlugen sie auß dem vortheill und erstachen ihrer viell. Da solchs der feindt reuter vornhamen, theten sie sich zusam im freyen felde neben dem Sudenburger galgen, gedachten ihren schaden an den Magdburgern zu rechnen. Die aber, wie sie es vormarckten, schlugen sie ‖ mit Thrummen lermen; da satzten der Magdburger reutter, der doch gar wenige gegen den feinden waren, mit freuden an die feindt und wardt ein heftig groß scharmutzeln, und wiewol der feindt woll drey auf der Magdburger einen gewesen, haben sie sich doch so ritterlichen gehalten, das der feindt letzlich hat müssen abziehen, und ist von den feinden einer umbkhomen, welcher vorgulte sporn an ime gehabt, darzu seindt von den feinden zvi pferdt im feldt blieben und drey reuter gefangen herein bracht, der Magdburger aber an reutern und knechten in die 30 beschebigt worden, auch sein von denen 8 pferdt im selbt geblieben und sonsten noch in die 20 vorsehret worden.

Nach dem allen auf einen tag[1] wahren der feindt etzliche von Buda über die Elbe in den rottenhorn am marsche[2] gefharen der meinung, daß sie da möchten pferdt oder vieh, so die Magdburger daselbst weyden ließen, holen möchten. Als aber solche der Magdburger reutter, so damals aufm marck tagwacht hetten, vormarckten, sein sie an beyden uffern aufgerandt. Da solchs die feinde ersehen, sein sie in der eyl ins wasser biß unter die arm gelauffen, aber doch, wie sie nicht entkommen kunten, wolten sie aus dem Wasser nicht, man saget in dann zu ihr leben zu fristen. Wie nhun die reuter ihnen zusag gethan, macht sich ein Junger, so die pferdt half

---

1. Dies geschah nach Besselmeyer am 19. August.
2. Die Elbinsel bei Magdeburg, deren südliche Spitze der rote Horn, der Teil gegenüber der Stadt der Marsch heißt.

wehrten, mit an die feinde und nahm derer knecht einen gefangen und wurden ihrer 19 dahmals gefencklich herein bracht und ihrer bey vieren erstochen worden. Die Wehr, so sie gehabt, haben sie in der flucht in das Wasser gesencket.

Ein neues Liedt¹ von der Belagerung der werden christlichen alten stadt Magdeburck, wie es ergangen ist, ist im thon: Wer stürmen oder streyten will etc. oder: Es geht ein frischer sommer hehr, da werdet Ihr hören naues mehr.

Anno domini 1·5·5·1.

1. Das Lied ist nicht bekannt.

Beilage.

Statuta der stadt Magdeburgk von kösten, kleidungen und söß wesen[1].
(Zu S. 18.)

Nach dem durch vorleubnisse langer Zeitt und jharen sich das wesen und sehen der menschen merclich vorandert und gewandelt, daburch sich den die gesetze, statuta und geboth als zw enthaltung gemeines nutzes und besten vorordnet und gesatzt an vielen stücken voranderunge erfolgen muß, und weyle dann ein Erbar Rath dießer loblichen Stadt Magdeburgk merclich unbequemigkeit, unrath, vorspildung und unordentlich weßen und geschäffte unter etlichen un unseren Inwonern und bürgern, auch nicht halbung der geboth Gottis, gebreche der seyertage und ungehorßam gegen die obersten und was mehr ist, merckliche sehrlichkeit der eyde allenthalben befunden, daburch wy demselbigen mit gegründher und rechtmechtiger weyse nicht begegnet oder vorkomen, würde alle gemeyner nütz und bests nicht alleine an geystlichen gütern der sehlen, sündern auch an Zeitlichen gütern keinen vorgang gewinnen noch erlangen und darburch merclichen hindergang und abbruch leyben müste. Darumb haben wir nach tiefflicher betrachtunge und reyffen Rathe der weyßesten etlicher unßer vorsahren gesetze an etlichen enden, wo es by nottturfft erfordert, ein teil vorandert und ein teyl in wirden bleiben lassen, auch andere notdürftige gesetze unde geboth darzw gelegt, und haben alßo nach folgende geboth und Mandata mit volkomenden reyffen Rath eintrechtiglich geschloßen, gesatz und ordenirt, ordenen, setzen und biethen der von eim iderman bey pehne darauff gesatzt unvorrucket und unvorbrochen zw halten.

Erstlich gebeuth ein Erbar Rath die geboth gottis, auch den heiligen Sontag und alle andere von der heiligen kirchen vorordenten seyertagen auch den silben freytag, bis das heilige ambt gendet ist, von eim iderman unvorrückt zw halten, in denselbigen keinen weltlichen handel mit kaufen und vorkaufen zw treyben, auch keine wertliche arbeith, darmit die heilige Zeitt möchte gebrochen werden, zw thuen bey der stadt löhr.

1. Diese Statuta stehen in dem niederdeutschen Manuskript der Schöffenchronik (B der Ausgabe von Janicke) auf Bl. 351—358a. Der Titel steht auf Bl. 350. Ueber dem Text auf Blatt 351 steht von derselben Hand, die den Titel geschrieben hat: Publicatum est feria septima vigilia purificationis Mariae Anno domini 1505.

Auch gebeuth ein Erbarer Rath, das Nymandt in dem vorordenten feyertagen soll kost und speyse nach keynerley in offenen und uffgeschlagenen fensteren vorkauffen aber feyl haben soll bey pehne eins Reynischen gulden unabbrechlich zu geben, sundern in dem laden oder hausse mag man gahr kost speyse broth getrencke oder dergleichen den nodturfftigen umb ein redlich gelbt vorkauffen ane shar.

Auch sollen alle thor dem Reythenden und fahrenden Manne awß oder einzwfahren des heiligen tagß vorschlossen zw stehen, so lange das heilige Ambt der hohen meßen in der pfarre des tages geendet ist, bey pehne funffzig Magdeburgischer Pfenigen soll der thorwarter geben alleine außgenohmen redliche und ehasftige noth, das denn nach gelegenheit der sachen in erlöbnisse und sorgkfeldigkeit eyns burgemeisters stehen sall.

Als aber in der eheligen Wirttschafft und beilager viel unordentlicher Dinge, alß teurigkeit der Zirunge, überflüssigkeit und vorspildunge der koste und zerunge befunden, dardurch manniger in grosen unvorwintlichen schaden gefürt und zuletzt, als zw beßorgen, in ewigen vorderb geschadt, dem selbigen mit redlicher und vornünftiger weyße vorzwkomen und zw begegenen, setzet, ordenet und gebeuth ein Erbar Rath nachfolgende stücke bey pehne daruff gesatzt unvorrückt zu halden.

Erstlich von dem kleynen und großen Gelöbnis.

In dem kleinen Gelöbnisse sollen von wegen des Bereuthgams nicht mehr dan zehen und von wegen der brauth auch zehen und alßo in gesambt von beyden teilen uber zwentzigk manßpersonen nicht gebeten noch geladen werden bey pehne eins Reynischen gülden vor eyn ytzliche uberige person zw geben, weniger mag der wol sein.

Wolt den auch ymands die vorberürthen zwentzig personen alle odder eins teyls fort nach dem gelöbnis mit eyner Refection als mit bier, Weine, abenthkuchen oder dergleichen beschencken und beheren das mag man thun ane fahr. Man soll aber keinen süßen Wein als Malvasier, Rivahl, welschen Wein, Clareth oder dergleichen schencken, auch keinen Regael Zucker, noch eynigerlei Confect umbtragen oder umb gehen lassen bey pehne dreyer Reynischer gulden.

So aber Jemands der freuntschafft nach dem gelobnisse deselbigen tages allein mahlzeit thun und bestellen wolde, mag man thun ane fahr. man soll aber uber acht personen, man oder frawen, nicht bithen, setzen noch speysen bey bröse eins Reynischen gulden vor ein itzliche uberige person zw geben. Aber die brauth, brauthgam, ihrer beyder elteren ob die braut außgebe und berede die auch, die im hawße stedts sindt, dar die Maltzeit ist, sollen in der Zahl als vorberüreth nicht gerechnet, sundern vor ungerechende personen gehalden werden, die ahne shar dießmahls zw speysen[1].

---

[1]. Bei diesem Abschnitt steht am Rande: 8 personen ungerechendt. Diese acht ungerechnete personen sein die 2 küchemeister und 2 kellerlowen mit yhren frawen.

Auch gebeuth eyn Erbar Rath, das eyn yderman reych ader arm, die nuhn förder hier wirtschafft halben und haben, die sollen von wegen der braut und breuttgam und also von beyden teylen in gesampt im brautabende und in brauttage des Mittages nicht mehr dann vierzigk personen man ober frawen, auch nicht mehr dan zwolf drosten und zwelf Junckfrawen von beyden teylen nach unserer vorfahren[1] geboth bitten, setzen noch speysen bey pehne fünfzig Magdeburgische pfennig vor ein etzliche uberige person unabbrochlich zu geben; wolte man auch dieselben personen auf den Abent des Breuttages wider haben, das mag man thun ane fahr und uber die vorberürte Zall soll Nyemandt mehr auswendig nach auf schrencken ader nyrgendt speysen, auch kein speyse ader gedrencke außtragen lasen bey pehne eins Reynischen gülden, es wehre denn sache, das das hawß, darinne die koste soll gehalten werden, zu klein wehre und man die koste in ander heuser setzen möste, so sollen dieselbigen, die in den hüsern sein, in der vorberürten Zall nicht gerechnet sundern mit vor ungerechende personen gehalden werden, dieselbigen ane fahr zu bitten und zu speysen.

Auch sall der Schulmeister seine Baccularien aber Collaboratores, auch der Custer seine und des pfarners Schüler, der organista ebber ander der kirchen diener zu der wirtschafft aber zu einiger Mahlzeit nicht gesatzt noch gespeyset werden bey der vorberührten fahr.

Fürder aller fremden geste nachfolgend gesinde auserhalb der sudenburgk und der Neuenstadt mag man ahne fahr speysen, auch mag man dieselben fremden geste den gantzen tag negst dem brauttage behalten und sie denne des negsten tages darnach mith noch einer malzeit auf die hinfart versorgen und forder nicht bey dreyer Reynischen gulden.

Die braut soll auch uber die ungerechenten Junckfrawen als bey ihre und des brautgams hawse wesentlich sein pflegen, nicht mehr dan zwe par Junckfrawen vierzen tage vor und acht tage nach der koste bey sich haben bey pehne dreyer Reynischen gulden.

Fürder alle spaciren, als des negsten tages nach dem brauttage eine zeitlangk gehalten ist, soll gantz ab und nydder geschlagen sein bey pehne zehen Reynischer gulden, und darauf sollen alle ander vor und nach koste als vier wochen vor und vier wochen nach der wirtschafft auch ab sein bey pene dreyer Reynischer gulden, ußgenohmen des tages vor dem brautabende und des negsten tags nach dem brauttage mach man woll die vorberurtten ungerechenten 8 perßonen mit noch vier paren gerechenten personen von beiden teylen, Mannen, frawen aber Junckfrawen ihrer freunde ane fahr speysen und mehr nicht, bey peine dreyer Reinischen gulden, als oben berurt ist.

Vom Kirchgange der Braut.

Auch sollen oben die ungerechneten frawen nicht mehr den acht frawen und zwey pahr Junckfrawen gerechenten perßonen zum kerchgange gebethen

---

1. Hier steht am Ende der Seite: Eine gantze Hochzeit sin 72 personen, was darüber mus verbüleset werden.

und genothiget und denne zw der selbigen Zeit Nymands dan die ungerechenten perßonen gespeyset werden bey pehne dreyer Reinische gulden.

Die Krentze, darmit die braut die drosten beehren leßt, solle uber einen Reinischen gulden, und des brautgams Krantz auch uber einen Reynischen gulden nicht gekostet haben bey pehne eins Reynischen gulden ein itzliches.

Auch sollen unßer bürger und bürgerin der braut in brautstule uber einen Reynischen gulden aber eins Reynischen gulden werth nicht geben noch geben lassen bey broke eins gulden.

Item man soll auch zw itzlicher malzeit nicht mehr dan drey gerichte ane das muß aber Niß einfaldigk und nich zweifaltigk speysen bey pehne dreyer Reynischer gulden.

Item man sall keinen süsen wein als Malvasier, Reypol, Claret, welsche weyne aber der geleich schenden, auch nicht zw schenden beschaffen bey pene dreyer Reynischer gulden, sundern allein Reynischen, francksischen aber anderen gemeinen wein und bier, welcherley art man des bekommen kan, mag man ane fahr schenden. Alle gemeine untuchtige und beruchtigte frawen sollen zur wirtschafft nich gebethen, gesetzet noch gespeyset werden bey pehne eines reinischen gulden vor eine itzliche solche persone zw geben.

Auch sollen des spielleuthe in alles uber funfe nicht sein bey pehne eines Reinischen gulden.

Fürder gebeuth ein Erbar Rath, das der breutgam oder der die kost gethan hat, soll die koste und persohnen alle mit den drosten und den Junckfrawen, als er zur koeste gebethen, geladen, gesatzt und gespeyset, in einen Zettel namhafftich und eygentlich vorzeichnen und der ein sitzende Bürgermeister vor dem ußgange des nehsten freytags nach der koste schrieftlich uberantworten und angeben bey pehne dreyer Reynischen gulden. Alßo wil ein Erbar Rath fleyßig darauf sehen und erforschung haben, ob und wohe auch die personen alle die in der kost gewest, in dem Zettel bestimmet sindt und den Breutgam, ob der die koste gethan, uf den nehisten Sunabent oder Dinstag wider bescheiden, und wo man denne in mitler Zeit oder nachmalß befunden wurde, das man mehr personen, dan in dem Zettel angegeben in der koste gehatt, so soll er die vorhaltenen personen ein itzliche mit eynem Reinischen gulden vorböthen ane gnade, was aber in dem Zettel von personen uber der rechten Zettel, als hier oben berürth, angegebenen werden, soll ein itzlie uberige person mit fünffzigk Magdeburgischen pfennig vorboth werden, als oben berureth ist.

Ordenung von gaben zwischen dem Breutgam und der Braut und eins zwischen des anderen freunde.

Die gulden kethen, darmit der Brautigam[1] die braut beehret aber beschenckt, soll uber vierzig Reinischer gulden mit dem machlon nicht werdt sein nach gekostet haben bey pehne funf Reynischer gulden.

---

1. Im Mastr. steht: berg., von späterer Hand ist übergeschrieben Brautigam.

Die Borthe mit dem silberwergl und allem beschlage soll uber zehn Reynischen gulden nicht gekostet haben bey pehne funf reinischer gulden.

Das spann soll in alles zwey und zweutzigl Reynischen gulden hochste nicht ubertretten noch wert sein bey funf Reynischer gulden.

Der erste guldene Rinck soll uber sech Reynischer gulden gewicht und der trauringk uber syben gulden schwehr ane die steine nicht treten noch uber wegen bey pehne dreyer Reinischer gulden iglichen Ringh.

Die silbern Ringe ubergulet sall mit golde, silber und machlon uber zwen Reynischen nicht gekostet haben bey pehne zweyer Reynischer gulden.

Das Hembde, darmit die Brauth den brautgam beehret, soll mit den borthen, und anderen, darmit es gezieret ist, uber drey Reynischen gulden nicht gekostet haben, bey dreyen soll die braut unvorbrechlich geben.

Alle giffte und gabe eyns zwischen des anderen freunde als an Ringen, kleinothen, hemden, badekappen, beuthel und wie man solches benennen und sich eraigen (?) mochte, nichts außen bescheiden, sollen alles ab und auffgehaben sein bey pehne dreyen Reynischer gulden unscheblich dem gesindelohn und die der braut das geschenck gebracht haben.

Furder alle Junckfrawen, die mit spannen gehalben und beraden werden, sollen nicht mehr dan einen bespagneten Rock haben und mit dem heffte sampt den spangen nicht mehr dan vierdehalben marck silbers gewichte daran haben bey pene zehn Reynischer gulden ane gnade zu geben.

Item alle andere Junckfrawen, die in ehrlichen Innyngen und gewerden geboren seindt aber sich dazw halden aber darhynne beraden werden, sollen auf allen kleyderen, an Roßenkreutzen, lowenkopffen heften dergleichen uber zwey marck silbers gewichte nicht haben noch tragen bey pene dreyer Reynischer gulden.

Item alle dinstmegde Junckfrawen, die sich nicht zw Innyngen halden, noch darinne geboren oder beraden werden, auch alle Junckfrawen unehelich geburth sollen an allen kleydern uber ein marck sylber gewicht nicht tragen noch haben bey pene zweier Reynischen gulden unabbrechlich zu geben.

Ordenunge über die koste der Junkfrawen, die in eynem geistlichen orden gesegnet und begeben werden.

Furder gebeuth ein Erbar Rat, das man das mit[1] der Zall der perßonen manne und frawen, auch Jungkfrawen und Drosten, als man zum geistlichen ingeben in die Jungkfrawen von Closter bitten wirt, gleich und in maßen, als hier oben in der wirtschafft und koste vorordenet ist, halten soll bey pene funfzigk Magdeburgische pfennigen vor ein itzliche uberige perßon zw geben, unscheblich doch den ungerechneten perßonen, als hier oben berurt ist, alle prister und geistliche Junckfrawen und alle diejenigen, die auf den hoven sein mit allen gesinde, auch kynder, die unter acht Jaren sein, sollen nicht gerechent werden und man mag bie ane spar speysen.

Auch soll man den gerechenten gesten, als vorberurt ist, nicht mehr dan zwey malzeyt thun und bereiten bey pene funf Reynischer gulden.

1. Im Mskr. steht „nit".

Furder gebeuth ein Erbar Rath, wen unßere einwoner ihre kinder zum Christlichen gelauben haben brengen und tauffen laßen, so soll man die frawen, die mit in dem taufgange aber just gebethen gewest, eynigerley wein etc. als hier vorberurt nicht schencken auch zu schencken nicht beschaffen laßen bey pehne eins Reynischen gulden, sundern Reynischen, franckischen aber gemeinen landtwein und bier mag man ane fahr schencken.

Auch wenn die sechs wochen frawen in die kirchen gegangen, ßo mag man kenne allein zu ein vierkanthen tische geste setzen und speyssen und mehr nicht bey pene dreyer Reynische gulden, kan auch darzw keine süße, sundern andere gemeine weyne und bier, als berurt ist, schencken laßen bey pene eines Reynischen gulden.

Wer disse vorgeschribene geboth und gesetze alßo nicht inne helt, von dem wiell ein Erbar Rath die brocke und fahr darumb nehmen dermaßen als darauf verordnet ane gnade, dafür sich ein ybermann zu bewaren wyße.

Glossar.

Abbrechen st. V. verkürzen, der habenden privilegien solte nichts abgebrochen werden 36 [21].

abbringen st. V. abschaffen, das bannirführen ist unterlassen und abgebracht 52 [16]; fortschaffen, ist einer erschossen, welchen die ihren nicht abbringen konten 222 [24].

abdringen st. V. mit Gewalt nehmen 152 [3]; der rittmeister ist gefangen aber dem feinde wider abgedrungen worden 47 [18].

abendküche f. mit einer Refection als mit bier, weine, abenthküchen oder dergleichen beschenken 232 [26].

aber, wieder, zum zweiten Male.

abfellig werden, abgefallen sein, als solten sie dem Reich abfellig werden 10 [8].

abfertigen schw. V. abschicken, gegen Eßlingen 187 [14].

abfodern schw. V. zum Weggehen auffordern, wolte unser knechte in Key. Majestät nahmen von uns, als den echtern, abfodern 49 [6].

abgeben st. V. sich begeben, welche sich nach der Sudenburgk abgegeben hatten 64 [36].

abgehen lassen Geschütz abfeuern 139 [7].

abharren schw. V. abwarten.

abkundigen schw. V. öffentlich, von der Kanzel, im Bauerdinge verkündigen 155 [4], 188 [5].

abkundung f. öffentliche, amtliche Verkündigung 203 [25].

ablassen st. V. loslassen, die Schweine ablassen (aus dem Stalle) 156 [21].

ablaufen st. V. einen vorthel ablaufen 120 [3].

abrede f. Verneinung, ist er nicht in Aberede 192 [14].

abscheiden st. V. weggehen, seind also Radt und Gemeine mit grosser confusion abgescheiden 181 [8]; dyßer meister ist widder abgescheyden 204 [b]; wollen sich aus ihrer Stadt begeben und abscheiden 205 [18].

Abescheidt m. Weggang; nach abescheidt der andern 160 [6].

abschlagen st. V. abschaffen; alle spaciren soll gantz ab und nydder geschlagen sein 233 [31].

absein abgeschafft sein; vor- und nachkoste sollen ab sein 233 [33].

absinnig wahnsinnig 65 [17].

abstehen st. V. ablassen; das sie solches abgestanden sein 147 [13].

Abtrag m. Eintrag, Schaden; einem E. Radt Abtrag thun 180 [25].

abtragen st. V. einbringen; es habe etzliche tausend gulden abgetragen 186 [25].

abtreiben st. V. zurücktreiben; der feind ist abgetrieben 212 [20].

abtreten st. V. zurücktreten; allen bündtnissen abzutreten 35 [17]; weggehen, seind von K. May. mit gebührlicher Reverentz abegetreten 129 [13]; do sein ihrer wohl bey 20 burgern entlaufen und abegetreten 181 [25].

abthun st. V. abschaffen; da sie die bruderschaft S. Annen abegethan 161 [2], ketten an den gassen abthun 73 [19].

abweichen st. V. zurückweichen, seint sie wieder abgewichen 213 [18], 216 [30].

abwerfen st. V. eine Brücke zerstören 212 [23].

Abwesen n. Abwesenheit, in meynem abwesen 206 [40].

abwinden st. V. durch Winden herunterschaffen, sie haben die eine hohe Spitze an S. Jacobsthurm abgewunnen 220 [2].

Affenspiel n. Spott, sie haben etzliche (bilde) vor ein Affenspiel mit weggenommen 170 [10].
ahne, ane ohne.
ainig s. einig.
alfanzen Schaltheit, Unfug treiben, von alevanz, hergelaufener Schalt, Schaltheit, Betrug. (Lexer, MhdWB.)
algemach gemächlich, alsdan wolten sie algemach in Torgaw einreiten 121 [20].
algereit bereits, schon, es sollen algereit drei tausend Gulden an einem orte liggen 164 [5]; und haben ihr algereit drey angenummen 173 [15].
all und gar ganz und gar, vollständig, sie haben den Weingarten all und gar abgeschnitten 179 [14].
Almissen n. Almosen 206 [10].
Ambt n. Messe 231 [6]; das heilige Ambt der hohen meßen 232 [9].
anblasen st. V. durch einen Trompeter auffordern, er lies die Stadt anblasen und auffordern 38 [2], 212 [7].
anbringen n. Forderung, Kay. May. gemüht und meinung und anbringen zu hören 121 [13].
andrengen schw. V. verfolgen, haben die feinde hinter die Magdeburger angedrenget 221 [20].
ane ohne.
anfallen st. V. angreifen, wenn zwey schewren mit feur würden angehen, so solten die anfallen 124 [23].
Anfenger m. Anstifter 173 [14].
anfurdern schw. V. fordern, es ist darum angefurdert worden 96 [28].
angeben, sich, st. V. erklären, einer Sache mächtig zu sein, ein Meister, der sich des (werkes) undernommen und angeben hat 95 [12].
angehen mit feur st. V. in Feuer aufgehen, anfangen zu brennen 124 [22].
Anhang m. Zusatz, mit dem anhangk 185 [34], 188 [30]; mit anhengenden worten 186 [23].
Anheber m. Urheber, Anstifter 43 [13], 174 [13].
anheim beim, nach Hause, gehen, kommen 177 [21], 185 [8], 192 [31], 203 [15], 206 [16].
anheimisch, heim, als ich wieder anheimisch gekomen 172 [9].
Ankunft f. Amtsantritt des neuen Raths 204 [19].
anlangen schw. V. ersuchen, nachsuchen, anlangen und bitten 34 [23], 130 [10].

anlaufen st. V. angreifen, stürmen, eine Schanze 64 [22]; das hirs anlief den menschen 42 [27].
anlegen schw. V. Feuer anlegen 116 [16], 132 [20].
Anleiter m. Anführer, Anstifter 180 [30].
anliegende Not vorhandene, bevorstehende Not 202 [9, 18, 45].
Annatengeld, die im ersten Jahre an die päpstliche Schatzkammer fallende Hälfte des Zinses von einer geistlichen Pfründe 7 [10].
annehmen, gefänglich, st. V. gefangen setzen, der Radt hat einen Jungen lassen gefenglichen annehmen 156 [23], 173 [16, 33], 174 [18].
annehmlich, annehmbar, genehm, ob nu woll diese artikel ihne nicht woll annehmlich 63 [10].
anpfeifen st. V. auspfeifen, mit Pfeifen verspotten, sie pfiffen den Prediger an wie einen Bachanten 155 [1].
anreiten st. V. antreffen auf einem Ritte, ob sie auch Jemands mit geruste angeritten hatten 186 [7].
anrichten schw. V. anfangen, lermen 41 [7]; die Messe wieder anrichten 82 [22]; eine Garde anrichten 29 [15].
anschlag m. Plan 39 [24].
anschlagen st. V. angreifen, die Schlacht beginnen 211 [29].
ansprechen st. V. beschießen, S. Jacoffs thurm hat die Newstadt begunt etwas hart anzusprechen 52 [6].
anstand m. Aufschub, das der Keyser einen anstand willigte bis uf ein Concilium 12 [10]; friedlicher anstand 12 [25], 153 [3–5].
anstehen lassen, abstehen von etwas, unterlassen, das man die predigt muste anstehen lassen 67 [29]; man ist der arbeit überdrüssig worden und dasselbe wieder anstehen lassen 77 [13]; biß zufrieden, lass anstehen 108 [15].
anstreichen st. V. malen, darin were fast das gantze Bapstumb doch mit schener farben angestrichen begriffen 26 [11].
ansuchen schw. V. bitten angesucht und geworben 129 [5]; er solle mich derhalben ansuchen 176 [35]. — Substantiv n. unser nachbaurn ansuchen 34 [24].
antasten schw. V. angreifen, mit beschedlichen Schriften 190 [34].

antragen ft. B. bittlich, bitten, Antrag ftellen 173³⁵.
antworten fchw. B. überantworten, ausliefern, die Schlüssel 81¹³.
arg, übelnehmen, das er arg angenommen 201⁶.
ärgern, sich, fchw. B. übel nehmen, es haben sich viele Leute daran geergert und ihme solches ubel ausgelegt 194¹⁹.
Armborst m. Armbruft 176⁴.
Armborstierer m. Armbrufter, Armbruftmacher 115²⁸.
Armuth f. arme Leute, die knochenhauer schinden die Armuth 117¹⁶.
Arnat m. Ornat 127⁴.
arrestiren fchw. B. vorenthalten, in Beschlag nehmen, lies ihnen ihre pächte und zinse arrestiren und verbieten zu geben 105²⁰.
aufbringen ft. B. vorbringen, es sein etliche Irrungen clagebar uffgebracht 148¹⁴.
auffahren ft. B. hinauf-, aufwärts fahren, 17 rotten sein auf der Elben aufgefahren 221¹⁰.
auffassen fchw. B. auffangen, er wolle die Elbe auffassen 204⁷.
aufgeben ft. B. überlassen, überliefern, sie wolten ihme Wittenberg aufgeben 126¹⁴.
aufgraben ft. B. ausgraben aus dem Grabe, grabe ihn uff und grabe ihn unter den Galgen 176²⁹.
aufhalten ft. B. in die Höhe halten, als er seine Handt uffhielt 183¹⁷; hindern, sperren, den pass 221¹⁸.
aufkommen ft. B. vom Feuer 136²⁰.
aufkündigen fchw. B. aufbieten, viel baursleute, so hierzu aufgekündigt waren 31²¹.
Auflauf m. Aufruhr 103¹⁸.
aufregken fchw. B. in die Höhe recken, mit aufgeregkten fingern 72²⁴.
aufrichten fchw. B. in die Höhe heben, die andern haben zwei finger aufgericht 154⁴.
aufrücken fchw. B. in die Höhe ziehen, brücken 61¹⁶.
Aufruhr m. Unfug, haben alda einen graussamen Aufruhr geubet 146¹³.
uffrurisch aufrührerisch, der Anfang ist ufrurisch und fast fehrlich 158¹; ufrurische Sermon 159³⁰; ufrurig werden, in Zant geraten, die Burger, so mit dem Burgermeister uffrurigk geworden 206²³.

aufschlagen ft. B. aufflappen, herunterlassen, speyse in offenen und uffgeschlagenen fenstern verkaufen 232².
aufschreiben ft. B. auffagen, auffündigen, sie schrieben dem Keiser ihre lehn eidt und pflicht auf 21¹, 173².
aufsein sich aufmachen, da ist hertzog Moritz aufgewesen und dem Churfursten sein Land eingenommen 122¹, 123⁹, 124⁷, wie sie nun alda stille liegen und wieder auf sein wollen 135²⁴.
aufsprechen ft. B. zum Weggehen bereden, der eine Converse auffgesprochen und weggerett hat 189²².
aufstehen ft. B. sich erheben, ein groszer windt ist aufgestanden 31²⁴.
aufsteigen ft. B. auf die Kanzel steigen zum Predigen 169⁷, 201¹, 206².
aufstutzig werden, in Streit geraten, der mit dem Sangkmeister uffstutzig geworden 167³⁵.
auftreiben ft. B. rauben, wegnehmen, Wagen 177⁶, uffgetrieben und genommen 186¹⁸.
aufthun ft. B. aufschlagen ein Buch 130²⁴.
aufwerfen ft. B. erwählen zum Oberften 29¹⁷.
Auge n. sie haben uff ihren vorigen achtzehen Augen bestanden 153¹⁰, d. h. sie haben auf ihrer Forderung bestanden. Vergl. Grimm, Wörterb. I. S. 800 sub Auge Nr. 23, wo ein gleicher Ausdruck aus Mathefius angeführt ist. Das Bild ist vom Würfelspiel hergenommen, wobei wohl 18 Augen der beste Wurf war. — Wie vor augen zu besichtigen 191⁴.
augenscheinlich sehen 166²³; — besichtigen 187¹⁰, 203³⁰.
ausbrechen ft. B. sich erheben, die Jar brachen sie künlichen aus und begunten offentlich zu lehren 13¹⁶.
ausfodern fchw. B. herausfordern, herausrufen, 4 fenlein knechte sein von hinnen ausgefodert 77¹.
ausführen fchw. B. hinausführen, vertreiben 93¹⁴.
ausgeben ft. B. zum Besten geben, ob die braut ausgebe (nämlich die Mahlzeit) 232³¹.
ausgiessen ft. B. gedruckt verbreiten, in Druck ausgiessen 53³².

aushauen ſt. V. einen Ausfall machen, darnach sein die Magdeburger ausgehauen und ein ziemlich scharmutzeln gehalten 224 ¹³.
auslaufen ſt. V. aus dem Kloſter weglaufen, ein ausgelaufener Monnich 106⁸; einen Ausfall machen, der Magdenburger knechte sein ausgelaufen 218¹⁵; auch von Reitern 219⁴.
ausreisen ſchw. V. verreiſen, sein die von E. E. Radt ausgereiset hin nach Gaterschleben 152⁹.
ausreiter m. ſtädtiſcher berittener Bote 53⁶.
ausrennen ſt. V. hinausrennen, Ausfall machen (von Reitern), Sontags seindt der Magdenburger reuter ausgerandt 213¹³, 218²⁰.
ausrichten ſchw. V. in Erfahrung bringen, wer aber diejenigen gewest, die die brieve angeschlagen, habe ich bisher nicht erfahren mogen, wil aber nochmals mogelichen fleiß vorwenden, das außzurichten 199²².
ausschneiden ſt. V. ausgeſchnittene Zettel 159¹¹, d. h. am Rande ausgeſchnittene oder ausgezackte Zettel (Urkunden), deren Schnittränder zum Beweiſe der Echtheit in einander paſſen mußten.
ausschöpfen ſchw. V. erſchöpfen, nachdem die Stadt ihres vorrats ausgeschöpft war 73²⁷.
ausschos, ausschuss m. Deputation, Vertretung, ausschos der Reuter und Knechte 68⁹ ²⁴.
ausspringen ſt. V., die Elbe in allen gassen lassen ausspringen in Röhrkasten 188²².
aussen, draußen, der bote ist noch aussen gewest 167⁵.
aussenwendig, außer dem Hauſe, speisen 253¹⁰.
ausserhalb, außer, er nahm Hertzog Moritzen landt ausserhalb Leipzig und Dresen 24⁷.
äussern, eussern, sich ſchw. V. ſich entäußern, fortſchaffen, die verlaufen Munche hinfurder nicht dulden, besundersich derselben gentzlichen eussern 173²⁰.
ausstreichen ſt. V. ſchmähen, ausjunken der Probst und die seinen wurden jemmerlich ausgestrichen von den vorlaufen Predigern 152²⁰.
auswarten ſchw. V. ausbalten, bis zu Ende warten, er hat sein gefengnis ausgewartet bis zu Ende der belagerung 47⁵.
auswerfen ſt. V. einwerfen, die Fenſter 94⁵.

Baccularien oder Collaboratores 233¹⁷.
Bachant fahrender Schüler, herumziehender Student, sie pfiffen den Prediger an wie einen Bachanten 155².
badekappe f. Vademantel 235¹⁴.
bald im anfange gleich im Anfange 55⁷.
Bank f. durch die bank ohne Unterſchied 133¹⁰.
bannirfuhren n. Herumtragen der Fahne des heil. Moritz 82¹⁶.
bare f. Bahre.
baredt n. Sammetbaredt, Kopfbedeckung, Mütze 132⁴.
bas Komparativ von wol, besser, mehr, wart der haufe bas herangeführt 38¹⁰; desto bas 123²⁷, 187²⁰.
Basilisk m. ſagenhaftes Tier 27²⁰.
Bauerding, burding n. Verſammlung aller Bürger an gewiſſen Tagen zur Verkündigung allgemeiner Angelegenheiten 30³, 164⁹, 188⁵, 200²², 203¹⁷.
— glocke Glocke, welche zur Verſammlung der Bürger, zum burding, geläutet wurde 71¹³.
bedacht sein, gedenken, wollen, ob er die bücher zu widerruffen bedacht were 6⁵.
bedagen f. betagen.
bedenken n. Bedenkzeit, sie haben 6 wochen ein bedenken genommen 134¹⁷.
bedrangen ſchw. V. zwingen, drängen, und haben sie mit Gewalt wollen bedrangen, das Kloster zu öffnen 160².
— n. Drängen, Forderung, uff bedrangen der gemeine 180⁶.
bedrawen ſchw. V. bedrohen 204²⁶.
beehren ſchw. V. beschenken 234⁵.
befaren ſt. V. Gefahr laufen, nicht zu befaren haben 94¹⁶.
befehlich m. Befehl 176³⁰, 187¹⁵.
befinden ſt. V. finden, zu einem Ergebnis kommen, es ist überschlagen und befunden 74¹⁴.
befragung f. Fragen, mit befragung, indem sie fragten 186⁵.

befülen schw. V. befüllen, anfüllen, mit mist die steinthum befült 224⁵.

begeben st. V. aufgeben, verzichten auf, der Bürgermeister wolte der der Stadt gerechtigkeit nicht begeben 96²⁴.

begegnen schw. V. entgegentreten, da werde ihnen woll Antwort beggegnen 172²¹; es solle ihm der Syndicus gar tapfer begegnen 192³⁰.

begehen st. V. feiern, S. Johannisfest 224²⁵.

begehren schw. V. fordern, die gemein hat an ihnen begehret, das — 184⁵.

begirlich eifrig, gierig, begehrlich, begirlich ansinnen eifrige Forderung 200⁹.

begrabgelt n. das für ein Begräbnis zu zahlende Geld 208³⁰.

begriff m. Umfang, dieser umbkreis hatte in seinem begriff mehr dann eine gute meile wegs 62²³.

behalten st. V. behaupten, festhalten, also das das arme weib schwerlich die Thor hat vor ihnen behalten mögen 160³.

behangende bleiben hängen bleiben 194⁸.

behangener wagen mit einem Betdeck versehener Wagen 93⁸.

bei ungefähr, bei der helfte 161¹⁰; bey den 30 loser buben 179¹²; bey 20 burgern 181¹⁴. — an und über sein beiwohnen, dabei sein, da Leute gnugk bey an und uber gewest 180¹³.

beiberedungen f. Nebenverhandlungen, nebenbei getroffene Beratrebungen 44²⁶, 69⁶.

Beilager n. Hochzeit 112⁸; beilager halten heiraten.

beilegen schw. V. verheiraten, die wurden in selbigen Jare beygelegt und vertrawet 112⁶.

beiliegen st. V. heiraten, Doctor Melchior hat Montags beygelegen 194¹⁶.

beyten schw. V. warten, haben sie seyner mit eyner grossen anzal gebeytet 201¹².

beiverstand m. Nebenbestimmung, es waren dermassen beiberedungen und beiverstand mit dem Churfürsten, das — 69⁶.

beiwesen n. Anwesenheit, in beywesen 600 gepöfels ungefehrlich 158²⁵.

beiwohnung f. Teilnahme, die beiwohnunge und Ceremonien der thumbkirchen 37⁵.

Bekerer m. Bechermacher 147²⁴.

beklagen schw. V. sich an Jem. 159¹⁹.

beleidigen schw. V. verletzen, der vom thurm aus der Newstadt schos den breiten Weg entlengst, beleidigte etliche personen 67³⁰, 27³.

beleiten schw. V. begleiten, der kaiser beleitete den neuen Cardinal aus der kirchen 5⁴.

beliebung f. Zustimmung, Erlaubnis, mit der Reuter und Knechte beliebunge 134⁶.

beneben neben 67⁹, 165⁷.

benehmen st. V. berauben, etwas nehmen, das Stift war sehr beschatzt und benommen 3¹³; die Bürger wurden allenthalben benohmen wegen der Acht 25⁹; weil der Marggraf die bürger fast beleidigte und benahme 27⁴; gesicht (Aussicht) benehmen 62¹⁴.

berathen st. V. verheirathen, die Jungfrauen, die in ehrlichen Innungen beraden werden 235²³.

bereden schw. V. sprechen von Jem., so wird uns niemand darum verdenken noch bereden mogen 34³²; meinen gnedigen Herrn zu besingen oder sonsten ungehorsamlichen bereden 164³⁰.

berennen st. V. anreiten, ansprengen gegen, der hertzog hat den keiserlichen Stuhl berant 128²⁸; berennung, gewohnliche 128³⁵.

bergen st. V. verbergen, verschweigen, welchs ich zur antwort nicht habe bergen wollen 199²⁵.

bernen schw. V. brennen 211⁶.

beruchtigt verdächtig, Bertholdus söhne sollen auch mit beruchtiget sein 149¹⁹; gemeine untuchtige und beruchtigte Frauen 234¹⁶.

besage f. Angabe, nach besage und vermeldung der unsern 57².

beschaffung f. Veranlassung, Veranstaltung, durch beschaffung D. Heshusii 92³.

beschanzen schw. V. verschanzen, sich alda beschanzt 49¹⁴.

beschatsen schw. V. schätzen, das Stift war sehr beschatst und benohmen 3¹³.

beschediger m. Beschädiger 177³¹.

beschedtlich schädlich, mit beschedtlichen Schriften angetastet 190 34.
beschehen st. V. geschehen, auf beschehen Ansuchen 139 15.
beschicken w. Botschaft, auf Capittels verbotschaften und beschicken 172 51.
beschiessen st. V. einschießen, sie haben ihre schlangenbuxen beschossen und rustig gemacht 178 22.
beschliessen st. V. beendigen, als nun der Sermon beschlossen 146 10, 153 15.
beschliesslichen am Ende, zuletzt, zuletzt beschliesslichen 185 13; beslieslich 205 28.
beschneiden st. V. entmannen, castrieren 149 12.
beschütten schw. V. zuschütten, verschütten, der hern pforte, welche vorher in wall gebracht und beschüttet war 83 10.
beschwechen schw. V. schwächen, so Leipzig an ihren merckten beschwechet würde 187 1.
beschwer f. Beschwerung, ohne beschwer des Stifts 3 11.
bescheren, sich schw. V. Schwierigkeiten machen, sich weigern, auch beschwerten sich die Stedte mehr geld zu senden 22 5.
beschwerlich machen, sich, sich beschweren, darauf sich der Doctor über den Rath beschwerlich gemacht 92 31; beswirlige vorschlege 205 19.
besehen st. V. sehen, einsehen, als von etzlichen der Ihren besehen war, das — 169 4.
besetzen schw. V. sich niederlassen, er solle sich hierher kegen Magdeburg heuszlich besetzen 189 35; ein iglicher Burger, so in ihrer Stadt besessen 203 10.
besichtigen schw. V. sehen, besehen, wie hineben zu besichtigen ist 161 17; wiewoll es offentlich gnugk soll besichtiget sein, wer diese buben gewest; augenscheinlich besichtigen 187 10, 203 36.
besingen st. V. feierlich mit Gesang einführen, man fürete ihn in den thumb und besang ihne; Spottlieder auf Jem. singen, besingen oder sonsten ungorsamlich bereden 164 30.
besinnet werden, zur Besinnung kommen, dass die rumorischen Leute wieder besinnet wurden 153 22.
besonderheit f. in —, besonders 154 23.
besondern, besunder, sondern.
besorgung f. Besorgnis, aus vielerlei besorgung feuers halber 114 4.
bespangen schw. V. mit Spangen zieren, bespangeter Rock 235 19.
bespottung f. Verspottung, Spott, ist das Volk mit bespottung davongegangen 161 11.
bestellen schw. V. einsetzen, Pfarrherrn 153 5; bestalter reyen verabredete Sache 201 44.
bestetigen schw. V. bestatten, zu dem Grabe 121 1.
betagen schw. V. zu einer Verhandlung (Tag) bestellen, der Churfürst betagte sie wieder hinaus 43 10.
betagung f. Verhandlung, die kamen mit einer andern bedagung wieder 43 22.
bethe f. Bitte 199 19.
Beutepfennig m. Geschenk aus der Beute, die Wagen hat hertzog Jorge dem Churfürsten zum Beutepfennig verehrt 33 4.
bewahren schw. V. bewachen, der hertzog wart mit etlichen Ratherrn und burgern bewaret 47 1; schützen, dafür sich ein ydermann zu bewaren wisse 236 14.
bewähren, bewehren schw. V. beweisen, kan man mit der heiligen schrift nicht bewehren 163 3; auch in keiner göttlichen schrift bewert sein soll 184 29, 194 7; mit bewerter heiliger schrift 205 9.
bewegen st. V. erregen, veranlassen, etzliche des Rats waren bewogen worden und liessen den Bettler gefenglich annehmen 143 11.
bilden in die Leute, den Leuten einbilden, fürgeben und in die leute bilden 34 15.
biss sei, Imperativ von sein, biss zufrieden 169 15.
bittlich bittend, mit Bitten, antragen 173 35.
bleiben st. V. unterbleiben, der Abendtans ist geplieben 91 21.
Blendung f. Vorbau an einer Schanze, um zu verdecken, unsichtbar zu machen (blenden), was dahinter geschieht 62 10.
blöde furchtsam 165 18.
Blutfahne f. Fahne, durch welche der Blutbann verliehen wird 128 37, 130 28.

die Regalia der blutfahnen 129²⁵; durch die blutfahnen und hohen Regalien 131¹⁰.

Bock m. Böcke und Spitzen an die Wagenburg machen 178¹⁶.

Bolwerk n. Befestigung an einem Festungsturm 156¹⁶.

borte f. Besatz von Kleidungsstücken, Borte, die Borthe mit dem Silberwergk 235¹.

Brautabend m. Abend vor der Hochzeit, Polterabend, im brautabende und in brauttage 233⁸.

brauthgam, bereuthgam m. Bräutigam 232²¹.

brautstuhl m. der Stuhl, in welchem die Braut bei der Hochzeit fitzt (?), unsser bürger und bürgerin sollen der braut in brautstuhle uber einen R. gulden nicht geben 234⁶.

brauttag m. Hochzeitstag 233⁸, den tag negst dem brauttage 233²³.

broke, bröke, brocke f. Strafe, bei bröke eins R. gulden 232²⁶, 234⁸; ein erbar Rath will die broke und fahr darumb nehmen 236¹².

Bröllochse m. Brüllochse, Schimpfwort 168¹⁸.

Bube m. zuchtloser Mensch, wolte Gott, dass wir der Buben los würden, vorgessen buben 135¹, 147¹²; ein halbwachsener Bube 176²⁷.

Buberei f. Büberei, Hurerei, denn sie ihre buberey mit dem Schneider triebe 112¹²; Schlechtigkeit, aber ihre büberey wolte nicht hinaus 119²².

Büchse, buxe f. Feuerrohr, dreylötige 186³; buchse vom ganzen Centner, vom halben und vom Viertel eines Centners 188⁶.

Büchsenmeister m. 51¹²; Buchsenmeister ist einer, der die grossen Stuckbüchsen ordentlich und künstlich laden, richten und regieren kan. Zeitschr. für deutsches Altertum 43 S. 93.

bunger, Tylo der b. Pauken-, Trommelschläger, timpanator, Bungener 152².

burde f. Bürde, Last, holtzes 190¹⁵.

burgerhand f. Sicherstellung durch Bürgen, obligatio et cautio fideiussorum, als er zu Burgerhanden gebracht 180¹⁶.

Burggrafenthum und Grafending n. Gerichte, die dem Erzbischof zustehen, der herzog wird belehnt mit dem Burggrafenthum und und Grafending zu Magdeburg 131⁶.

burglich durch Bürgschaft gebunden, fideiussorius, weder in burgliche noch peinliche strafe nehmen 165¹⁹; als er zu Burgerhanden gebracht und noch burglich gewest 180¹⁷.

Burse f. Burschen 168³¹; dieselbe weldige mutwillige lose burse hat umgeworfen 191¹⁵.

bürtig gebürtig, zu Eisleben, da er bürtig war 120²⁵.

Butterfladen m. Butterkuchen 95¹⁶.

C siehe K.

Dafür halten, glauben, meinen, wie Jedermann dafür hielt 127²⁹.

damasken m. Stoff aus Damaskus, gemustertes Zeug 101¹⁴.

Dampf m. Schaden, Verlust, das er ihne nicht wenig schaden und dampfs gethan hatte 52¹; und sagte, du hast uns viel dampfs gethan 73¹⁷.

dämpfen, dempfen schw. V. unterbrücken, damit das böse lied gedempfft werde 181¹⁹.

danken schw. V. abdanken, entsagen, in diesem Jahre dankte der Keiser dem reich 81³.

danksam dankbar, disser geschichte waren die von Breslaw danksam 101¹³.

daran sein dafür sorgen, das sie darane sein wolten, domit solche verbleiben mocht 208²⁰.

darfügen schw. V. kommen, wers horen wolte, mochte sich widder darfügen 207²⁸.

darkommen st. V. hinkommen, derhalben sie viel mehr volks dar gekommen 207²⁹; wen ich darkomme 164¹⁹.

darlegen schw. V. ersetzen, alles dasjenige, so ihnen abgeplundert, wäre ihren burgern wiederumb dargelegt und bezalet 183¹⁰.

darstreckunge f. Darreichung, Einsetzung, mit darstreckunge ihrer leibe, Land und Leute 130¹⁵.

darthun st. V. beweisen, das es kein ehrlicher wirt darthun 35³.

dasmals damals 155⁸.

dawiderlegen schw. V. widerstehen, sich gegen etwas wehren, doch legten sich die Teologen hart dawider 26⁹.

des darum, deswegen, dafür.

deutsch, teutsch taufen nach evangelischer Weise taufen 151⁵, 157²⁷, 209²⁰.

dick und voll stehen dicht gedrängt stehen 167²⁶.

Diederich m. Diebesschlüssel 148⁶.

Ding, dinck, zu vorhüten, das die Neustedter mit den Altstetern ein Dinck werden sich vereinigen 165²⁷.

Dingstag Dienstag 39⁵.

disputirlich, tisputirlich machen bestreiten, in Frage stellen (einen Vertrag) 97²⁵.

do da.

Dobbelhaken m. großes, starkes Gewehr 57⁷.

Dobbelsoldner m. Sölbner mit schwerer Rüstung 76²³.

drang m. Gedränge, als die lange also in dem drange gestanden 207²¹.

drangsal, f. Drängen, Forderung, auf Drangsal der gemein 143¹⁹; aus drangsal der gemeine 158¹⁶; mit einem Drancksal sollen genöthigt haben 186³⁹.

Dreck m. lose ursachen von einem Zaune brechen, die nicht eines Drecks wirdig 175¹⁵.

drehen schw. V. wenden, die sich alle von einander dreheten, als des Hern Junger im Ölgarten 171¹.

dreschen st. V. schlagen (auf die Pfaffen) 183¹.

dringen st. V. fordern, zwingen, sie haben die Radtheren gedrungen 155⁹; abdrängen, verdrängen, als sie mit Römischen banne davon gedrungen 189³¹; sich herandrängen, heranbringen, wiewol der feind an die Magdeburger gedrungen 225⁹.

Drost m. Brautführer 233⁵, 234³, 235³⁴.

drücken schw. V. drängen, unsere knechte drückten mit gewalt zu den ihren 65²⁵.

Eben gelegen, passend, dis kam gar manchem eben und recht 66²⁵; gerade, das schmiedezeug, das eben statlich gewesen ist 134⁷.

Ebtische f. Äbtissin.

Echter m. Geächteter, einer, der in der Acht ist 49⁵,¹².

ehehaftig, gesetzlich, rechtmäßig, ehehaftige noth 232¹¹.

ehelich gesetzmäßig, wirtschaft 232³, beilager 183²⁶.

ehrlich vortrefflich, herrlich, wacker, so haben sie sich doch ehrlich gehalten 34²⁹; und sie in der Stadt mit ihren knechten sich ehrlich und aufrichtig gehalten; ehrliche Innungen (im Gegensatz zu den sogen. unehrlichen Leuten) 235²³.

Eid f. 72²⁹.

eidtspficht f. eidliche Verpflichtung, auf diese Artikel wart nu dem Kaiser eidtspflicht gethan 69¹³.

eigentlich ausdrücklich, namhaftig und eygentlich vorzeichnen 234²⁴.

eignen schw. V. zukommen, es eignet und gebühret 202¹⁹.

einanantworten schw. V. überantworten, die Stadt 36¹³, 37¹.

einbekommen st. V. bekommen, das schloss wieder einbekommen 97³⁰.

eindrengen schw. V. aufdrängen, mit Gewalt in eine Stellung bringen, zum Pfarherrn eindrängen 92²⁰.

einfallen st. V. in die Erde fallen, laufen lassen, der meister wolle die Elbe auf dem markt auslaufen und alda wieder einfallen lassen 188²⁰.

einfordern schw. V. zu Jem. fordern, bestellen, zwey Partheyen bürger liessen sich zu uns einfordern 148²².

einführen schw. V. feierlich einführen, geleiten, Bischof Albert wart zu Magdeburg eingeführet 3¹⁷; Johann Albert ist zu Bischove gewelet, aber nicht eingeführet worden 19¹⁶; Frauen, Wöchnerinnen in die Kirche führen 155²⁷.

einhelliglich, einhellig, übereinstimmend, beschliessen 172¹⁵; bei der Obrigkeit stehen 175¹⁵; über dem Wort Gottes einhelliglich halten 185²⁶.

einig, einig irgend ein, ohn einigen fürgehenden process 93¹⁴, 117⁶; ein von zweien, und ist die einig spits sehr beschedigt worden.

einigerley irgend welcher, einigerlei Confect 232³¹, Wein 236².

einkommen st. V. einziehen, wieder zu Halle einkommen 134¹⁰, 222².

einlaufen st. V. laufen, hinlaufen, do ist er zu ihr eingelaufen 171²⁹.

einlegen schw. V. anlegen, Feuer 156[26].
einleiten schw. V. einführen in die Kirche, das die sechs wocherin sich nicht lassen mhe einleiten 207[8].
eins, einmal, sie ranten noch eins an die 226[4].
einschiessen st. V. wiewoll man zu ihne heftig einschoss 57[16].
einsitzen st. V. sich hineinsetzen, in ein Schiff 51[27]; auf Pferde einsitzen lassen 95[28].
einspennig, knechte, gregarius, gewöhnliche Kriegsleute 216[18].
einwerfen st. V. hineinwerfen, mit steinen zu ynen einwerfen 200[40]; hineinschießen, mit dobbelhaken einwerfen 57[7].
einziehen st. V. hinzuziehen, zu einer Verhandlung 159[10]; von Truppen, sollen sich bei der Stadt Capitener einziehen lassen 177[29].
eißen schw. V. eisen, das Eis aufschlagen 93[27].
eitel, bloß, nur, eitel fussvolk 40[6].
endung f. Beendigung, nach endung dieser tageleistung 146[20. 27].
entäussern schw. V. räumen, verlassen, ir fürstl. gnade lande zu entäußern ufferlegt worden 92[9].
entbrennen st. V. anbrennen, transit., das der hartz von hitze entbronnen worden 102[4].
entdecken schw. V. entblößen, mit entdecktem haupt 72[23].
entfahren st. V. entlaufen, der Apt von Berga ist aus dem kloster heimlich entfahren 134[27].
entfliegen st. V. entgehen, da ließ sich die Magd etliche Wort entfliegen 112[20].
entgelt n. Entschädigung, Ersatz, ohne entgelt 195[9], 206[23].
enthalten st. V. aufhalten, die sich uf dem lande enthielten 23[7], 173[18], 190[19]; gefenglich, gefangen halten 120[8]; unterhalten, das davon hundert personen enthalten sollen werden 188[15]; sich einer Sache enthalten, absteben von, er sollte sich seines predigens enthalten 191[28].
enthaltung f. Unterhaltung, geburlich einkommen und enthaltunge 208[28].
entledigen schw. V. befreien, erlösen, sie verhofften, von ihm entledigt zu werden 43[12].
entlengst, entlang, den breiten weg entlengst 67[30].

entlestigen schw. V. befreien, entschuldigen, in gerichte sich entlestigen 149[27].
entnehmen st. V. benehmen, hindern, also wart den unsern sich des Elbstroms zu gebrauchen entnohmen 5[8].
entrennen st. V. entwischen, entfliehen, er entrannte ihnen mit einem klepper 178[10].
entsagbrief m. Absagebrief, -schrift 23[9].
entsetzen schw. V. befreien, die seinigen würden ihn noch entsetzen 46[30].
enttogen praeter. partic. von entziehen 144[9].
entzlich, einzeln 62[31].
er, her, vor Namen und Titeln, verkürzt aus Herr 93[10].
erachtung f. Meinung, nach vieler leut erachtung 44[28].
erbeiten schw. V. arbeiten 178[19], 203[36].
erdbibung f. Erdbeben 77[34].
erbietung f. Erbieten, Erklärung, mit erbietung 161[15].
Erdhaus n. Schanze, Blockhaus 39[7. 16], 50[25].
erfahrung f. Kenntnis, Wissen, in erfahrung haben 204[10].
erforschung f. Untersuchung, ein E. Rath will fleissig darauf sehen und erforschung haben 234[23].
ergiessen st. V. übertreten, überschwemmen, die Elbe hat sich ergossen 11[11], 51[20].
ergiessung f. Überschwemmung 51[34].
erhalten st. V. erreichen, durchsetzen, bei den hern der Stadt erhalten, das — 53[14], 111[5]; aufrecht halten, verteidigen die artikel vor einer ganzen gemein mit der schrift erhalten wider alle Papisten 161[21].
erhenken schw. V. aufhängen, sie wolten sich alle über die Mauern erhenken lassen 206[25].
Erkener m. Erker, kupferne 115[12].
erlangen schw. V. erreichen, durchsetzen, kunten sie es an m. gn. Herrn dem Dechant erlangen 157[5].
erlauern schw. V. auflauern, erwischen, wir wollen den alten Hurentreiber einmal erlauern 169[27].
erledigen schw. V. befreien, sie haben ihren Rittmeister widerumb erlediget 217[12].
erleubnuß f. Erlaubnis 146[5].

ermessen st. V. ausmessen, einen graben 213 ¹⁰.
erschepfen schw. V. ausſchöpfen, berauben, das die Stadt ihres vorradts dermaßen erschepft sei 69 ¹².
erspinnen st. V. anspinnen, die belagerung hat sich erspunnen 22 ¹⁴.
erspüren schw. V. verspüren, bemerken, es ist kein mangel erspurt 185 ²⁷.
ersuchung f. Aufforderung, aus ersuchung des Raths 54 ¹⁶.
erwagk, erweckte, erregte (Lexer)? 199 ¹⁴.
Essen n. Mittagessen, nach Essens Zeitbestimmung 146 ⁴, 148 ²⁶, 206 ¹⁴.
etliche viel, ziemlich viele 138 ²⁰.
etwan, einst, früher 183 ³¹.
eu siehe äu.
eventuer n. Abenteuer, möchte er sein eventuer stehen, möchte er es auf seine Gefahr hin thun 150 ¹¹.

Fahnenkasten m. 152 ¹².
Fahnenstab m. 147 ³.
Fähnlein n. kleine Fahne, roth und grün 221 ²⁹; F. Knechte, die zu einer Fahne gehörige Abteilung.
fahr, fehrlichkeit f. Gefahr, Nachteil, mit grosser fahr und fehrlichkeit 201 ²⁷; merkliche fehrlichkeit der eide 231 ¹¹; ahne fahr 232 ⁶.
Falkenetlein n. kleines Geschütz mit langem Rohr, Schlange, Feldschlange 60 ¹⁹, 73 ⁵.
fallen st. V. anfallen, fassen, fielen ihm in die gurgel 112 ²³; unterbleiben, fortfallen, die Completoria sind gefallen 170 ³².
fast, hart, sehr, fast hart sobelten 146 ¹⁰; fast ernstlich 151 ¹².
Faust f. die sachen mit der faust angreifen d. h. mit Gewalt 15 ²⁶.
Feder f. es bliebe in der feder und wart nichts mehr daraus 111 ¹⁵.
fehden schw. V. anfeinden, dieweil wir werden feindlich angesehen und gefehdet 139 ²³.
fehlich, sicher, ohne Gefahr 28 ¹⁰.
fehrlich, gefährlich, in dieser fehrlichen Zeit 148 ¹⁷; der Anfang ist uffrurisch und fast fehrlich 158 ², 161 ²⁴.
feile haben, zum Verkauf stellen, ausbieten 143 ⁶.
feiern schw. V. ruhen 62 ⁹.
Feld n. das Feld behalten, siegen 79 ¹⁷.

fenglich, gefänglich, gefangen, enthalten 136 ²⁹.
Fenrich m. Fähnrich 52 ²⁸.
Fenster n. auswerfen 94 ⁵; aufgeschlagene F. 232 ³.
fertigen schw. V. abfertigen, schicken, auch fertigte man einige hakenschützen ihnen zu hülf 41 ¹².
finden st. V. sich, sich begeben, fand er sich an den Churfürsten 44 ¹¹; weil sich das Capitel zu hertzog Georg gefunden 90 ⁵.
Finger m. aufrecken, aufrichten 72 ²⁴, 154 ⁴; durch die Finger sehen 171 ⁹.
Fischführer m. Fischhändler, Verkäufer von F. 134 ²³.
Fleischbank f. Bank, auf der Fleisch liegt zum Verkauf oder zerteilt wird, haben also den frommen fürsten also auf die fleischbank mit geopfert 125 ¹⁰.
fliegende Reden, umlaufende Reden, man sagt mit fliegenden Reden 174 ¹⁹, 184 ¹⁵.
fliehen st. V. schnell schreiten, ein geuckler flohe ufm markt uff einer linien 18 ¹⁶.
fliessen st. V. wolten sonsten den sarck in der Elben nach Hamburg haben fliessen lassen 145 ³.
fodern schw. V. fordern 72 ³, 150 ⁸.
folgen schw. V. folgen lassen, überlassen 114 ¹²; befolgen, das sie auch also gefolgt hetten 157 ⁹.
folgendes, darauf, in der Folge 129 ⁷.
fördern, schw. V. befördern, bringen, indess fördert her Gerolt den Sangmeister aufs Capittelhaus 168 ³⁰.
forders, zu adv. zuerst, zuvorderst 23 ¹⁹; zum furderlichsten 146 ²³; zum allerfurderlichsten 202 ¹²; adject. ferner, weiter, alles forders inhalts 200 ¹¹.
fort nach, sofort nach 232 ²⁷.
Frauenhaus n. Bordell, gemeines Fr. 159 ²⁵.
Frauenzimmer n. die fürstlichen Frauen 126 ⁷.
Fräulein n. Jungfrau von Stande, Prinzessin 126 ¹¹.
freidig, wild, trotzig, übermütig, kriegsmann 46 ¹⁴.
fressen st. V. wen diese rebellische handlunge weiter umb sich fressen würden 37 ²³.

freventlich, mit Frevel, ruchlos 146 [19].
Friede f. des war ein hirs, das hatte keine friede 42 [26]; m. im friede stehen mit — 117 [6].
friedesam, friedlich, doruf sie friedesam von mir geschieden 149 [1].
friedstand, friedestand, m. Waffenstillstand 68 [2], 69 [31].
fristen schw. V. schonen, das leben 226 [35].
frölich, mit frölichem willen, gern 147 [20].
fromen m. Nutzen, ihren fromen fordern 72 [3].
fügen schw. V. sich, sich verfügen, begeben, zum Thume 167 [30].
führen schw. V. fortführen 120 [19].
fulbort f. Zustimmung, Erlaubnis 147 [27].
für siehe vor.
Fund m. das Gefundene, des dan sie dismals woll zu funde kamen, d. h. wahrnahmen 41 [30].
fushalten, standhalten, das er einen jeden zu rechte antworten und fushalten solte 67 [4].

Ganghaftig, gangbar, Münze 158 [21].
ganz kein, gar kein 125 [14].
gar, völlig, ganz, die glocken seynd gar in stücken gefallen 137 [8], 213 [11].
Garde f. Wache, anrichten 29 [15].
garkost f. bereitete Kost 232 [4].
garküche f. Küche für Gäste, wo Speise für Fremde bereitet wird, Gasthaus 156 [14].
Gastgeber m. Gastwirt 114 [6].
gastsweise, als Gast, mit vorübergehendem Aufenthalt, Graf Albrecht lag zu Magdeburg gastsweise 31 [27].
Gaukler, geukler m. Gaukler, Seiltänzer 18 [16].
Gaul m. plur. geule, Pferd 128 [30].
gebeu, gebew n. Gebäude 3 [9], 191 [2].
gebreche n. das Brechen, Störung, der feyertage 231 [10].
gebruch m. Abgang, Mangel, es mochte letzlich an volck gebruch werden 56 [15].
gedeige n. Gedeihen, zu gutem gedeige geraten 32 [23].
gedenken st. V. sich denken, denn sie nicht gedenken kunten, dass — 121 [17]; daran denken, die gemeyne musste selbst dorzu gedenken 200 [23].

Gefahr, geseher f. ans gesehen, unversehene, ohne Absicht 201 [7].
Gefärlichkeit, geserlichkeit f. Gefahr 44 [20].
gefallen st. V. einkommen, fallen, was von dem Ablass gefiele, sollte zur Helfte zum gebeu der kirchen kommen 3 [7].
Gefallen n. Gefälle, ein gut gefallen tragen 183 [21].
gefänglich, gefenglich, gefangen, im Gefängnis, enthalten 120 [8]; nehmen 135 [20]; annehmen 156 [22]; setzen 180 [24].
gefolgigk sein, folgen, folgsam sein 205 [25].
gegenwertigkeit f. Gegenwart, in kegenwertigkeit des Abts 145 [25].
gehes todes sterben, jähes Todes 27 [11].
Gehör, geher n. Gehör 108 [14].
gehorsamen schw. V. gehorsam sein, folgen 35 [19].
geld n. redlich geld, richtiges Geld 232 [5]; grosses geld 83 [14].
Gelegenheit f. Beschaffenheit, nach gelegenheit des wassers 76 [11]; der sachen 232 [11].
geleit, gleide n. Leitung, Schutz, werben 149 [24]; geleite und sicherunge 173 [1]; gleide senden, Geleitsbrief 58 [8].
geloben schw. V. verloben, zu der Ehe 192 [6].
Gelöbnis n. Verlobung, grosses und kleines 232 [20].
Gelöte n. Lot, Bleikugel 154 [14].
gelögen strafen, Lügen strafen 159 [5], 161 [6], 192 [13].
gelusten schw. V. gelüsten, gefallen 156 [31].
gemach n. Notdurft, sein gemach thun 135 [24].
gemein, allgemein, machten alle dinge unter ihn gemein 13 [37]; gemeine sage 49 [1]; gemeine rede 184 [4]; gemeiner kasten, allgemeine Kasse 37 [27], 161 [3]; gemein werden, allgemein bekannt werden 143 [8]; gemeyne Clerisey 202 [3]; gewöhnlich, mit dem Nebenbegriff des Schlechten, gemeines gepöfel 146 [12]; gemeines frauenhaus 159 [25]; gemeiner wein 234 [15]; gemein halten, Versammlung 67 [6, 8, 16].
Gemeinheit f. Gemeinde, Gesamtheit der Bürger 103 [20]; die ganze gemeinheit der bürger 205 [2].

gemeiniglich, gemeintlich, gewöhnlich 157³¹, 219²⁶.
gemüth n. Meinung, Ansicht, gunstige gemuete und bedencken wissen lassen 148²⁴; sie sind es gemüthes, d. h. beabsichtigen 200²⁶.
gepobel, gepöfel n. Pöbel, gemeines 105¹⁷, 146¹², 152²¹.
geraten st. V. steuern, abhelfen, das ich deme nicht alle geraten kan 190²⁸.
gereuen schw. V. es sei dem Marggrafen der scherz gereuen 186²⁴.
Gericht n. Galgen 61²⁶.
Gerichtszwang m. Gehorsam, Unterordnung unter ein Gericht, die Neustedter denken keinen Gerichtszwang mehr zu dulden 165²¹.
geruff n. Rufen, Geschrei, nach dem getummel und geruff der knechte 67¹⁸.
geruste n. Rüstung, mit g. d. h. gerüstete Leute 186⁷.
geschaffen, beschaffen, das volk konte nicht sehen, wie es im felde geschaffen 55³¹.
geschrey n. Gerücht 121¹⁴; gemein geschrey, allgemeines Gerücht 155¹⁴, 172¹³, 173⁸; ruhmredig 186¹⁴.
Geschütz n. Kanone 49²⁷, 139⁷.
Geschwadt n. Geschwader, reuter 47²⁶, 71¹⁰.
gesellig n. Gesellschaft, die Gesellen, das Handwerk gesellig 167²⁴.
gesichte n. Aussicht, dasselbige gesichte sie ihme mit dieser blendung (am laufgraben) fast benahmen 62¹⁴.
gestendig sein, zugestehen, sich zu etwas bekennen, man musste dem keiser seiner artikel gestendig sein 69²⁰.
gestühle n. Kirchenstühle 152¹¹.
gewaltig, gewaltiglich, mächtig, sein die unsern der feinde gewaltig worden 62³; bettlerinnen, der sie nicht gewaltig 207⁴³; selbst gewaltig, mit eigener Gewalt 152¹⁷; selbweldiglich und widder die Geboth und ordnung der kirchen 208¹⁷; selbweldiglich begraben 208³¹·³²; gewaltthätig, gewaltiger haufe 207³⁵; adverb, mit Gewalt, gewaltiglichen und mit grosser Ungestumigkeit folgen 146⁷; diese haben den probst gewaltiglich dorzue geschleppt 152⁶.

Gewaltiger m. gewaltthätige Menschen, das die gewaldiger abgestanden 207³⁷.
gewandt n. Tuch 213¹⁴.
gewarten schw. V. warten, gewärtig sein, der Almissen zu gewarten 206¹⁰.
gewerfe n. Gewerk, alle Meister der gewerfen der Handwerker 173²⁴.
gewiss, sicher, sicher treffend, ein gewisser schütz 51¹².
Gewölbe, gewelbe n. die Wölbung, sie haben die Kronen alle aufs gewelbe in die Höhe gezogen 152¹⁴.
gewolken n. Gewöll, ein dickes schwarzes gewolcken 55¹⁹.
Gezelt n. Zelt 124¹⁶·²⁰.
gezwange n. Zwang, aus gezwange des Keisers 59²⁴.
gierich, girich, kampfbegierig 64²¹.
Gift n. Gabe, Geschenk, weder durch gunst, gift noch gaben 72⁴, 235¹³.
Glaube, gelauben m. Kinder zum christlichen gelauben bringen, d. h. taufen lassen 236².
glaubhaftig sagen 132¹⁰.
gleich, gerecht, billig, uf sulch ir ziemlich und gleich erbieten 205²⁶.
glympf m. artiges und angemessenes Benehmen 199¹⁶.
gnauwe, genau, mit genauer Not, ist gar gnauwe ahne Rumor abegegangen 206²⁷.
gottlesterich, gotteslästerlich 163⁷.
Grab n. zu dem grabe bestettigen, beerdigen 121¹.
graben st. V. begraben, grabe ihn uff und grabe ihn unter den galgen 176²⁹.
Grafengedinge n. Grafengericht 131⁶.
grausam, stark, gewaltig, grausamer Aufruhr 146¹³; gewalt 147²⁶; gar grausam ziehen 153¹⁰.
grausen schw. V. jucken, manche, den die haut grauset 66²⁵.
greifen st. V. nehmen, wieder zu sinnen greifen, die Besinnung wieder bekommen 172¹².
grill m. Groll, Grill und Zorn 167²⁰.
grimmen schw. V. vor Zorn oder Schmerz wüten, toll und rumorisch grimmen und trotzen 183²².
grob, gross, dick und stark, grob geschütz 49²⁷.
Grund m. Fundament, in grund brechen 126²⁴; liessen dem hause

den grund brechen 114⁴; die stadt in grund verderben 138²²; aus dem grunde erbauen 140⁶; zu grunde verzehren 156¹⁸; ohne grundt der schrift 161²⁶; die geistliche Oberkeit hat keinen grund aus der Lehre Christi 162¹⁵.

gründen schw. V. begründen, bewähren, mit gegrundter schrift 161¹⁵, ²¹, 205¹⁶.

gulden, golden 234³⁰.

gut, wieder zu gute machen 153²⁴; mussten die armen Leute vor gut nehmen, d. h. ruhig, gutwillig hinnehmen 178⁵.

Haar n. har lassen, Verlust erleiden 56¹³.

Habit n. Kleidung, ornat und habit 128¹⁹, ²¹.

Haderrede f. Zank 167²⁶.

Haken m. Büchse, an der der Schaft einen Haken hatte und damit auf einem Gestell, dem Bocke, ruhte; die Büchse schoß 4 Lot; doppelte Haken 32⁴; Hakenbüchse 156¹⁴. Heinsius, Volksthüml. Wörterbuch.

halbwachsen, halb erwachsen, Bube 176²⁷.

Hals m. den Hals stürzen, brechen 61⁷, 136⁶; ehe wolten sie alle sterben und den hals daran wagen 106⁴.

halten st. V. bei Jemand aushalten, beistehen, er hielte bei herzog Moritz wider den Kaiser 78²¹; der das Wort auf dem Rathause hielte, d. h. führte; das ein Rat will halten über die Evangelische messe 164¹⁰, 185²⁰, 186¹³.

Hand f. die hand absiehen d. h. etwas im Stich, unvollendet lassen 37²¹; auf den beiden fähnlein führen 129³⁰; sein schwert zu beiden henden fassen 132¹⁵; zu henden reichen 167¹.

Handbüchse f. eine Büchse, die mit der Hand geführt wird 154¹³.

Handel m. Verhandlung, im Handel besprechen 180²³.

handeln schw. V. verhandeln, umgehen mit Jem., mit dem wollen wir erst recht handeln, d. h. mißhandeln 168¹⁷.

Handgelübde n. Handschlag 164³².

handhaben schw. V. schützen, das wort 200²⁹; seine unterthanen handhaben 202¹³.

Handhabung f. Schutz, in gebürlicher handhabung erhalten 205³⁰.

handlung f. Verhandlung 72⁶.

handmole f. Handmühle, eine mit der Hand getriebene Mühle 205¹.

handrohr n. Handbüchse, Handgewehr 79¹⁹, 166³⁵, 167².

handtastung f. Handschlag, die Räte und Schepfen haben die huldigung mit einer handtastung zugesagt 72¹⁹.

handthätig, thätlich, es sollen etzliche bei diesem Rumor hanttetig geholfen haben 149¹⁵.

hangen st. V. schweben, religionssachen im Cammergerichte hangende 12²².

hanrei n. Schimpfwort für einen unzüchtigen Menschen, Hahnrei 200⁴².

Harkater m. haariger Kater 189³.

hart, hertiglichen, stark, sehr, Leipzig wart hart belagert 24⁶; hart dabey, dicht dabei 114¹³; hart verschlossen 167¹⁸; zum allerhertesten ratschlagen 177¹⁰; gar hertiglichen nötigen 186³³.

Haufe m. Kriegshaufe, Abteilung, Heer 217³⁴.

Hauptleute m. Anführer, Anstifter 175³¹.

Haus n. Burg, Schloß 34¹⁸; Egeln und das haus 127⁸.

hausen schw. V. und hegen, beherbergen, feinde gehauset und geheget 134¹.

heermesse f. Herrenmesse, Fest des heil. Moritz und Genossen, d. h. der Herren, 22. September. Häufig als Zahlungstermin benutzt, darum umb heermessen 16⁵, 179⁵.

Heertrommel f. Trommeln, die ein Heer mit sich führt 128²⁵.

heft n. Heft, Griff, als Zierrat gebraucht 235¹⁹, ²⁴.

heherwagen m. Heer-, Kriegswagen 202²⁹.

Heiligthum, Heiligdohm n. der gesamte Reliquienschatz 144⁸, 179¹⁰.

Heimkommen n. Heimkehr 148¹⁰.

heimlassen st. V. zurücklassen in der Heimat, heimgelassene Räte 170³⁰.

heimlich, geheim, verstand 44²⁰; es ist noch heimlich 178¹⁷.

heimrat m. Geheimniss, das derselbige alle yren heymradt zu vormelden willens sey 204²⁵.

heimverordnen schw. W. befehlen dabeim zu bleiben, heimverordnete hoffräthe 148¹⁵, 180²³.
hell, licht, glänzend, deutlich, laut, heller haufe 70⁹; helle Worte 175²⁹.
Hellebarte f. Waffe 57¹¹, 166⁵.
henken schw. W. hängen, einhängen, mölen lassen setzen oder hencken 188³⁰.
heraber, herab 169⁹, 176¹⁰, 176².
heranner, heran 170²².
herausser, heraus 163²⁵.
hereiner, herinner, herein 64⁹, 176³³.
hereingestatten schw. W. gestatten hereinzukommen, ist aber nicht heringestattet 49⁶.
hernachmals, hernach 157²⁷.
herrchen, herchen n. kleiner Herr, Prinz 98¹¹.
hessigk, verhaßt, war der Kaiser dem Churfürsten so hessigk gemacht 44²³.
heuflich, in Haufen, haufenweise, die feinde haben heufflich sich versamlet 47²⁵.
himmel m. offentlich unter dem himmel belehnen 128¹².
hinaushauen st. W. Ausfall machen 223¹⁹.
hindergang m. Zurückgang, hindergang und abbruch leiden 231¹⁵.
hineinnötigen schw. W. hineindrängen, sich — 191¹³.
hinten setzen, hintansetzen, des Bapsts sachen solten hinden gesetzt werden 8¹⁴.
hirinverwart, hierin eingeschlossen, Zettel 205³⁶.
hinzudringen st. W. hinzudrängen, da drang sich der dechand hinzu 154³¹.
Hirs n. Hirsch 42²⁹.
hoch, hoch, bis zu hohen mittage 184²; ihres hochsten fleisses 185¹⁴; hochste, höchstens 235³.
hochfleissig, sehr fleißig, innigst, bitten 117²⁹.
höchlich, hoch, sehr, sich fast höchlich entschuldigen 173¹¹; ist höchlich zu besorgen 202³¹; hochligen sich beclagen 206³⁹.
Höge f. Höhe, uff einen stuhl in die Höhe gestiegen 159⁶.
Horcker m. Horcher? als sie ihre Horcker gewest 179²⁹.
Horsam m. Gehorsam 166²⁹.

howen st. W. hauen, howen grosse burden holtzes 190¹⁵; der ander hiw und schluck in die Thür 191¹¹.
Hurentrecker, hurentreiber m. Schimpfwörter, einer der sich mit Huren herumzieht oder herumtreibt 110²⁶, 169²⁷.
Hussern m. Husaren, frembde Reiter 22², 89¹⁵, 124¹⁵, 125²³.

Jageschiff n. Jagdschiff 53¹⁶.
Jahr n. derohalben ein schepe diese persuasion gemacht und den Pfarleuten zum seligen Jahre geschankt 145⁷.
Jahrzeit f. anniversarium, Gedenktag 163⁵.
innen werden, bemerken, die bürger sein innen geworden, das — 178⁶.
innig, innig, als Titulatur, innigen Hans Rubins magd 189³.
Interlocutorien sententz m. vorläufige Entscheidung 204⁴⁰.
inwendig, innerhalb, inwendig diesen kriegen 22¹⁵, 25¹.
irre, irrig werden, unruhig, wild werden, da ist das gepöfel ganz irrigk 152²², 167¹⁷, 193²¹; — auf Jem. 194²³, 207¹².
Irrung f. Streit, Zwistigkeit, es sein etliche Irrungen clagebar uffgebracht 148¹²; in irrunge stehen 119¹⁶.
jung werden, geboren werden, ist ein kalb jung worden 137².
Junger m. Jünger, des Hern Junger 171³; Knabe, Lehrjunge, Junge 156²², ²⁶, 157¹⁵, 226²⁰.
itz, jetzt, itz-itz, bald-bald 50³¹.

Caldunenhern, Stiftsherren von S. Gangolfi, weil in diesem Stift die Eingeweide der Erzbischöfe beigesetzt wurden 23²⁶.
Kammerbüchse f. kleineres Geschütz mit mehreren Kammern 55⁸.
Capitanier, Capitener m. Kapitän, Anführer, Anstifter, Doctor Cyclop und Hans Müller der Schepe sein Capitanier gewest in diesen sachen, 153¹³, in militärischer Bedeutung 166²³, ²⁶, 177²⁰.
Kappe f. Kleidungsstück, das den Kopf verhüllte, er habe ihn getreulich lassen verwarnen, er solle woll

zusehen, ihm sey eine Kappe zugericht, d. h. ihm drohe Unheil von seinen Feinden 192 ²⁰.

Cartaune f. eine Art Kanone, grobes Geschütz 49 ²⁰.

Kasten m. Geldkasten, Kasse, gemeiner Kasten des reichs 37 ²⁷, der Stadt 161 ³.

Kastner m. Verwalter der Einkünfte, Schatzmeister 186 ²⁷. ³¹.

Kegen s. gegen.

Kette, Kethe f. Kette, mit Ketten schießen 57 ¹⁵, gulden, Schmuckstück 234 ²⁹.

ketzern schw. V. Ketzer schimpfen, beten, haben ym vil unnutzer wort gegeben, geketzert und sich mit ym geschulden 199 ¹⁷.

kiesen schw. V. wählen 108 ⁸, 185 ²².

circumiren schw. V. circumire, feierlich am Altar umhergeben 176 ²⁴.

klagebar, klagend, klagebar anzeigen 146 ², irrungen clagebar aufbringen 148 ¹².

kläglich, kleglich, klagend, jemmerlich weinen und kleglich thun 126 ¹².

Clareth m. mit Gewürz, Honig angemachter und geklärter Wein 232 ²⁰, 234 ¹³.

Kleynod n. Kostbarkeit, Ornat und Kleynodia zur Pfarr gehörende 145 ¹³.

klichen schw. V. vielleicht = klecken, einen Kleds. Fleck machen, mit faulen Eiern geklicht haben 167 ¹⁴.

Klipkenmacher m. Holzschuhmacher (Schüler und Lübben) 193 ²⁰.

Klipping m. Klippe, Rotmünze 74 ²², 75 ⁴.

Klöpper, Klopper m. Klepper, Reitpferd 98 ¹, 178 ¹⁰.

Knebelbart m. Knebelbart, gedrehter Schnauzbart 84 ⁵.

Knecht m. gemeiner Soldat, Handwerksgeselle, Schneiderknecht 14 ³; Beckerknecht 156 ²⁰, Schmedeknecht 149 ¹⁶.

Knochenhauer m. Fleischer, Metzger, Schlächter 115 ⁶.

kōhr f. Strafe, Buße, bei der stadt kōhr 231 ²⁹.

Confect n. Confect, Süßigkeiten 232 ³¹.

Conserve f. Laienschwester 159 ²³.

Kopf m. vielen wart es über Kopf genommen, d. h. nehmen ohne Einwilligung, ohne zu fragen; Becher, schenkten einen golden Kopf 4 ⁵.

köpfen, kepfen schw. V. den Kopf abschlagen 104 ²⁴.

copuliren schw. V. trauen 155 ¹⁸.

Korßner m. Kürschner 157 ¹⁴.

Korthesan m. courtisan, Genosse 199 ¹⁷.

Kost f. Kost, Eßwaren, Lebensmittel, kost und speyse 232 ²; Lebensunterhalt 182 ⁴.

Koste f. Festlichkeiten, die mit einem Essen verbunden sind, Statuta von Kösten 231 ¹; alle vor und nach koste sollen ab sein 233 ²⁹.

Kostung f. Kosten, bis anher ergangene Kostung 37 ²⁸.

Kraut n. Kraut, Würze, Kräuter, die an dem Tage Mariae Himmelfahrt (15. August) (Krautweihunge 107 ²²) geweiht wurden, am selben unser lieben frawen tage, als man das Kraut geweihet 171 ⁴.

Credents f. Beglaubigungsschreiben 187 ¹⁷.

Kreus n. der Landgraf und die Räte hätten den Churfürsten dem Kaiser gern aufs Creus geopfert, d. h. verraten, preisgegeben 121 ²³.

kriegerisch = kriegisch, widersetzlich, trotzig, wyder ihre angenommene kriegerischen missen 200 ²³; kriegische prediger 200 ²⁶.

Krohne f. Kronleuchter 152 ¹⁵.

Kufe f. Wasserkufe, Kübel, cupa, um die Kufe schlingern 171 ²¹.

Kundschaft f. Erkundigung, die Kundtschaft gab darnach, das — 65 ¹⁰.

kunlichen, kühnlich, kühn, dis Jar brachen die Wiedertäufer kunlichen aus 13 ¹⁷.

kunstreich, kunstverständig, der Meister, der sich also kunstreich berumet hat 203 ²⁰.

Lade f. Behälter, Kasten, laden und kasten 149 ⁶.

laken m. Tuch, leidisch 114 ⁹.

Land und Leute betrügen 193 ¹⁵.

Landschaft f. Vertreter der Landschaft, die Landstände 94 ¹¹.

langen schw. V. bringen, ab sollichs an E. Churf. gn. clagebar gelanget würde 208 ³.

langweilig, lange dauernd, lang, eine langkweylige Relacion thun 206 ¹⁷.

Lärm, lermen m. Tumult, einen l. anrichten 41⁷; lermen rufen uber sie 153¹.

lermplatz m. Allarm-, Sammelplatz, die Knechte solten dich auf ihrem lermplatz und sonst nirgends finden lassen 73⁴·⁵.

lesterbrief m. beleidigender Brief, Schmähbrief 93¹¹.

Laternenmacher m. 147³³.

laufen st. V. mit feuer hin- und weglaufen 224³⁵; die Elbe in einem Röhrkasten lassen auslaufen und allda wieder einfallen, under sich laufen lassen 188²³; stoßen, haben die beide Tyrannen mit ihren feusten die armen Kinder vor ihre bruste gelaufen 147³³.

lauft m. Zeitlauf, in diesen oberschwinden leuften 202³¹.

lauten schw. V. läuten, lauten die Burdingsglocke 71¹².

ledig zahlen, durch Geldzahlung befreien, sind ihrer gefengknis ledig gezahlt 43¹⁵.

Lehenfahne f. Lehensfahne, die bei der Erteilung von Fahnenlehen gegeben wurde 129¹⁶.

leichtlich, leicht, leichtlich zu ermessen 220²⁷.

leiderlich, leiblich, erträglich, die lanzknechte sein leiderlich ohne ransion davonkommen 33¹⁶; das ihnen in keinem Wege leiderlich 187³.

leidisch, aus Leyden stammend, leybenisch, laken 114⁹.

leidlich, erträglich, statthaft, das dem Rathe nicht leidlich war 114⁶.

leith, niederdeutsche Form für legt 130²².

leimenwand f. Lehmwand 41².

leiter f. sie wollten etzliche des Raths ane leitern zu den fenstern hinaussetzen 183¹².

letzen schw. V. verletzen, beschädigen, einen Schmedknecht hart ans Haupt geletzt 176³.

letzlich, zuletzt, schließlich 107¹⁹, 119²⁰, 120⁵, 226²³.

leube f. Laube oder Rathaus 152²⁴, 156²³, 166¹.

leutenant m. Lieutenant 50²⁸.

lichtekasten m. Kasten zum Aufbewahren der Lichte 152¹².

Liebhaber m. Verehrer, welcher ein besonder Liebhaber des worts was 136¹⁶.

liederlich, leichtfertig, von der Kirchen nicht liederlichen zu fliehen 200¹⁰.

liefern schw. V. ausliefern 97²⁰.

lind, gelind, sanft, mild, also das er teglich der Stadt in allen vorschlägen linder ward 44¹⁴.

Linie f. Leine, Seil des Seiltänzers 18¹⁷.

loben schw. V. verloben, ein Mädlein ist ihm gelobt bis ufs beilager 182¹⁹.

Losament n. Logement, Wohnung 59³¹, 71³.

lose, frei, ledig, nicht befestigt, lose bilde 170¹⁷; leichtfertig, frech, loser Bettler 143⁵; Handwerksknechte 146¹¹; burse 167²⁴; los werden der Buben 135¹.

loskündigen schw. V. aufkündigen, ganz und gar aufsagen und loskündigen 183²², loskündigen und absagen 190⁷.

Loskündigung f. Absage, Aufkündigung 184¹⁰.

loessagen schw. V. aufsagen, abkundigen und loessagen 184⁶.

lossterben st. V. durch Sterben des Inhabers frei werden 164⁸.

lostheilen schw. V. befreien, frei geben, seines gefengnisses los getheilt werden 192²⁶.

losung f. Losungswort, Nachricht 58²².

Löwenkopf m. Schmuckstück 235²⁴.

Machlohn m. Macherlohn 101¹⁵, 234⁴⁰.

Macht f. Erlaubnis, Befugnis, er hetts nicht macht 157⁴.

mächtig sein, in der Gewalt haben, der Rath ist der Gemeine nicht mechtig 150²⁵, 173³⁶.

Mahlzeit f. Mittagessen, nach der Malezeyt (Zeitbestimmung) 206³⁰.

Mahnzeit, Mohnseit f. Monatszeit, monatliche Feier 163⁵; Monatstermin 205¹⁵.

Malstein m. Grenzstein 95¹⁹.

Malvasier m. Wein von Napoli di Malvasia 232³⁹, 234¹².

Manet m. Monat 205¹¹.

Mangelung f. Ermangelung, Fehlen, in der Mangelunge (der Luft) 112²⁰.

mank, mankt, zwischen, unter 101¹¹, 168⁴.

manhaftig, beherzt, tapfer 132¹⁰.

Marckmeister m. Marktmeister, städtischer Beamter, der die Aufsicht über den Markt hatte 165[17].
mardiren schw. V. martern (?) 159[1].
Marterwoche f. die Woche von Palmarum bis Ostern 143[21].
Mass n. Maß, das uber die masse gewest 170[9].
Mastrange m. Schimpfwort, fettes Schwein 168[6].
Mauer f. Stadtmauer, sie wolten sich alle über die Mauern erhenken lassen 205[25].
Maurbrecher m. große Kanonen 49[20].
Mennige f. Menge 55[30].
menniglich, Jedermann 34[7].
Menschentand m. Tand, leeres Geschwätz der Menschen 154[20].
merklich, bemerkbar, groß, stark, sehr, merklich volk 121[28]; merkliche Zahl 167[2]; sich merklich und hoch entschuldigen 184[16]; merkliche Praesentz oder geschenk 187[18].
mhe, mehr 207[8].
Misericordia f. Bild, den toten Christus darstellend 201[30].
Misvertrauen m. Mißtrauen 93[2].
Mitbeliebunge f. Zustimmung, aus Mitbeliebung des Bürgermeisters 106[11].
Mitschwermer m. gleiche Art Gettierer 13[21].
Mittel m. Mitte, im Mittel zwischen — 50[11].
mittel, in mitler Zeit, unterdessen 234[20].
mittelmeßig, mittelmäßig begütert 203[21].
mitleitung f. Mitleid mit grosser Mitleitung 146[26].
mitthun st. V. mitgeben, Tonnen mit Stricken 35[1].
mon, plur. mon m. Mond 55[16].
monnich m. Mönch 106[9].
mordbrand m. Brandstiftung mit räuberischem Überfall 190[24].
muthig, übermütig 144[6].
mutwillen, Übermut, Gefallen, brandschatzen nach ihrem muttwillen 30[2].
muthwillig, eigenmächtig, von dem muthwilligen Prediger haben sie sich entschuldigt 207[29].

Nach, nach, bis auf 3 oder 4 fl. nach, d. h. welche nachblieben, fehlten 189[11].

nachbauen schw. V. zum Andenken bauen, aus der Capelle, die dem erschlagenen B. Burchardo nachgebawet war 81[2].
nachbauer, nachpuer m. Nachbar 178[31], 185[4].
nachbleiben, nachpleiben st. V. wegbleiben, unterbleiben, die Completoria sein gefallen und nachgeplieben 170[32], 178[33].
Nachdruck m. Verstärkung 47[25], 217[20].
nachhengen schw. V. bewilligen, ist den brawern nachgehenget, das — 81[18].
nachkommling m. später Lebende, kommende Geschlechter 53[22].
nachlassen st. V. nachlassen, zugeben 153[7].
nahent, nahe, bis nahent an die Stadt 65[21].
Nahrung f. Vermögen, Einkommen, danach ein Jeder an seiner Nahrung reiche 188[7].
Name m. Vorwand, im nahmen 59[12].
Nar m. Narr, blödsinnig 114[22].
Neteler m. Nadler 193[28].
niederlegen, nedderlegen schw. V. abschaffen, Memoiren 185[8], 200[27].
niederlegung f. Sperrung, der Strassen 9[20].
nindert, nirgend 161[29].
noth f. Not, Zwang, redliche und ehaftige noth 232[11].
notdurft f. notwendiger Gebrauch, zur nortturft und vorrat 73[30]; das Notwendige, alle notturft war vorhanden 155[20].
notdürftig, bedürftig, der etwas nötig hat 232[5].
Nu m. Augenblick, im Nw 143[14].
nummer, nimmer, nicht mehr 194[11].

Oberkommen st. V. bekommen, erreichen 201[28].
Oberländische Städte, oberdeutsche, süddeutsche Städte im Gegensatz zu Niederdeutschland 20[30], 22[5]; Oberland 26[8].
oberschwind, übermäßig geschwind, in diesen nothen und oberschwinden leufften 202[20].
obligiren schw. V. verpflichten 94[14].
ohne, ane.
Ölgarten m. der Garten am Ölberge 171[2].

Ölschläger m. Ölschläger, der das Öl aus den Samen durch Zerschlagen herauszieht 176 11.
Ölung f. die letzte Ölung, Sakrament der kath. Kirche 184 26.
ordeniren schw. V. anordnen, geschlossen, gesatzt und ordenirt 231 21.
Ornat m. Kirchengewänder 127 4, 128 19.
Ortgroschen m. der vierte Teil eines Guldens 193 20.

Pallast m. Sitz für den Kaiser, auf dem Dantzhause ist ein Pallast aufgerichtet 128 13.
Pantoffelmacher m. 194 1.
Papiermöle f. Papiermühle 188 29.
Papist m. Anhänger des Papstes 105 14, 161 21.
Paradies n. Vorhalle am Dom 199 16.
Pergamintenmacher m. Pergamentmacher 94 4.
part n. Teil 79 10.
Parthey f. Partei, Abteilung 148 21.
partiren schw. V. teilen, der rath hat die ganze gemeine uff 5 theil partiret und gescheiden 166 23.
Pass m. Weg, Verkehr, den pass aufhalten, den Weg verlegen, Verkehr absperren 221 16.
pehne, peine f. poena, Strafe 233.
Penner m. plur. Penners, Pfänner 103 6.
perikel f. Gefahr 207 31.
Pestilents f. Seuche, Pest 165; Verderben, Luther war des Papsts Pestilentze 120 27.
Pfandschilling m. Pfandgeld 97 77.
Pfennig m. uff den eussersten Pfennig 183 9, 186 19.
Pflege f. Amt, Bezirk 125 23, 138 6.
Pfundzahl f. Anzahl der Pfunde, nach Pfundzahl auswägen und verkaufen, d. h. nach Gewicht 109 23, 117 11.
Pickelhaube f. Helm, der mit einer Spitze versehen ist 65 29.
Pitzier n. Petschaft 159 13.
plackerei f. Beläftigung, Plünderung, placken und rauben 284.
Platte f. Tonsur der Geistlichen 162 15.
Pöbel, Pöfel, gepöfel m. niedriges, gemeines Volk 167 12.
pochen schw. V. rauben, plündern 202 34.

Posseß m. Besitz, Amt, der neue Pfarrer ist in sein Posseß gesetzt 182 3.
post m. Pfosten 110 11.
postei f. Bastei, eine Schanze mit dreyen posteien aufwerfen 41 18.
Potz macht, als Fluch 168 11.
Praedikant m. Prediger 109 2, 145 12.
practiken f. Ränke, list und practiken 34 14.
practiciren schw. V. treiben, betreiben 23 14.
Praesentz f. oder Geschenk 187 16.
Predigstuhl m. Kanzel 106 14, 153 24, 171 16.
preis machen, preisgeben, verkaufen zu jedem Preise, des machten sie den markt mit gebranntem weine und was sonst da war, alles preis 78 31.
Profiant m. Proviant 41 26.
Profos m. Profoß 70 26.
puckerei f. Plünderung, puckerey und reiberey 105 28.
Pulpt n. Pult, pulpitum 151 9.
Puest (?), etliche buben hatten dem probste in Wagen unter den Puesten gemardiret 159 1.

Quitiren schw. V. quittieren, abdanken Kriegsvolk 43 15.

Rabbi, Rabi m. Rabbi, Lehrer der Juden 27 1, 135 30.
Ransion f. Lösegeld 31 17, 43 17.
ranzonen schw. V. loskaufen 43 8.
Rat m. zu Rate werden, beschließen 56 20, 121 15.
Ratschlag m. Beschluß, in ratschlegen sein 33 7; — halten 33 9; im r. haben 188 26.
Rauchpfennig m. Abgabe von den Häusern als Rauchstätten 190 10.
Raume n. der Raum 111 7.
rechnen schw. V. rechnen, zählen, gerechnete personen 235 30. 42; rächen 46 15; ihren erlittenen schaden rechnen 225 5, 226 17.
Rechnung f. thun 152 19.
Rede f. Gerücht, gemeine R. 177 30; fliegende R. 174 19, 184 15.
redlich, richtig, redlich geld 232 5; Not 232 11; sehr, stark, die sich redlich darum geschmissen 92 3.
Reflection f. Bewirthung, Erquickung, 232 27.

Regael Zucker m. Leberzucker, Confect (Schiller und Lübben) 234 [30].

Reiberei f. Räuberei 105 [29].

Reihen m. Tanz, das es ein bestalter reyen gewest, verabredete Sache 201 [44].

reisig, reisig, gerüstet, Knechte 46 [1]; Zeug 211 [19].

Relacion f. Bericht, langweilige 206 [17].

rennen st. V. reiten, haben etliche reuter an unser vihe rennen lassen 60 [7].

rescindiren schw. V. aufheben einen Vertrag 79 [3].

Retardat n. zurückgebliebene, rückständige Zinsen 114 [10].

richten schw. V. richten, sich auf faule Eyer richten, einrichten 179 [8], 169 [6].

Ring m. Ring als Schmuckstück 235 [5]; Kreis 54 [12], 66 [20].

Rival m. Wein aus Jstrien, vinum Rabiole, Riviglio, Reinfal oder Reinfan 232 [29], 234 [12]. (Göttinger, Reallexikon.)

Rockel, ruchel n. Chorrock 169 [20], 201 [23].

Röhre, rehre f. Röhre 110 [9].

Rohrkasten m. Kasten, in welchem aus Röhren das Wasser läuft 204 [9].

ronnbaum m. Pallisade, die ronnbeume rings um die Stadt nach felde warts am graben zu legen angefangen 25 [4].

Roney n. ronnei, Rennei, Abgabe in Eiern bestehend, die durch Herumgehen bei den Bürgern eingesammelt wurde 92 [12].

Ronnewagen, darauf dobbelte haken, gleich als auf der Wagenburg verordnet gewesen 32 [4].

Rosenkreus n. Schmuckstück 235 [4].

Rossfurt m. Weg zum Waßer für die Pferde 178 [11].

Rossmüller m. Inhaber einer mit Roßen getriebenen Mühle 165 [6].

Rotte f. Schar, militärisch eine bestimmte Zahl, sonst wilder Haufe 148 [5].

Rottenmeister m. der über eine Rotte gesetzte Mann 71 [11], 73 [10].

Rübesamen m. Raps, eine Ölfrucht 109 [15].

ruchern schw. V. räuchern, oder thurificiren 167 [32].

rüchtig, berüchtigt, bekannt 201 [30].

rufen st. V. schwaches Praeterit. ruften, 223 [2].

ruhmredig, ruhmredig, stolz, ruhmretig geschrey und gerüchte 186 [14].

rühren schw. V. rühren, zu lehen rühren 130 [21].

Rumor m. Tumult, Aufstand 145 [21], 146 [24].

rumorisch, aufrührerisch, lärmend 148 [25], 153 [21].

Rundel n. Befestigungswerk 14 [17], 60 [17].

rustig, rüstig, fertig, Büchsen beschießen und rüstig machen 178 [23].

Samptbeleihung f. Beleihung zu gesamter Hand 129 [5].

Sangbuch n. Gesangbuch, Choralbuch 151 [10].

Sangmeister m. Leiter des Gesanges der Chorschüler 29 [35], 168, 169, 201 [4].

Sarck m. Sarg 145 [3].

schaben schw. V. placken, er hette sie genug geschabet und geschunden 175 [26].

schädlich, schedlich feuer, Schabenfeuer 156 [14].

schahl, schal, trübe, das Heiligthum ward nicht geweiset, ging zumal schahll aus 179 [11].

Schalk m. Knecht, böser Mensch, als Schimpfwort, Dieb schalck und Vorreter 152 [17], 174 [20], 180 [31].

schampar, schandbar, unanständig 159 [23].

schande f. Schande, zu schanden machen, entehren 110 [18], zu schanden und schmach Jemandes 154 [7].

schendlich, schändlich, beide kirchen wurden schendlich zerfallen, d. h. so daß es eine Schande war 77 [25].

schandschrift f. Schmähschrift 117 [1].

schandspiel n. Unfug 171 [32].

schanze f. Schanze, seine Schanze vor einer Stadt schlagen, belagern 122 [12].

scharn m. Scharren, Fleischscharren, 115 [8].

schatzen schw. V. besteuern, Geld abnehmen 211 [10].

schatzung f. Steuer 105 [15].

schaube f. langes Überkleid, Schaube 101 [14].

schein m. Schein, Trug. er liess die Artikel im scheine bleiben 44[25], 69[6].
schelm m. Schelm, Schimpfwort, schelm und bösewicht 66[39].
schelmstück n. Büberei 66[15].
schelten st. V. sie haben dem Bürgermeister zu der Ehren gescholten 206[13].
Schepe, schepfe m. Schöffe 77[16], 153[17].
scherpentine f. plur. scherpentiner, Serpentine, Feldschlange, Kanone 32[34], 50[18].
scheube f. Scheibe 125[13].
schewer f. Scheuer, Scheune 124[22], 125[8].
schicken schw. V. schicken, senden, die geschickten, Gesandte 121[16, 22]; sich zum kriege schicken und rusten 202[30].
schier, sogleich, schnell, bald, beinahe, ich hätte schier verretherey gesagt 130[14]; als der Sermon schier aus war 154[34]; uff schirsten dinstag 158[19].
schiessloch n. Schiessscharte 43[3].
schinden st. V. übervorteilen, die knochenhauer schinden die Armuth 117[16]; schaben und schinden 175[29].
schlachtbank f. zur Schlachtbank führen, hinschlachten, opfern 66[24].
schlafhaus n. dormitorium, Raum, in dem die Domherren schliefen 118[21].
schlag m. Schlag der Uhr, Stunde, umb 11 schlege 38[17], 154[11].
schlagen st. V. schlagen, haben sich darin geschlagen, d. h. haben vermittelt 9[33].
Schlangenbüchse f. lange Büchse, Kanone, ganze und halbe 178[22].
schlechter m. Fleischer, Metzger 160[8].
schlingern schw. V. schlingen, hin und her ziehend winden intrans. um die kufe schlingern, tanzen 171[22].
schmaheit f. Schmach, zu Hohn und schmaheit 200[17].
schmechen schw. V. schmähen 154[24].
Schmer m. Schmeer, Schweinefett 75[20].
schmeissen st. V. werfen, schlagen, die redlich darum geschmissen 92[2].
schmiedezeug n. Handwerkszeug der Schmiede 124[6].
schmöken schw. V. rauchen, dampfen, transit. räuchern, verbrennen, Falschmünzer werden mit feuer zu tode geschmocket 116[11]; wir wollen die nonnen herauszer stenken und schmöken 160[11].

Schohtfell n. Schurzfell 149[17].
schos n. der Schoss, Steuer, das schos ist den bürgern angekündigt 73[11]; schos sitzen, d. h. einnehmen 42[14].
schos f. der Schoss, Teil des Kleides, der Churfürst leith der Kay. May. das Evangelienbuch auf die schos 130[24].
schram m. Schramme, Schwertwunde 69[15].
schrank m. Schrank, nymand soll auswendig noch auf schrenken speisen 233[10].
schreiben st. V. einschreiben, unter ein fähnlein für einen hakenschützen schreiben 53[15]; von sich schreiben 53[39].
Schuffel f. Schaufel, drey Schuffel erden 176[13].
Schuh m. Fuss, als Mass 14[18].
Schuldgehorsam m. Schuldpflast 82[12].
schule f. hohe, Universität 132[5].
Schultis m. Schultheiss, Vorsitzender im Schöffengericht 77[16].
schützenhof m. Schützenfest 14[9].
Schutzung f. Schutz 184[6].
Schwader, Schwadt n. Geschwader Reiter 44[33], 124[3].
Schwank m. Schwung, wenn das Vorhaben im schwangk kömpt 165[25], im schwangk bleiben 175[21].
schweben schw. V. schweben, hängen, darane die andern Hauptstädte mit schweben 186[35].
Schweher m. Verschwägerter, Schwiegervater 78[10].
Schweinkoth m. Schweinemist 156[20].
Schweisssucht f. englische, Krankheit 11[9].
schwerheit f. Beschwerde, Schwierigkeit, mit swerheit 95[14].
schwerlich, mit Not, schwer, das arme Weib hat schwerlich die Thor vor ihnen behalten 160[3].
Schwermerei f. Irrlehre, Schwärmerei 94[19].
schwören st. V. das er in sein Haus geschworen, d. h. auf einen Eid in sein Haus gelassen ist 192[21].

sechs wochen, seß weken, Feier 6 Wochen nach der Geburt eines Kindes 231[1].

Sechswöcherin f. Wöchnerin 189[20], 207[7]; sechs Wochen Frau 236[6].

sehen n. Ansicht, das wesen und sehen der menschen hat sich verändert 231[3].

Seidenkramer m. Seidenhändler, eine der vornehmsten Gilden 161[4].

Seiger m. Uhr, Zeiger 13[6].

Seigerglocke f. Uhr-, Schlagglocke 115[14].

seithalb, seitwärts 32[13].

Secret n. kleines Siegel, Geheimsiegel 159[13].

selb, selbst, eigen, mit ihrer selb gewalt 189[16].

selbfünfte, zu fünf 187[12]; **selbvierdte** 182[4].

selbsther m. eigener Herr, so werden sie ihre selbsthern sein 165[23].

selig, glücklich, gesegnet, zum Glück bestimmt, zum seligen Jahre schenken 145[7].

Sermon m. Predigt 109[6], 146[9], 161[10], 170[23], 171[11].

setzen schw. V. losgehen wiewol der feind mit gewalt auf die Magdeburger gesetzt 218[21], 219[6]; gäste setzen, bewirten 232[25], 233[6].

sicherung f. Sicherheit und Schutz 184[14].

sieder dass, seither daß, seitdem 164[24].

siegelbaum m. Segelbaum, Mast 55[12].

Silberwerk n. Silbergerät, Silberzeug 75[4], 127[2. 15].

Singen und Klingen n. Singen und Orgelspielen beim Gottesdienst, bann dieser selbst 91[3].

Sinn m. Sinn, bis das rumorisch Volk wieder zu sinnen greife 172[11].

sitzen st. V. im Amte sein 206[14]; sitzender Rat 206[14]; Bürgermeister 234[24]; auf die Knie sitzen 176[16].

sodan, solcher 52[11].

sorgfeldigkeit f. Sorgfalt, Sorgsamkeit 232[12].

spange f. Spange, als Schmuckstück 235[20].

spann n. Spange (Schiller u. Lübben) das spann soll 22 Reynische gulden hochste nicht übertreten 235[3]; alle Jungkfrawen, die mit spannen gehalden und beraden werden 235[18].

Speise f. Metall zu Gewehren 188[10].

spicken schw. V. spicken, reichlich versehen, mit viele Scheltworten gespickt 174[27].

spiel n. Spiel, das spiel hat sich gewandt 62[1]; drey thumherren sollen das spiel treiben 184[19].

Spiess m. Spieß, als Maß, sie haben die brücke fast zweier langen spiess abgeworfen 212[23].

Spitze f. Spitze, böcke und spitzen an die wagenburg machen 178[18].

spitzig, spitz, scharf, verletzend, spitzige reden 172[21].

Sponde f. Bettgestell, Bettsponde 118[22].

spöttisch, höhnisch, die frau ist ganz spöttisch gewest auf den Probst 150[26].

Sprachfenster n. Fenster im Nonnenkloster, durch welches gesprochen wurde 147[2].

Sprengkessel m. Kessel mit Weihwasser (?) 191[16], 201[24].

spring m. Quelle 188[23].

Sreiberin (?) f. Schreiberin (?) 157[12].

stacken schw. V. stecken, ihre Wurtze in den Weihezober gestackt 171[27].

Stacket n. Zaun, Stacket 191[2].

Stadtgeschworne m. Abgeordnete der Bürgerschaft, die vereidigt waren 188[25].

Stadtkind n. gebürtig aus einer Stabt 36[14].

Stadtknecht m. Stadtdiener, unterster Beamter der Stabt 106[15], 143[17].

stärken, sterken, stark machen, die sich immer sterokten uff den Beclagten, d. h. die immer zahlreicher wurden 167[25].

stattlich, stahtlich, angemessen, gehörig, die schutzung, so ihnen stahtlich mit briefen und siegeln verschrieben 184[7].

stehen st. V. stehen, ausharren, Stand halten, bei der Uberkeit stehen 175[16]; des rechten stehen 180[26]; nach Almosen stehen 194[24]; in stehender Acht 35[22], 83[13]; in stehender belagerung 53[20].

Steinbüchse f. Kanone, mit der Steinkugeln geschossen werden 156 [17].
Steintham m. Steindamm, gepflasterter Weg 224 [5].
stellen schw. V. stellen, zustellen, die sach auf ihne zu stellen 35 [20]; die schäden auf unterthandlung zu stellen 37 [5].
stengen schw. V. stänken, durch Gestank vertreiben, stengen und schmöken 160 [11].
sterben st. V. durch Sterben an Jem. kommen, die herrschaft starb an seinen bruder 114 [17].
steur m. einen steur zu nehmen 59 [26].
sticken schw. V. ersticken 112 [26].
stifter m. Anstifter 103 [21].
Stohr m. Stör 13 [6].
stolzmuthig, stolz und übermüthig, von ihrem stolzmutigen vornehmen abstehen 205 [23].
stracks, sofort 122 [25], 175 [27. 29].
Strauchdieb m. Straßenräuber, Buschklepper 134 [21], 135 [5].
straufen schw. V. streuen, die Kräuter uberall gestraufet 171 [20].
strecken schw. V. sich erstrecken, zu welchem sich ihre Oberkeit strecket 162 [25].
streichwehr f. Befestigungswerk, von wo man die benachbarte Gegend mit Geschütz bestreichen kann (Heinsius W.B.) 66 [18].
Stück n. Geschütz, Kanone 49 [15], 78 [20]; Stück Tuch 128 [14]; Teil von einem Ganzen, zu stücken zerwerfen 169 [33], 201 [30]; zerbrechen uff stucken; da warf das gewitter den Windmüller vom Stucke 117 [28].
stücken schw. V. sticken, des Stifts hauptfahne, darin S. Moritz gestückt gewesen 46 [8].
Stuhl, plur. Style, m. Falschmünzer werden auf 3 Stylen mit Feuer zu Tode geschmöket 116 [11]; der Kaiser ist mit den Fürsten auf den Stuhl oder Pallast gegangen 128 [17].
Summe f. das Ganze, wie wir der Abt in der Summen angezeigt 146 [15]; in summa davon reden 44 [21].
shun m. Sohn 177 [19].
sunderlich, besonder, sunderliche fischereyen 188 [27].
sustend, sonst, übriges, so sollen auch sustend viele spring in den Stadtgraben sein 188 [32].

Tag m. Verhandlung, Termin, einen Tag halten 160 [17]; sich an den Tag tagen, bekannt werden 167 [7], 175 [35].
tagen schw. V. verhandeln 224 [23]; substant. n. Verhandlung 225 [15].
tageleistung f. Verhandlung 105 [21], 146 [20. 27].
tagwacht f. die am Tage aufgestellte Wache 225 [6].
tham m. Damm 48 [8], 51 [22].
Tanzhaus, Danzhaus n. Haus, in welchem Tänze gehalten wurden 128 [14].
tapezerei f. Teppich, buntes Tuch, der pallast ist mit goldenen stücken und anderen tapezereyen bekleidet worden 128 [14].
tasten schw. V. tasten, berühren, schlagen 183 [6].
taufgang m. Gang zur Taufe 236 [3].
tax f. Taxe, tax des kaufs 75 [16].
terling m. vierkantiger Ballen Tuch 101 [12].
teutsch siehe deutsch.
theurigkeit f. hoher Wert, teurigkeit der zirunge 232 [14].
Thor f. Thür 147 [6].
thöricht, närrisch, unruhig, wild, welch sie noch törichter gemacht 177 [20].
Thorn m. Turm 166 [14].
thurificiren schw. V. mit Weihrauch (thus) räuchern 167 [32], 201 [3].
tieflich, tief, reiflich, nach tieflicher betrachtung 231 [16].
toll, toll, wild, toll und thöricht 165 [16], 167 [25], 178 [6]; toll und rumorisch 183 [22].
Ton m. Melodie 227 [6].
trachten schw. V. handeln, mit Ernste wieder sie trachten 183 [2].
traumprediger m. falscher, Wahnprediger 171 [13].
treffen st. V. treffen, werfen, verabreden, mittel und wege treffen 97 [18]; da man doch alles mit dem Churfursten troffen und beredt hatte 69 [27]; man traf mit dem feinde (zusammen) 64 [9]; sie haben etzliche Köchinnen mit den bildern getroffen 170 [2].
trefflich, stark, viel trefflicher Lügen 192 [29].
trempel m. Pfahl 77 [6].
treten st. V. übertreten, der trauring soll über 7 gulden schwer nicht treten 235 [6].

Tripartit f. Dreiteilung, Vertrag zu dreien 80³⁷.
tritt m. Tritt, Marsch, die unsern nahmen ihren tritt nach der Stadt 64²¹.
Trommete f. Trompete 49⁸.
tros m. Troß der Soldaten 73⁴.
tröstlich, tröstend, beruhigend, den armen kindern tröstlich sein 146²⁵.
trotz m. Trotz, Widerstand, mit eigenem trotze 159²³.
trotzen schw. V. trotzen, sich widersetzen, sie haben sich des getrotzet, dass — 189²⁵.
trotzlich, trotzig, widersätzlich, trotzlich und trotzig 187⁵.
thrumm m. Trommel 226¹⁸.
trummenschleger m. Trommler 49⁴, 177³⁷.
Trummer, Drummer, Trümmer, zu, uf Drummern schlagen 147⁴, 169³¹.
turbiren schw. V. stören, beunruhigen 200³⁰.
Turck m. Türke 113²¹.
Tyrann m. Tumultuant, wilder, gewaltthätiger Mensch 147³³.

Üben schw. V. ausüben, ausführen, einen grausamen aufruhr üben 146¹³.
über, oben, von oben, ein teil ist auf die kirche geraten und dieselbe über zerschlagen 52¹⁰.
überaus, groß, adject. ein überaus lesterbrief 93¹¹.
überdichten schw. V. andichten, fälschlich zuschreiben 66³⁰.
überfahrung f. Überfall, Angriff, gewaltsame überfahrung 208¹⁶.
überflüssig, reichlich, im Überfluß, 126¹⁵.
überflüssigkeit f. Überfluß, Übermaß 232¹⁴.
überführen schw. V. überziehen, das vaterland mit andern kriegsleuten zu überführen 23¹⁸.
uberkeit f. Obrigkeit 208³⁵.
überkommen st. V. bekommen, erhalten, nehmen 105⁶, 133²⁴, 135⁴, 153²⁰, 169²⁵.
überlendisch siehe oberländisch.
übermachen schw. V. zwingen, mißhandeln, dar wolten sie ihn übermachen 152⁶.

übermannen schw. V. überwinden 41¹¹.
übermeßig, übermäßig, übertrieben, als in seinen predigten er sehr heftig und übermessig war 3⁸.
überpochen schw. V. übertrumpfen, überschreien, haben sie dem Bürgermeister überpocht und zu der Ehren gescholten 206¹².
überschatzen schw. V. schätzen, mit Steuer belegen 33¹⁸, 79¹.
übertreten st. V. mehr kosten, das spann soll 22 gulden nicht übertreten 235⁴.
überwegen st. V. mehr wiegen, Übergewicht haben, der Ring soll über 7 gulden nicht treten noch überwegen 235⁶.
überwehre f. Obergewehr 73⁷.
überziehen st. V. mit Krieg überziehen, bekriegen 9¹⁰, 20²⁵.
übrig, über die bestimmte Zahl hinausgehend, übrige personen 232²⁴, ²⁶.
uff siehe auf.
umbführen schw. V. umher-, wegführen, in den lüften viel weges umbführen 77³².
umfangen st. V. umfassen 179³³.
umherfahren schw. V. herumfahren um — 57¹⁰.
umme hoff sprengen, umher, rings mit Weihwasser sprengen 176²⁶.
umbschlagen st. V. unter Trommelschlag verkündigen 41²¹, 56¹⁹, 121²¹.
umbschleigen st. V. herumschleichen, sich — 222⁷.
umbschweif m. Umweg, sie nahmen einen umbschweif 27⁶.
umbspringen st. V. umherspringen 149¹⁶.
umtragen st. V. herumtragen, herumreichen, Confect 232³¹.
umziehen st. V. drehen, herumziehen, eine mühle in drehende Bewegung setzen 188¹⁴.
unabbrechlich, unvermindert, ohne Abzug, bei pehne eins gulden unabbrechlich zu geben 232⁴, 233⁶.
unangenommen, nicht angenommen, als solches unangenommen und geweigert 157²⁹.
unangesehen, ohne zu beachten, unangesehen meines Hern verbot 175²⁶.
unbedacht, ohne zu bedenken, unbedacht, das sie von uns nie beleidigt worden 34¹¹.

17*

unbequemigkeit f. Unfügsamkeit, Ungehorsam 231⁶.
unbeschwert, ohne Beschwerde, unbehelligt 189²⁸.
unbesätiget, nicht zufrieden, an dem unbesetiget 170¹⁷.
unbesessen, nicht ansässig, lose, umbesessene, arme bettlerinnen 208⁴⁴.
unbestalt, unbefugt, unbestalter und unvorsichtiger weise 56¹¹.
unehren schw. vetunehren, entweihen, sie haben die kirche violiret und geunehret 201⁴⁰.
uneingeleitet, ohne eingeleitet zu sein 207⁴².
uneingeweist, ohne eingewiesen zu sein 208³².
unerkantes Rechten, ohne daß ein Rechtsspruch erfolgt ist 190⁷.
unerlaubt, ohne Erlaubnis, ihre Pfarrherrn ungefragt und unerlaubt 156³¹.
unflot n. Unflat, Unrat 201³⁵.
unfruchtbarlich, unnütz, umsonst 105¹⁷.
ungefehrlich, ungefähr 33¹⁵, 144⁷.
ungefragt, ohne zu fragen 156³¹.
ungehorsamlich, ungehorsam, mit Ungehorsam, wider das Gebot, ungersamlich besingen 164³⁰.
ungehört, unerhört, was vormals ungehort 179⁹.
ungeschickt, untauglich, zum ehelichen Stande 162⁵.
ungespart, unaufhörlich, ungespart zu dienen 205²⁸.
Ungestümigkeit f. Ungestüm, Gewalt 146⁷, 206¹⁰.
ungewunnen, nicht gewonnen 137²¹.
ungezweifelt, ohne Zweifel 193⁸, 202⁴⁰.
Unglimpf m. Unrecht, Schmach, Schimpf 190²⁸.
ungnädig, ungnädig, grausam, hart, bei ungnediger strafe leibs und guts 166²⁷.
ungut, böse, mit Jemand in ungutem zu thun haben 121¹⁶, ²⁰.
unkräftig, kraftlos, bedeutungslos, sprach diese vertrege unkreftig 79³.
unleidelich, unerträglich 179²⁴.
unlängst, unlengst, kürzlich 96¹⁶.
unlust f. Streit, Zank, unlust und krieg 15¹⁴; Unfug 94⁵.

unlustig, Streit erregend, der unlustige ufrurische Sermon 159³⁰; die Gemeine hat sich unlustig wider M. gn. H. lassen hören 165¹².
unmut m. Unwillen, der Cardinal liess ihn mit unmuten von sich ziehen 5¹².
unnütz, nichts nützend, gereizt, erregt, sich unnütz machen über — d. h. heftig gegen etwas sprechen, sich erregen, 155²⁴; mit unnutzen worten 195¹, 199¹⁷.
unrath m. Unordnung 231⁸.
unrugig, unruhig, streitsüchtig 15²³.
unschedlich, ohne Schaden, Eintrag zu thun, unschedlich dem gesindelohn 235¹⁶.
unsprechlich, unaussprechlich, unsprechlich viel 75¹⁴.
unstumig, ungestüm, mit unstumigen worten 151³¹.
unterbauen schw. B. stützen, mit was list und praktiken das underbawet, wirt Gott an den tag kommen lassen 34¹⁴.
unterbrechen st. B. eine Lücke in eine Mauer brechen 77⁷.
unterhaben schw. B. unter sich haben, verwalten, unterhaben der Stadt einnahme und ausgabe 84¹².
untergehen st. B. hindern, hintertreiben 109⁸.
unternehmen st. B. der sich desselben unternommen 95¹².
unterlang, unter einander 104¹⁸.
untersagen n. Verbot, auf etzlicher fromer Leut untersagen 170²⁹.
unterscheiden st. B. in Abschnitte teilen, das sie ihre Stadtgraben wollen unterscheiden an 6 oder 7 stellen 188²⁶, 204¹³.
Unterscheidt m. Abschnitt 204¹⁶.
unterscheidung f. Begrenzung, malsteine zu unterscheidung der gerichte setzen 95²⁰.
unterstehen st. B. sich unterstehen 146¹⁸, 183⁴, 194³¹.
unterwinden st. B. sich unterwinden, übernehmen 15³.
untüchtig, zuchtlos, unehrbar, Frauen 234¹⁶.
unvorbrechlich, unvorbrochen, ungekürzt, unabänderlich, unvorbrochlich geben 231²⁹, 235¹³.

unvorhalten, ohne etwas zu verschweigen, unverhalten 149 [1]; soll ihnen unverhalten pleiben 177 [1]; unvorhalten schreiben 199 [23].

unversehen, unvorhergesehen 64 [30].

unverschuldet, ohne Schuld, Veranlassung, ganz unverschuldeter sachen 34 [11].

unverwintlich, unüberwindlich, unermeßlich, schaden 200 [16], 202 [25], 232 [15].

unwissentlich, unbekannt, die Zahl der Gefangenen ist unwissentlich 74 [9].

Urfriede m. Urfehde, Verzicht auf Rache 192 [26].

Urgicht f. Aussage, Bekenntnis 115 [19].

Urlaub m. Erlaubnis 148 [29].

ursachen schw. V. veranlassen, auf das sie nicht geursacht werden 148 [30].

urtheilen schw. V. beurteilen 162 [27].

Vastelabend m. Fastnacht 134 [26]; grosser 7 [3].

vehrhern m. Fährherren, Behörde, der alle das Wasser, Brücken u. s. w. betreffenden Angelegenheiten oblagen 93 [27].

ver = vor —

verantworten schw. antworten, beantworten, welchs er mit gelympf und guthen worthen verantwert 200 [19].

verbeden schw. V. befehlen 108 [10].

verborgen, verburgen schw. V. sich verpflichten, verbürgen 101 [10], 160 [26. 27].

vorböthen schw. V. verbüßen, büßen, Strafe leiden 234 [33].

verbotschaften schw. V. durch eine Botschaft melden, kommen lassen 181 [1]; substant. n. uffs Capittels Verbotschaften und Beschicken 172 [16].

verbrechung f. Verbrechen, Vergehen, Verbrechung und Misshandlung 53 [34].

verdenken st. V. übeles denken, so wird uns Niemand darum verdenken 34 [32], 139 [33].

verdingen schw. V. festsetzen, bestimmen 182 [4].

verdries m. Verdruß, Unwillen, welcher der meuterei einen verdries hatte 54 [11], 148 [19], 172 [23].

verdrücken schw. V. nieder = bedrücken 44 [21]; das die Religion vom Kaiser verdrückt werde 78 [9].

verfolgen schw. V. verfolgen, nachgehen einer Sache 183 [11].

verfüllen schw. V. anfüllen, die Stadtgräben mit Wasser verfüllen 174 [33].

vergeben st. V. vergiften 194 [21].

vorgessen st. V. vergessen, vorgessene Buben 147 [12].

vergewissen schw. V. versichern, bestätigen, das die Stadt der Religion wol vergewisset war 69 [8].

vorgleitung f. Geleitung 91 [16].

vorgreifen st. V. sich an Jemand vergreifen 199 [9].

vorgult, vergoldet 226 [33].

vorgunnen schw. V. 148 [29].

vorhaft, verhaftet, verbunden, erkenne ich mich leibs und guts vorhaft 208 [6].

vorhalten st. V. vorenthalten, verheimlichen, vorhaldene, nicht angegebene Personen 234 [33].

verhofflich, vermeintlich, verhoffliches recht 190 [6].

verhoffung f. Hoffnung, in tröstlicher verhoffunge 205 [25].

verhohen, vorhöhen schw. V. erhöhen, der schos ist vorhohet worden 82 [13]; der wall 178 [30].

verlassen st. V. bestimmen 67 [5]; entlassen, Knechte 126 [19].

vorlaufen, weggelaufen, heimatlos, vorlaufen Prediger 152 [26]; Mönche 157 [31], 159 [3].

verleute, Fährleute 85 [6].

verlegen schw. V. sperren, die Straßen verlegen 31 [5]; verlegen, weglegen, so daß man eine Sache nicht finden kann 190 [2]; widerlegen, Artikel 205 [10].

vorleubnis f. Ablauf, Verlaufen, der Zeit 231 [2].

verlust f. Verlust, die verlust unserer Seelen heil und seligkeit 139 [24].

vormakeln schw. V. preisgeben, vernichten, alle ihren heymrat zu vormelden und vormakelen willens sei 204 [26].

vermeint, vermeintlich, eingebildet 139 [20].

vermerken schw. V. bemerken, da der hertzog seiner Krankheit vermerkt 114 [20]; starke Form: vormark 224 [19].

vermügend, vermögend, vermügenste bürger 108 [16].

verobrigen ſchw. B. überhoben ſein, welchs ſie wol hätten können verobriget ſein 90 [22].

verordnen ſchw. B. beſtimmen, befehlen, Ronnewagen, darauf dobbelte Haken verordnet geweſen 32 [5]; Prediger von der gemeine verordnet 154 [18]; dahin ein Jeder verordnet iſt 188 [9]; Verordneter ſubſtant. Abgeordnete 157 [29].

vorrichten ſchw. B. bezahlen, 6000 fl. vorrichten 37 [29].

verrühmen, ſich ſchw. B. ſich rühmen, der ſich vom Adel zu ſein verrümbte 61 [4].

vorſchaffen ſchw. B. beſchaffen, anſchaffen 204 [14]; bewirken 207 [11], 211 [14].

verſchienen, vergangen, Mattei negſt verſchienen 34 [28], 146 [27], 156 [1], 205 [4].

verſchreiben ſt. B. zuſagen, geloben, mit briefen und ſiegeln verſchreiben 184 [7]; empfelen, ſie am Kaſtner verſchreiben 186 [31]; ſich verſchreiben, ſchriftlich ſich verpflichten 97 [20].

verſchuldigen ſchw. B. entſchuldigen 207 [33].

verſchützen ſchw. B. verſchließen, der ſich in ein gemach verſchutzet hatte 169 [22], 170 [4].

vorſehren ſchw. B. verletzen 226 [7].

verſiegeln ſchw. B. durch ein Siegel beglaubigen 69 [17].

vorſpildung f. Verſchwendung 231 [8], 232 [14].

verſtand m. Beratbrebung, er hatte den heimlichen verſtand und beiberedung mit der Stadt 44 [26].

verſtehen ſt. B. meinen, glauben 57 [7].

verſtoſſen ſt. B. verrammeln, verſtieſs die Elbe mit Pfälen 57 [27].

vortagen ſchw. B. feſtſagen, das vortagete weidegeld 190 [4].

vertragen ſt. B. beilegen, gütlich ſchlichten, die ſache iſt vertragen 78 [14].

vertrauen ſchw. B. verheiraten, trauen 112 [6].

vertrinken ſt. B. ertrinken 98 [1].

verurlauben ſchw. B. beurlauben, entlaſſen, volk 29 [12].

verwahren ſchw. B. gefangen halten 113 [2]; ſchützen 166 [2]; verhüten 199 [20].

verwahrung f. Ankündigung der Fehde 29 [17], 36 [1]; Ermahnung, treuliche vorwarunge und ermanung 202 [41].

verwandt, untertthan 80 [18]; ſubſtant. Vorwandte des Rats, Angehörige, Mitglieder des Rats 201 [36].

verwantnis f. Verbindung, Beziehung 23 [31].

verwarloſen ſchw. B. nicht in Acht nehmen 132 [30].

verwerfen ſt. B. wegwerfen, die wehre verwerfen 32 [22].

verwilligen, ſich ſchw. B. ſich verpflichten 67 [3].

verwinden ſt. B. überwinden, ſie hat den ſchuſs verwonnen 67 [20].

verziehen ſt. B. aufſchieben 155 [22]; warten 183 [26].

vierkanthen, vierkantig, quadratiſch 236 [7].

viertelherr m. Vorſteher eines Stadtviertels 73 [10].

violiren ſchw. B. entweihen 201 [40].

vitalli, Lebensmittel, vitalia 55 [29].

vogelſtange f. Stange, an der der Vogel bei den Schützenfeſten befeſtigt wird 136 [34].

volgig, in der Folge, darauf 90 [21], 91 [13].

Volk n. Leute, ein Paar Volks 155 [18], 224 [30].

vollendt, vollends, gänzlich 70 [28].

vor = für, vorher 157 [30].

vorbehalten ſt. B. ausdrücklich ausmachen, beſtimmen 130 [29].

Vorgang m. Förderung, vorgang gewinnen an — 231 [14].

fürgehen ſt. B. vorangehen, ohn einigen fürgehenden process 93 [14].

vorhaben n. Abſicht, in vorhaben 44 [6].

fürhalten ſt. B. darſtellen, erzählen 34 [22].

fürhanden, vorhanden, ſo etwas fürhanden war, d. h. bei wichtigen Anläſſen 75 [34]; gegenwärtig 124 [15]; habe das Wahrzeichen noch vorhanden 154 [15].

vorhin, vorher 155 [18].

fürkommen ſt. B. zuvorkommen, hindern 145 [1]; begegnen oder vorkommen 231 [13]; vor Jemand kommen,

dass seyner Churf. gnaden gläublich vorkommen 208[15].
fürnehmen n. Unternehmen 63[24].
fürnemlich, besonders, hervorragend, diejenigen, so fürnemlich sein wolten 60[24].
vorschos m. Abgabe im Voraus 82[15].
vorstender m. Vorsteher 146[21], 147[10].
vorteil m. gedeckte Stellung der Truppen 40[4], 213[2], 214[6].
fürtragen n. herumreichen, Präsentieren Confect 91[20].
Vorwerg n. Vorwerk, ein zu einem größeren Gute gehöriges kleineres Gut 133[17], 135[6].
fürziehen st. V. voranziehen 91[16].
vorzug m. der vorausziehende Haufe 128[27].
vulmachen schw. V. voll machen, verunreinigen 191[17].

Wagenburg f. Wagentroß, Wagenpark 31[9], 32[4], 137[23].
Wahnlehre, wanlehre f. falsche Lehre 161[23].
wahrzeichen f. Zeichen für die Wahrheit, Beweis 154[15].
Walkmöle f. Walkmühle 188[20], 204[15].
Walstadt, Wahlstadt f. Schlachtfeld 49[34], 64[2].
Wandel m. Änderung 181[2].
Wandschneider m. Gewandschneider, Tuchhändler 115[20].
Wapen n. Wappen, schlugen ihre Wapen dafür (zum Zeichen des Besitzes) 127[10].
Wasser f. Überschwemmung, groß Wasser 111[11].
wasserlei, welcherlei, wie oder wasserley weise 111[14].
wegfertig, marschbereit, fertig zu gehen 12[11].
wegfluchtigen schw. V. auf der Flucht mit sich nehmen, güter wegfluchtigen 155[14].
wegretten schw. V. fortschaffen und retten 159[22].
wehemut f. Wehmut, mit grosser wehemut 146[30].
wehr f. Waffen 108[34].
werhaftig, dienstfähig, streitbar 42[6].

weibspersonenbild n. Weibsbild, Weibsperson 137[19].
Weidegeld n. Pacht für eine Viehweide 190[5].
weidlich, sehr, er wehrete sich weidlich 46[28], 52[19].
weihezober m. } Zober, Kessel mit
weihkessel m. } Weihwasser 171[27,30], 152[13].
weil, dieweil, während 45[19].
weinig, wenig, nicht weinig, sondern merklich 173[3]; der weinigen Zahl, Jahreszahl ohne Jahrhundertzahl 190[4].
weissen m. Weizen 178[1].
weit, und war ihme nicht weit, er wäre mit einem grossen stück erschossen worden, d. h. es fehlte nicht viel 40[24].
weldig, gewalttätig, weldige, mutwillige, lose burse 191[15].
welsch, französisch, wein 232[29], 234[13].
wente, denn, weil 204[21].
werben st. V. bitten, suchen, die lehen ansuchen und werben 129[5]; geleite werben 149[23].
Werbung f. Forderung, Bitte 15[27], 129[6].
werfen st. V. schiessen 52[15,19].
werk n. dieselben waren im werk, d. h. beabsichtigten 50[13]; ins werk stellen 108[21]; ins werk gehen, geschehen 166[33].
werntlich, weltlich, habit 204[21].
wesentlich, anwesend, die Jungfrauen, die bey ihr wesentlich sein pflegen 233[37].
widerwille m. Zank, Streit 91[9]; widerwille und uffruhr 201[7].
widerzug m. Heimkehr, Rückfahrt 56[33].
wilkor f. Stadtgesetze und die durch diese festgesetzten Strafen, bei des Rats strafe und wilkor 200[34].
wille sein, gutgeheißen, bewilligt sein, nachdem diese handlungen allenthalben wille waren 70[6].
willigen schw. V. bewilligen, die Ziese ist gewilliget 80[6]; den Vertrag wollte das Capittel nicht willigen 81[7], 105[30].
Winkelmesse f. Messe im verächtlichen Sinne, winkelmeß oder opfer 162[37].

wirtschaft f. Hochzeit, wirtschaft und ehelich beylager 185 35, 192 15, 193 24; eheliche wirtschaft 232 12, 233 2.
wirtschaftsgast n. Hochzeitsgast 206 31.
wissend, bekannt, ist mir nicht wissend 180 3.
wissentlich, bekannt, ist noch nicht wissentlich oder offenbar 160 15.
woche f. Woche, in die wochen kommen, niederkommen 113 23.
wolfart f. Wohlergehen, mit wolfart, wohlbehalten 51 7.
wolgewunnen, Siegesruf 223 2.
wolmeinlich, wohlgemeint, wolmeinliche warnung 90 12.
wort n. Gottes Wort 136 16.
Worthelterin f. die für andere das Wort führt 157 6.
Wunde, sollte ich meine Wache nicht besser bestellt haben, denn also das euch heillosen Bauern Sant Veltens wunder und marter ankommen 124 21.
Wurtz f. Würze, Kräuter, die geweiht werden, kreuter und wurtz 171 19. 26.

Zaun m. eine andere lose ursachen von einem Zaune brechen, d. h. willkürlich herbeiziehen 175 14.
Zehrung f. Speise, Nahrung, koste und zehrung 232 15.
Zeise s. Ziese.
zeitlich, zeitig, frühzeitig, schnell, 40 3, 102 2.
Zeitung f. Nachricht 24 23, 123 6, 127 29, 187 20.
zerfallen st. V. zerschlagen durch einen Fall, diese beiden kirchen wurden von dem fall schendlich zerfallen 77 25.
Zeug n. Ausrüstung, Rüstung und Waffen aller Art, mit 12 stück feldgeschütz und etlichen reissigen Zeug 211 19.
Ziegelhof m. Ziegelscheune, Ziegelei 39 6.
ziehen st. V. ziehen, hin- und herziehen, mißhandeln 153 19.
ziemlich, geziemend, stark, ziemliche besatzung 36 12; ziemliche rüstung 137 23; ziemlich und gleich erbieten 205 26.
Zierheit f. Schmuck, Zierde 128 29.

Ziese, zeise f. Steuer auf Lebensmittel, Ziese 27 17; Bier- und Mehlziese 80 4, 165 13, 175 29.
zobeln, aus Zobelfell, Zobel- 101 14.
Zödel f. Zettel 192 4.
Zogebrücke f. Zugbrücke 187 27.
zudrücken schw. V. drücken auf Jem., angreifen, von den unsern wart auf sie zugedrückt 58 23.
zufahren st. V. zugreifen, der Rat fuhr zu und nahm den thumb 24 3; do sein die ganze gemeine zugefahren 176 10.
zufallen st. V. anfallen, angreifen, do fielen die feinde allenthalben zu 125 3.
zugraben st. V. ein Grab zuwerfen, der Munch ist der erste gewest, der zugegraben hat 176 12.
Zugriff m. Angriff, das die gemeine mit den Geistlichen einen solchen Zugriff thun würde, der vor sie ubel sein wollte 182 25, 186 21.
zuhalten st. V. verschlossen halten, die Stadt zuhalten 172 5.
zuhandeln schw. V. durch einen Vertrag zusprechen, der graben und wall ist der Stadt zugehandelt worden 81 13.
zukommen st. V. zugeführt werden, dem feinde konnte sonst nichts zukommen 51 23.
Zukunft f. künftiger Termin, auf des neuen Rats Zukunft, d. h. Amtsantritt 188 34.
Zulage f. Zahlung 59 22, 90 9.
Zulauf m. Zulauf, Verstärkung, me und me Zuloufes gewinnen 171 29.
zulaufen st. V. auf Jemand loslaufen 136 2.
zulegen schw. V. zahlen, Beitrag geben 59 20; die Elbe ist mit Eis zugelegt 84 9; niederlegen, nehmen, das Wort Gottes zulegen 175 14.
zupfälen schw. V. mit Pfählen verrammeln, die ander Thor haben sie zugepfelet 152 10.
zurückfallen st. V. ungültig werden, alle beiberedungen fielen zurück 69 16.
zurückschiessen st. V. durch Schießen zurücktreiben 221 4.
Zusage f. Versprechen, Zusage 226 36.
zusammenvorschreiben st. V. durch ein Schreiben zusammenrufen 182 12.

Zuschreiben st. V. schriftlich melden, die handlung vermelden und zuschreiben 20¹², 170⁵⁰.
Zuschub m. Zuschub, Unterstützung 37¹⁹.
zustehen st. V. verschlossen stehen 172¹¹; die kirchen sein feste verslossen zugestanden 205³³, 207²¹, 232⁸.
zuwegen bringen, erreichen, bewirken, das brachte sie durch ihre Hurerey zuwegen 113¹⁰.
zuwerfen st. V. zerwerfen, die Fenster 176¹.

zuwiderdringung f. Abschaffung, Unterdrückung, zu zuwiderdringung und vertilgung der Ketzerei 202¹⁵.
zweispaltig, in Zwiespalt, feindlich, die von Magdeburg stunden mit ihrem Bischof zweyspaltig 103²⁵.
zwier, zweimal 13³¹.
Zwingel f. = Zwinger (?) das Stadtthor und ein thorm mit sampt dem bolwerke und hangender Zwingel darane 156¹⁷.
Zwinger m. Zwinger, Befestigung an der Stadtmauer 66⁷, 83², 110²⁵.

Personenverzeichnis.

Bemerkung. Kommt derselbe Name auf einer Seite mehr als zweimal vor, so ist die Zeilenzahl nicht bemerkt.

Agricola, Johann, brandenb. Hofprediger 89 19. 22.
Abnsorge 177 10. 18.
(Alber), Georg, kais. Bote 179 19.
Albenburg, Kilian v. 46 33.
Alemann
  Arndt 91 22.
  Christoph 75 31, 84 18.
  Ebeling 70 8, 75 28. 33, 90 17.
  Hans 75 32.
  Heine 66 16, 135 6.
  Heinrich 91 26.
  Moritz 18 17, 47 3, 95 11.
Alvensleben
  Bernt v. 101 6. 8. 17.
  Friedrich v. 101 6-8. 17.
  Ludolf v. 91 13, 95 19.
  Margarethe v. 112, 113.
  Matthias v. 112 5.
  Pascha, Dr. 160 19.
  Reiner v. 215 6.
Ambrosius, Kaplan 146 8. 9.
Amsdorf, Armstroff, Nicolaus v. 182 1, 194 20.
Anhalt, Fürsten v. 190 22.
  Wolf 36 11, 70 14, 73 15, 81 9, 182 9.
Anthonius, Barfüßer 204 22. 25.
Appolonia 189 8.
Arendt, Peter 135 18.
Arnim
  Caspar v. 45 26, 216 7.
  Claus v. 215 9.
  Lippolt v. 19 14, 95 19.
  Moritz v. 45 26, 95 19, 216 8.
Arnstadt
  Albrecht v. Domherr 169 4, 201 16. 21.
  Andreas v. 45 31, 216 14.
Assa, Graf Philipp v. 29 9.
Asseburg, Johann v. d. 46 7, 133 31, 214 19.

Baden, Markgrafen
  Karl 80 1.
  Philipp 192 33.
Baiern, Herzöge
  Albrecht 129 3.
  Ludwig 9 6, 15 19.
  Wilhelm 9 6, 15 20.
Bamberg, Bischof v. 78 36.
Barby, Graf v. 69 23.
Barbeleben, Georg v. 112 3. 7 - 28.
Barthold 149 18.
Beckersche 156 13.
Becken, Heinrich 175 28.
Beichlingen, Graf v. 107 25.
Bein, Lorenz 193 13.
Bemelberg, Konrad v. 130 2.
Berge, Abt v. 134 25. 28, 145 25, 146 14. 18, 159 18.
Beudewitz, Arnt 190 23.
Beyer, Caspar 116 10.
Bieren, Christoph v. 215 11.
Billicus, Eberhard, Karmeliter 19 25.
Bismark
  Georg 215 2.
  Joachim 215 1.
  Jost 215 3.
Bittko, Bitzlaw, Otto 45 29, 216 14.
Blankenborch, Hans 116 2.
Blankenburg, Joachim v. 72 29.
Bluhme, Jaspar, Bürgermeister Burg 172 2. 27.
Böbbeker, Lorenz 180 15. 34.
Böhmen, König v. 123 2. 28, 124 7.
  Ludwig 5 18.
Bohne, Hans 165 10.
Bornemann 95 20.
Bortfelde, Henning v. 97 19.
Bourbon, Herren, v., kaiserl. Oberst, 8 23.
Brandenburg, Markgrafen und Kurfürsten
  Friedrich, Coadjutor Magdeb. 25 2.

Personenverzeichnis.

Georg 10[24].
Hans (v. Küstrin) 115[4], 220[23].
Hans Georg 98[6].
Joachim I. 5[18], 9[5], 24[18], 36[10. 17],
 110[15-22], 172[30], 173[1. 5], 185[30],
 186[15. 31], 194[4-12].
Joachim II. 18[1], 76[25], 80, 81[23],
 89[19], 90[6], 98[7], 115[3], 118[3],
 128[16. 19].
Johann Cicero 104[23].
Brandenburg-Ansbach, Markgraf
 Albrecht 38[5], 58[29], 61[12. 19], 76[3],
 78[6. 23], 79, 90[28], 123[4. 6-18].
Braunschweig, Herzöge v. 69[22].
 Erich 15[19], 128[1], 129[17].
 Ernst (Grubenhagen) 24[11].
 Georg 98[13].
 Heinrich der jüngere 15[12. 19], 17[8],
  18[10], 19[8], 29[5], 79[22. 27], 81[6],
  103[14], 104[10], 115[21. 23], 117,
  119[27-34], 120[1-11. 15-21], 121[25],
  129[1], 137[11], 178[15], 211[1].
 Heinrich Julius 98[11].
 Julius 98[10].
 Karl Viktor 19[11], 79[21], 90[26],
  129[19].
 Philipp 79[22], 129[18].
 Philipp Magnus 90[25].
 Wilhelm 103[14], 104[10].
Bredow, Liborius v. 95[30].
Brentius 19[28].
Breus, Albrecht 216[13].
Bucer 17[12], 19[26].
Buhnemann, Hans 134[21].
Bülow, Buhle, Curt v. 215[6].
Bunger, Tilo der 152[2].
Büren, Graf v. 21[24].
Burg, Hans 172[8. 28].
Burgund, Herzog v. 102[8. 17].
Buß, Heinrich 216[11].
Buße, Georg 136[18].

C siehe K.

Dänemark, König v. 91[10], 93[22].
Denhardt, Joachim 91[20].
Dißkaw, Hans v. 70[26].
Dobertzin, Möllenvogt 97[3].
Dohm, Moritz 84[17].
Döringk, Peter 155[20].
Duhnen, Egidius v. 45[29], 216[11].

Ebeling, Arnt v. 215[17].
Eccius,
 Johann 17[11].
 Wilhelm 93[10].

Eckelbaum, Bartholomäus 30[6].
Eichstedt, Bischof
 Moritz 20[1].
Eichstedt,
 Heinrich, Schöffe 68[23], 145[14].
 Johann 107[15].
Eisleben, Ißleben, Johann Dr. 163[20].
Emden,
 Levin v. 58[10], 68[23], 72[7].
 Moritz v. 91[21].
England, König v. 15[9].
Erfmann 95[29].
Ernuwi s. Kemnitz.
Eßbeck, Joachim 215[20].

Faen, Hans 175[22].
Falcke, Christoph 45[24], 215[18].
Feilitzsch, Moritz v. 130[3].
Ferdinand I., röm. König u. Kaiser 8[16],
 9[4], 12[12], 21[22], 22[3], 81[23], 83[1. 13],
 84[3], 97[14], 134[16].
Flacius, Illyricus (Cliricus) 92[7].
Flans, Caspar 46[25], 216[23].
Francke, Sigmund 116[11].
Frankreich
 König 7[18. 19], 78[7. 24], 79[7].
Franzosen 8[14].
Fricke, Peter 84[19].
Friedrich III., Kaiser 102[12].
Fritzhans, Johann 144[5], 153[19. 24],
 155[1. 3], 156[6], 161[12. 19], 175[7], 182[14],
 157[35].
Fuldorff, Galle v. 75[29].
Fürstenberg, Friedrich v. 20[2].

Gabriel 192[10. 12].
Garcke,
 Georg 33[7], 92[6].
 Jacob 58[10], 68[21].
Gerold, Paul, Kapitelschreiber 168[30],
 169[21].
Glück, Balthasar 110[2].
Gottfried, Simon, Möllenvogt 94[3-9],
 95[28], 96[20].
Götze, Michel 189[14].
Granavell 17[13].
Grawert, Graukopf, greve Köppe 106[9],
 144[1. 3], 146[7], 155[17. 24], 192[8], 193[28],
 200[28].
Gropperus, Johann, Theologe 17[11].
Grumbach, Wilhelm v. 93[17].
Gulicke, Jürgen 116[14].
Gülicher, Hans, Hauptmann 52[28].
Gutermann, Bastian 177[6].

Hagen, Adolf v. 192 [25].
Hake, Andreas, von Huxer 45 [23].
Halberstadt, Bischöfe
　Ernst 102 [21].
　Gebhard 102 [20].
Hallrunge s. Holwege.
Hans, Meister 193 [25].
—, schwarzer 153 [18].
—, Stalljunge 113 [6].
Hard, Andreas 215 [31].
Harschleben, Heinrich 84 [18].
Harstorff, Otto 151 [26]. [30], 160 [8].
Hauffen, Melchior 70 [28].
Heideck, Johann, Freiherr 43 [25], 44 [9], 58 [5], 63 [11], 68 [5]. [19], 73 [14].
Held, Matthias, Kanzler 15 [1], 16 [25].
Heldrungen 177 [6].
Helmcke, Hans 84 [18].
Hennecke, Hans 157 [16].
Hermann,
　Georg, Bürger Calbe 180 [6]. [20]. [25].
　Hans, Bürgermeister Calbe 180 [5]. [20]. [25].
　Claus 149 [14].
Hermanns, Joachim 151 [27], 165 [7]. [11], 175 [32].
Hermes, Henning 115 [26].
Hessen, Landgraf
　Philipp 8 [19], 9 [8]. [30], 10 [2]. [4]. [23], 11 [25], 12 [2], 15 [13]. [23], 18 [4], 19 [10], 20 [15]. [34], 21 [1]. [20], 22, 24 [15], 78 [9]. [14], 89 [11], 102 [10], 103 [15], 116 [24], 119 [34], 121 [7]. [23]—[34], 122 [7]—[10].
Heßhusius, Tilemann 92 [3]. [21], 93 [4].
Hinnebolz, Marcus 133 [13], 135 [17].
Hinrik, Hans 153 [18].
Hintze, Hans 133 [13].
Hoburgk, Christoph v. 218 [10].
Hofmeister, Johann, Augustiner 19 [25].
Holle v. 98 [17].
Holstein, Dr. Johann 36 [13].
Holwege, Hallrunge, Renz 104 [12].
Hopfenkorb, Jacob 215 [12].
Hoppe, Hopf
　Arnt 58 [11], 68 [22].
　Hans 84 [17].
Hubolt, Hans 181 [10].
Huxer, Peter 218 [11].

Jacob, Schmiedemeister 150 [12].
Jordens, Joachim 116 [10].
Italiener 21 [7].
Itzenplitz, v.
　Hans 215 [4].
　Joachim 215 [5].
Judex, Matthäus 92 [8].

Jülich, Hans v. 76 [5].
Jungermann, Dr. 158 [15].

Cajetanus, Thomas 5 [3]. [6].
Camerarius 132 [1]. [7].
Kannengießer, Hans 165 [9], 175 [33].
Karl V., Kaiser 5 [20]. [28], 6, 7 [7]. [17], 8 [11], 10 [19], 11 [14], 12, 14 [11]. [20], 15 [4], 16 [4], 18—22, 24, 26, 28 [3]. [14], 29 [9], 33 [2], 35, 36 [5], 37 [3], 44, 49, 59 [24], 63 [9], 69, 72 [1]. [5], 78, 79, 81, 89 [7]. [12], 94 [22], 114 [27], 121 [13]—[34], 122, 123 [8]. [21], 124 [7]—[15], 125 [11]. [16], 126 [2]—[14], 127 [26]. [28], 128—131, 132 [17], 139 [18].
Karstet, Joachim 217 [14].
Katharina aus der Neustadt 159 [3].
Katte, Kaze
　Hans 45 [24], 215 [29].
　Heinrich 45 [24], 215 [29].
Kemnitz,
　Hans v. 72 [32], 76 [10].
　Christoph 45 [31].
Kennerich, Christoph 216 [13].
Ketzow
　Andreas 190 [19].
　Heinrich 190 [19].
Kindelbrück, Hans v. 53 [10], 222 [15].
Kirchener, Christoph 135 [18]. [22].
Kleinschmedt, Curt 150 [16], 151 [27], 152 [2].
Kleß, Kliß, Asmus 45 [30], 216 [12].
Cleve, Herzog v. 113 [22].
Klipping, Joachim v., Domherr 168 [27]. [32], 174 [12], 189 [4], 201 [3].
Knickebein 178 [1]. [7].
Knipperdolling 14 [6].
Koch, Kock, Stefan 151 [27], 152 [2], 160 [8].
Cocleus, Johann 19 [25].
Cöln, Erzbischöfe 128 [18].
　Hermann 5 [16].
—, Hans v., Lieutenant 50 [27].
Köne, Henning 189 [2].
Conradt, Cunradt, Jobst 45 [28], 216 [10].
Contareno, Caspar, Legat 17 [15].
Koppe, Hans 165 [8].
Copus, Martin, Dr. 92 [5].
Koße, Hans 46 [24], 216 [23].
Kramme, Cram, Asche v. 45 [21], 215 [24].
Kramer, Georg 114 [3]. [5].
Kray, Martin 215 [13].
Krehmer, Johann, Offizial 146 [1].
Crechting 14 [6].
Krosigk, v. 98 [3].
Cruziger, D. 131 [31], 132 [7].
Cubito, Dr., Domprediger 146 [23], 150 [20], 159 [18], 169, 171 [3]. [11], 176 [1]—[5], 201 [17].
Kunigsberg 177 [7].

Personenverzeichnis.

Curio, Wolfgang, Dechant S. Sebast. 97[11].
Kuster, Hans, Stadtknecht 143[17].
Cüstrin, Markgraf Hans 98[9].
Cyclop, Wolfgang, Dr. 153[12], 158[4].

Lange, Rudolf 151[7].
Langhans, Sebast., Möllenvogt 97[3], 143[3], 199, 203, 204.
Lattorf, Joachim v. 151[12].
Leiden, Johann v. 14[1. 6].
Leiningen, Grafen
    Hans 129[20].
    Heinrich 129[20].
Leisnigk, Eustachius v., Domdechant 144[10], 154[20], 157[5], 159[7], 173[10], 174[14], 177[8], 185[31], 192[12], 201[15. 20].
Lemke, Hans 150[12].
Lippe, von der, Grafen
    Berthold 129[23].
    Wilhelm 129[23].
Löben, Laben, Melchior v. 45[25], 215[33].
Lodewig, Hans 159[10. 12].
Lor, Hans 108[1], 192[30].
Losow, Hans 215[10].
Lübeck, Bischof v. 98[17].
Lüdecke, Lorenz 109[25].
Lühe, Lehe, Joachim v. 45[25], 215[34].
Lucas, Lux, Drewes 192[7], 193[34].
Lüneburg, Herzöge
    Ernst 10[34].
    Franz 10[34].
    Friedrich 90[26].
Luther, Martin 3[5], 5[6. 11], 6, 7[19], 20[19], 89[1-6], 120[23-30], 121[1-5], 140[8], 194[20], 206[29].

Magdeburg, Erzbischöfe 37[8], 69[22].
    Burchard III. 81[3].
    Dietrich 189[25].
    Johann 101[8], 102[13].
    Ernst 102[20], 103[8. 24], 104[1-14].
    Albrecht, Kardinal, Erzb. Mainz 3, 4, 5, 9[4], 10[5], 12[17], 13[12], 19[2], 105, 119[11], 153[9], 158[21], 164[18. 27], 165[1. 25], 170[29], 172[22], 175[20], 176[27], 180[29], 192[19], 200—208.
    Johann Albert 19[14], 25[2], 119, 122[15. 20], 134[3], 136[25. 26].
    Friedrich IV. 25[2] (Koadjutor), 78[1].
    Sigismund 78[8], 80[9. 12], 81[6], 82[17. 24], 83[12], 84[4], 91[4. 6], 94, 95, 98[6].
—, Administratoren
    Joachim Friedrich 98[6].

Magdeburg, Domkapitel 23, 37[3], 38[6], 44[20], 53, 63[5], 69[12], 78[9], 80[11. 12], 81[7. 11], 90[8. 31], 91[5], 92[10], 94, 95[8], 153[9], 154, 164[25], 172[16—20], 173[11], 174[1], 183[25—18][4. 8], 189[31], 200[1]—201[14], 214[10].
—, Schöffen 113[9].
Mainz, Erzbischöfe, Kurfürsten 15[16. 25], 128[16], 129[7], 130[11. 29].
    Albrecht s. Magdeburg.
Major, Georg, Dr. 19[30], 132[1. 7].
Malthwitz, Georg v. 217[13].
Maluenda, Petrus 19[24].
Mandelsloh, Ernst v. 93[18].
Mansfeld, Grafen v. 83[13], 97, 120[29].
    Albrecht 12[2], 31[25], 42[20], 43[20], 47[14], 54[16], 67[15], 90[17], 213[5], 221[25], 224[6].
    Elisabeth 114[24].
    Ernst, Domdechant 23[24], 59[9].
    Georg 38[5].
    Hans Georg 82[18], 95[18], 138[5].
    Hans Hoyer 129[28], 130[1], 131[20].
    Karl 42[21], 213[5].
    Volrad 43[26], 124[2].
Marenholdt, Lewin v. 215[7].
Marbepsen, Ulrich, Dr. 71[25], 72[11].
Marcus siehe Scultetus.
Martens, Mertens.
    Jacob 158[14], 159[13], 165[10], 190[22].
    Lorenz 165[9], 175[34].
Maximilian I., Kaiser 5[4. 13].
— II., Kaiser 85[7].
Mecklenburg, Herzöge
    Albrecht der ältere 29[17].
    Georg 29, 33[3. 4], 34[10], 35[22], 37[25], 38[6], 40[1], 41[19], 43[10. 14], 46, 54[15], 69[29], 70[10], 71[8], 73[22], 78[19], 90, 137[14—28], 138, 139[5], 211[2], 216[22. 24].
    Heinrich 220[33].
Melanchthon, Philipp, Dr. 17[12], 131[31. 36], 132[3. 16].
Melo, Bernt v. 119[23].
Merckel, Heinrich, Stadtschreiber 58[4. 11].
Merseburg, Bischof
    Michel Sidonius 89[21].
Merz, Leonhard, Syndicus 108[1. 11—13], 187[12], 192[30].
Meurer, Simon 194[16].
Meyendorf, Johann v., Domherr 179[27], 184[20].
Meyer
    Jürgen 133[12].
    Caspar 215[19].
Michel, Rabbi 27[1], 135[19], 136[5].
Miltitz 55[27].

Mirisch, Melchior, Dr. 156¹, 157¹², 161¹². ¹⁸, 163¹⁸, 175⁷, 194¹⁵, 206³⁰.
Mollendorf, Molndorf v.
  Christoph 95²⁰.
  Fritz 214²⁵.
Moritz
  Anton 160¹³.
  Asmus 95²⁸, 96¹⁷, 97³¹.
Müller, Hans, Schöffe 153¹².
München, Jörge v. 61².

Naumburg, Bischöfe
  Julius Pflug 97¹⁵.
Nestler, Kersten 157⁵·¹⁰, 174¹³, 176²⁷·³⁰, 192¹⁰⁻¹⁶.
Nicolaus zu den Türmchen 173¹⁶.

Olvenstedt 95²⁰.
Otigen, v. 213⁵.
Ottenburg, Graf Hans v. 129²¹.

Pankraz 150¹⁶.
Panthell 165⁶.
Pape, Claus 175³².
Pappenheim, Graf Wolf v. 130²⁹.
Pattensen, Curt 176⁸.
Paulus, Mönch 191³²—192⁵.
Pauluschen, die 157¹¹.
Peter 113⁴.
Pfalz, Kurfürsten 9³³, 128¹⁶.
  Friedrich 5²⁹, 11⁶, 17¹³.
  Ludwig 5¹⁷, 12¹⁷.
  Wolfgang 129¹.
Pflug, Julius 17¹⁰, 204, 89³¹, 97¹⁵.
Pflugk
  Andreas 147³⁴.
  Katharina 147²⁴·³⁴.
Pfundt 165⁶.
Philipps, Hans 180⁵·²⁶.
Pistorius, Johann 17¹².
Platen, Bastian v. 116⁴.
Platenschlager 116⁴.
Plotho, v.
  Gebhard 214²⁷.
  Georg 45²⁵, 216³.
  Joachim 145²⁶.
  Wolf 216⁴.
Polckow, Hans 147¹, 149²¹·²⁶.
Pomeranus, Dr. 132⁵.
Prätorius, Paul 95¹⁴.
Preuss, Albrecht 45³¹.

Regenstein, Christoph v. 129³⁰.
Regewitz, Christoph v. 129²⁵.

Reine, Claus 61⁸.
Remeken, Gerecke 175²⁴.
Ribelt siehe Röbel.
Ritzow, Heinrich 45²⁹.
Röbel, Robel, Ritzow
  Jacob 178⁹.
  Zacharias 45²³, 72²⁹, 215²⁷.
Robin, Rubin
  Hans 106¹⁴, 107⁷, 189⁴.
  Moritz 61¹.
Rode
  Jacob 105²³·³¹, 109⁷, 110²·⁷.
  Jacob Simon 68²³.
  Thomas 91²¹.
Rohr, Martin 216².
Rose, Martin 45²⁵.
Rosian, Joachim 92¹.

Sachsen, Kurfürsten und Herzöge
  Ernst 102¹⁹, 103⁷.
  Friedrich 5¹⁷, 160¹⁵.
  Johann 8¹⁷, 9⁸·¹², 10²², 11³⁴, 12²·¹⁶.
  Johann Friedrich 18⁴, 23⁸, 24, 78¹⁵, 89¹⁰·¹⁴, 110²¹, 111¹², 114²⁶, 116²⁴, 119³³, 121⁷·²³⁻²⁴, 122—125, 126⁵⁻¹⁶, 128⁴, 130²¹·³³, 131, 134¹⁰.
  Moritz 21¹⁹, 24, 33⁴, 36⁹·¹⁷, 37³¹, 38⁴·⁸, 39³·¹⁷, 40²⁴, 43⁹, 44, 47³⁰, 48⁶·¹¹, 49²·¹⁰, 56²⁵, 57²², 58⁶⁻⁹, 62⁴, 63¹²·¹⁴, 65¹⁹, 68, 69, 70, 71³, 72, 73, 74⁸, 76²⁴, 77¹⁰, 78, 79, 69¹⁵, 90, 119²¹, 120⁸, 122, 123, 124⁶·¹², 126¹⁷, 128, 129, 130, 131, 135²⁹, 136⁴, 138²⁰, 213⁹, 214¹, 223³⁰.
  August 80¹⁵, 90²¹·²⁹, 91⁸, 97¹⁶, 129³⁰, 130⁵, 131²¹.
  Johann Georg 15¹²·³¹, 20¹⁴·³⁴, 21, 22.
  Georg 9⁴·³¹, 114, 186⁴·³³—187⁴.
  Heinrich 15¹⁸.
  Georg Heinrich 113²⁹, 114, 115.
  Johann Friedrich der ältere 92⁹.
— Lauenburg, Herzöge
  Franz 98¹⁵.
Salzburg, Bischöfe 15¹⁸.
  Matthäus 95.
Saltze, Heinrich v. 137³¹.
Schaderitz, Schaderich, Fabian v. 45³⁰, 216¹³.
Schauenburg, Graf v. 98¹⁶.
Schenk, Christoph 45²⁶, 216⁶.
Scheyring, Seyring, Johann, Dr. 36¹³, 96⁶.

Schilling, Heinrich 215 [16].
Schinke 96 [5], 117 [23].
Schlegel, Slegel, Hans 45 [28], 216 [15].
Schonberg, Wolf v. 122 [15], 124 [18].
Schulenburg, von der
   Albrecht 177 [5].
   Bernt 112 [3].
   Busse 45 [22], 215 [25].
   Hans 45 [22], 177 [4. 29], 215 [25].
   Jacob 85 [10].
   Caspar 45 [22], 215 [26].
   Christoph 214 [22].
   Matthias 214 [21].
Schwarzenburg, v. 213 [6].
Schweden, König v. 93 [22].
Schwendi, Lazarus v. 40 [10], 42 [31], 59 [30], 71 [22], 76 [9], 90 [15].
Schwilling, Barthelt 216 [10].
Scultetus, Marcus 156 [9], 162 [16].
Siebenstein, Christoph 215 [14].
Sleynitz, Christoph v. 45 [30], 47 [18].
Slemberg, Adrian v. 91 [12].
Smilling, Martin 45 [28].
Sneppius, Erhard 20 [1].
Solm, Graf Ed 129 [24].
Spanien, Könige
   Philipp II. 81 [5].
Sprenger, Springer, Hans 60 [16], 75 [23], 224 [6].
Stausewitz, Hans 45 [24].
Steffen 194 [1].
Stein, v. 93 [17].
Stolberg, Grafen v. 104 [13].
   Botho 180 [28].
Storm
   Joachim 84 [17].
   Hennig 158 [15].
   Claus 4 [3], 106 [1. 11], 109 [2], 160 [13], 164 [12], 174 [20], 183 [13], 192 [15], 201 [36].
Straßburg, Hans v. 66 [13. 23].
Strele, Bartholomäus 93 [13].
Strube, Hans 115 [20].
Struer, Georg 180 [18].
Studwitz, Hans 215 [32].
Sultze, Sülz, Thomas 4 [4], 154 [7], 158 [14].

Taubenheim, Christoph v. 130 [2].
Teiberin, die 191 [33], 192 [4].
Tetzel, Johann 3 [1].
Tiefstetter, Wolf 70 [25], 76 [7].
Tolwich, Claus 177 [28].
Torga, Bros v. 53 [6].
Tornichen, Nicolaus zu den — 149 [20].
Trampe, Hans 152 [2], 160 [7], 165 [7].
Treskow, Tresche, Wiprecht v. 57 [20], 222 [30].
Trier, Kurfürsten v. 128 [16].
   Richard 5 [16].

Trodt, v. 89 [16].
Trotha, Throte v. 47 [11].
   Dietrich 46 [25].
   Hans 216 [33].
Thumshirn 124 [1].
Thuritz 178.
Türck, Dr. 151 [15].
Türken 8 [21], 104, 12 [25], 13 [2], 17 [16], 19 [8], 118 [6].

Ungarn, König Ludwig 8 [22].

Veith 167 [23], 168 [3].
Veltheim, v.
   Fide, Fricke, 45 [27], 216 [5].
   Gunzel 214 [24].
   Jost 214 [23].
Volkmar, Matthäus 180 [12].

Wagener, Stefan 115 [27].
Wachmeister, Georg 70 [25], 76 [8].
Walwitz, v.
   Bastian 76 [8].
   Johann 179 [27], 184 [20].
Warstedt, Balthasar v. 45 [23], 215 [30].
Weidensee, Widensehe, Eberhard v. Dr. 144 [4], 158 [3], 161 [12. 18], 174 [25], 182 [15].
Weichmann, Hans 192 [19].
Werbed, Offizial 176 [23].
Werthern, Hans v. 151 [15].
Westphal, Heinrich 4 [4], 194 [27]—195 [8], 206 [11. 32].
Wettendorf, Heinrich 199 [13. 15].
Wigand, Johann 92 [7. 18].
Wildt, Stefan 215 [18].
Wilhelm, Stadtknecht 143 [17].
Windel 154 [5].
Winkelmann, Magnus 152 [1].
Winterfeld, v.
   Asmus 65 [29].
   Lewin 46 [25], 216 [22].
Wiprecht, Jürge 84 [16].
Withun, Jacob 190 [20].
Wytingk 154 [5].
Woyzen, Moritz 180 [14].
Wulf, Hans 162 [3], 190 [19].
Wulfen, v.
   Andreas 158 [15].
   Hans 47 [12], 75 [21], 90 [19], 217 [10].
   Wichmann 133 [21].
Würtemberg, Herzog v. 20 [29].
Würzburg, Bischöfe v. 78 [27].
   Wigand 9 [6], 10 [5].

Zabel 153 [17].
Zeger, Jacob 151 [6].
Zerbst, Baldewin v. 45 [30], 216 [15].
Zoch, Lorenz, Dr. 192 [28].
Zwemen, Heinrich v. 158 [15].

Ortsverzeichnis.

Aachen, Ach 5, 12[13].
Abbendorf siehe Ebendorf.
Altenburg i. Thür. 123[7], 129[24], 131[10].
Altenhausen 120[14. 15].
Altmark 104[20-25].
Ammensleben 137[28], 145[24. 25], 146[14], 149[6].
Angermünde siehe Tangermünde.
Angern 177[4].
Annaberg i. Sachsen 124[2].
Anspach siehe Brandenburg.
Aschersleben 102[15], 214[4].
Augsburg 5[1. 9], 11[16], 24[14. 24], 26[3], 33[2], 35[7. 28], 37[15], 89[18], 90[6], 128[4. 11], 132[8]; Kirche U. L. Fr. 5[3]; Weinmarkt 128[13].
Axleben siehe Erxleben.

Baiern 21[8], 121[30].
Bamberg 105.
Barbyscher Winkel 11[19].
Barleben 190[19].
Beiendorf 117[22].
Berge, Kloster 12[9], 22[22], 58[15], 62[27], 64[37], 114[10], 126[23], 127[16. 21], 178[11], 179[15], 223[13], 225[31].
Berlin 80[8], 81[6], 110[17. 21], 115[4], 136[4], 186[17], 194[4].
Biere 119[1. 2].
Böhmen 129[22].
Börde 211[4].
Brandenburg, Stadt 133[9].
Braunschweig, Stadt 15[12. 19], 18[11], 29[6], 31[18], 34[11], 77[30], 79[29], 102[14], 103[21], 104[15-19], 117[5], 120[19], 137[10. 13], 211[2].
Bredow 130[2].
Brehna, Grafschaft 129[23], 131[8].
Bremen 12[3], 24[20], 35[9. 11], 102[14], 128[1].
—, Stift 98[14. 16].
Breslau 9[3], 101[13].

Buckau 38[15], 39[6. 8], 45[5], 50[29], 51[5. 26], 58[28], 62[19], 64[20. 30], 71[5], 76[2], 90[13], 138[13], 212[11], 214[9], 221[17], 222[17], 223, 226[23].
Büden 118[1].
Burg, Borch 25[18], 28[7], 61[3], 127[13], 133[5. 12], 172[6. 27-33].

C siehe K.

Dessau 106[1], 137[4. 6].
Diebeshorn an der Elbe 57[26].
Diesdorf 37[27], 40[10], 43[2], 45[5], 46[36], 47[8. 12], 48[15], 61[29], 62[11], 64[11], 76[7], 212[16], 213[14. 21], 214[9], 218[24], 222[4].
Donauwörth 21[17].
Dreileben 25[18], 28[6], 30[11], 31[3. 22], 90[7], 211[10].
Dresden 24[8].
Druxberge 31[23].

Ebendorf, Abbendorf 151[7].
Egeln 24[5], 25[18], 28[6], 31[3], 90[7], 127[6. 7], 133[17. 18], 138[6], 193[11].
Eilendorf 137[2].
Einbeck 16[18], 103[15], 115[16], 136[9].
Eisleben 20[19], 59[16], 89[1. 4. 19], 120[25], 177[21].
Elbenau 51[1]; 221[11].
Elsburg, Schloß 93[23].
Erfurt 73[24], 124[4], 187[2].
Eßlingen 187[14], 192[23], 193[2-4], 204[11].
Erxleben, Axleben 112[6].

Fermersleben, Vermerschlebe 38[11], 39[14. 16], 212[10].
Fiener Damm 135[10. 13].
Fläming 118[1].
Frankfurt a. M. 5[19. 22] (Kirche S. Bartholomäi), 78[19. 22], 81[22].

Frankfurt a. D. 27¹, 135²⁰.
Freiberg i. S. 79²⁰.
Frohse a. E. 140².
Frohse in der Neustadt 190⁹.

Garbelegen, Garbeleben 104²⁵, 116¹⁴.
Gattersleben siehe Neugattersleben.
Geithein i. S. 123²⁰.
Gersdorf 118²⁴, ²⁶.
Gerwisch 57²⁰, 85⁹.
Giengen i. Baiern 21¹⁷, 122⁴.
Gommern, Gummer 55⁵, ¹⁰, 116¹³.
Goslar 18¹¹, 117⁵.
Gottesgnaden, Kloster 132²¹⁻³¹.
Gübs 95¹⁶.

Habmersleben 117²⁰.
Halberstadt, Stadt 59¹³, 80²⁷, 102¹⁵, 104³⁻⁷, 117²⁰, 149¹¹, 151¹¹, ²², 164²⁵, ³¹, 170²⁹, 174²⁹, 202²⁵.
—, Stift 23¹⁶, 29¹⁹, 90¹, 98¹³, 105²⁶, 119¹², ²², 122²⁹.
Halle 24²⁴, 37¹⁵, 97²³, 98⁷, 103⁵⁻¹¹, 103¹⁰ (Moritzburg), 116¹⁹, 128³, 131⁷, 134¹⁰, 136²⁶, 202²⁶, 206³.
Hamburg 28¹, 80²⁵, 103¹⁹⁻²², 145³, 189⁶.
Hamersleben, Kloster 25¹⁴, 133²²⁻³⁰.
Hannover 79¹⁶.
Harsdorf 40⁹, 60⁵.
Harz 102⁴.
Helmstedt 93²², 106⁶.
Hillersleben, Halbeschleve, Hildesleve 32¹¹, ¹⁴, 37³⁶, 43⁷, 53³, 60²³, 74⁵, 90², 137²⁸, 211²⁰.
Hohendobeleben 117²².
Hohenwarte 221⁴.
Höxter, Huxer 45²³, 215³¹.

Jena 92⁶, 171⁶.
Jerichow, Land 215¹⁰.
Ingolstadt 21⁸.
Joachimsthal 124².

Calbe 65¹⁹, 95¹, 132²², 136²⁰, ²¹, 137⁸, ²⁹, 164¹⁹, 180⁴⁻181²⁰, Federpfütze 180¹⁷, Stadtkeller 180¹⁸, Arnims Hof 180¹⁷.
Calvörde 101⁵.
Cassel 95¹¹, 120⁷.
Clus, Klause bei Gommern 48⁹, 51²², ²⁶, 85⁵, ⁷, 93¹⁰, 218⁴, 221¹⁹.
Königsborn 135⁶, ¹⁵.

Krakau 40²³, 58⁶, 65⁹, 76¹⁰, 90¹³, 218⁵, 221¹⁶.
Cronau 129²³.

Landshut in Baiern 20³.
Langeleben 214²³.
Leipzig 24⁸, 114²⁹, ³⁰, 121⁶, 122¹², ¹⁶, 123⁶, 132², ⁸, 133¹⁵, 186³, ¹⁰, ³², 187¹⁻⁸.
Leitzkau 134²¹, 158¹⁸, 190²³.
Lemsdorf 48¹⁴, 218²⁴.
Lenzen a. E. 81²⁴, ²⁵.
Linz 13².
Loburg, Lauborg 112³², 113⁵, ⁶.
Lübeck 28¹, 102¹⁴.
Lüneburg 28¹, 90²⁷, 102¹⁴, 186²⁶.

Magdeburg (Altstadt, Neustadt, Sudenburg, S. Michael, Mariendorf).
  Agneskloster 41¹⁷, 145²², 146—149, 190¹³, 193²⁷.
  Agnetenwerder 190¹³, 223¹⁰.
  S. Annen-Brüderschaft 161¹.
  Apotheke 112¹⁴.
  Arnstedts Hof 187²⁹.
  Asseburger Haus 174³¹.
  Augustinerkloster 158¹⁷, 163¹⁹, ²⁴, 174⁵.
  Barfüßer- (Franziskaner-) Kloster, Kirche 69²², 167⁹⁻¹⁹, 170²¹, 171²⁴, 172¹⁰, 187³⁷, 191²², 200³⁷, 191²³, 200³⁷, 205⁶.
  Bedewiese 96¹⁵.
  Beguinenhäuser 191²⁰.
  Brauerhof 193¹⁷.
  Breite Weg 17¹, 67³⁰, 71¹⁶, ¹⁷, 91²⁴.
  Brücke 113²⁹, lange Br. 212¹⁹, 221⁸.
  Brückthor 96²⁷, 106¹⁷, 110⁵, 156¹⁴, 165¹⁵, 188²⁰, 189¹⁴, 204⁷.
  Diebsteig 95²³, 96³.
  Domstift 23¹⁶, 29¹⁹.
  Dom (S. Mauricii), thumb, 4⁶, 24³, 37⁶, 59³, 77²⁷, 81¹⁵, 82²², 91², 94²⁰, 107²³, 118²¹, 126²⁷, 127⁸, 154²³, 167³⁰—170², ³⁴, 173¹³, 191¹⁶, 199⁹, ¹⁶, 200⁴⁵.
  Domherrnkeller 111¹⁻⁶.
  Domkreuzgang 201¹³.
  Dompropstei 87¹⁵, 170⁵, 177³⁴.
  Domturm 223²⁴, ²⁶.
  Erzbischöflicher Hof 96¹⁶.
  Fischervorstadt 61¹.
  Fischmarkt 206¹⁰.

Magdeburg,
  im Friesen 62³, 65¹⁸.
  S. Gertraudenkirche 106¹².
  Gral 109¹³, 116¹⁰, 119⁷.
  Gralbrücke 83¹⁸, 93²⁵, 95¹⁰.
  Haube, Kapelle unter der —, 144⁷.
  Heydeck, Schanze 96⁵.
  Heilige Geistkirche 156⁶.
  Heilige Geist-Kirchhof 108⁹·²⁰, 182²⁸.
  Herrenpforte 83⁹.
  Horn, roter 226²⁹.
  S. Jacobikirche 49¹⁵, 51¹⁰, 52⁵, 74²², 77²², 106²⁰, 144³, 146⁶, 155¹⁶, 156³·²⁹, 157²⁰, 193²⁵, 200²¹, 207¹⁹, 219²⁵, 220³, 221²⁴, 224³⁰.
  S. Jacobiturm 73¹⁵.
  S. Johanniskirche 38²¹, 55³⁰, 67²⁷, 71¹³, 107⁶, 113²³, 140, 143¹⁴, 144⁵, 152²⁸, 153¹⁶, 154⁴·⁶, 156¹, 157¹⁹, 163¹, 206³¹.
  S. Johanniskirchhof 81¹, 84²².
  Calbunenherren (S. Gangolfi) 23²⁶.
  Kapitelshaus 183²⁴·³⁴.
  Carmeliterkloster 22¹⁷, 120¹².
  S. Katharinenkirche 6¹⁷, 145⁴·¹⁰, 150²·⁷, 152¹⁶.
  Kaufhaus, neues 182²⁷.
  Keller, neuer 92²⁰, 94⁸, 143¹³.
  Krautmarkt, Kränzemarkt 18¹⁵.
  Christoffel, Haus 17¹, großer Chr. 115¹⁵.
  Krökenthor, 6²⁸, 51¹⁸, 66⁵, 71¹⁷.
  langes Haus 91²⁵.
  Lederstraße 115²⁶.
  Lintwurm 47⁴.
  Lorenzkloster 41¹⁷, 62¹⁸, 150, 151, 159¹⁹⁻²⁰, 160, 217¹⁹.
  Mariendorf, Margendorf 149¹⁸, 157².
  Markt, alter 42²², 71, 73⁴, 76³⁰, 110¹⁰, 143⁵, 166⁵·⁶, 171²⁰, 158³⁰, 194²⁴·²⁵, 195⁷, 204⁶, 206¹²·²⁰, 213⁴.
  —, neuer 17¹, 66²⁷, 67¹⁶, 70⁸, 77²⁷, 82²⁵, 170⁴·¹², 174¹⁷, 221²⁹.
  Marsch 144¹, 193¹⁰, 226²⁹.
  Marstall 27²², 108¹⁹.
  Matthäuskapelle 81¹.
  Matthäusscheune 156³⁴.
  S. Michael 4², 39⁹, 41²·⁶, 127¹⁶, 157¹⁰, 159⁴, 173¹⁸·³⁴, 174¹¹, 176⁷, 189¹³, 191⁸, 192¹¹, 206³²—208³·²⁷.
  Möllenhof 148²⁷, 166¹², 174³¹, 175², 187²⁵.

Magdeburg,
  Mönchsgarten 96⁴.
  Neustadt 4¹, 12⁸, 41⁹·¹⁴, 42, 44⁶, 45¹²·³⁰, 46²⁸, 47, 48¹⁷, 49¹³, 50⁶·⁸, 51¹¹, 52⁵, 55³⁰·³⁴, 56²⁵, 57²⁵, 59²⁹, 62¹⁵, 63²⁰, 66⁴·¹², 67²⁵·²⁹, 70¹⁹, 71¹⁹, 74¹⁶, 76⁴·¹², 77³·⁷, 84⁵, 90¹⁴, 94¹⁸, 96³, 110²⁵, 127⁸, 145²¹, 146⁴—149, 150, 151, 152, 156²⁸·³⁰, 159⁹, 160, 164¹⁶·²⁶, 165¹—²⁰, 170⁴, 173¹⁹⁻³⁴, 174⁶·¹⁷, 175³·²³, 176⁵, 189³, 190¹²⁻³⁰, 192⁷·¹⁹, 193²⁴·²⁶, 194¹, 206¹, 208¹³⁻²², 212²³⁻²⁹, 213¹⁷·²⁸, 214²⁶, 217¹⁸·²³, 218²⁶, 219¹³·²³, 220⁵⁻²⁰, 221³·¹⁷, 223⁶, 233²⁷; Rathaus 41¹⁴, 148⁹, 213¹; Pforte S. Lorenz 96³.
  Nicolai-Stift 17², 116⁴; Kreuzgang 17³, 116⁵.
  Nicolai-Kirche, Neustadt 77⁷, 150⁴, 194¹.
  Nicolausthor 111¹⁸.
  Ottodenkmal 71²⁴, 107⁴, 110¹¹, 115¹².
  Pauliner-, Predigerkloster 116⁸, 159⁹, 170¹², 192¹³, 200³⁷, 201⁴³, 205⁵.
  Peterskirche 156⁹, 182¹⁶.
  Pforte, düstere, finstere 145¹, 207¹⁹
  —, hohe 94⁶, 147²³, 165¹⁵, 213¹⁷.
  Pulverhof 40⁹, 60⁵.
  Rathaus, Laube 18¹³, 46⁴⁷, 66³⁰, 71²³, 77¹⁷, 91²⁶, 106¹³, 107¹⁴, 109¹, 114³·⁵, 115¹¹·¹⁴, 118¹²·¹⁷, 140⁴, 143¹², 152²⁴, 156²², 166¹·⁶, 177¹⁵·¹⁷, 182²⁷, 195³·⁵, 205², 206¹⁴·¹⁵.
  Roland 16¹¹, 110¹, 115¹².
  Roßfurt 176¹¹.
  Saugraben 96³⁷.
  Scharren, neuer 193¹⁶.
  Schrotdorfer Thor 48³⁰, 56⁷, 176²⁹, 187⁹, 219³¹, 226¹².
  Schwiesau-Hospital 174⁴.
  S. Sebastianstift 22²¹, 62¹¹, 170⁹·¹¹.
  S. Sebastianskapelle 168³¹, 201¹⁵.
  Seidenkrämer-Gildehaus 91¹⁸.
  Siechenhof (S. Georg) 38²⁵, 46²⁹, 56⁴, 60¹²·¹⁸, 220⁴·¹³.
  Spiegelbrücke 118¹².
  S. Stefanskirche 84²².
  Steinkuhle, Steingrube 39²⁵, 47, 48¹⁶, 52²⁵, 56⁷, 60¹⁹, 61⁴, 62¹⁰, 64¹¹, 67²⁹, 68⁶·²⁴, 76⁶, 77¹², 176²², 218²⁶, 219¹⁴·²³, 220³⁰, 221²¹·²⁴, 226¹¹.

Ortsverzeichnis.

Magdeburg.
  Steinweg 96[6].
  Sudenburg 4[1], 14[17], 22[19], 42[5], 46[23], 61[26], 63[23], 64[35], 74[16], 77[24, 25], 81[13], 84[6], 94[18], 96[1, 17], 106[9], 120[12], 127[9], 138[22], 157[1, 14], 164[15], 173[18–24], 174[2, 8], 178[10, 11], 187[26], 207[10–35], 208[13, 23–26], 212[30], 223[30], 225[32], 226[16], 233[21]; Kirche S. Ambrosii 22[19], 157 L[4], 208[27].
  Sudenburger Thor 22[16], 97[11], 220[4, 12], 223[17].
  S. Ulrichskirche 13[6], 67[29], 92[19], 144[4], 152[29], 155[4, 5], 157[20], 174[25], 182[2].
  S. Ulrichskirchhof 98[2].
  Ulrichsthor 38[19], 55[18, 23], 60[7], 65[22], 71, 83[20], 93[30], 178[29], 187[6], 191[3], 224[23].
  Ulrichsturm 77[25].
  Unser Lieben Frauenkloster 73[31], 116[6], 152[25], 153[1–14], 158[18], 171[26], 179[13], 191[7].
  Walfisch, Haus 114[1], 118[16].
  Wettendorfs Hof 187[29].
  Ziegelhof 110[26].
  Zoll, Zollschanze 40[18, 20], 51[5, 27], 56[1], 67[19], 72[3], 76[10], 212[18], 221[9], 224[29].
Mainz 3, 78[24], 105[24], 119[12].
Mansfeld 177[21, 22].
Mantua 15[8].
Meißen 77[30], 103[2], 129[20], 131[5].
Minden 98[14, 16].
Möckern 24[5], 26, 31[4].
Mühlberg, Molberg a. E. 24[10], 89[14], 122[23], 124[9, 13], 125[2].
Mühlhausen 73[25], 102[15], 190[32].
Münster i. Westfalen 13[14], 14[6].

Neugattersleben 83[2], 97[20, 29], 138[1], 182[8].
Neuhaldensleben 31[31], 33, 34[22], 74[1].
Reuloß 93[23].
Neuß 102[6].
Riegripp 56[31], 222[20].
Riemick 125[26].
Nordhausen 102[15].
Northeim 120[4].
Nürnberg 7[8], 78[27], 79, 132[2], 166[34], 167[4].

Ofen 17[18], 18[1], 118[6].
Ohre 137[28], 140[12, 19].
Olvenstedt 177[18], 178[22].

Oscherzleben 30[3].
Ottersleben, Groß- und Klein- 44[23], 45[3, 6], 46[14], 47[30], 48[14], 58[21], 74[13], 116[12], 117[22], 127[21, 24], 138[29], 214[9, 17].

Passau 78[13, 27].
Pavia 7[18].
Pechau, Becha 48[8], 51[22], 218[2], 221[15].
Pforzheim 39[30], 80[2].
Pirna 62[24].
Pleiße 129[24].
Plötzke, Kloster 39[22], 54[24], 55[5], 159[21].
Prester 51[32].

Quedlinburg 43[9], 102[15], 103[2, 8], 214[1], 217[4].

Rathenow 109[25].
Regensburg 12[27], 17[9], 19[6, 23], 20[22], 21[5], 121[6, 11].
Reutlingen 193[3].
Rochlitz 122[19], 123.
Rom 3[7, 12], 9[1].
Rothensee 189[28], 190[15].
Rottersdorf 50[5], 60[6], 62[18], 64[13], 71[6], 76[5], 127[18], 140[30], 220[29, 31], 222[4], 225[25, 28].

Sagen 135[21].
Salbke, Salpeck 43[5], 213[25].
Salze 179[24], 215[14].
Salzwedel 104[25], 189[2].
Schmalkalden 12[3], 14.
Schneeberg i. Sachsen 118[18, 20].
Schona 93[24].
Schönebeck 38, 40[16], 48[17], 50[31], 70[23], 138[9], 140[7], 212[8], 218[30].
Schöningen 119[32], 120[18].
Schora 133[6].
Schrotdorf 50[2], 56[5], 62[3], 220[15].
Schrote, Schrobe 39[25], 40[2], 65[25], 96[4], 175[2], 220[18].
Schwäbisch Hall 132[11].
Seestädte 44[1, 2].
Sieverdeshausen 90[27].
Sohlan 117[21].
Spandau 110[29].
Speier 8[10], 10[18], 18[18].
Stendal 104[22, 25].
Süllbdorf 117[21].

Tangermünde 27[16], 57[20], 133[14], 215[15].
Torgau 27, 124[24, 26], 125[1, 18], 136[3, 5].

Trident 19 ², ²¹.
Trier 6 ⁶, 8 ¹⁵, 9 ²⁸, 78 ²⁵.
Tunis 14 ¹³.

Verden 44 ², ³², 47 ³¹, 48 ⁶. ¹¹, 98 ¹⁴. ¹⁷.

Wanzleben, Wantschleben 25 ¹⁸, 28 ⁶, 30 ⁴, 31 ³, 34 ¹⁶, 90 ⁸, 137 ¹⁴⁻²², 211 ⁷.
Weferlingen, Weveling 104 ¹⁰.
Welpesholz 140 ¹.
Wels i. Österreich 5 ¹³.
Wien 11 ⁴. ⁶, 97 ¹⁴.
Wittenberg 3 ⁵, 20 ³⁰, 24 ¹². ¹⁵, 65 ¹⁹, 68 ¹⁰, 73 ²², 120 ³⁰, 122, 125 ²². ²³, 126, 127 ²⁵, 128 ³, 131 ³¹. ³⁵, 132 ⁴, 172 ⁸³, 194 ²¹.
Wolfenbüttel 18 ⁶, 119 ³¹. ³², 120 ³.
Wolmirstedt 25 ¹⁸, 28 ⁶, 31 ⁴, 32 ¹⁰. ¹³, 34 ²⁸, 81 ¹², 90 ⁷, 95 ¹, 221 ⁴.
Worms 5 ³⁰, 19 ¹.
Würzburg 93 ¹⁹.

Zelle 215 ¹⁹.
Zerbst 111 ¹², 133 ⁸, 147 ¹⁴, 190 ²¹.
Zichau 125 ²⁰.
Ziegenhain 120 ⁷.

Druckfehler.

S. 23 Z. 18 lies „zu lassen" statt zluassen.
S. 117 Z. 8 » „richten" statt eichten.
S. 153 Z. 20 » „überkommen" statt berkommen.
S. 167 Z. 25 » „toller" statt tollerr.
S. 173 Z. 1 » „geleite" statt teleite.
S. 176 Z. 18 » „böcke" statt föcke.
S. 182 Z. 19 » „beylager" statt deylager.

www.ingramcontent.com/pod-product-compliance
Lightning Source LLC
Chambersburg PA
CBHW032115230426

43672CB00009B/1741